WENBU CHENZHENHUA YU
XINSHENGDAI NONGMIN
JIUYE ZHUANXING
XIETONG JIZHI YANJIU

国家社会科学基金重点项目（13AJY008）

稳步城镇化与新生代农民就业转型协同机制研究

刘洪银 田翠杰 / 著

中国财经出版传媒集团
经济科学出版社
Economic Science Press

图书在版编目（CIP）数据

稳步城镇化与新生代农民就业转型协同机制研究/刘洪银，田翠杰著. —北京：经济科学出版社，2017.10
ISBN 978-7-5141-8319-1

Ⅰ.①稳… Ⅱ.①刘…②田… Ⅲ.①城市化-关系-农民-劳动就业-研究-中国 Ⅳ.①F299.21②F323.6

中国版本图书馆 CIP 数据核字（2017）第 190858 号

责任编辑：周国强
责任校对：隗立娜
责任印制：邱　天

稳步城镇化与新生代农民就业转型协同机制研究
刘洪银　田翠杰　著
经济科学出版社出版、发行　新华书店经销
社址：北京市海淀区阜成路甲 28 号　邮编：100142
总编部电话：010-88191217　发行部电话：010-88191522
网址：www.esp.com.cn
电子邮箱：esp@esp.com.cn
天猫网店：经济科学出版社旗舰店
网址：http://jjkxcbs.tmall.com
北京密兴印刷有限公司印装
710×1000　16 开　23 印张　390000 字
2017 年 10 月第 1 版　2017 年 10 月第 1 次印刷
ISBN 978-7-5141-8319-1　定价：78.00 元
（图书出现印装问题，本社负责调换。电话：010-88191510）
（版权所有　侵权必究　举报电话：010-88191586
电子邮箱：dbts@esp.com.cn）

序

产业功能或城市功能的缺失降低了城镇化质量，产城分离导致人口难以城镇化，构建宜业、宜居、宜人的城镇生存环境是稳步城镇化的内在要求。目前农民工数量已占城市产业工人的2/3，1980年以后出生的新生代农民工已成为城镇就业主体。新生代农民工具有与第一代农民工不同的特点：新生代农民工受教育程度较高，向往城市生活并期望融入城市社会。新生代农民工进城打工目的主要不是生存所迫而是实现自身发展，追求体面就业，对劳动条件、劳动保护和职业声誉提出更高的要求，也就是努力实现体面就业。新生代农民工就业转型是积极稳妥推进城镇化的题中之义。著作以进入城镇打工的新生代农民（简称城镇新生代农民，包括新生代农民工）为研究对象，从产城融合、业居融合视角将宏观领域的城镇化问题与微观领域的农民就业质量问题纳入一个统一的分析框架，以两者协同发展促进城镇化质量和农民就业质量提升，为宏观问题的破解奠定微观基础。本著作试图回答以下问题：

（1）如何确定稳步城镇化的内涵和实现路径？如何构建稳步城镇化评价指标体系并代表性省市进行评价？如何通过产城融合构建宜业宜居宜人的城市环境？

（2）如何界定就业转型的内涵和标准？如何构建城镇农民就业转型评价指标体系并对其就业质量进行评价？影响进城农民打工收入增长、稳定就业和市民化的因素和影响效果如何？如何实现进城打工农民就业转型？

（3）现代农业是否可以进城？三次产业是否可以实现城镇空间融合？农民是否可以"进城不离农"？如何实现城镇化与农业现代化协调发展？

（4）如何构建稳步城镇化与新生代农民就业转型协同评价指标体系并对

I

其进行评价？城镇化与新生代农民就业转型存在怎样的关联机理？如何构建稳步城镇化与农民就业转型协同治理机制？

围绕以上问题，本书作者采用理论模型、问卷调查和深度访谈等方法，对研究主题进行了有益的探索。

第一，构建人力资本动能和势能理论体系。人力资本既具有势能也具有动能，动能和势能是人力资本的两种状态。进入市场前，人力资本处于势能状态，进入市场后，人力资本势能转化为动能。人力资本动能是人力资本使用过程中所形成的劳动生产力，人力资本势能是人力资本预期能够创造的社会价值。人口城镇化和就业转型是进城农民人力资本势能和动能共同作用的结果。根据人力资本势能特征，本书提出了禀赋性激励理论，即用人单位根据农民工人力资本禀赋性价值给予经济补偿和组织声誉。根据人力资本动能特征，构建了人力资本投资动能和使用动能的生成和释放机制。

第二，构建了DLM协同机制。协同机制是通过政策安排实现新生代农民人力资本动能生成和释放，以此协同推进稳步城镇化与就业转型。研究从决策机制、学习机制、动力机制三个方面剖析稳步城镇化与新生代农民就业转型协同机制。学习机制是决策机制信息获取，实现科学决策的手段；决策机制通过信息搜集、信息比较和选择确定目标任务；动力机制为任务实施和目标达成提供驱动力。行为主体分散决策但目标具有一致性，政策作用下行为主体产生协同动力，主体之间学习具有互动性和同步性。

第三，提出"现代农业进城"和农民二重分化理论。现代农业进城将农业纳入城镇产业体系，成为与城镇非农产业共生共存的新兴产业。进城打工的农民既可以从事非农产业，也可以从事现代农业。城镇农民层级流动过程中，农民职业和身份实现从二次分流向二次分化转变，蜕变成为现代产业工人和城镇居民，城镇化从产城分离的不稳定状态向产城融合的稳定状态转变。

近几年来刘洪银教授带领的研究团队先后主持并完成了多项国家社科基金、教育部、中国科协等研究课题。为了探索和把握新型城镇化规律和进城农民就业路径，他先后带领团队赴长三角、珠三角和京津冀地区进行调研和访谈，本书中的大量数据和资料都是源于他第一手的调查。作者对研究对象追踪研究作出的一些判断和分析发现是独到的，对于研究该问题的各界同仁是有参考价值的。

期望本书的出版能够推动新型城镇化理论研究，并为政府相关部门和公共管理者提供政策支撑和理论指导。

周立群
2017 年 9 月于南开园

目 录
CONTENTS

| 1 | 引言 / 1
　　1.1　研究背景意义 / 1
　　1.2　文献综述 / 3
　　1.3　主要研究方法 / 22
　　1.4　研究的逻辑框架 / 24
　　1.5　主要研究内容 / 25

| 2 | 城镇化与农民进城就业的历史变迁与现状 / 28
　　2.1　城镇化的制度演进 / 28
　　2.2　城镇化的历史进程 / 38
　　2.3　城镇化的现状 / 47
　　2.4　农民进城就业的政策演进 / 51
　　2.5　农民进城就业的历史进程 / 64
　　2.6　农民进城就业的现状 / 76

| 3 | 概念内涵：产城融合、稳步城镇化与新生代农民就业转型 / 87
　　3.1　产城融合理论 / 87

I

3.2 稳步城镇化内涵 / 97

3.3 新生代农民就业转型内涵 / 100

| 4 | 协同机理：产城融合发展下稳步城镇化与新生代农民就业转型 / 110

4.1 产城融合发展与进城农民就业的互动关联 / 110

4.2 产城融合发展与新生代农民市民化的互动关联 / 115

4.3 稳步城镇化与农民就业转型的互动关联 / 117

4.4 产业演进推动进城农民就业转型和稳步城镇化机理 / 120

4.5 稳步城镇化推进产业升级与农民工就业转型机理 / 124

| 5 | 协同机制：产城融合发展下稳步城镇化与新生代农民就业转型 / 128

5.1 协同机制构建 / 128

5.2 新生代农民人力资本动能理论 / 131

5.3 决策机制 / 138

5.4 学习机制 / 157

5.5 动力机制 / 165

5.6 保障条件 / 172

5.7 产城融合发展下不同类型城镇稳步城镇化与新生代农民就业转型协同机制 / 175

5.8 产城融合发展下不同地区稳步城镇化与新生代农民就业转型协同机制 / 181

6 产城融合视阈下稳步城镇化与新生代农民就业转型协同状况评价 / 187

6.1 产城融合视阈下稳步城镇化质量现状评价 / 188

6.2 城镇新生代农民就业转型状况评价 / 201

6.3 产城融合视阈下稳步城镇化与新生代农民就业转型协同发展状况评价 / 206

6.4 稳步城镇化与新生代农民就业转型协同发展约束问题 / 214

6.5 结论与讨论 / 220

7 案例分析：天津市推进就地城镇化与农民就业转型实践 / 222

7.1 天津市就地城镇化与农民就业实践探索 / 222

7.2 实施效果 / 231

7.3 案例启示 / 234

8 对策建议 / 240

8.1 稳步城镇化的"三步走"战略 / 240

8.2 协同推进城镇化与进城农民工就业质量提升的国际经验 / 243

8.3 产城融合促进进城农民就业质量提高的国内实践探索 / 250

8.4 对策建议 / 262

附录　研究期间的咨询报告 / 280

附表 / 305

参考文献 / 336

后记 / 357

1 引 言

1.1 研究背景意义

农民工是中国经济社会发展特殊阶段的产物。与国外城镇化不同，中国城镇化过程中农民出现了二重分化。农民的职业从农业转移到非农产业，身份从农民变成农民工。农民没有实现身份的彻底蜕变，没有实现职业的稳定转移。城市产业发展亟须大量技能型劳动力，农民工数量已占城市产业工人的2/3。农民工而非城市工人的特性不可避免地影响城市产业发展和产业转型。十几年来持续的民工荒可见一斑，尤其春节过后，外出农民工多数会重新选择打工目的地，企业春节后大量招聘成为一大奇观。农民工不稳定就业和频繁流动既不利于自身职业发展，也降低了职业培训和职业管理的积极性。更为重要的是，不稳定就业的农民工难以在城市长期居留，以户籍为依据的城市福利分配制度将农民工排除在外，农民工既不具有在城市长期生活的能力，也缺乏城市市民化政策支持，进城打工的农民工被挡在城市大门之外。没有农民参与的城市化成为镜中花，水中月。快速城镇化就是脱离农民市民化而进行的土地空间的城镇化。以土地城镇化和房地产业扩张为特征的造城运动导致"空城""睡城""鬼城"的大量出现。缺乏产业支撑的城镇化不具有可持续性和稳定性，产城分离的结果必然导致有产无城的产业园区扩张和有城无产的偏离城镇化现象。前者缺乏城市功能，就业、居住与生活出现分离，园区就业、分散居住和农村生活将人的城市生存发展需求割裂开来，既不利于生产方式的转变，也没有实现生活方式转型，没有达到城镇化目标。后者难以集聚人气，城镇化有外形而没有内容，与城镇化内涵背道而驰。这两种类型城镇化的共同特征是农民没有从城镇化中获得收益，农民城镇化参与的积极性也没有被激发。

从农民到农民工，再从农民工到城市人关联经济社会发展的两个阶段。第一阶段可以称之为经济社会的转变期。这个时期劳动力市场制度建立，企业可以自主用工，劳动者可以自主择业。但户籍制度仍未解冻，城乡差别的户籍制度仍然约束农村劳动力转移，农村劳动力没有在非农产业实现稳定就业，劳动就业权益没有得到充分保障，没有在城市落地生根，转移就业成为权宜之计，农民没有从根本上脱离农业和农村。第二阶段可以称为经济社会的转型期。这个时期经济社会发展从量变到质变，实现经济社会从制度变迁到政策完善，从不均衡到协同发展，从数量扩张到质量提升的转型。这个时期要求"新四化"协同发展，城镇化产城融合，农民就业转型。城镇化需要摆脱过去重产轻城疏就业的倾向，从物的城镇化向人的城镇化转变，实现农民工稳定就业和市民化，实现农民工职业和身份的彻底转型，也就是要提高城镇化质量和农民就业质量。只有这样，城镇化才具有可持续性，农民才能共享工业化和城镇化发展成果，实现民生权利。中长期我国经济社会发展进入第二阶段，经济的中高速增长为"新四化"同步发展创造了物质基础，新型城镇化中户籍制度的彻底改革，职业教育培训制度的完善等为农民市民化和就业转型准备了制度条件，随着进城农民就业质量的提高和市民权益的获得，城镇化将从不稳定状态进入产业、就业、居住和生活一体化的稳定城镇化发展阶段。

本研究具有一定的理论价值。第一，研究提出了一些新的概念和内涵解释。如稳步城镇化概念和内涵，就业转型内涵，就业转型城镇化概念。当前城镇化研究没有完整的理论体系，宏观分析缺乏微观基础。本研究从人口城镇化视阈界定概念和内涵，丰富了城镇化和农民就业转型的内涵，一定程度上发展城镇化理论和农民就业理论。第二，研究构建了一系列评价指标体系，如构建了稳步城镇化和就业转型评价指标体系，在此基础上构建了就业转型城镇化评价指标体系，用一个指标体系评价稳步城镇化与农民就业转型协同发展状况，探索了一种新的指标体系构建思路。第三，在农民二重分化研究基础上用系统动力学方法诠释稳步城镇化与农民就业转型协同机理，在博弈论分析基础上构建了基于微观主体动态贝叶斯学习的DLM协同治理机制，将宏观问题与微观问题纳入一个统一的分析框架，为宏观分析奠定微观基础。第四，研究提出了一些新的观点，如现代农业进城观点，将都市农业理论拓展到城镇农业；农民二重分化是稳步城镇化的表征，稳步城镇化也就是通过产城融合实现农民从二重分流到二重分化的转变；通过实证分析验证理论假设：高知识技能农民工因其异质性适合在较大范围内流动，而低知识技能农民工因其同质性应适当控制流动距离，更多进入地级及以下城镇打工。这些观点有助于新型城镇化理论发展和完善。本研究通过逻辑推演和实证分析相结合方法，基于推论提出假设，采用实证分析验证假设，为理论探索奠定学术基础和经验基础，研究提出的理论观点具有一定的学术价值。

本研究具有一定的现实意义。新型城镇化正在如火如荼地试点，城镇化实践迫切需要理论支持。当前城镇化出现偏离现象，农民没有真正参与到城镇化之中。本应是农民的城镇化变成城市人的城镇化。本研究从农民就业和市民化入手探索城镇化病的解决对策，研究在案例分析和国内外实践经验借鉴基础上提出提高城镇化质量和转移农民就业质量的对策建议，并以咨询报告形式向政府部门提出决策参考，研究具有一定的实际应用价值。就业是民生之本，农民经济社会发展成果的共享体现在就业质量提高方面。本研究在实地调研中发现制约农民就业质量提升的问题，利用调查数据对农民就业质量状况进行客观评价，在此基础上提出的咨询建议具有较强的针对性和现实指导意义。

1.2 文献综述

1.2.1 产城融合研究

1. 产城融合存在的问题

城镇化与产业发展存在互动关系，这就要求城镇化水平和要素禀赋（包括人力资本结构、自然资源、交通基础设施、离港口或河流的距离等）应有最优的产业与之匹配，即产—城融合。然而，由于市场失灵或政府失灵，城镇化与产业发展不匹配的现象总是存在，这在当下中国比较突出。

在城市空间内部存在的问题主要体现在城市新区和开发区建设，以及城市老区的更新改造上。城市新城建设主要存在的问题是：人口城市化压力大，社会服务设施与城市基本功能薄弱，难易满足产城融合需要；新区住房入住率偏低，职住分离严重；缺乏产业带动支撑而住房空置率高；入驻产业难达预期，产城互动不足（刘增荣、王淑华，2013；钟顺昌等，2014）。正式近些年大量的新城建设违背了城镇化的本质，才是产城融合成为研究的焦点。

产业园开发存在的问题是：有产业没有城市功能，外来打工者难易市民化；职居分离、通勤成本高，开发区与内城之间互动不足；产业园区数量偏多、规模偏小，或者所在企业受政府政策引入，联系不够紧密，导致产业集聚程度低（孔翔等，2013；王雄昌，2011；钟顺昌等，2014）。此外，也存在工业园区与邻近新城分离的现象，也不利于产城融合（潘斌，2013）。

城市老城区更新改造存在的问题是：产业层次不高，产业发展偏离城市需求，城市功能置换滞后；城市发展规划、土地利用规划和产业建设规划之间存在脱节现象（刘增荣、王淑华，2013；钟顺昌等，2014）。

此外，从工业化与城市化的角度，潘锦云等（2014）认为，产城融合发展是社会经济发展到现阶段的必然产物，但产城分离的负面作用在中国更为突出。具体体现在就业结构与产值结构不匹配，城市农民工产业工人化与农民工市民化的不匹配（刘璟，2013）。

在单个城市之外，城市群和城市体系层面上也要求产业与城镇化的融合。陈绍友、田洪（2014）从小、中、大三个尺度上认识产城融合："小"指的是城市新区与新区产业融合发展，即上文所述城市内部空间的产业融合；"中"指的是城市整体与城市产业体系融合发展研究，是中观层面的产业融合，要求统筹整个城市的功能与产业分工；"大"指的是城市与区域产业融合发展研究，即把单个城市放在区域范围考虑城市发展与区域发展的融合，包括与邻近城市的融合发展、与所在城市群的融合发展、城乡融合发展等①。罗守贵（2014）也认为应从三个层面考察城市大规模扩张导致的产城融合问题：一是从全国层面的产城融合；二是都市圈或城市体系上的产城融合；三是单体城市尺度的产城融合。归纳起来即全国、区域和城市三个维度的产城融合，主要是单个城市与城市体系（全国城市体系和城市群）的产城融合。

2. 促进产城融合的途径

实证研究发现，中国大部分城市高新区存在城市功能缺位、城镇化滞后问题（王霞等，2014）。对于解决产城分离的途径，有关学者进行了多方面探讨。张道刚（2011）认为产城融合的关键是要把产业园区打造成城镇社区，通过城市功能建设促进产业区发展，实现产业园区的"工业园区—产业集中区—产业社区—城市特色功能区"的嬗变。陈云（2011）从功能的角度给出了产城融合的实现路径，即从只具居住功能的"卧城"到具有半独立功能的卫星城，再到集居住区、工业区和商贸区三者为一身的产城融合新城。裴汉杰（2011）认为产城融合的突破口是激发城镇社区这一结构单元的活力，把产业园区精心打造为城镇社区，把城镇社区努力提升为"产业发展服务区"②。

对于城市内部空间产城融合的具体建议，潘斌（2013）通过总结上海郊区新城的发展问题，建议产业园区的功能、布局与郊区新城的功能、布局统筹考虑，产业园区用地扩展应与郊区新城扩展方向一致，统一使用基础设施，将产业园区纳入郊区新城现有的行政管理体系。林善浪（2014）给出了产城融合的4个基本途径：对"城中区"，撤区为街；对郊区独立工业区，配置保障性或廉价居住区；对城区边缘工业区，改造城中村；对郊区独立新城，配置工业区。钟顺昌等（2014）还提出，要提升老城区的功能等级和产业层级，使产业发展契合城市需要。对于城市新区的产城融合，刘增荣、王淑华（2013）给出的对策是：制定符合城市实际的产业引进和升级战略，加强新区社会化战略的规划与实施，强化新区有机成长和功能用地的适度混合使用，以及构建体系化的新区城市公共等级服务网络。

---

① 陈绍友，田洪．城市社会背景下的"产城融合"发展问题研究［J］．重庆师范大学学报（自然科学版），2014，31（5）．

② 殷悦．基于社会空间的视角对产城融合的思考［J］．运城学院学报，2014（4）．

对于城市体系层面的产城融合，罗守贵（2014）建议在新一轮城市规划中由国家统筹，从长远考虑产业布局与城市发展，城市产业规划先行，空间规划跟进。严格规范新城新区规划的审批，限制缺乏产业支撑的新城新区。当然，这些建议和措施的实施都离不开的财政政策创新、户籍制度改革、土地管理制度改革、住房政策优化等的支持（左学金，2014；林善浪，2014；钟顺昌等，2014）。

产城融合问题是中国新型城镇化发展中出现的新问题。近几年部分学者将其纳入研究对象，取得了初步的研究成果。但中国各地区千差万别，产城融合发展不是固定模式，而应与当地产业与城镇化发展状况相结合，寻找差异化的产城融合路径。在户籍人口城镇化推进缓慢的情况下，产城融合研究应从产业和城镇层次向宜业宜居宜人的生态绿色环境延伸，也就是向人的城镇化研究转变。这正是本研究的重点所在。

1.2.2 城镇化与产业结构升级研究

国内外学者关于城镇化与产业结构关系的研究成果较丰富，从研究内容和结论来看，大部分研究认为，城镇化与产业升级之间存在单向作用关系或互动作用关系。

1. 城镇化促进产业结构升级

大部分学者认为城镇化促进产业结构升级，分别从二者关系的实证检验或归纳分析和产业分工与重组、要素支持与集聚效应、需求导向、增长极效应等方面进行理论论述。比如，Jayasuriya（2005）选用了71个国家1980~1988年数据验证了城镇化会影响经济的发展，经济的发展会要求增加和提升第二和第三产业的服务；蓝庆新和陈超凡（2013）实证检验了新型城镇化存在区域差距，并与产业结构层次成正比；夏泽义、赵曦（2013）实证检验的结果表明城镇化的推进会带动产业结构升级；李南、刘嘉（2012）归纳了日本、韩国、美国及我国东南沿海的发展经验，得出新型城镇化促进了现代产业体系形成的结论；Michael等（2012）认为世界城市化进程促进了全球产业的分工与重组，从而加速了产业集聚特别是现代新兴产业的协同集聚，专业分工和集聚经济使生产中技术复杂水平和创新能力提高,进而形成产业升级的强大动力;Kolko(2010)、朱烨和卫玲(2010)、Romer(1990)、洪银兴(2003)、张建民和陈梅(2014)、李程骅(2013)、吴福象和沈浩平(2013)从要素和产业集聚的角度论述了城镇化会促进产业升级;其中,涉及新型城镇化促进产业升级的论述有蓝庆新和陈超凡(2013)、朱烨和卫玲(2010)、张建民和陈梅(2014)、徐永利(2014)。徐永利的研究较全面,通过构建新型城镇化综合指标体系,将新型城镇化划分为人口城镇化、社会城镇化、经济城镇化以及环境城镇化四个方面;然后利用产业结构高级化水平来衡量产业结构升级,并引入控制变量建立动态面板模型;最后通过 GMM 估计分析东部、中部、西部地区各城镇化对产业结构升级的影响,结果表明,新型城镇化建设整体上对各地区产业结构升级具有显著的正向作用,但仍然存在区域差异①。这些学者实证研究采用的方法主要有空间滞后模型(SLM)和空间误差模型(SEM)、向量自回归模型(VAR)、协整检验与格兰杰因果关系检验。

2. 产业结构升级能够加速城镇化

有较多学者分别从理论和实证检验两个角度分析,认为产业结构升级能够加速城镇化。如李健英(2002)、尹继东和张文(2007)对第二、第三产业发展促进城镇化发展进行了理论阐释;郭振、陈柳钦(2004)认为生产结构影响就业结构,进而影响城镇化速度;陈晨子、成长春(2011)利用误差修正模型(ECM)验证了我国产业化带动了城镇化的发展;肖功为和贺羽中(2013)利用面板分位数计量模型进行实证分析,得出结论:产业结构能够带来城镇化效应,且存在区域差异,各省的第三产业份额与城镇化效应呈到"U"型关系。

3. 城镇化与产业升级相互促进

有相当一部分学者通过理论论述和实证分析阐明了这一观点。理论分析的学者主要有:Henderson(2002)、Davis 等(2003)、Bertinell(2007)、干春晖(2003)、何静(2004)、蒋满元(2005)、沈坤荣(2007)、周建华和

---

① 徐永利. 农业大省城镇化发展的产业制约与路径选择[J]. 河北大学学报(哲学社会科学版),2014(11):41-46.

何序（2008）、李程骅（2011）、马远和陈军（2012）、叶振宇（2013）、张武强和王柯敬（2014）等分别从聚集效应、规模经济效应、效率提升、产城融合、网络协同等角度论述了城镇化与产业结构之间相互促进。实证分析的学者采用的方法主要有：统计分析、误差修正或向量自回归模型、PVAR模型、耦合协调度理论、协调发展度模型。如钱纳里认为城镇化的发展与产业结构升级发展具有相互作用；李林杰等（2003）、刘汉辉（2009）、黄玉竹（2010）、王乐军、郑近德（2011）等分别根据河北、广东、安徽、成都、湖南等地区的数据进行实证分析，表明第三产业产值与城镇化之间存在双向因果关系；Han（2012）、夏显力等（2013）、马远和龚新蜀（2010）利用协整理论建立了误差修正模型、向量自回归模型，有的还在此基础上进行了脉冲响应和方差分解的分析，证明了城镇化与产业结构之间随着时间的变化而相互促进；彭永樟和陶长琪（2015）构建PVAR模型实证分析了二者之间的互动关系，并构建协同度指标测算其协调发展情况，产业结构升级和城镇化在中长期会形成良性互动循环；杨立勋、姜增明（2013）借鉴物理学中的"耦合协调度"理论，定量地测度了我国内地31个省区市2003~2011年的产业结构与城镇化之间的匹配协调度，从总体上看，我国产城匹配协调程度呈现出一种上升趋势，但上升后区域差距也较大，东部地区明显高于中西部地区，而中部地区又略高于西部地区[①]。

以往关于城镇化与产业结构升级的研究取得了丰硕的成果。但实证研究居多，理论研究不够深入。理论研究没有深入剖析城镇化与产业结构升级的互动作用机理。前述研究将城镇化作为一个不变的假设，没有剖析城镇化质量与产业结构升级的互动作用关系和互动作用机理。产业结构升级是一个动态过程，而城镇化也应该动态变化，在动态变迁中如何促进产业结构升级。这是以往研究的不足，也是本研究需要探讨的问题。

1.2.3 产业发展与农民就业关系研究

国内外学者关于产业结构与就业结构关系的研究成果也较丰富，从研究

---

① 杨立勋，姜增明. 产业结构与城镇化匹配协调及其效率分析[J]. 经济问题探索，2013(10)：34-39.

内容和结论来看,大部分研究认为,产业结构升级促进农民非农就业,产业结构与就业结构相互促进。

1. 产业结构升级促进非农就业

国内外大部分学者认为产业结构升级促进非农就业,分别从实证检验和理论论述两方面进行分析。如国外学者中,配第-克拉克定理最先说明了就业结构随经济发展的变化规律(Colin & Clark,1940);之后,库兹涅茨(1966)深入研究了三次产业的产值比重和就业比重的变化情况,并且指出现代经济增长过程中工业化带动了城市化的发展;钱纳里和赛尔奎因(1986)研究了产业结构与就业结构的协调性问题;刘易斯(1972)、保罗·克鲁格曼(1998)也分别从农村剩余劳动力的流动、生产要素的空间聚集等角度阐述了就业、产业和城镇化的关系[①]。国内学者中,许庆明(1998)最早从资源有效配置和劳动生产率的角度分析了产业结构与就业结构的相互作用机制;曾湘泉、陈力闻(2013)认为我国产业结构的调整将会促进劳动力从第一产业向第二、第三产业转移,但是存在较大的区域差异;李志伟、仉媛(2015)采用三次产业结构偏离度、三次产业间产业和就业的相关系数、三次产业的就业弹性系数三个指标对三次产业的就业吸纳能力进行量化分析,并阐述了产业结构对就业结构的影响机制;吴振球、程婷(2013)运用静态和动态面板数据模型分析了产业结构合理化、产业结构高级化对降低失业率有积极作用;田洪川、石美遐(2013)采用逐步回归法分析了总产出、产业结构变动方向和速度对就业的影响。在这一类观点中,大部分学者通过Granger检验、结构偏离度和就业弹性、协同系数分析等方法,研究认为产业结构调整促进了就业结构调整,但就业结构滞后于产业结构。

2. 产业结构与就业结构相互促进

有部分学者通过理论分析和实证检验认为产业结构与就业结构之间相互制约、相互促进。例如,周颖和张翔(2013)、相征和赵鑫(2014)都认为农民工就业和三次产业调整之间存在一定的互动关系。

---

① 张洪潮,宗香涛.中国产业结构和就业结构的协调性与城镇化发展关系研究[J].商业时代,2014(12):46-48.

以往主要从产业结构与就业结构变化、产业结构与农民工就业的关系展开研究，研究取得了一定的成果。但研究仍聚焦宏观领域，尤其实证分析采用多是统计调查的宏观数据。没有重视产业结构与农民工就业质量互动作用的研究。多数研究认为，产业结构变化会影响就业数量。但农民工就业质量变化对产业结构升级产生什么影响，产业结构升级对农民工就业质量带来什么影响，诸如此类的研究并不多见。

1.2.4 城镇化与农民就业协同机制的研究

关于城镇化与新生代农民就业协同机制的研究较少，但是国内外学者对城镇化与农民就业或农村劳动力转移就业关系的研究成果非常丰富，可以为本研究提供有益的借鉴。这方面的研究主要表现为二者单向关系的论述和双向关系的分析，共三大类：一是专门阐述农村劳动力转移对促进城镇化发展的重要作用，如杨发祥、茹婧（2014）和夏锋（2013）等认为，农民就业是城镇化的基础和突破口。二是专门阐述城镇化促进农村劳动力转移的重要性及其实现途径，如辜胜阻（1991）提出农村城镇化是安置农村剩余劳动力的主要渠道；蔡昉（2013）认为，提高劳动参与率的最大潜力，就是通过推进农民工的市民化，稳定农业转移劳动力在城镇的就业；杨鹏（2014）认为，加快农村人口向城镇集聚，有序推进农村转移人口市民化是城镇化的微观发展路径；张车伟、蔡翼飞（2012）认为城市群吸引人口和经济聚集能力不断增强，成为推动城镇化的重要力量；李巧楠（2014）认为，稳步推进新型城镇化建设是促进农村剩余劳动力转移就业问题有效解决的根本途径，而逐步推出和完善城镇化相关配套政策和措施则是解决农村剩余劳动力转移就业问题的基本保障[①]。三是对二者相互作用的关系及其作用机理和实现机制的深入分析，这类研究于本书研究的关系最为密切，下面对此类研究进行详细的综述。

1. 国外关于城镇化与农民转移就业相互作用的研究

国外关于城镇化与农民转移就业相互作用的研究开始于20世纪50~70

---

① 许晓红. 城镇化进程中农村劳动力转移就业问题研究 [D]. 福建师范大学，2015：9-13.

年代,既有定性的理论分析,也有少量的定量分析。国外学者的定性研究形成了多种经典理论,如赫伯尔(Heberle,1938)的"推—拉"模式理论、拉尼斯和费景汉(Rains & Fei,1961)的城乡二元结构理论、托达罗的"乡—城"人口迁移理论等。关于城市与就业关系的量化研究,著名的理论是钱纳里等学者在1988年提出的城市化与就业结构之间关系的理论。他们指出作为经济发展过程中必要的基础,就业结构的调整以及城市化的发展进程按照一定的原则规律性地发展变化。1975年,他们根据世界银行提供的101个国家1950~1970年的合并数据,通过回归模型计算,提出就业结构、城市化率和人均GDP之间的一般对应关系,成为研究就业与城市化关系的重要依据①。

2. 国内关于城镇化与农民转移就业相互作用的研究

(1)城镇化与农民转移就业数量关系的研究。

20世纪80年代后期,国内学者就开始研究农村劳动力转移问题,但是关于城镇化与农村劳动力转移关系的研究较晚,从唐洪潜(1994)才开始陆续有学者进行研究。对这一问题的定性分析主要集中在三个方面:一是运用国外的相关理论分析我国的城镇化与劳动力转移问题;二是对我国城镇化进程、劳动力转移的途径及其内部机理进行的理论研究;三是对国外城镇化进程及农村劳动力转移的经验借鉴。

定量分析方法主要有协调度模型、格兰杰因果关系检验、误差修正模型、脉冲响应分析和方差分解、面板数据回归、灰色关联法等。其中,利用格兰杰因果关系检验与误差修正模型进行的研究最多,得到的结论主要是城镇化与非农就业结构之间的关系在短期和长期会存在一定的差别,短期一般不会相互促进,而长期一般会存在均衡关系。如何苗(2013)认为河北省城镇化与就业短期只存在单向的因果关系(在短期,城镇化能够促进农业劳动力转移,而农业劳动力转移并不能促进城镇化),长期来看二者却存在相互促进的均衡关系;李林杰和于飞(2006)、刘爱英和姚丽芬(2011)、罗丽英和连泽凡等(2013)的研究结论也都表明,城镇化与第三产业就业具有长期的均

---

① 何苗. 河北省城市化与就业的协调发展研究[D]. 河北大学,2013:3.

衡关系。利用协调度模型进行的研究有何苗（2013）和李秀霞等（2010），其研究结果分别表明，河北省和吉林省的城镇化水平与农村劳动力转移都经历了从不协调转变为协调的过程。曾令华等（2007）和韩燕等（2012）分别用面板回归模型和灰色关联法分析发现，城市化进程和非农就业增长之间呈现出正相关关系。此外，蒋翠（2010）还把产业集聚、城镇化率与农村劳动力转移三个因素放在一起，通过回归分析发现农村劳动力转移和产业集聚、城镇化水平之间是相互影响的关系，只有基于产业集聚的城镇化才是农村剩余劳动力转移的可行之路。

（2）城镇化与农民转移就业质量关系的研究。

城镇化与农民转移就业质量关系研究主要采用定性与定量相结合方法，研究成果不多，对城镇化与农民就业转型的协同机制研究具有一定的参考价值。

张文婧（2006）在运用"推—拉"理论进行定性分析的基础上，通过相关分析与回归分析证明了城市化是影响劳动力转移数量与质量的重要因素，并分析了目前城市化滞后和就业不充分的原因，提出通过产业集聚推进城市化建设的具体对策。马文武（2012）首先在对农村劳动力转移和城市化的历史演变及其现象特征进行梳理的基础上重点分析了劳动力转移和城市化非均衡性在现阶段的重要表现；然后建立了一个简单的两部门理论模型从比较抽象的角度解释了城市化均衡和非均衡发展的路径轨迹及农村劳动力转移与城市化进程中非均衡性的形成机理；同时在理论分析的基础上又进行了实证检验，结论是城市化滞后工业化，城市间差距较大，外来人口市民化速度慢，非市民人口过度膨胀；最后提出走"均衡城市化道路"，应对当前城市化中的非均衡性。龙彦文（2014）首先在依据就业结构与城市化关联理论对二者的演进过程进行了梳理的基础上，对二者的互动关系进行了基本的定性判断，然后利用协调度模型和格兰杰因果关系检验定量分析了二者的协调度和互动关系，评价结果表明湖南省就业结构与城市化水平在1990~2012年期间从不协调逐渐发展到协调，但2007年以来协调度有所下降，说明就业结构的调整步伐跟不上城市化的发展。格兰杰因果检验的结果表明二者具有长期均衡关系，城市化水平可以促进就业结构的优化升级，但由于劳动力转移速度缓慢，就业结构的变化并没有使城镇化水平显著提升。许晓红（2015）在对农村劳动力转移就业质量内涵分析的基础上选取了 7 个具体指标来对其进行评价，然后选取农村劳动力转移就业率代表就业质量作为因变量，选取城镇化建设及发展、制度安排与建设、农村建设与发展三个方面 6 个指标作为自变量，用主成分回归分析法分析了就业质量的影响因素，结果显示 6 个自变量与农村劳动力转移就业率均呈现显著正相关关系，人口城镇化水平、社会保障程度、农业现代化水平、农村劳动力文化程度的影响最大，其次是城乡居民收入水平，城镇登记失业率影响程度最小。

上述研究从理论和实证两个方面探讨了城镇化与农民转移就业关系。尤其城镇化与农民转移就业数量关系的研究开展较早，研究成果较丰富。研究得出了较为一致的结论。但城镇化与农民就业质量关系的研究起步较晚，研究成果较少。多数学者从宏观视角切入研究主题，将就业质量简单界定为就业结构的高级化，而没有关注农民个体就业质量问题。搜索文献发现，至今尚未发现城镇化质量与农民就业质量协同关系的研究，尤其没有两者协同机制的相关研究。城镇化质量与农民就业质量协同关系是城镇化与就业在更高层次上的互动关联，是经济发展方式从又快又好向又好又快转变的体现。城镇化与农民就业关系研究应从宏观视角向微观视阈延伸，从个体问题推演到中观和宏观层次，这样才能为宏观问题解决奠定微观基础。本研究正是从微观层次剖析城镇化质量与农民就业质量的协同机理，构建协同推进机制。

1.2.5　城镇化质量研究

1. 城镇化质量的内涵

一般认为，城镇化（urbanization）是农村人口向城市不断转移、城市数量不断增加、城市体系不断优化调整，城市现代生产方式、生活方式逐渐占主导地位的过程。然而，在具体内涵上，城镇化既有"量"的测度（如城镇常住人口占总人口的比重），也有"质"的体现，一方面是城市人口数量的增加和城市规模的扩大，另一方面是城市产业结构的合理调整，社会经济的稳步发展和城市居民工作生活质量的提升。数量扩张和质量提升是城市化不可分割的两个方面，只有数量扩张而没有质量提升，会导致城镇化畸形发展[①]。

改革开放以后，经过30多年尤其是2000年以后快速的城镇化，中国的常住人口城镇化率达到54.8%，平均每年约增长一个百分点。但是，总体而言，我国城镇化是一个城乡二元分割背景下政策干预的过程（程开明等，2007；陈钊、陆铭，2008）。我国特殊的积累模式引致城镇化落后于工业化，1996年后我国进入快速城镇化阶段，引致土地城镇化即城市空间扩张的速度快于人口城镇化，出现"空心城镇化""被城镇化"等城镇化病（邓伟志，2003），中国过去的城镇化模式是粗放的、低质量的，非本质意义上的城镇化。另外，随着国内外经济环境发生改变，传统的经济增长方式不可持续，走新型、集约化的城镇化道路被提上日程，提升城镇化质量的呼声日高。

国外文献很少有关于城市化质量的直接提法，但相关研究不少，并主要集中在城市可持续发展、以资源环境为重点的生态城市化，以及以人为重点的城市居民生活质量的研究。比如，Daly（1990）和Maclaren（1996）对城市可持续发展进行了研究，并设计了不同的评价指标体系；Campbell等（1976）和Pavot等（1993）分别对城市生活质量的内涵以及城市化其他相关因素的关系开展了研究，Register（1987）采用生态学原理研究了城市化质量[②]。

城市化质量主要表现在城市经济、社会及空间的演变和发展，是经济城市化质量、社会城市化质量和空间城市化质量的有机统一，是衡量特定区域内城市化速度是否合理、人口城市化过程是否健康、经济城市化过程是否高效、社会城市化过程是否和谐公平的一项重要指标，同时也是加快推进我国城市化进程健康发展的关键（王德利，2012）[③]。这是城镇化质量比较宽泛而又抽象化的定义，有的研究者甚至还加入生态环境的可持续因素，而有些研究者出于角度不同，用比较简单指标表示城镇化质量的高低，以便于计量操作，如王安、魏建（2013），直接用非农户籍人口比重衡量城镇化质量，他们认为非农户籍人口真正享受着城市公共产品与福利待遇，代表着真实的城

[①][②] 赖德胜，夏小溪. 中国城市化质量及其提升：一个劳动力市场的视角[J]. 经济学动态，2012（9）.

[③] 王德利. 城市化发展质量的影响因素与演化特征[J]. 地域研究与开发，2013（32）：18-23.

市化水平，更多体现了城市化的"质"，从而可以用来衡量中国城市化的质量。又如赖德胜、夏小溪（2012）认为，城市化最终要求是劳动者的市民化，城镇内部的劳动力市场的状况是评价城市化质量高低的重要方面。

2. 中国城镇化质量的测度

大多数研究都是从经济、社会、环境等方面的协调或和谐上测度城镇化的质量，尽管选取的指标、城市样本、研究方法等不同，但是，这些研究基本上认为中国的城镇化质量不高。叶裕民（2001）认为城市化质量的研究可以从城市现代化和城乡一体化两方面来研究，他设计了一套指标体系并计算了中国9个最大城市的城市化质量，认为中国城市现代化的水平较低，城乡一体化进程较慢，需要进一步加快城市化进程并进行制度改革①。余晖（2010）指出，城市化质量是强调经济发展、城市功能与社会和谐三者的协调发展，并以长三角和珠三角新兴城区为例，对中国城市化质量进行了评析，明确指出城市化质量不等于城市化率，城市化质量并不与城市化水平呈现正相关关系。王家庭和唐袁（2009）总结了经济、社会和环境三方面的指标，测算了26个省会城市和4个直辖市的城市化质量，得出了中国有50%的省会及直辖市的城市化质量还处在一个较低水平，在城市化质量的空间差异上，我国城市化质量呈现出从东部向西部递减的趋势②。李晶等（2014）基于城市化质量的内涵及其与产业结构的互动机制，构建了城市化与产业结构协调发展的指标体系，提出了测算城市化与产业结构协调发展度的方法，并以老工业基地辽宁省为例进行了实证研究，发现辽宁省整体城市化与产业结构的协调发展度相对较低，仅处于初级状态，二者之间的促进作用并不明显。这些实证研究得到的基本结论是：中国的城镇化质量偏低，亟须提升；在城市群内部和省区内部不同城市的城镇化质量存在差异；甚至单个城市内部区域间的城镇化质量也会不同，需要差别对待。

前述研究发现了城镇化质量问题，简单界定了城镇化质量概念，并构建指标体系评价部分城市的城镇化质量。研究取得了一定的成效。但前述研究大多从宏观领域入手，构建了研究框架，研究结果显得空洞。新凯恩

---

①② 赖德胜，夏小溪. 中国城市化质量及其提升：一个劳动力市场的视角［J］. 经济学动态，2012（9）.

斯主义经济学认为，宏观问题解决应立足微观基础，从微观问题入手发现问题根源。城镇化质量问题既是宏观问题，又是微观问题。城镇化质量问题研究应从微观领域破题，也就是从人的视角研究城镇化质量。城镇化质量问题归根到底是外来人口就业和市民化问题。中国存在的半城市化或者虚假城市化现象就是农民工在城市就业，但没有在城市永久定居落户，而是像候鸟一样在农村和城市之间迁徙，严重违背了城镇化规律。城镇化问题的根源是人的问题。

1.2.6 新生代农民工就业研究

1. 新生代农民工就业特征

自 2004 年以来，中央"一号文件"连续 10 多年关注"三农"问题，对于农民工问题的研究已经非常丰富。"农民工"的存在一方面说明中国城市化的不彻底；另一方面农村务工人员就业受到歧视、工作环境恶劣和不能公平的享受城市公共服务。10 多年过去，这些问题还没有解决，新生代农民工问题又开始出现。所谓"新生代农民工"是指于 20 世纪 80~90 年代在农村出生，并在 90 年代中期开始在城市务工的劳动者（简新华、黄锟，2008；韩长赋，2010；罗恩立，2010）。

2010 年的中央"一号文件"《中共中央、国务院关于加大统筹城乡发展力度进一步夯实农业农村发展基础的若干意见》中，首次出现"新生代农民工"的提法①，文件明确着力解决新生代农民工问题，让新生代农民工市民化。此后，新生代农民工就业研究开始增多。在就业特征、存在的问题及解决途径上，新生代农民工有区别于第一代农民工的特点。新生代农民工已逐渐成为农民工的主体（全国总工会新生代农民工问题课题组，2010），未来的新型城镇化与该群体密切相关，因此关于他们的研究极其重要。

该群体在规模、文化程度、务工目的、交往及娱乐方式等方面与老一代农民工有所不同。他们平均受教育水平较高但缺乏专业技能、追求自我价值

---

① 郭兴全，屈晓东. 新生代农民工市民化路径探索[J]. 农业经济与管理，2011（8）.

实现且权利意识增强、成长经历与城市同龄人趋同；渴望获得市民待遇和在城市定居（韦芳芳，2010；郝保英，2013；郭飞等，2012；魏顺宝，2012；郑慧娟，2011）。

在就业特征上，新生代农民工不希望返乡务农，但是在城市的就业稳定性差（韦芳芳，2010；方华、刘洋，2012）。具体而言：受教育时间较长，专业技能较欠缺；多分布在东部沿海；多聚集在第二、第三产业，制造业和建筑业比重较高；就业企业多属于非公有制；工作时间长但工资待遇较低；合法劳动权益难保障，培训体系不完善，就业渠道受局限；等等（全国总工会新生代农民工问题课题组，2010；郑慧娟，2011；郭飞等，2012）。

与上述角度不同，杨春华（2010）将新生代的就业特点总结为：外出的动因从"生存型"向"生活型"转变；在身份认同上从农民身份向工人和市民身份转变；对于发展取向从关注工资待遇向关注自身发展和前途转变；从被动接受向追求权利平等转变；在职业选择上从苦脏累工种向体面工种转变[①]。

2. 新生代农民工存在的问题

不同的成长和生活经历，使新生代农民工融入城市的渴望更强烈，但是，目前还存在诸多制度和政策环境约束，以及他们自身的条件限制。如果说中国城镇化，尤其是农村剩余劳动力转移必然要经历经济活动的非农化和身份的市民化两个阶段的话（黄爱东，2009），那么，目前的新生代农民工才踏上向市民化转变的征程。

全国总工会新生代农民工问题课题组（2010）对新生代农民工存在的问题进行了详细调查总结：他们整体收入偏低；劳动合同执行不规范；工作稳定性差；社会保障水平偏低；职业安全隐患较多；职业培训不理想；加入工会比例较低；企业人文关怀不到位。

已有文献比较一致的看法是，教育培训体系不完善，劳动技能缺乏，就业能力较低，整体工资水平不高；就业途径受限，就业信息获取渠道存在断裂，就业歧视严重；社会保障不完善，就业福利、权益得不到保障；融入城

---

① 杨春华. 关于新生代农民工问题的思考［J］. 农业经济问题，2010（4）.

市面临诸多障碍，如户籍门槛、住房和教育障碍、社会保障等；长期得到不公平待遇导致的心理问题（如不满情绪、敌视城市居民、疏离感）；等等（杨春华，2010；包丽颖、陈柳钦，2011；郑慧娟，2011；夏丽霞、高君，2011；魏顺宝，2012）。

尽管仍然存在上述诸多问题，而且这些将是新型城镇化需要解决的重要障碍，但是，毕竟新生代农民工相对于第一代农民工在教育水平、工作方式多样化、权益保护以及生存环境都有了改善（刘光辉，2011）。这为他们逐步实现市民化奠定了基础。

3. 解决新生代农民工就业的对策

寻求新生农民工就业和生存问题的解决之道，主要从两个角度思路：一是整个制度环境的调整；二是针对新生代农民工自身素质的提高。前者需从户籍制度改革、城乡统一劳动市场建设、社会保障全覆盖、城乡公共服务均等化等方面逐渐开展，以推进他们向市民化转化的步伐；后者主要是从完善培训体系、机制和资金投入，增加就业渠道信息平台，鼓励新生代农民工提升自身劳动技能和素质、增强维权意识等增强他们的就业能力（简新华，2011；包丽颖、陈柳钦，2011；郭飞等，2012）。

罗恩立（2010）从微观、中观和宏观三个角度提出：新生代农民工自身应积极利用已经开放的城市公共服务设施，并积极寻找教育、培训机会提升自身人力资本，也要更充分地通过利用互联网等信息化手段来提高工作搜寻的效率；企业积极开发内部人力资源，促进新生代农民工培训文化、同群效应的形成；在国家层面，他主张构建促进新生代农民工就业能力提升的国家战略框架，在统一框架下实施教育培训、劳动力市场信息、创业支持等方面的优惠政策[①]。

4. 城镇化中农民就业转型研究[②]

就业转型概念于1996年提出（王诚，1996），但就业转型内涵研究没有得出一致结论。农民就业转型问题也就是农村劳动力转移就业问题（林汉

[①] 罗恩立. 新生代农民工就业能力问题初探：一个分析的框架 [J]. 经济问题探索，2010（3）.
[②] 刘洪银. 城镇"农二代"就业转型评价及实现路径 [J]. 首都经济贸易大学学报，2015（5）.

川，2001），新生代农民工就业转型亦即农民工就业结构的优化（孟宪生等，2011），农民就业转型核心是改善劳动条件和劳动收入，实现稳定就业和市民化（刘洪银，2012）。

学者将农村劳动力转移就业问题研究拓展到新生代农民就业，两代农民就业问题研究一以贯之，研究成果没有本质区别。随着经济社会发展水平提高，农民群体也应该共享发展成果。共享发展成果体现在新生代农民就业方面就要实现农民就业转型。新生代农民就业转型是本研究提出的新概念。以往学者也提出过就业转型概念，但该"就业转型"内涵主要是指转移就业，与本研究内涵界定差别较大。

1.2.7 新生代农民工市民化研究

1. 新生代农民工及其市民化内涵界定

自张雨林（1984）提出农民工这一概念后，农民工的内容发生了分化。王春光（2001）提出了"新生代农村流动人口"的概念，刘传江、徐建玲（2006）提出"第二代农民工"的概念，是指1980年以后出生、20世纪90年代后期开始进入城市打工的农民工。从社会文化层面看，农民工市民化是指农民在身份、地位、价值观、社会权利以及生产生活方式等各方面全面向城市市民转化，以实现城市文明的社会变迁过程（文军，2004）。其内涵应体现在生存职业、社会身份、自身素质以及意识行为四个层面（刘传江、程建林，2008）[1]。

2. 农民工市民化的制度障碍

农民工市民化发展滞后，主要原因在于正式制度缺失与非正式制度惯性，其中正式制度缺失主要指农民市民化缺乏制度保障一方面，二元分割的户籍管理制度阻碍农民市民化的道路，农村现有的土地使用制度也人为地阻碍了农村劳动力的"异地转移"和农民市民化的进程（胡键，2005）[2]。城市农民

---

[1] 陈素琼，张广胜. 中国新生代农民工市民化的研究综述 [J]. 农业经济，2011 (5).
[2] 田珍. 我国农民市民化问题研究观点综述 [J]. 经济纵横，2006 (2).

工市民化障碍主要源于制度性障碍和个体性障碍（胡平，2005）。前者主要是户籍制度和土地制度约束（王秋菊，2005），后者主要是农民工人力资本和社会资本薄弱。农民工市民化目标达成不仅依赖于政策调整，还取决于自身人力资本状况（黄小军，2005）。农民工市民化还必须构建社会资本积累机制（刘传江，2004）。社会资本是人们在互动和纽带关系基础上形成的一种非正式、非制度化、具有社会和情感支持的系统和群体（李汉林等，2002）。

3. 农民工市民化的政策和途径

农民工市民化应以制度创新为关键，产业升级为带动，教育培训为根本（徐虹，2004）。刘传江（2006）认为推进新生代农民工市民化需要从农民工的农村退出、城市进入、城市融合三个环节着手[①]，农村退出环节需要解决耕地流转制度创新、农地征用制度创新。城市进入环节需解决户籍制度转型、农民工人力资本与社会资本积累及农民工城市安居工程构建。城市融合环节要求农民工生存保障社会化和生存环境市民化。总之，政府应通过制度创新促进农民工市民化，如创新教育体制，让农民工子女享有受教育权；创新住房保障制度等（傅琼，2005）。

自2010年中央"一号文件"正式提出"新生代农民工"概念后，新生代农民工市民化问题研究取得了长足进步，研究内容较为充分，研究成果较为丰富。本研究没有就新生代农民工市民化问题本身进行进一步剖析，而是将新生代农民工市民化作为一个整体纳入到稳步城镇化研究中，与其他变量一起诠释稳步城镇化内涵，并与就业转型研究相关联，解释稳步城镇化与新生代农民就业转型协同机理。

1.2.8 文献综合评述

以往研究从不同视角、运用不同方法研判中国城镇化和新生代农民就业问题，把脉城镇化问题和农民工就业问题，形成了较完善的理论体系和决策

---

① 郑兴明. 城镇化进程中农民退出机制研究 [D]. 福建农林大学，2012.

建议。尤其城镇化与产业结构、产业结构与就业结构、城镇化与农村劳动力转移就业关系的研究成果较为丰富，而且基本形成统一的观点；实证检验的结果和发达国家的实践都表明，短期内城镇化发展与农村劳动力转移就业之间表现出单向关系，而长期趋势看两者呈现出互动关联关系。这些研究方法和研究成果为本课题研究提供有价值的参考。但以往研究多数停留在城镇化、产业结构、农民就业关系方面，没有深入剖析城镇化质量问题和新生代农民就业质量问题，更没有涉及城镇化质量与新生代农民就业转型协同机制研究。农民工就业转型研究尚处在概念探索阶段，没有形成就业转型的标准和内涵理论体系。产城融合研究缺乏微观基础，没有深入进城农民个体对就业居住生活的需求层面，没有引入农民就业变量。

中国城镇化应成为解决"三农"问题的推动力（王梦奎，2005），城镇化扩展应与产业结构以及就业相平衡（罗森伯格尔等，2002）。中长期内我国人口就业出现新的问题，总劳动年龄人口在2012年达到峰值后开始出现负增长，人口红利消失（蔡昉，2012），但在劳动力短缺时代，企业没有大幅提高农民工薪酬水平而是用机器人代替人力，农民工就业质量并没有因供给减少而显著改善。与此同时，城镇化因为农民工非稳定就业和非市民化而出现偏离以人为本的空洞城镇化现象。中共十八大报告要求提高就业质量和城镇化质量，农民就业转型无疑是实现更高质量就业和更高质量城镇化的根本途径，也是解决"三农"问题的出路之一。新型城镇化的核心内容在于人的城镇化，人的城镇化的重点在于使农民工市民化和城镇落户，人口城镇化顺利推进的前提是要提升新生代农民工的就业能力和就业质量，即实现就业转型。新型城镇化与进城农民就业应该在更高水平上实现协同，也就是实现城镇化质量与农民就业转型的协同发展，这就需要剖析两者协同机理，构建协同推进机制。

1.2.9 本书研究对象和研究目的

"农二代"（1980年以后出生的新生代农民工，也称"农二代"）具有与第一代农民工不同的特点：新生代农民工受教育程度较高，倾向进入大中城市。新生代农民工就业观念发生转变，进城打工目的主要不是生存所迫而是实现自身发展，追求体面就业，对劳动条件、劳动保护和职业声誉具有更高的要求，向往城市生活并期望融入城市社会。新生代农民工分为进城打工的城镇农民工和就地转移的农村农民工，产城融合既包括已城镇化区域实现外来人口市民化，也包括产业园区城镇化。本研究以进入城镇打工的新生代农民（以下简称"城镇新生代农民"，包括新生代农民工）为研究对象，以"新生代农民"概念代替"新生代农民工"，新生代农民既包括新生代农民工，也包括新生代农业劳动者（1980年以后出生的具有劳动能力的农业人口）。本研究从产城融合视角将宏观领域的城镇化问题与微观领域的农民就业转型问题纳入一个统一的分析框架，以两者协同发展促进城镇化和农民就业质量提升，为宏观分析奠定微观基础。试图回答以下问题：

（1）如何确定稳步城镇化的内涵和实现路径？如何构建稳步城镇化评价指标体系并代表性省市进行评价？如何通过产城融合构建宜业宜居宜人的城市环境？

（2）如何界定就业转型的内涵和标准？如何构建城镇农民就业转型评价指标体系并对其就业质量进行评价？影响进城农民打工收入增长、稳定就业和市民化的因素和影响效果如何？如何实现进城打工农民就业转型？

（3）现代农业是否可以进城？三次产业是否可以实现城镇空间融合？农民是否可以"进城不离农"？如何实现城镇化与农业现代化协调发展？

（4）如何构建稳步城镇化与新生代农民就业转型协同评价指标体系并对其进行评价？城镇化与新生代农民就业转型存在怎样的关联机理？如何构建稳步城镇化与农民就业转型协同治理机制？

1.3 主要研究方法

本研究主要采用社会系统动力学和理论模型法、多层次评价法、问卷调查法、深度访谈和案例分析法、政策建议法。

（1）社会系统动力学和理论模型法。路径分析中运用社会系统动力学方法，建立变量之间因果关系图和流图。通过关系图或流图揭示变量之间的作用关系和作用路径，从理论上分析解释变量和目标变量之间的逻辑关系。在逻辑关系分析基础上建立协同机理和 DLM 协同治理机制理论模型。协同机理模型抽象出变量之间内生作用机理，DLM 模型诠释政策干预的作用机制。理论模型研究从具体到抽象，案例分析从抽象到具体。

（2）多层次评价法。协同评价指标体系研究主要采用多层次灰色评价法，构建多层次指标体系，采用灰色聚类方法将一级指标归类。具体步骤如建立三级评价指标体系—利用层次分析法确定指标权重—指标赋值—确定指标目标值—计算指标得分—综合评价，计算出代表性省市稳步城镇化率、城镇新生代农民就业转型度和稳步城镇化与新生代农民就业转型协同度。

（3）问卷调查法。城镇新生代农民就业转型研究采用问卷调查法。调查时间为 2014 年 1～4 月，调查对象为进入城镇打工仍为农业户籍的新生代农民工。调查地区以东部地区为主，涉及环渤海地区（北京、天津、山东等）、长三角地区（江苏、浙江和上海）和珠三角地区（广东、福建）及部分东北地区和中西部地区。发放问卷 5000 份，回收有效问卷 3402 份。其中，北京市 737 份，天津市 1195 份，山东省 442 份，长三角 469 份，珠三角 510 份，其他地区 49 份。

（4）深度访谈和案例分析法。本研究进行了三次实地访谈。第一次，2014 年 1～4 月进行了城镇新生代农民工就业转型问题实地访谈。问卷调查同时，课题组对进入城镇打工就业、开办企业和个体经营的新生代农民进行了深度访谈。发现京津冀、长三角、珠三角地区城镇不同劳动类型农民工就业转型的约束因素。第二次，2015 年 6 月进行了产城融合深度访谈。调查内容为产城融合发展中进城农民就业实现以及就业状况改善。访谈对象为城镇政府部门、企业经营者和农民工。调查地区为长三角和珠三角的 7 个新型城镇，包括广州市增城区新塘镇、深圳市光明新区、上海市松江区方松街办、上海青浦区徐泾镇、杭州市余杭区塘栖镇、绍兴市钱清镇和江阴市华西新市村。第三次，2015 年 7 月进行了天津市已城镇化农民就业和收入状况调查。调查对象为区县农委部门、（农业）龙头企业和农民。调查地区包括天津环城四区（东丽区、北辰区、西青区和津南区）、远郊区县（武清区、宝坻区、宁河区、蓟县和静海县）、滨海新区。在深度访谈基础上，选取天津市示范小城镇建设进行案例分析，分析天津市协同推进就地城镇化与农民就业转型的可借鉴之处和不足之处。

（5）政策建议法。本书研究成果以咨询报告的方式向国家和省市政府部门提出政策建议。研究期间撰写和提交7篇咨询报告。

1.4 研究的逻辑框架

见图1-1。

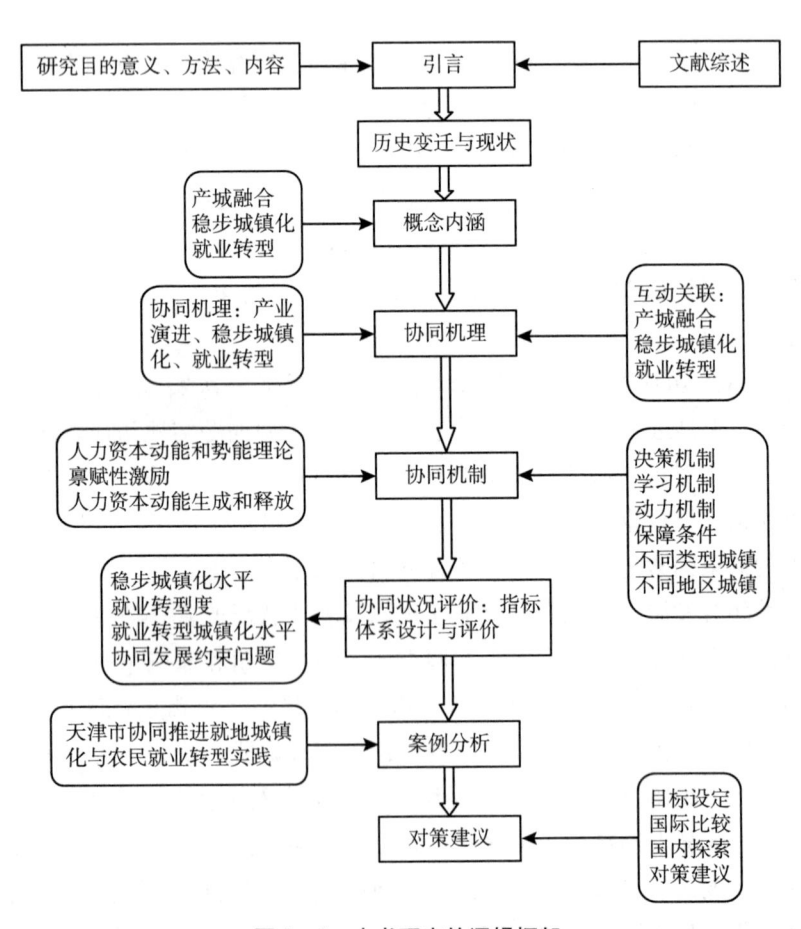

图1-1 本书研究的逻辑框架

1.5 主要研究内容

本研究共分八个部分。

1. 文献与政策综述

文献综述主要评述城镇化质量相关研究、产城融合问题研究、城镇化与产业关系研究、城镇化与农民就业关系研究、新生代农民工就业质量和市民化研究等。政策综述主要评述以往城镇化与农民进城就业相关政策、政策效果和不足之处。

2. 历史变迁与现状：城镇化与农民进城就业历程及政策变迁

采用文献梳理和描述性分析结合方法从制度演进、历史进程和现状三个方面研究城镇化和农民转移就业发展变化、制度演进和现实状况，分析演变规律和阶段性特征，发现需要解决的问题，为后续章节研究提供了现实基础和研究指向。

3. 概念内涵：产城融合、稳步城镇化和就业转型

这部分通过理论分析诠释产城融合理论，界定城镇农业内涵和特征，界定稳步城镇化内涵以及新生代农民就业转型的内涵和条件。

4. 协同机理

协同机理是协同机制的组成部分，为协同机制构建奠定理论基础。本章解释了产城融合发展与进城农民就业、产城融合发展与新生代农民市民化、稳步城镇化与农民就业转型的互动关联关系；分析了产业演进推动进城农民就业转型和稳步城镇化机理、稳步城镇化推进产业升级和农民工就业转型机理。

5. 协同机制

协同机制就是协同机理及遵循机理进行的政策安排。第一，构建了新生代农民人力资本动能生成理论体系。提出人力资本动能和势能概念，阐述了禀赋性激励理论，阐释新生代农民人力资本动能生成机理。为协同机制构建奠定理论基础。第二，构建了DLM协同机制。从决策机制、学习机制、动力机制三个方面探讨协同治理机制。第三，剖析协同决策机制。阐述城市政府决策、产业企业决策和农民城镇层级流动决策的目标选择。从农民二重分化和就业转型两个方面，通过建立计量经济模型，实证检验新生代农民城镇层级流动决策的效果。第四，学习机制。解释行为主体之间贝叶斯动态学习机理。阐述了城市政府与企业家之间产业升级转型、企业与农民工之间就业转型、城市政府与农民工之间市民化和落户、农民工与城市居民之间人力资本动能提升等开展的贝叶斯学习。第五，协同动力机制。阐述了城市政府、产业企业、新生代农民动力机制，剖析了新生代农民人力资本动能释放机制。第六，保障条件。第七，分析了产城融合发展下不同类型城镇、不同地区稳步城镇化与新生代农民就业转型协同机制。

6. 稳步城镇化与农民就业转型协同状况评价

第一，城镇化质量水平评价指标体系构建和评价。构建三级评价指标体系，利用AHP方法确定各级指标权重，利用统计数据为指标赋值并确定目标值，综合评价东部地区北京市、天津市、上海市、山东省、江苏省、浙江省和广东省七省市稳步城镇化水平，确定七省市在全国的水平，确定城镇化质量提升空间和领域。第二，城镇新生代农民就业转型指标评价体系构建和评价。设计调查问卷，在全国范围内开展问卷调查。构建城镇新生代农民就业质量状况评价指标体系并确权。利用问卷调查数据为指标赋值，评价全国（主要是东部地区）和东部地区七省市城镇农民工就业转型度，确定城镇新生代农民工就业质量提升领域。第三，稳步城镇化与农民就业转型协同评价指标体系构建和评价。构建稳步城镇化与城镇新生代农民就业转型协同评价指标体系，简称"就业转型城镇化评价指标体系"。利用宏观统计数据和问卷调查数据为指标赋值，综合评价东部地区七省市新生代农民就业转型城镇化水平，确定提升领域。第四，根据协同状况评价结果，探讨稳步城镇化与新生代农民就业转型约束问题。

7. 案例分析

以天津市为案例，分析天津市"三区联动"和"三改一化"中城镇化质量与城镇化农民就业质量状况、具体做法、相关政策、作用成效和不足之处。

8. 政策建议

第一，战略设定。提出和论证城镇化三步走战略：第一阶段（2010～2020年）发展现代农业、第二阶段（2020～2038年）农村再工业化和小城镇化、第三阶段（2038～2050年）现代产业与城镇化体系融合发展。第二，国际比较与国内实践探索。国际比较主要比较发达国家协同推进稳步城镇化与农民就业转型的成功经验和教训；国内比较主要比较上海市青浦区徐泾镇、广州市新塘镇、杭州市塘栖镇、绍兴市钱清镇和无锡市华西新市村5个小城镇以产城融合发展促进农民工就业质量提高的实践探索，从中发现启示和借鉴。第三，提出对策建议。本部分对策建议以咨询报告形式向相关政府部门提出决策参考。

2 城镇化与农民进城就业的历史变迁与现状

2.1 城镇化的制度演进

新中国成立以来,我国城镇化发展政策有两个大的分水岭:第一个是改革开放前后。新中国成立后改革开放以前,城市化建设逐步展开,但主要是限制农村人口流向城市,其政策具有一定的保护性质,并没有真正制定城市发展政策;改革开放以后才开始真正制定城市发展政策。第二个是2007年中共十七大前后。党的十七大以前,城镇化发展政策侧重于城镇体系的规划,其发展战略主要是关于城市等级、布局等城镇自身方面,其政策手段主要是通过户籍等制度对人口城镇化进行控制;党的十七大以后,城镇化发展政策突出与经济社会等其他方面的协调发展,其政策手段和内容更加丰富。其中,2007年至党的十七大期间城镇体系的规划又经历了优先发展小城镇战略——以大城市为中心的城市群发展战略两个阶段。因此,综合来看,可以把新中国成立以来城镇化发展政策划分为以下四个阶段。

2.1.1 新中国成立后至改革开放前确立市镇建制标准

改革开放以前,主要是对设置市、镇的建制标准进行了多次调整,对人口迁移进行控制，但是并没有提出过城镇化建设的相关政策，如表2-1所示。

表2-1　新中国成立后至改革开放前的城镇化政策

序号	时间	政策名称	主要内容	影响
1	1949年	中共七届二中全会	明确指出："从现在起，开始了由城市到乡村并由城市领导乡村的时期"，"必须用极大的努力去学会管理城市和建设城市"①	工作重心开始由农村转向城市，城市化建设工作也逐步展开
2	1954年	全国第一次城市建设会议	工业建设规模的加大和建设速度的加快，要求城市建设必须大力配合	
3	1955年	《关于设置市、镇建制的决定》	聚居人口10万人以上，可以设市；聚居人口2000人以上，可以设镇	为城镇化的发展提供了政策支持
4	1955年	《关于城乡划分标准的规定》	常住人口2000人以上且非农业人口50%以上，或常住人口1000人以上且非农业人口75%以上，可以设镇	
5	1957年	《关于制止农村人口盲目外流的指示》		造成城乡二元分割，限制了农村劳动力的流动和转移
6	1958年1月	《中华人民共和国户口管理登记条例》		导致城镇化长期落后于工业化
7	1962年	全国第二次城市工作会议	提出"对于城市，特别是大城市的人口增长要严格控制"	
8	1963年	《关于调整市镇建制、缩小城市郊区的指示》	对各地原有的建制镇、市进行审查，撤销不符合设置标准的建制②	提高建镇标准
9	1964年	公安部《关于户口迁移政策规定》	对迁入城市人口施行严格控制	出现第一次"逆城市化"③，城乡二元格局逐渐形成

注：①蒋霞．我国城镇化发展的历程及变革探索［J］．产业与科技论坛，2014（24）：9-15．
②③康春鹏．中国城镇化发展的政策演变与研究综述［J］．经济研究参考，2013（3）．

29

2.1.2 改革开放后至20世纪末期优先发展小城镇战略

改革开放以后,我国逐步恢复和加强了有关城镇规划、建设和管理的工作机构,同时,逐步放宽了对农村劳动力流动的控制,提出了优先发展小城镇的战略方针,并制定了一系列政策、法律和法规,如表2-2所示。

表2-2　　改革开放后至20世纪末期优先发展小城镇的主要政策

序号	时间	政策名称	主要内容	影响
1	1978年	中共十一届三中全会	做出了全党工作重心转移到经济建设上来的战略决策。随着农村改革的开展,城市改革也开始起步,逐步恢复和加强了有关城镇规划、建设和管理的工作机构,制定了一系列促进城镇化建设的方针、政策、法律和法规①	
2	1978年	全国第三次城市工作会议	提出"控制大城市规模,多搞小城镇"②	
3	1979年9月	《关于加快农业发展若干问题的决定》	指出要有计划的发展小城镇建设,并将其纳入了政府工作日程③	
4	1980年10月	全国城市规划工作会议	提出了"严格控制大城市规模,适度发展中等城市,积极发展小城市"④	发展小城镇,限制大城市
5	1983年10月	《关于实行政社分开建立乡政府的通知》	规定建立乡镇政府作为基层政权组织⑤	突出了镇的城市特质
6	1984年1月	《中共中央关于1984年农村工作的通知》	出台了允许务工、经商、办服务业的农民自理口粮到集镇落户⑥	第一次明确肯定并支持小城镇的发展
7	1984年10月	《中共中央关于经济体制改革的决定》	明确指出,将改革的重心转移到城市,提出"充分发挥城市的中心作用,逐步形成以城市特别是大、中城市为依托的,不同规模的,开放式、网络型的经济区"⑦	明确城市的中心地位

2 | 城镇化与农民进城就业的历史变迁与现状

续表

序号	时间	政策名称	主要内容	影响
8	1984年10月	《国务院关于农民进集镇落户的通知》	适当放宽了城镇入户限制[8]	
9	1984年	国务院同意民政部《关于调整建镇标准的报告》	公布了新的设镇标准[9]	降低建制标准
10	1985年	"七五"计划	提出"坚决防止大城市过度膨胀,重点发展中小城市和城镇"[10]	
11	1986年	民政部《关于调整市标准和市领导县条件的报告》		降低建制标准
12	1989年12月	《中华人民共和国城市规划法》	规定"国家实行严格控制大城市规模,合理发展中等城市和小城市的方针,促进生产力和人口的合理布局"[11]	
13	1990年	"八五"计划	提出"进一步调整与优化农村产业结构,推进小城镇建设进程"[12]	
14	1993年	《中共中央关于建立社会主义市场经济体制若干问题的决定》	要求"加强规划,引导乡镇企业适当集中,充分利用和改造现有小城镇,建设新的小城镇"[13]	
15	1993年	《村庄和集镇规划建设条例》	批准了民政部《关于调整设市标准的报告》,公布了新的设市标准	降低建制标准
16	1994年	《关于加强小城镇建设的若干意见》		第一个关于小城镇健康发展的指导性文件[14]
17	1995年	《中国小城镇综合改革试点指导意见》	决定选一批小城镇进行综合改革试点[15]	
18	1998年10月	《中共中央关于农业和农村若干重大问题的决定》	首次提出"小城镇大战略"[16]	

31

续表

序号	时间	政策名称	主要内容	影响
19	2000年6月	《关于促进小城镇健康发展的若干意见》	提出了"发展小城镇，是带动农村经济和社会发展的大战略"的思想[17]	第一份由最高当局发布，且将小城镇建设放在战略高度的纲领性文件

注：[1][3][5][6][8][9][10][12][15][16][17]康春鹏. 中国城镇化发展的政策演变与研究综述 [J]. 经济研究参考, 2013 (3).
[2]杨应旭. 贵州人口城市化：产业、就业与制度 [J]. 人口·社会·法制研究, 2010 (3).
[4]杨风, 陶斯文. 中国城镇化发展的历程、特点与趋势 [J]. 兰州学刊, 2010 (6)：75-78.
[7]李秉仁. 我国城市发展方针政策对城市化的影响和作用 [J]. 城市发展研究, 2008 (3).
[11][13]顾朝林, 吴莉娅. 中国城市化问题研究 [J]. 城市与区域规划研究, 2008 (9).
[14]罗思东. 从小城镇到大都市：改革开放以来我国城市化政策的演进 [J]. 马克思主义与现实, 2014 (11).

以1978年中共十一届三中全会为起点，认为大量农业劳动力不可能也不必要都进入大中城市，因此，提出要"有计划地发展小城镇建设和加强城市对农村的支援"的方针[1]。直到20世纪80年代末的多次城市工作会议及农村发展的相关决定等都强调了"控制大城市规模，重点发展小城镇"的方针。90年代期间，出台了一系列政策将这一方针具体化，主要体现在农村集镇建设与农村产业发展两大方面。比如集镇建设方面，降低建制标准；产业发展方面，依靠多种经营，调整与优化农村产业结构，同时还引导乡镇企业适当集中，其迅猛发展，使农民实现就地就近城镇化。

2.1.3 21世纪初以大城市为中心的城市群发展战略

20世纪末期，小城镇的发展遇到了问题，已经出现了耕地占用过多，资源巨大浪费和环境严重破坏，区域内城市发展缺乏协调性等问题。因此，进入21世纪，"按城市规模制定城市发展政策已不能适应新时期快速的城市化

---

[1] 罗思东. 从小城镇到大都市：改革开放以来我国城市化政策的演进 [J]. 马克思主义与现实, 2014 (6)：179-186.

过程"①，城市化政策开始转向大中小城市和小城镇的协调发展，如表2-3所示。从2000年的"十五"计划纲要，首次采用"城镇化"一词，提出发挥大城市的辐射带动作用②，到2002年中共十六大报告正式提出"中国特色城镇化道路"，即坚持大中小城市和小城镇协调发展③，在随后的相关政策中还对"以城市群为内涵的城镇体系"做了明确阐释，从而完成了城市化政策重心由小城镇向大都市的演变。

表2-3　　　　　　　21世纪初以大城市为中心的城市群发展战略

序号	时间	政策名称	主要内容	影响
1	2000年	《关于制定国民经济和社会发展第十个五年计划建议的说明》	朱镕基总理首次提出"中国的城镇化不能照搬别国的模式，必须从自己的国情出发，走有中国特色的城镇化道路"①	首次采用"城镇化"一词
2	2000年	《中共中央关于制定国民经济和社会发展第十一个五年规划的建议》	在着重发展小城镇的同时，积极发展中小城市，完善区域性中心城市功能，发挥大城市的辐射带动作用②	
3	2001年	"十五"计划纲要	把实施城镇化战略第一次列入了国民经济中长期发展计划，并对城镇化发展方针与道路提出了新的表述"有重点地发展小城镇，积极发展中小城市，完善区域性中心城市功能，发挥大城市的辐射带动作用，引导城镇密集区有序发展"③	
4	2002年	中共十六大报告	要逐步提高城镇化水平，坚持大中小城市和小城镇协调发展，走中国特色城镇化道路④	
5	2002年11月	中共十六大	提出"统筹城乡经济社会发展"的思想	

---

① 罗思东. 从小城镇到大都市：改革开放以来我国城市化政策的演进 [J]. 马克思主义与现实，2014 (6)：179-186.
② 戴维丽，潘竟虎. 城市群空间研究述评与展望 [J]. 商丘师范学院学报，2015 (3).
③ 康春鹏. 中国城镇化发展的政策演变与研究综述 [J]. 经济研究参考，2013 (3).

续表

序号	时间	政策名称	主要内容	影响
6	2005 年	中共十六届五中全会《中共中央关于制定国民经济和社会发展第十一个五年规划的建议》	提出"坚持大中小城市和小城镇协调发展，提高城镇综合承载能力，按照循序渐进、节约土地、集约发展、合理布局的原则，积极稳妥地推进城镇化"⑤ "有条件的区域以特大城市和大城市为龙头，通过统筹规划，形成若干用地少、就业多、要素集聚能力强，人口分布合理的新城市群⑥" "鼓励农村人口进入中小城市和小城镇定居，特大城市要从调整产业结构的源头入手，形成用经济办法等控制人口过快增长的机制"。在此建议中，还明确了"要把城市群作为推进城镇化的主体形态"⑦	初步完成了城市化政策重心由小城镇向大都市的演变
7	2006 年	《中共中央、国务院关于促进中部地区崛起的若干意见》	定义了以城市群为内涵的城镇体系："构建布局完善、大中小城市和小城镇协调发展的城镇体系。以省会城市和资源环境承载力较强的中心城市为依托，加快发展沿干线铁路经济带和沿长江经济带。""形成支撑经济发展和人口集聚的城市群，带动周边地区发展"⑧	

注：①谢天成，施祖麟. 中国特色新型城镇化概念、目标与速度研究 [J]. 经济问题探索，2015 (6).
②中国经济时报－中国经济新闻网. 实施新型城镇化的四大重要战略意义 [EB/OL]. http: // lib. cet. com. cn.
③蒋霞. 我国城镇化发展的历程及变革探索 [J]. 产业与科技论坛，2014 (24)：9－15.
④⑥顾朝林，吴莉娅. 中国城市化问题研究综述 [J]. 城市与区域规划研究，2008 (9).
⑤李秉仁. 我国城市发展方针政策对城市化的影响和作用 [J]. 城市发展研究，2008 (3).
⑦⑧罗思东. 从小城镇到大都市：改革开放以来我国城市化政策的演进 [J]. 马克思主义与现实，2014 (11).

2.1.4 2007 年以来的新型城镇化发展战略

21 世纪以来城市化发展政策有小城镇向大都市的转变，在中共十七大报告中得以进一步确认，提出"城乡一体化"，并逐步形成新型城镇化的新思路，强调城镇的产业发展、公共服务等经济和社会功能，尤其是中共十八大以来，"新型城镇化战略"的内容更加全面和系统，突出了以人为核心的城镇化，同时强调"新四化"（中国特色新型工业化、信息化、城镇化、农业现代化）同步发展将成为我国全面建成小康社会的载体和实现经济发展方式转变的重点。这一时期的相关政策如表2-4所示。

表2-4　　　　　　　　2007年以来的新型城镇化发展战略

序号	时间	政策名称	主要内容	影响
1	2007年	中共十七大	明确了"形成城乡经济社会发展一体化新格局"的战略①	
2	2007年	中共十七大报告	提出："走中国特色的城镇化道路，按照统筹城乡、布局合理、节约土地、功能完善、以大带小的原则，促进大中小城市和小城镇的协调发展。以增强综合承载能力为重点，以特大城市为依托，形成辐射作用大的城市群，培育新的经济增长极"②	
3	2008年10月	中共十七届三中全会	提出："城乡一体化"的概念	逐步形成新型城镇化的新思路③
4	2010年	《中共中央关于制定国民经济和社会发展第十二个五年规划的建议》	"坚持走中国特色城镇化道路，科学制定城镇化发展规划，促进城镇化健康发展。实施主体功能区战略，对人口密集、开发强度偏高、资源环境负荷过重的部分城市化地区要优化开发，对资源环境承载能力较强、集聚人口和经济条件较好的城市化地区要重点开发，对影响全局生态安全的重点生态功能区要限制大规模、高强度的工业化城镇化开发。按照统筹规划、合理布局、完善功能、以大带小的原则，遵循城市发展客观规律，以大城市为依托，以中小城市为重点，逐步形成辐射作用大的城市群，促进大中小城市和小城镇协调发展"④	顺应城市化发展所需的同时，实现各类型城市的协调发展

35

续表

序号	时间	政策名称	主要内容	影响
5	2010年	中央"一号文件"	提出,深化户籍制度改革,加快落实放宽中小城市、小城镇特别是县城和中心镇落户条件的政策,促进符合条件的农业转移人口在城镇落户并享有与当地城镇居民同等的权益⑤	
6	2011年	十一届全国人大四次会议	"十一五"期间,将积极稳妥推进城镇化,完善城市化布局和形态,不断提升城镇化的质量和水平	
7	2011年	国家"十二五"规划纲要	未来一段时间要打造"两横三纵"的城市化战略格局,包括21个重大的区域规划⑥	
8	2012年	中共十八大	"坚持走中国特色新型工业化、信息化、城镇化、农业现代化道路,推动信息化和工业化深度融合、工业化和城镇化良性互动、城镇化和农业现代化相互协调,促进工业化、信息化、城镇化、农业现代化同步发展⑦。要加大统筹城乡发展力度,增强农村发展活力,逐步缩小城乡差距,促进城乡共同繁荣。着力在城乡规划、基础设施、公共服务等方面推进一体化,促进城乡要素平等交换和公共资源均衡配置,形成以工促农、以城带乡、工农互惠、城乡一体的新型工农、城乡关系"⑧。要求到2020年"城镇化质量明显提高",要求国务院有关部委加以推进与落实;明确了发展城市群的具体方针:"科学规划城市群规模和布局,增强中小城市和小城镇产业发展、公共服务、吸纳就业、人口集聚功能"⑨	有中国特色城镇化道路的内容更加全面和系统化,突出了以人为核心的城镇化,弱化了"GDP中心主义"
9	2012年12月	中央经济工作会议	明确提出要"走集约、智能、绿色、低碳的新型城镇化道路"⑩	

续表

序号	时间	政策名称	主要内容	影响
10	2013年5月	《关于2013年深化经济体制改革重点工作的意见》	提出，要"根据城市综合承载能力和转移人口情况，分类推进户籍制度改革，统筹推进相关公共服务、社会保障制度改革，有序推进农业转移人口市民化，将基本公共服务逐步覆盖到符合条件的常住人口"⑪	
11	2013年	中共十八届三中全会	要完善城镇化健康发展体制机制；提出"推进城镇化，既要坚持使市场在资源配置中起决定性作用，又要更好地发挥政府在创造制度环境、编制发展规划、建设基础设施、提供公共服务、加强社会治理等方面的职能"⑫。确认，"推进农业转移人口市民化，逐步把符合条件的农业转移人口转为城镇居民"；同时，在继续坚持大中小城市和小城镇协调发展的基础上，党的十八届三中全会强调"优化城市空间结构和管理格局，增强城市综合承载能力""建立和完善跨区域城市发展协调机制"⑬	使得城镇化真正成为转变中国经济增长方式、扩大居民内需的动力和活力⑭
12	2013年	《全国老工业基地调整改造规划》	规划首次把城市化战略和工业化战略进行结合，以推进城区老工业区改造、完善城市服务功能、优化城市内部空间布局及推动城乡协调发展来全面提升城市综合功能。试图通过分散下游发展产业，带动下一级城镇化建设和发展，扭转城市内部发展的不均衡格局⑮	为新型城镇化战略提出了详尽的政策见解及实际运用
13	2014年	国家新型城镇化规划（2014~2020年）⑯	按照走中国特色新型城镇化道路，全面提高城镇化质量的新要求，明确未来城镇化的发展路径、主要目标和战略任务，统筹相关领域制度和政策创新。明确表示我国要走以人为本、四化同步、优化布局、生态文明、文化传承的中国特色新型城镇化道路⑰	这是中央颁布实施的第一个全国性的城镇化规划，对我国全面建成小康社会，加快社会主义现代化建设进程，具有重大的现实意义和深远的历史意义⑱

37

续表

序号	时间	政策名称	主要内容	影响
14	2014年7月	《国务院关于进一步推进户籍制度改革的意见》	提出要全面放开建制镇和小城市落户限制，对于中等城市、大城市和特大城市，则分别要有序放开、合理确定和严格控制[19]	引导农业转移人口落户到建制镇和小城市

注：①姚学宁，刘嘉. 中国城镇化发展历程分析 [J]. 河北企业，2014 (8)：45-46.
②李秉仁. 我国城市发展方针政策对城市化的影响和作用 [J]. 城市发展研究，2008 (3).
③刘维新. 正确理解新型城镇化的引擎作用 [J]. 中国地产市场，2013 (3).
④张建桥. 改革开放以来党的城市及城市化思想初探 [J]. 中共福建省委党校学报，2011 (3).
⑤姚学宁，刘嘉茵. 中国城镇化发展历程分析 [J]. 河北企业，2014 (8).
⑥⑭蒋霞. 我国城镇化发展的历程及变革探索 [J]. 产业与科技论坛，2014 (24)：9-15.
⑦⑨中国经济时报-中国经济新闻网. 实施新型城镇化的四大重要战略意义 [EB/OL]. http://lib.cet.com.cn.
⑧⑩⑮⑱张明斗. 城市化发展的政策演变及趋势预测研究 [J]. 兰州学刊，2015 (5)：159-166.
⑪罗思东. 从小城镇到大都市：改革开放以来我国城市化城市化发展的政策演变及趋势预测研政策的演进 [J]. 马克思主义，2014 (6)：179-186.
⑫张明斗. 经济发展中的城市化效率及政策选择研究 [D]. 东北财经大学，2014.
⑬罗思东. 从小城镇到大都市：改革开放以来我国城市化政策的演进 [J]. 马克思主义与现实，2014 (11).
⑯蒋霞. 我国城镇化发展的历程及变革探索 [J]. 产业与科技论坛，2014 (12)：9-15.
⑰王素斋. 科学发展观视域下中国新型城镇化发展模式研究 [D]. 南开大学，2014 (5).
⑲谢天成，施祖麟. 中国特色新型城镇化概念、目标与速度研究 [J]. 经济问题探索，2015 (6)：112-117.

2.2 城镇化的历史进程

新中国成立后，从人口城镇化水平看，城镇化进程可分为四个阶段，如图2-1所示。

2.2.1 第一阶段（1949~1960年）：城镇规模较小但发展速度较快

这一阶段，城镇规模较小，城镇化水平较低，年均城镇人口仅8000多万人，城镇化平均水平仅为14.43%，如图2-2所示。但是，城镇人口年均增长率很高，高达7.73%，是建国以来增长最快的时期，且远远超过这一时期总人口和乡村人口的年均增长率,分别是其 4.2 倍和 4.9 倍,城镇化发展速度也较快,平均每年上升 0.83 个百分点,如图 2-3 所示。这使得城镇人口由 1949 年的 5765 万人增加到 1960 年的 13073 万人,增长了 1.27 倍,城镇化水平由 10.64% 上升到 19.75%,如表 2-5 所示。

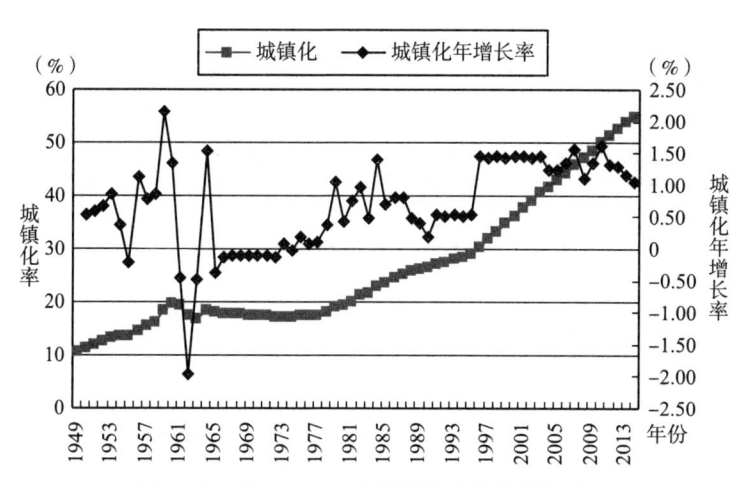

图 2-1 1949~2014 年城镇化率及其增长速度

资料来源:相应年份的中国统计年鉴。

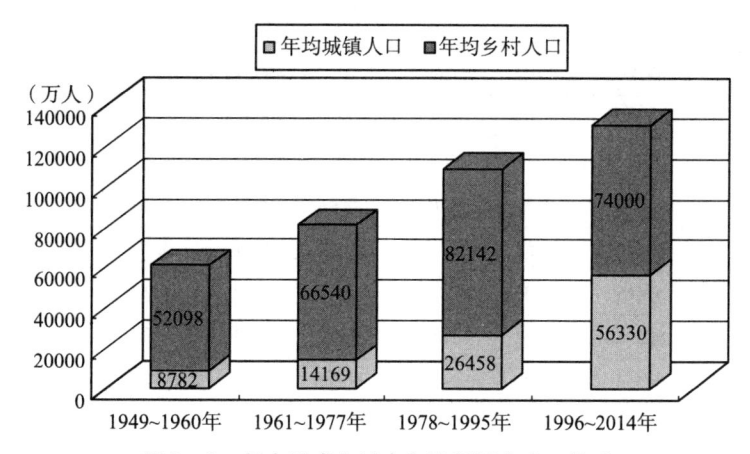

图 2-2 新中国成立以来各阶段城乡人口构成

资料来源:相应年份的中国统计年鉴。

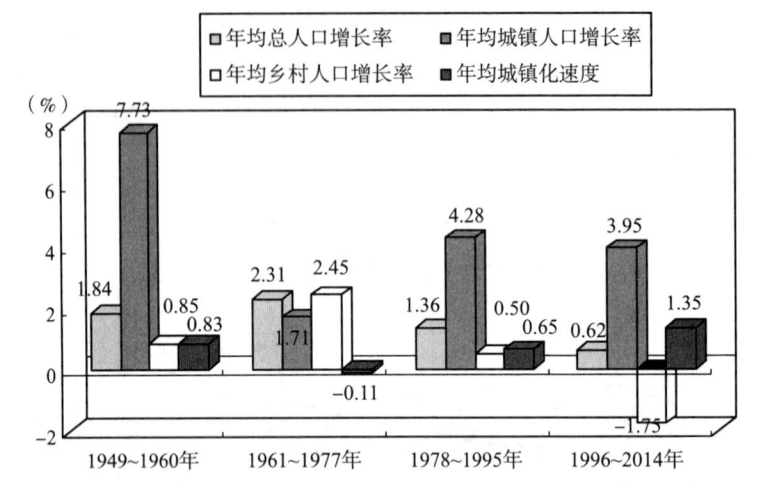

图 2-3 新中国成立以来各阶段城乡人口增长率及城镇化速度

资料来源：相应年份的中国统计年鉴。

表 2-5　　人口的城乡构成及其发展速度（1949~1960 年）

年份	年末总人口 数量（万人）	增长率（%）	城镇人口 数量（万人）	增长率（%）	乡村人口 数量（万人）	增长率（%）	城镇化率 水平（%）	速度（%）
1949	54167		5765		48402		10.64	
1950	55196	1.90	6169	7.01	49027	1.29	11.18	0.53
1951	56300	2.00	6632	7.51	49668	1.31	11.78	0.60
1952	57482	2.10	7163	8.01	50319	1.31	12.46	0.68
1953	58796	2.29	7826	9.26	50970	1.29	13.31	0.85
1954	60266	2.50	8249	5.41	52017	2.05	13.69	0.38
1955	61465	1.99	8285	0.44	53180	2.24	13.48	-0.21
1956	62828	2.22	9185	10.86	53643	0.87	14.62	1.14
1957	64653	2.90	9949	8.32	54704	1.98	15.39	0.77
1958	65994	2.07	10721	7.76	55273	1.04	16.25	0.86
1959	67207	1.84	12371	15.39	54836	-0.79	18.41	2.16
1960	66207	-1.49	13073	5.67	53134	-3.10	19.75	1.34
1949~1960	60880	1.84	8782	7.73	52098	0.85	14.43	0.83

资料来源：国家统计局网站"数据查询"。

这一时期主要是工业化带动城镇人口增长，随着我国国民经济恢复和工业化建设的加快，需要大量的农村劳动力，因此，当时通过城镇从农村招工、招生和招兵等办法实现了农村人口有序地向城镇流动。尤其是20世纪50年代末出现了强调重工业优先发展的爆发性工业化，引起了城镇化的高速发展，工业化和城镇化的进展都较为顺利。但是，这一时期的人口城镇化受人为控制和政策性影响较强，比较明显的两个影响是1955年城镇化率出现了负增长和1959~1960年出现了快速增长，尤其是1959年一年，城镇化水平就提高2.16个百分点，是有史以来发展最快的一年。第一个影响主要是因为1955年6月，国务院颁布《关于设置市、镇建制的决定》，对原有小城镇进行了调整，建制镇的数量由1954年的5400多个骤降为362个[①]。第二个影响主要是因为1958年开始，在"左"的思想指导下，"大跃进"和人民公社化运动期间，中国出现了大批炼钢的小城镇，市市办工业、县县开工厂，农村劳动力爆发性地涌进城镇，城市、建制镇猛增，城镇人口迅速膨胀[②]。

2.2.2　第二阶段（1961~1977年）：城镇化处于停滞和倒退

这一时期，城镇化处于停滞和倒退阶段，如表2-6所示，只有1964年和1973年、1975~1977年出现了上升，但除1964年外，其他几年上升幅度非常小，不足0.2%，其余年份全部是下降，由1960年的19.75%下降到1974年的17.16%，平均每年下降0.16个百分点，下降幅度较小，基本上接近停滞。本阶段16年的时间里，除前4年外，其余年份城镇化水平都在17%~18%之间。如图2-2所示，这一时期城镇人口的绝对数量增长很缓慢，年均增长1.71%，低于其他任何历史时期，也低于同期总人口和乡村人口的增长速度，年均城镇人口仅14169万人。1961~1963年，城镇人口数量出现了绝对下降，由1960年的13073万人减少到1963年的11646万人，1964~1965年虽然出现正增长，但只是恢复性增长，1965年城镇人口数仍然低于1960年水平，直到1966年其数量才略超过1960年水平。

---

①② 蒋霞.我国城镇化发展的历程及变革探索［J］.产业与科技论坛，2014（12）：9-15.

表2-6　　　　人口的城乡构成及其发展速度（1961~1977年）

年份	年末总人口 数量（万人）	增长率（%）	城镇人口 数量（万人）	增长率（%）	乡村人口 数量（万人）	增长率（%）	城镇化率 水平（%）	速度（%）
1961	65859	-0.53	12707	-2.80	53152	0.03	19.29	-0.45
1962	67296	2.18	11659	-8.25	55636	4.67	17.32	-1.97
1963	69172	2.79	11646	-0.11	57526	3.40	16.84	-0.49
1964	70499	1.92	12950	11.20	57549	0.04	18.37	1.53
1965	72538	2.89	13045	0.73	59493	3.38	17.98	-0.39
1966	74542	2.76	13313	2.05	61229	2.92	17.86	-0.12
1967	76368	2.45	13548	1.77	62820	2.60	17.74	-0.12
1968	78534	2.84	13838	2.14	64696	2.99	17.62	-0.12
1969	80671	2.72	14117	2.02	66554	2.87	17.50	-0.12
1970	82992	2.88	14424	2.17	68568	3.03	17.38	-0.12
1971	85229	2.70	14711	1.99	70518	2.84	17.26	-0.12
1972	87177	2.29	14935	1.52	72242	2.44	17.13	-0.13
1973	89211	2.33	15345	2.75	73866	2.25	17.20	0.07
1974	90859	1.85	15595	1.63	75264	1.89	17.16	-0.04
1975	92420	1.72	16030	2.79	76390	1.50	17.34	0.18
1976	93717	1.40	16341	1.94	77376	1.29	17.44	0.09
1977	94974	1.34	16669	2.01	78305	1.20	17.55	0.11
1961~1977	80709	2.31	14169	1.71	66540	2.45	17.56	-0.11

资料来源：国家统计局网站"数据查询"。

这一时期，主要是受到政治运动和自然灾害的影响，城镇化发展受到阻碍，出现停滞甚至倒退的现象。首先，1958~1960年"大跃进"和人民公社化运动带来了一系列问题，紧接着1961~1963年三年困难时期，国民经济遭遇严重困难，1961~1965年中央被迫对国民经济进行调整，进入工业调整时期。在城镇建设上，为了缓解城市人口压力，动员了近3000万城镇人口下乡[①]，使

[①] 陈映．中国农村城镇化的发展历程及现状分析［J］．西南民族大学学报（人文社科版），2005（6）：264-267．

得1961～1963年期间城镇人口数量出现了绝对下降。同时采取了提高设置市、镇标准，撤销部分市镇建制等应急措施，城市数由1961年208座压缩到1965年的171座，这种逆城镇化运动是对前一时期爆发性的超速城镇化所做的纠正[1]，在一定程度上纠正了前一阶段的盲目冒进错误[2]。其次，1966年开始的"文化大革命"，对小城镇的发展又带来了灾难性的影响，这一阶段城镇化建设陷于停顿，并且撤销城镇建设机构，下放城镇干部和居民，大量的城镇人口流向农村，导致逆城镇化的现象一直持续到1974年。

2.2.3 第三阶段（1978～1995年）：城镇化处于恢复和平稳发展

这一时期，城镇化处于平稳发展，如表2-7所示。由1977年的17.55%上升到1995年的29.04%，平均每年上升0.50个百分点。这一时期城镇人口增长速度也较快，年均增长率达4.28%，超过这一时期总人口和乡村人口的年均增长率，如图2-3所示，使得城镇人口由1977年的16669万人增加到1995年的35174万人，年均城镇人口规模进一步扩大到26458万人，是上一时期的1.9倍，如图2-2所示。

表2-7　　　　人口的城乡构成及其发展速度（1978～1995年）

年份	年末总人口 数量（万人）	年末总人口 增长率（%）	城镇人口 数量（万人）	城镇人口 增长率（%）	乡村人口 数量（万人）	乡村人口 增长率（%）	城镇化率 水平（%）	城镇化率 速度（%）
1978	96259	1.35	17245	3.46	79014	0.91	17.92	0.36
1979	97542	1.33	18495	7.25	79047	0.04	18.96	1.05
1980	98705	1.19	19140	3.49	79565	0.66	19.39	0.43
1981	100072	1.38	20171	5.39	79901	0.42	20.16	0.77
1982	101654	1.58	21480	6.49	80174	0.34	21.13	0.97

---

[1] 蔡秀玲. 中国城镇化历程、成就与发展趋势 [J]. 经济研究参考，2011 (11)：28-37.
[2] 陈映. 中国农村城镇化的发展历程及现状分析 [J]. 西南民族大学学报（人文社科版），2005 (6)：264-267.

续表

年份	年末总人口 数量（万人）	增长率（%）	城镇人口 数量（万人）	增长率（%）	乡村人口 数量（万人）	增长率（%）	城镇化率 水平（%）	速度（%）
1983	103008	1.33	22274	3.70	80734	0.70	21.62	0.49
1984	104357	1.31	24017	7.83	80340	-0.49	23.01	1.39
1985	105851	1.43	25094	4.48	80757	0.52	23.71	0.69
1986	107507	1.56	26366	5.07	81141	0.48	24.52	0.82
1987	109300	1.67	27674	4.96	81626	0.60	25.32	0.79
1988	111026	1.58	28661	3.57	82365	0.91	25.81	0.50
1989	112704	1.51	29540	3.07	83164	0.97	26.21	0.40
1990	114333	1.45	30195	2.22	84138	1.17	26.41	0.20
1991	115823	1.30	31203	3.34	84620	0.57	26.94	0.53
1992	117171	1.16	32175	3.12	84996	0.44	27.46	0.52
1993	118517	1.15	33173	3.10	85344	0.41	27.99	0.53
1994	119850	1.12	34169	3.00	85681	0.39	28.51	0.53
1995	121121	1.06	35174	2.94	85947	0.31	29.04	0.53
1978~1995	108600	1.36	26458	4.28	82142	0.50	24.36	0.65

资料来源：国家统计局网站"数据查询"。

这一时期，城镇化的恢复和平稳发展主要是得益于拨乱反正和农村经济体制改革与城市改革等一系列政策，尤其是有利于小城镇发展的众多条件和因素大大推动了我国城镇化的进程。1976年开始的拨乱反正使得大批城镇干部和居民返城。20世纪70年代末家庭联产承包责任制的推行，拉动了农村经济体制改革的序幕，激发了农民的生产积极性，使得农业劳动生产率大幅度提高[1]，节约了大量农村劳动力，从而为城镇吸收更多的人口和城市工业的发展奠定了物质基础。并且使得农村乡镇企业异军突起，也使一部分农

---

[1] 蔡秀玲. 中国城镇化历程、成就与发展趋势 [J]. 经济研究参考，2011 (11)：28-37.

专门从事非农业生产,实现了职业和身份上的转变,推动了农村城镇化的恢复性发展。80年代,国家发布了《国务院关于农民进集镇落户的通知》,放宽了对农村劳动力流动的限制,而且明确了"控制大城市规模、合理发展中等城市、积极发展小城市"的城市发展总方针,多次降低了设市和镇的标准,使得城镇化获得了平稳发展。

2.2.4 第四阶段(1996~2014年):城镇化加速发展阶段

这一时期,城镇化处于加速发展阶段,如表2-8所示。城镇规模明显扩大,如图2-2,所示城镇人口由1995年的35174万人增加到2014年的74916万人,年均城镇人口规模进一步扩大到56330万人,是上一时期的2.1倍。如图2-3所示,这一时期城镇人口数量在总人口增长趋缓的情况仍保持较快的增长速度,年均增长率达到3.95%,而同期总人口增长率仅为0.62,乡村人口数量则出现绝对下降,增长率为-1.75%。总人口的趋缓和城镇人口的快速增长,使得这一时期城镇化水平明显提高,由1995年的29.04%上升至2014年的54.77%,平均每年上升1.35个百分点,是有史以来发展速度最快的时期。

表2-8　　　　人口的城乡构成及其发展速度(1996~2014年)

年份	年末总人口 数量(万人)	增长率(%)	城镇人口 数量(万人)	增长率(%)	乡村人口 数量(万人)	增长率(%)	城镇化率 水平(%)	速度(%)
1996	122389	1.05	37304	6.06	85085	-1.00	30.48	1.44
1997	123626	1.01	39449	5.75	84177	-1.07	31.91	1.43
1998	124761	0.92	41608	5.47	83153	-1.22	33.35	1.44
1999	125786	0.82	43748	5.14	82038	-1.34	34.78	1.43
2000	126743	0.76	45906	4.93	80837	-1.46	36.22	1.44
2001	127627	0.70	48064	4.70	79563	-1.58	37.66	1.44
2002	128453	0.65	50212	4.47	78241	-1.66	39.09	1.43

续表

年份	年末总人口 数量（万人）	年末总人口 增长率（%）	城镇人口 数量（万人）	城镇人口 增长率（%）	乡村人口 数量（万人）	乡村人口 增长率（%）	城镇化率 水平（%）	城镇化率 速度（%）
2003	129227	0.60	52376	4.31	76851	-1.78	40.53	1.44
2004	129988	0.59	54283	3.64	75705	-1.49	41.76	1.23
2005	130756	0.59	56212	3.55	74544	-1.53	42.99	1.23
2006	131448	0.53	58288	3.69	73160	-1.86	44.34	1.35
2007	132129	0.52	60633	4.02	71496	-2.27	45.89	1.55
2008	132802	0.51	62403	2.92	70399	-1.53	46.99	1.10
2009	133450	0.49	64512	3.38	68938	-2.08	48.34	1.35
2010	134091	0.48	66978	3.82	67113	-2.65	49.95	1.61
2011	134735	0.48	69079	3.14	65656	-2.17	51.27	1.32
2012	135404	0.50	71182	3.04	64222	-2.18	52.57	1.30
2013	136072	0.49	73111	2.71	62961	-1.96	53.73	1.16
2014	136782	0.52	74916	2.47	61866	-1.74	54.77	1.04
1996~2014	130330	0.62	56330	3.95	74000	-1.75	43.22	1.35

资料来源：国家统计局网站"数据查询"。

这一时期城镇化的快速发展主要受市场经济体制的推动，1992年邓小平南方谈话以后，中国经济开始步入市场经济的快车道，一系列市场化改革成为城镇化发展的强大动力。随着改革的深化，我国城镇化道路由过去的优先发展小城镇逐步转向以大城市为中心的城市群和城乡统筹发展的新型城镇化战略。21世纪初的城市群发展战略，建立起了长三角、珠三角、环渤海等区域性城市群，带动了区域性城市化水平的提高，使我国城市化进程实现了飞跃发展，在保持了较高城镇化发展速度的同时，建立起了人口、教育、就业、住房等各方面的配套政策，但随着大量流动人口进入城市也带来资源、环境等一系列问题。因此，中共十七大以后，提出了统筹城乡发展、"四化"同步的新型城镇化战略，使得城镇化仍然继续保持高速增长。

2.3 城镇化的现状

2.3.1 城镇化增长快但总体水平仍然偏低

虽然改革开放以来，我国城镇化一直保持平稳快速发展，尤其是1996年以来年均提高1.35%个百分点，2014年人口城镇化水平已经达54.77%，但我国城镇化总体水平仍然偏低。如表2-9所示，从2013年世界主要国家（地区）城镇人口比重来看，我国城镇化仅接近于全世界平均水平，不仅与西方发达国家相比，差距很大，还低于部分发展中国家水平。

表2-9　　　　　2013年世界主要国家（地区）城镇人口比重

国家（地区）	城镇人口比重（%）	国家（地区）	城镇人口比重（%）	国家（地区）	城镇人口比重（%）
世界	53.0	巴西	85.1	马来西亚	74.0
中国香港	100.0	荷兰	83.9	捷克	73.4
中国澳门	100.0	韩国	83.7	土耳其	73.3
新加坡	100.0	美国	82.9	蒙古	70.2
委内瑞拉	93.9	加拿大	80.9	伊朗	69.4
阿根廷	92.8	英国	79.9	乌克兰	69.3
日本	92.3	墨西哥	78.7	意大利	68.8
以色列	92.0	西班牙	77.7	南非	62.9
澳大利亚	89.5	文莱	76.7	波兰	60.8
法国	86.8	德国	74.2	哈萨克斯坦	53.5
新西兰	86.3	俄罗斯联邦	74.2	中国	53.1

资料来源：2014年《国际统计年鉴》。

2.3.2 城镇化滞后于工业化发展

如果采用非农产业产值比重和非农产业就业比重来衡量工业化水平的话，我国建国以来，人口城镇化水平一直滞后于工业化水平，尤其是明显滞后于非农产业产值比重，如图2-4所示。形成这种现象与我国城镇化的背景和相关政策有关，比如户籍制度所导致的城乡二元结构和建国初的重工业优先发展战略，这些政策使得长期以来我国工业化的增长没有有效推动人口的自然流动转移。随着我国新型城镇化战略的实施，城镇化各项配套政策的完善，这种局面才逐步改善。

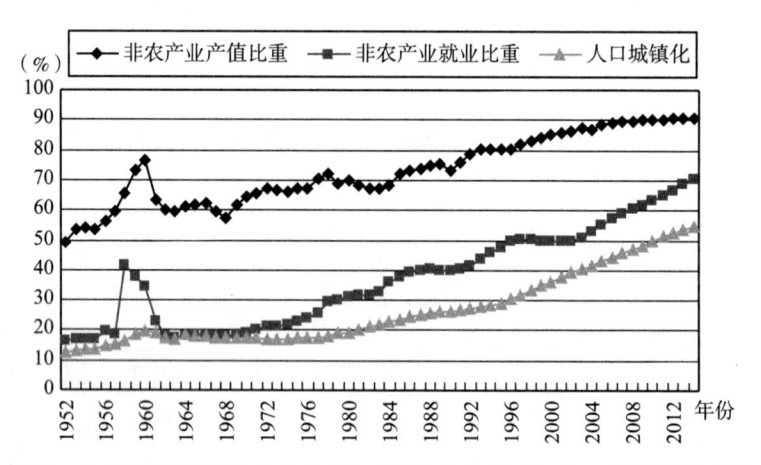

图2-4 新中国成立以来非农产业产值和就业比重与人口城镇化的比较

资料来源：非农产业产值比重，根据《新中国60年统计资料汇编》和国家统计局网站相关数据计算，原始数据见附表2-1；非农产业就业比重，根据《新中国60年统计资料汇编》和国家统计局网站相关数据计算，具体数据见附表2-2；人口城镇化水平，根据国家统计局网站相关数据计算得出，原始数据见表2-5~表2-8。

2.3.3 土地城镇化快于人口城镇化

1992年邓小平南方谈话以来，各地兴起开发区热，土地城镇化快速发展，近10年来建成区面积的扩张速度仍然是城镇人口增长速度的近2倍，尤其是近年来高铁的发展，带动了新一轮城市开发的热潮，2011年建成区面积的扩张速度达到城镇人口增长速度的 2.8 倍,如图 2-5 所示。造成这一现象的主要原因是土地使用制度的缺陷及各地经济利益的驱动,随着我国土地利用制度的完善,这一现象正在逐步改善。

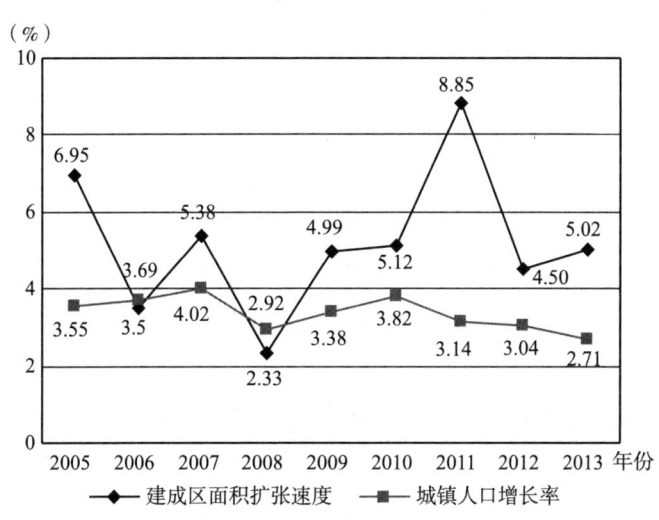

图 2-5 近年来土地城镇化与人口城镇化的比较

资料来源:国家统计局网站"数据查询"。

2.3.4 城镇体系形成但区域和结构分布不均衡

在我国城镇化进程中,基本形成了以大城市为中心、中小城市为辐射、小城镇为发展基础的多层次城市体系[1],并且形成了长三角、珠三角、京津冀、山东半岛、辽中南、中原、长江中游、海峡西岸、川渝和关中等城市群,这些城市群的形成,不仅使该区域的城镇化水平大大提高,而且使城镇之间的联系更加紧密[2]。但是,东部、中部、西部区域发展差异明显,大中小城市发展不均衡,而且缺乏有效的区域协调机制。

东部地区在城镇分布密度、城镇化率和大中城镇规模和数量等方面均高于中部和西部地区。东部地区城镇化表现为大城市辐射下的中小城市共同发

---

[1] 梁蕴兮.中国城镇化发展历程、问题及趋势分析[J].经济视角(上),2013(10):76-79.
[2] 蔡秀玲.中国城镇化历程、成就与发展趋势[J].经济研究参考,2011(11):28-37.

展，而西部地区城镇化则表现为以中小城市与小城镇为发展主体，产业层次低、经济发展动力不足[1]。同时，全国各大城市集中了各类优质公共资源，拥有更多的发展机会，更好的发展平台，对人才和劳动力的吸引力也更强，因而造成人口过度集中、城市资源稀缺、城市环境问题突出、交通拥堵等一系列"城市病"。据国家统计局数据显示，我国农民工人数的65.4%集中在东部地区，且64.7%集中在地级以上大城市；按常住人口城镇化率53.7373%，而享受均等公共服务的城市户籍人口仅仅有35%。与此对应的是，我国中等城市发展相对缓慢，小城镇比较分散，小城市功能不完善，在资源配置、城市规划与发展等各方面均与大城市存在较大差距[2]。尤其是各地区中大城市与中小城市及小城镇间缺少紧密的联系，在基础设施建设和公共服务体系等方面各自为政，难以发挥大城市的示范效应[3]。

2.3.5 缺乏支柱产业导致城镇发展动力不足

根据国际经验，在城镇化的中期，产业结构表现为第二产业大于第一产业大于第三产业。目前我国正处于城镇化发展的中期，在此阶段的城镇化主要应该依靠地区的工业化来推动。而我国目前的产业结构现状是：第二产业中，采掘业仍然占有较大比重，资源利用粗放，环境污染较为严重，吸纳劳动力有限；制造业发展不足，劳动生产率低，生产经营规模小，对国外技术装备依赖性强，还未形成以较高术含量和附加价值的加工组装制造业发展优势；第三产业发展，尤其是生产性服务业发展较为落后[4]。同时，由于发展方式粗放、加工技术水平低、产能过剩以及产品质量差等种种原因，造成我国产业经济效益普遍低下，运行质量不高，减少了城镇财政收入和居民收入，使城镇建设资金来源受到很大约束，进而降低了产业发展对城镇建设的支撑作用[5]。

---

[1] 梁蕴兮. 中国城镇化发展历程、问题及趋势分析 [J]. 经济视角（上），2013（10）：76 - 79.
[2][3] 蒋霞. 我国城镇化发展的历程及变革探索 [J]. 产业与科技论坛，2014（24）：9 - 15.
[4] 苗建萍. 新型城镇化与新型工业化的互动发展机制 [J]. 经济导刊，2012（1）.
[5] 沈正平. 优化产业结构与提升城镇化质量的互动机制及实现途径 [J]. 城市发展研究，2013（5）：70 - 75.

2.3.6 城乡关系协调但可持续发展能力不强

随着城乡经济体制改革和市场经济的发展，城乡分割的二元体制逐渐被打破，例如，城乡户籍、用工、教育、农村土地制度及行政管理体制等领域的改革，使得城乡之间劳动力、资本、技术和人才的流动日益增多，城乡关系开始走向协调。但是，我国人口众多，资源压力大，发展模式不合理，城镇化发展的可持续能力不足。

中共十七大以来，我国实施了新型城镇化战略，使得我国由过去片面注重追求城镇规模扩大转变为以提升城镇内涵为中心，其核心是农业转移人口的市民化，让农民拥有市民的权利，如平等受教育权、医疗和社会保障等公共服务的权利，而不是简单的居住地和户籍变化。然而，目前在我国城镇化的发展进程面临着资源短缺、融资渠道单一、建设资金缺乏等诸多障碍。传统的粗放式城镇化发展模式对我国资源、环境等构成了巨大的压力，一系列"城市病"问题日益突出，如城乡贫富差距扩大、交通拥堵、环境污染严重、生存环境持续恶化等，同时，农民的利益缺乏保障。这些问题如果得不到有效解决，新型城镇化的发展将难以持续。

2.4 农民进城就业的政策演进

自新中国成立以来，我国农业剩余劳动力的转移经历了行政式转移和市场化转移两个大的阶段，两个阶段劳动力转移的制度环境发生了根本性的变化，每个阶段中的制度安排和政策取向又呈现出一定的阶段性特征。

2.4.1 新中国成立初期至20世纪80年代初期（1953～1981年）：政策严格控制农民进城就业

新中国成立初期，为恢复国民经济，优先发展重工业，对农村劳动力进城就业并没有采取限制措施。但是，1958年开展的"大跃进"运动，使得经济建设规模出现了虚假的急剧膨胀，出现了农村劳动力向城市及农村非农产业的急剧转移，由于这种转移并不是以农业劳动生产率提高和农村剩余劳动力的增加为前提的，其结果是助长了畸形的经济结构，国民经济出现全面衰退，一方面，由于城市人口增加过多，造成了城市公用设施的过度紧张和城镇居民食品及其他物资供给的严重短缺；另一方面，由于大量农业劳动力脱离农业，造成了农业生产的严重缺失和社会生产的巨大破坏。于是党和政府开始严格限制农业剩余劳动力自发向城市工业转移就业，政务院或国务院曾多次发文禁止农村劳动力向城市流动，并规定城市用人单位一律不准随意招雇工人，对盲目进城的农民要随到随遣。同时还通过户籍制度以及与此配套的食品供应制度、就业制度、住房制度、教育制度等堵死了农业剩余劳动力城市转移的正常渠道①，如表 2 – 10 所示。另外，1960 年底，中央不得不提出"调整、巩固、充实、提高"的八字方针，缩短基本建设路线，实行企业的关停并转，精简大批城镇职工返回农村，实行"逆向转移"②。20 世纪 60 年代中期统购统销制度的实行，使农村商品市场萎缩，广大农村原来以农副产品为原料的家庭手工业和个体小商贩迅速衰落，使得农村非农产业劳动力也出现了下降。因此，这段时间，非但农村劳动力得不到转移，农村就业基本上就剩下从事农业这一条路，城市的就业压力也转向农村③。

这种城乡分割的户籍制度和就业制度一直到改革开放初期都没有得到根本改变。1978 年改革开放后，农村实行了联产承包责任制，农村生产力得到释放，对农业剩余劳动力的出路问题，我国政府选择了"离土不离乡，进厂不进城"的就地转移模式，即发展乡镇企业，实现就地消化④。同时，城市由于大批知青返城、干部职工"摘帽"落实政策等因素，城市就业压力空前增大。为此，国家继续严格限制农民进城⑤。其中，1980 年中共中央国务院《关于进一步做好城镇劳动就业工作的意见》最值得重视，因为在该文件中，今后大约 10 年的制度要点已经较为明确，首先，在城市就业

---

① 崔占峰. 中国农业剩余劳动力转移就业问题研究 [D]. 福建师范大学，2006.
② 兰荣禄. 新中国农村剩余劳动力转移的历史轨迹与现实走向 [D]. 福建师范大学，2005.
③ 韩俊. 我国农村劳动力转移的现状与特点 [J]. 江淮论坛，1995（4）.
④ 张雅丽. 中国工业化进程中农村劳动力转移研究 [D]. 西北农林科技大学，2007.
⑤ 中国社会科学网. 我国农民工政策变迁：脉络、挑战与展望 [EB/OL]. http：//www.cssn.cn.

问题上，相对于农民工，城镇职工被优先照顾，农民工进城就业受到诸多限制；其次，面对进城的农民工，对其各种活动要从严控制，甚至必要时可采用强制手段进行遣返。在之后的各项制度中，如计划控制、招工歧视、"离土不离乡"、证件管理等项措施，可以说是 1980 年《意见》的"放大"或"深化"①。

表 2–10　　　新中国成立初期至 20 世纪 80 年代初期严格控制农民进城就业的政策

序号	时间	政策名称	主要内容及其影响
1	1951 年	《城市户口管理暂行条例》	使全国城市户口管理制度基本得到统一①
2	1953 年	《关于劝止农民盲目流入城市的指示》	限制农村人口流入城市
3	1967 年	《关于制止农村人口盲目外流的指示》	限制农村人口迁移
4	1958 年	《中华人民共和国户口登记条例》	明确区分了农业人口和非农业人口，并严格控制人口流动。第一个限制城乡人口自由流动的法令，此后形成了"农民务农""市民务工"的二元就业结构，城乡分割的劳动力市场也就此形成
5	1958 年	《关于精简职工和减少城镇人口工作中几个问题的通知》	限制农村人口迁移
6	1959 年	《严格制止农村人口向城市流动》	严格限制城乡间人口的流动
7	1961 年	《关于减少城镇人口和压缩城镇粮销量的九条办法》	严格限制城乡间人口的流动
8	1962 年	《关于处理户口转移问题的通知》	
9	1962 年	《关于加强户口管理工作的意见》	严格限制农村人口流入城市
10	1964 年	《公安部关于户口迁移政策的规定（草案）》	严格限制城乡间人口流动
11	1975 年	《宪法（修正案）》	从宪法层面否定了公民所拥有的"居住和迁徙的自由"

---

① 赵银红. 农民工权益保障的制度演变分析 [J]. 中国国情国力, 2012 (2)：45–49.

续表

序号	时间	政策名称	主要内容及其影响
12	1977年11月	《公安部关于处理户口迁移的规定》	提出"严格控制市、镇人口,是党在社会主义时期的一项重要政策",该规定进一步强调要严格控制农村人口进入城镇,第一次正式提出严格控制"农转非"[②]
13	1979年	《关于清理压缩计划外用工的办法》	限制农村人口迁移
14	1980年	《关于进一步做好城镇劳动就业工作的意见》	控制农村人口流入城市
15	1980年	国家调整"农转非"控制指标:由原来不超过当地非农业人口的0.15%调整为0.2%	对农村人口流入城市的限制稍有松动
16	1980年	《关于解决部分专业技术干部的农村家属迁往城镇由国家供应粮食问题的规定》	
17	1981年	《关于广开门路,搞活经济,解决城镇就业的若干决定》	
18	1981年	《关于严格控制农村劳动力进城做工和农业人口转为非农业人口的通知》	严格控制农村人口流入城市

注:①孙海生. 我国户籍制度的历史嬗变及改革探析 [J]. 党史文苑, 2005 (3).
②高强. 我国户籍制度弊端及改革展望 [J]. 中国海洋大学学报 (社会科学版), 2004 (11).
资料来源:王伟,吴志强. 基于制度分析的我国人口城镇化演变与城乡关系转型 [J]. 城市规划学刊, 2007 (4): 39–46; 吴宝华,刘洪银,田翠杰. 农村集体建设用地流转与农民就业转型研究 [M]. 天津: 天津社会科学出版社, 2013.

2.4.2 20世纪80年代(1983～1988年):政策允许和鼓励农民进城就业

这一阶段的农民工政策具有从计划经济向市场经济过渡的特征,人民公社体制逐步趋于解体,从原来城乡隔离到逐渐松动,但政策的出发点仍是城市中心主义,在形式上体现为对农民自发流动一种承认和默许[①]。改革开放以后,伴随着家庭联产承包责任制的贯彻实施和乡镇企业的异军突起,1984

---

① 李中建. 我国农民工政策变迁:脉络、挑战与展望 [J]. 经济学家, 2011 (12): 70–78.

年首次出现"卖粮难"的局面,过去困扰多年的粮食问题大为缓解,1984年中央"一号文件"提出"允许务工、经商、办服务业的农民自带口粮到集镇落户",维持多年的限制流动政策开始出现松动。之后政府又陆续出台了一系列政策和措施,允许和鼓励农村劳动力的地区间、城乡间交流和贫困地区的输出如表2-11所示。这一时期,农村劳动力的转移和流动正进入了一个较快的增长时期,并逐步形成"民工潮",对城市交通与治安等都存在潜在压力。

表2-11　　20世纪80年代允许但控制盲目流动的政策

序号	时间	政策名称	主要内容及其影响
1	1983年1月	《当前农村经济政策的若干问题》	正式确立了家庭联产承包责任制
2	1983年	中央"一号文件"	允许农民多种门路发展商品生产,放活了农村工商业,在农民非农化就业方面迈出了一大步[①]
3	1984年	《关于1984年农村工作的通知》	提出,允许务工、经商、办服务业的农民自带口粮到集镇落户。该文件成为农村劳动力流动及就业政策变动的一个标志,表明限制城乡人口流动的就业管理制度开始松动[②]
4	1984年	《关于农民进入集镇落户问题的通知》	
5	1984年	《矿山企业实行农民轮换工制度试行条例》	对农民进城务工经商的控制开始松动
6	1985年1月	中央"一号文件"	提出"要扩大城乡经济交往,允许农民进城开店设坊,兴办服务业,提供各种劳务"[③]
7	1985年	《关于城镇暂住人口管理的规定》	改革松动
8	1985年	《中华人民共和国居民身份证条例》	
9	1985年	《关于进一步活跃农村经济的十项政策》	允许农民进入城镇务工,发展商业服务行业
10	1985年	取消了对主要农产品的派购任务	农民不再被牢牢束缚在土地上,粮食配给制的逐渐废止也为农民进城务工提供了可能性[④]

续表

序号	时间	政策名称	主要内容及其影响
11	1986 年	《关于国营企业招用工人的暂行规定》	允许国营企业招收农村劳动力[5]
12	1986 年 7 月	《国营企业实行劳动合同制暂行规定》	
13	1988 年	《关于加强贫困地区劳动力资源开发工作的通知》	允许农民进入城镇务工，发展商业服务行业
14	1988 年	《国营建筑企业招用农民合同制工人和使用农村建筑队暂行办法》	
15	1988 年	《交通、铁路部门装卸搬运作业实行农民轮换工制度和使用承包工试行办法》	
16	1988 年	铁道部《关于实行农民轮换工制度的暂行规定》	
17	1988 年 7 月	《关于加强贫困地区劳动力资源开发工作的通知》	提出按照"东西联合、城乡结合、定点挂钩、长期协作原则，组织劳动力跨地区流动"[6]

注：①王春雷. 我国农民工政策取向的演变历程 [J]. 商业时代，2013 (17)：123 - 124.
②徐永新. 我国农民工政策的演变及未来走向 [J]. 河南社会科学，2005 (8).
③⑥宋洪远，黄华波，刘光明. 关于农村劳动力流动的政策问题分析 [J]. 管理世界，2002 (6).
④⑤李中建. 我国农民工政策变迁：脉络、挑战与展望 [J]. 经济学家，2011 (12)：70 - 78.

2.4.3　20 世纪 90 年代（1989～1999 年）：政策规范和引导农民有序进城就业

20 世纪 80 年代末，由于经济过热，农村出现农业经济效益连年下滑和乡镇企业困难局面，农民收入没有增加反而下降，农民的跨区域流动势头有增无减；同时，城市由于国有企业改革，下岗人员增多，新增就业岗位严重不足，导致了 1989 年春节以后的"民工潮"，给交通、治安、环境、卫生造成了极大地冲击。国家开始控制农民工盲目流动①，如表 2 - 12 所示，1989

---

① 李中建. 我国农民工政策变迁：脉络、挑战与展望 [J]. 经济学家，2011 (12)：70 - 78.

年出台了多个控制农民工盲目流动的文件,并开始出台临时身份证、务工许可证和就业登记制度,开启了用"证件"的形式规范农民流动的时期。而 1992 年以后,更加顺应农村劳动力流动的趋势,变"堵"为"疏",政策集中于就业证、卡管理和户籍制度改革方面,以期借助证件和制度来规范和引导农民有序流动。

表 2-12　20 世纪 90 年代规范和引导农民有序进城就业的政策

序号	时间	政策名称	主要内容及其影响
1	1989 年	《关于严格限制"农转非"过快增长的通知》	
2	1989 年 3 月	《关于严格控制民工外出的紧急通知》	要求各级人民政府采取有效措施,严格控制当地民工外出[1]
3	1989 年 3 月	《关于进一步做好控制民工盲目外流的通知》	要求各地政府采取有效措施,严格控制当地民工盲目外流[2]
4	1989 年	《临时身份证暂行规定》	改革松动
5	1990 年 4 月	国务院发出通知	要求对农民进城务工实行有效控制、严格管理,建立临时务工许可证和就业登记制度[3]
6	1990 年	《关于做好劳动就业工作的通知》	严格用工登记制度
7	1991 年	《关于劝阻民工盲目去广东的通知》	控制农民工盲目流动
8	1991 年	全民所有制企业招用农民合同制工人的规定》	严格用工登记制度
9	1991 年	《关于进一步做好劝阻外流灾民工作的通知》	清退计划外用工并遣送返乡
10	1992 年	《关于实行当地有效城镇居民户口的通知》	改革试点

续表

序号	时间	政策名称	主要内容及其影响
11	1992年	国务院	宣布，自1993年1月1日起在全国放开粮油市场价格，停止粮票流通，宣布户籍与粮食供应脱钩等
12	1993年	《再就业工程》	从用工管理、监管、权益保障、管理服务等角度促进流动人口就业有序化
13	1993年	《农村劳动力跨地区流动有序化——"城乡协调就业计划"第一期工程》	
14	1993年	《关于建立社会主义市场经济体制若干问题的决定》	从中共中央的高层次上提出鼓励和引导农民工有序流动
15	1993年	《关于建立社会主义市场经济体制时期劳动体制改革总体设想》	提出了关于农民工有序流动的具体办法，培育现代劳动力市场
16	1994年	国务院反复发出通知，要求各地做好春节前后民工流动疏导工作	
17	1994年	《农村劳动力跨省流动就业暂行规定》	要求农民工办理外出人员就业登记和就业证作为流动就业的有效证件[④]
18	1994年	《关于促进劳动力市场发展，完善就业服务体系建设的实施计划》	提出放开城乡职工身份界限，完善现代就业体系[⑤]
19	1995年7月	全国流动人口管理工作会议	
20	1995年	《关于加强流动人口就业证和暂住证制度》	提出要从总量上控制，优先解决城市就业、工种限制等政策。各大城市陆续出台政策，通过数量、证件、管理、审批和工种限制等手段提高农民工流入的门槛[⑥]
21	1995年	《关于加强流动人口管理工作的意见》	强调统一流动人口就业证和暂住证制度，农民工进城务工需要持有"身份证"外，还要求办理"就业证""务工证""流动人员婚育证明""暂住证"[⑦]
22	1995年	《关于"外出人员就业登记卡"发放和管理有关问题的通知》	
23	1997	《小城镇户籍管理制度改革试点方案和关于完善农村户籍管理制度的通知》	改革松动

续表

序号	时间	政策名称	主要内容及其影响
24	1997年	《关于进一步做好农民工有序流动工作的意见》	
25	1998年	《关于解决当前户口管理工作中几个突出问题的意见》	改革松动
26	1998年	《关于做好灾区农村劳动力就地安置和组织农民工有序流动的工作意见的通知》	对于农民工进城务工的态度是合理化、适度化、有序化,突出强调发挥政策控制的作用⑧
27	1998年	《关于农业和农村工作若干重大问题的决定》	

注:①②徐永新. 我国农民工政策的演变及未来走向 [J]. 河南社会科学, 2004 (7): 91-93.
③⑥李中建. 我国农民工政策变迁: 脉络、挑战与展望 [J]. 经济学家, 2011 (12): 70-78.
④⑤⑦⑧喻名峰, 廖文. 城市化进程中农民工社会政策的变迁与建构逻辑 [J]. 湖南社会科学, 2012 (4): 86-89.
资料来源: 王伟, 吴志强. 基于制度分析的我国人口城镇化演变与城乡关系转型 [J]. 城市规划学刊, 2007 (4): 39-46.

2.4.4 21世纪(2000年以来):政策促进农民融入城市

进入21世纪,工业化和城镇化进程中的劳动力供求发生阶段性新变化,中国农村剩余劳动力转移进入年轻劳动力"无限供给不复存在"阶段,局部地区从2003年开始出现"民工荒"①。为统筹城乡发展和地区平衡,国家关于农民进城就业的政策发生了根本性变化,政策核心从管制转向服务与融合,旨在为农民进城务工创造良好的环境,真正实现融入城市。如表2-13所示,国家在清理和取消农民进城就业的各种不合理限制的同时,密集出台各项政策,积极推进户籍、就业、社会保障、住房、教育、小城镇建设等多方面的配套改革,政策目标从单纯的就业向就业、安居、公共服务、城市融入等综合目标转变。

---

① 王竹林, 吕俊涛. 农民工市民化政策演进的实质和路径选择 [J]. 农业经济与管理, 2014 (4): 5-11.

表 2-13　　　　　　　　21 世纪促进农民融入城市的政策

序号	时间	政策名称	主要内容及其影响
1	2000 年	《关于做好农村富余劳动力就业工作的意见》	提出取消各种歧视性政策，并首次提出要保障农民工的合法权益
2	2000 年	《关于促进小城镇健康发展的若干意见》	
3	2000 年	《关于进一步开展农村劳动力开发就业试点工作的通知》	提出改革城乡分割体制，取消对农民进城就业的不合理限制[①]
4	2001 年	《中华人民共和国国民经济和社会发展第十个五年计划纲要》	提出要打破城乡分割体制，取消农民工就业的不合理限制，建立一体化的城乡劳动力市场[②]
5	2001 年 3 月	《关于推进小城镇户籍管理制度改革意见的通知》	提出凡在小城镇有合法固定的住所、稳定的职业或生活来源的人员及与其共同居住生活的直系亲属，均可根据本人意愿办理城镇常住户口[③]
6	2001 年 11 月	《关于全面清理整顿外出或外来务工人员收费的通知》	指出，除证书工本费外，其余 7 项行政事业性收费一律取消。证书工本费收费标准每证最高不得超过 5 元
7	2002 年 1 月	《关于做好 2002 年农业和农村工作的意见》	第一次提出了针对农民进城务工的"公平对待，合理引导，完善管理，搞好服务"十六字方针[④]
8	2002 年 11 月	中共十六大	提出要消除不利于城镇化发展的体制和政策障碍，引导农村劳动力合理有序流动
9	2003 年 1 月	《关于做好农民进城务工就业管理和服务工作的通知》	第一次专门就促进农民进城务工下发的综合性文件。文件全面分析了当时农民进城务工存在的问题，要求各地要进一步提高对做好农民进城务工就业管理和服务工作的认识，并提出取消对农民进城务工就业的不合理限制，切实解决拖欠和克扣农民工工资问题，改善农民工的生产生活条件，做好农民工培训工作，多渠道安排农民工子女就学，加强对农民工的管理[⑤]

续表

序号	时间	政策名称	主要内容及其影响
10	2003年4月	《工伤保险条例》	首次将农民工纳入保险范围
11	2003年6月	《城市生活无着的流浪乞讨人员救助管理办法》	同时废止了《城市流浪乞讨人员收容遣送办法》
12	2003年	《城市生活无着的流浪乞讨人员救助管理办法实施细则》	
13	2003年9月	《2003～2010年全国农民工培训规划》	明确中央和地方各级政府在财政支出中安排专项经费扶持农民工培训工作[⑥]
14	2003年9月	《关于进一步做好进城务工就业农民子女义务教育工作意见的通知》	明确进城务工就业农民流入地政负责进城务工就业农民子女接受义务教育工作，以全日制公办中小学为主[⑦]
15	2003年10月	《关于完善社会主义市场经济体制若干问题的决定》	提出要改善农村富余劳动力转移就业的环境，逐步统一城乡劳动力市场，加强引导和管理，形成城乡劳动者平等就业制度
16	2003年11月	《关于切实解决建设领域拖欠工程款问题的通知》	提出自2004年起，用3年时间基本解决建设领域拖欠工程款以及拖欠农民工工资问题[⑧]
17	2004年1月	《关于促进农民增加收入若干政策的意见》	进城就业的农民工已经成为产业工人的重要组成部分，为城市创造了财富、提供了税收。城市政府要切实做好对进城农民的职业培训、子女教育、劳动保障及其他服务和管理经费，纳入正常的财政预算[⑨]
18	2004年3月	财政部相关规定	今后在城市中小学就学的农民工子女，负担的学校收费项目和标准将与当地学生一视同仁，不再收取借读费、择校费或要求农民工捐资助学及摊派其他费用。除收取每证最高不超过5元的《暂住证》工本费和《流动人口婚育证明》工本费外，其他面向进城就业农民的收费项目一律取消，并清退向农民违规收取的款项。开展农民工培训和技能鉴定，不得强制培训、强行收费[⑩]

续表

序号	时间	政策名称	主要内容及其影响
19	2004年	《国务院办公厅转发建设部等部门关于进一步解决建设领域工程款问题意见的通知》	促进解决农民工工资被拖欠和克扣等问题
20	2004年	《关于抓紧做好农民工工资偿付工作的通知》	
21	2005年	《关于进一步加强农村工作提高农业综合生产能力若干政策的意见》	明确鼓励农民进城务工,以提高农业边际生产效率,增加农民收入[11]
22	2005年	《中共中央国务院关于推进社会主义新农村建设的若干意见》(中央"一号文件")	清理取消各种歧视农民工的规定
23	2006年	《国务院关于解决农民工问题的若干意见》	提出要逐步建立城乡统一的劳动力市场和公平的就业制度,建立农民工权益保障政策体系,建立惠及农民工的城乡公共服务政策制度[12]
24	2007年	批准成都、重庆为城乡统筹发展综合改革实验区	开始了户籍制度、城市公共服务体系、城市市区完善等改革的探索,促进了农民工融入城市和实现完全市民化的步伐
25	2008年	《中华人民共和国劳动合同法》	有利保护农民工的合法权益[13]
26	2008年	《关于切实做好当前农民工工作的通知》	再次强调,采取多种措施促进农民工就业;加强农民工技能培训和职业教育;大力支持农民工返乡创业和投身新农村建设;确保农民工工资按时足额发放;做好农民工社会保障和公共服务;切实保障返乡农民工的土地承包权益[14]
27	2009年	中央"一号文件"	提出要支持农民工返乡创业和就近就地创业

续表

序号	时间	政策名称	主要内容及其影响
28	2010年	《关于加大统筹城乡发展力度进一步夯实农业农村发展基础的若干意见》（中央"一号文件"）	首次使用"新生代农民工"提法，并要求着力解决新生代农民工问题，让新生代农民工市民化⑮
29	2010年	《国务院办公厅关于进一步做好农民工培训工作的指导意见》	指出要逐步建立农民工培训项目和资金统筹管理体制，并要求2015年以前为有需求的农民工提供一次以上的技能培训，使其掌握一项适用于就业发展的实用技能⑯
30	2010年	《关于加快发展公共租赁住房的指导意见》	让农民工在城市能够安居乐业
31	2010年	《中华华人民共和国社会保险法》	农民工可按规定参加社会保险
32	2010年	《卫生部办公厅关于开展农民工健康关爱工程项目试点工作的通知》	试点农民工健康关爱工程
33	2010年	《国务院办公厅关于开展国家教育体制改革试点的通知》	进一步完善了农民工子女接受义务教育的体制机制
34	2011年	《全国主体功能区规划》	规定，按照"属地化管理、市民化服务"的原则，切实保障流动人口与本地人口享有均等的基本公共服务和同等的权益⑰
35	2012年2月	《国务院办公厅关于积极稳妥推进户籍管理制度改革的通知》	提出，要分类明确户口迁移政策；放开地级市户籍，清理造成暂住人口学习、工作、生活不便的有关政策措施；今后出台有关就业、义务教育、技能培训等政策措施，不要与户口性质挂钩⑱
36	2012年	中共十八大报告	指出，要以促进人口城镇化为核心，以有序推进农业转移人口市民化为重点，以创新体制机制为动力，科学规划城市群规模和布局，加快改革户籍制度，努力实现城镇基本公共服务常住人口全覆盖，推动城镇化健康发展⑲
37	2012年	《城乡养老保险制度衔接暂行办法（征求意见稿）》	

续表

序号	时间	政策名称	主要内容及其影响
38	2014年3月	《国家新型城镇化规划（2014~2020年）》	专门有一篇提出：要有序推进农业转移人口市民化，具体要推进符合条件农业转移人口落户城镇，推进农业转移人口享有城镇基本公共服务，建立健全农业转移人口市民化推进机制[20]
39	2014年9月	《关于进一步做好为农民工服务工作的意见》	提出：积极探索中国特色农业劳动力转移道路，着力稳定和扩大农民工就业创业，着力维护农民工的劳动保障权益，着力推动农民工逐步实现平等享受城镇基本公共服务和在城镇落户，着力促进农民工社会融合，有序推进、逐步实现有条件有意愿的农民工市民化，着力促进农民工社会融合，有序推进、逐步实现有条件有意愿的农民工市民化[21]

注：①徐永新. 我国农民工政策的演变及未来走向 [J]. 河南社会科学，2004 (7)：91-93.
②喻名峰，廖文. 城市化进程中农民工社会政策的变迁与建构逻辑 [J]. 湖南社会科学，2012 (4)：86-89.
③⑤⑥⑦⑧⑩江文胜. 农民工权益保护——政策演变及前景展望 [J]. 科学决策，2004 (4).
④⑨梅定祥. 二元制结构下农民工权益保护问题研究 [D]. 华中师范大学，2006.
⑪⑬⑮⑯⑰喻名峰，廖文. 城市化进程中农民工社会政策的变迁与建构逻辑 [J]. 湖南社会科学，2012 (4)：86-89.
⑫李柯. 农民工权益保护问题研究 [D]. 福建师范大学，2006.
⑭胡献忠. 21世纪以来新生代农民工政策供给与现实路径 [J]. 青年探索，2015 (1).
⑱王春雷. 我国农民工政策取向的演变历程 [J]. 商业时代，2013 (17)：123-124.
⑲王竹林，吕俊涛. 农民工市民化政策演进的实质和路径选择 [J]. 农业经济与管理，2014 (4)：5-11.
⑳新华社. 授权发布：国家新型城镇化规划（2014~2020年）[EB/OL]. http：//news.xinhuanet.com/house/bj/2014-03-17/c_126274610.htm，2014-03-17.
㉑国务院印发进一步做好为农民工服务工作的意见 [J]. 中国职工教育，2014 (11).

2.5 农民进城就业的历史进程

由于我国农民进城就业数量的全面数据很难获取，只有一些零散的数据，因此本研究主要参考各类文献资料中的零散数据，并借助全社会从业人员的城乡构成（见图2-6）与产业构成（见图2-7）、乡村从业人员的产业构成（见图2-8）、城镇新增就业人员的来源构成（见图2-9）来分析农进城就业的历史进程。尽管图2-1~图2-4所采用的数据不能精确说明农民进城就业的具体数量，但能够在一定程度上反映出农民进城就业的大体情况。

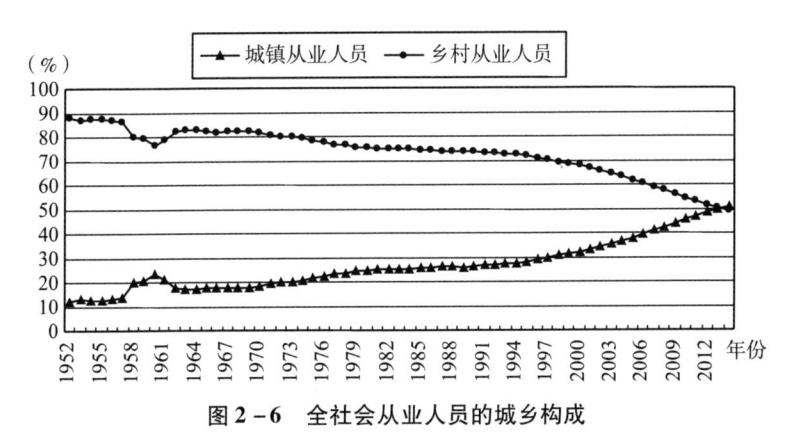

图2-6　全社会从业人员的城乡构成

资料来源：根据《新中国60年统计资料汇编》和国家统计局网站相关数据计算，原始数据见附表2-2。

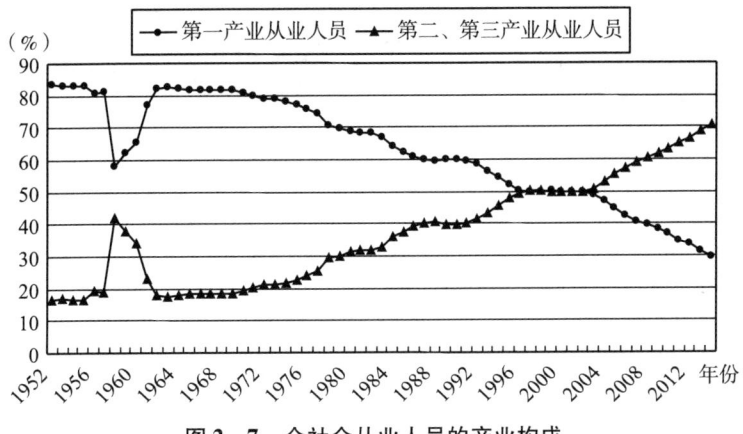

图2-7　全社会从业人员的产业构成

资料来源：根据《新中国60年统计资料汇编》和国家统计局网站相关数据计算，原始数据见附表2-2。

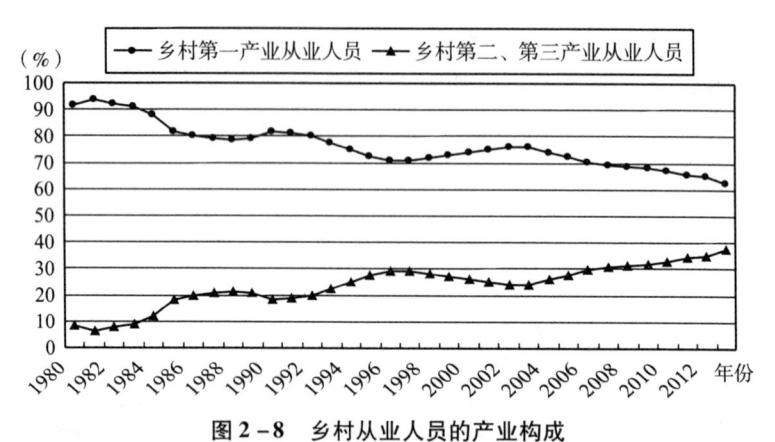

图 2-8 乡村从业人员的产业构成

资料来源：根据《中国农村统计年鉴汇编 1949~2004》和《2014 年中国农村统计年鉴》相关数据计算，原始数据见附表 2-3。

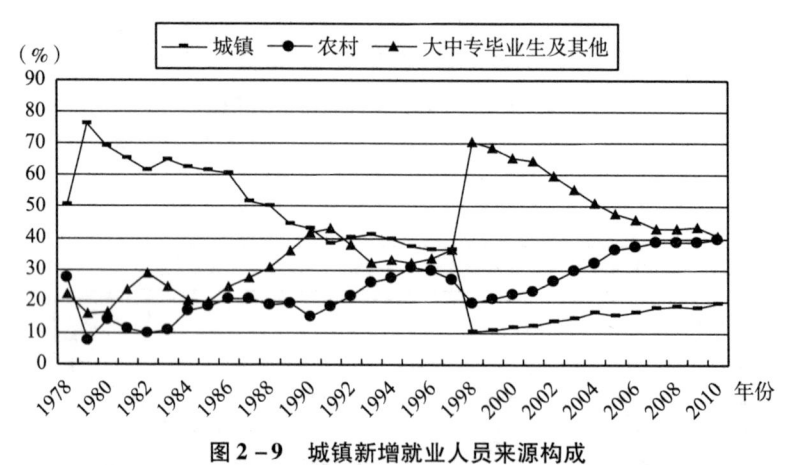

图 2-9 城镇新增就业人员来源构成

资料来源：根据《1994 年中国统计年鉴》《1998 年中国统计年鉴》和 1999~2011 年各年《中国劳动统计年鉴》相关数据计算，原始数据见附表 2-5。

由图 2-6~图 2-9 可知，新中国成立以来，我国农民进城就业可谓经历了一个复杂的过程。从大的范围来讲，基本可以改革开放为界划分为两个不同的时期，在这两个不同的发展时期，又可以区分为不同的发展阶段。

2.5.1 改革开放前农民进城就业的历史进程

自新中国成立初期到改革开放前，我国农民进城就业大致经历了以下五个阶段。

1. 自由稳步转移阶段（1949~1957年）

这一阶段农民进城基本上没有受到政府控制，而且转移规模比较稳定，因此称作自由稳步转移阶段。1949年新中国成立后，为了恢复国民经济，实现社会稳定，政府在农村进行了土地改革，在城市开始了大规模的工业化体系建设，使得农民进城出现自发转移。一方面，农村土地改革使广大农民生产积极性空前提高，这为发展农业生产及农村剩余劳动力的自由转移提供了空间；另一方面，大规模的工业化体系建设需要从农村吸纳大批剩余劳动力。因此，这一时期，无论在地域空间上还是农村或农业产业内部，都出现了较大规模的集中转移，而且农村劳动力都是可以自主择业的。有数据表明，1952年，全民所有制工业部门职工只有510万人，到1958年就增加到了2316万人，新增职工绝大部分来自农村；1950~1957年，平均每年进入城市的农民有165万人；在20世纪50年代，农村各种专业手工业者约200万人，而兼营商品性手工业的农民约为1000万人①。另外，由图2-6可见，1952~1957年，在全社会从业人员的城乡构成中，乡村从业人员所占比例稳步下降，而城镇从业人员所占比例稳步上升。

2. 自由快速转移阶段（1958~1960年）

这一时期，无论在地域空间上还是农村或农业产业内部，农村劳动力都出现了向城镇和非农产业的急剧转移。从全社会从业人员的构成情况（见图2-6）来看，这一时期在全社会从业人员的城乡构成中，乡村从业人员所占比例出现了急剧下降，由1957年的86.5%下降到1960年的76.4%，而城镇从业人员所占比例出现急剧上升，由1957年的13.5%上升到1960年的23.6%；由图2-7可知，在产业构成中，第一产业从业人员所占比例急剧下降，由1957年的81.2%下降到1960年的65.7%，而第二、第三产业从业人员所占比例急剧上升，由1957年的18.8%上升到1960年的34.3%；尤其是1957~1958年，城镇从业人员由3205万人猛增至5300万人，一年内增长了

---

① 张雅丽. 中国工业化进程中农村劳动力转移研究 [D]. 西北农林科技大学，2007.

65.4%，第二、第三产业从业人员由4462万人猛增至8864万人，一年内增长了98.7%。另外，从农村内部产业构成来看，有数据表明，农村非农产业劳动力从1957年的1257万人猛增到1958年的5810万人，一年内增长了3.6倍①。这一时期之所以出现农村劳动力向城镇的急剧转移主要是因为，1958年开始的"大跃进"运动中造成了经济发展对劳动力过度需求的虚假信号，一方面是城市工业冒进带来的大规模经济建设产生了对劳动力需求的急剧膨胀；另一方面是农村"浮夸风"产生的农村劳动力虚假剩余以及各类小钢铁在农村的发展，使农村内部也出现了向非农产业的急剧转移。

3. 行政控制下的快速逆转回流阶段（1961～1963年）

由图2-6和图2-7可知，这一时期，在全社会从业人员的城乡构成中，乡村从业人员所占比例出现了急剧上升，由1960年的76.4%上升到1963年的82.7%，而城镇从业人员所占比例出现急剧下降，由1960年的23.6%下降到1963年的17.3%；在产业构成中，第一产业从业人员所占比例急剧上升，由1960年的65.7%上升到1963年的82.5%，而第二、第三产业从业人员所占比例急剧下降，由1960年的34.3%下降到1963年的17.5%。另外，有数据表明，1961～1963年，城市职工共减少1940万人，其中返回农村的劳动力达1300多万人②。可见，这一时期劳动力大量由农村返回城镇，出现这一特点的原因主要在于上一时期农村劳动力向城镇和非农产业的急剧转移并不是以农业劳动生产率的提高和农村剩余劳动力的增加为前提的，其结果，助长了畸形的经济结构，国民经济出现衰退，国家对此采取了经济调整政策及农村劳动力的逆向转移政策。一方面由于城镇人口过快增长，进而导致城市公用设施的过度紧张和城镇居民食品及其他物资供给的严重短缺，引起供给严重不足；另一方面由于大量农民脱离农业，造成了农业生产的严重缺失和社会生产的巨大破坏。于是，1960年底，中央不得不提出"调整、巩固、充实、提高"的八字方针，缩短基本建设路线，实行企业的关停并转③。从1961年开始清理1958年以来从农村通过招工转移出来的劳动力，补充回农

---

① 张雅丽．中国工业化进程中农村劳动力转移研究［D］．西北农林科技大学，2007．
② 何如海．农村劳动力转移与农地非农化协调研究［D］．南京农业大学，2006．
③ 兰荣禄．新中国农村剩余劳动力转移的历史轨迹与现实走向［D］．福建师范大学，2005．

业部门，并精简大批职工返回农村，鼓励城市青年到农村从事农业生产，实行"逆向转移"。同时通过户籍制度以及与此配套的食品供应制度、就业制度、住房制度、教育制度等堵死了农业剩余劳动力城市转移的正常渠道①。

4. 行政控制下的基本停滞甚至逆向转移阶段（1964~1969年）

由图2-6和图2-7可知，这一时期，全社会从业人员的城乡构成和产业构成都比较稳定，在全社会从业人员的城乡构成中，乡村从业人员所占比例保持在17.4%~18.0%之间，而城镇从业人员所占比例保持在82.0%~82.6%之间，变化非常小；在产业构成中，第一产业从业人员所占比例保持在81.6%~82.2%之间，而第二、第三产业从业人员所占比例保持在17.8%~18.4%之间，变化也都非常小。这主要是因为这一时期，农村劳动力的流动基本上被置于政府的严格控制下，由于之前农村劳动力的非正常转移，导致了分割城乡关系的招工制度和户籍制度的形成，从而严格限制了农村剩余劳动力向城镇的进一步转移；另外，由于1953年统购统销制度的实行，使农村商品市场萎缩，广大农村原来以农副产品为原料的家庭手工业和个体小商贩迅速衰落，加之从20世纪50年代中期城镇知识青年上山下乡或下乡上山开始到1966年，共有100多万城镇劳动力转移到农村就业；"文革"时期在"反修防修""屯垦戍边""接受再教育"等政治口号下，知识青年向农村和农业又转移1647万人，在这种情况下，许多农村出现了就地取材、就地生产、就地销售的各种社队工业，到1976年底，全国社队企业就发展到111.5万多个，吸纳了大量农业剩余劳动力，形成了历史上独特的逆向转移模式——工人务农，农民做工②。可见，由于诸多制度和政策障碍使得农村劳动力向城镇的转移相当困难与城镇知识青年向农村的逆向转移的相互抵消作用，使得这一时期农村劳动力向城镇的转移基本处于停滞阶段。

5. 行政控制下的逐渐恢复阶段（1970~1978年）

由图2-6和图2-7可知，这一时期，在全社会从业人员的城乡构成中，

---

① 崔占峰. 农业剩余劳动力转移就业问题研究 [D]. 福建师范大学，2006.
② 崔占峰. 农业剩余劳动力转移就业问题研究——走中国特色的农业劳动力转移就业道路 [M]. 北京：经济科学出版社，2008：66.

乡村从业人员所占比例逐年稳步下降，由 1969 年的 82.5% 下降到 1978 年的 76.3%，平均每年下降 0.7 个百分点，而城镇从业人员所占比例逐年稳步上升，由 1969 年的 17.5% 上升到 1978 年的 23.7%，平均每年上升 0.7 个百分点；在产业构成中，第一产业从业人员所占比例逐年稳步下降，由 1969 年的 81.6% 下降到 1978 年的 70.5%，平均每年下降 1.2 个百分点，而第二、第三产业从业人员所占比例逐年稳步上升，由 1969 年的 18.4% 上升到 1978 年的 29.5%，平均每年上升 1.2 个百分点。可见，1970 年以后，农村劳动力的城市转移逐渐恢复。

总之，这段时期经济与政策的大起大落在很大程度上打击了劳动力转移的自主意识，农民进城就业受政府行政的强制干预影响较大，呈现出行政性转移的总体特征。

2.5.2 改革开放后农民进城就业的历史进程

改革开放以后，我国的农村劳动力转移逐渐由行政性转移进入市场性转移过程。这一时期，随着工业化、城市化的发展及政策制度的改革，农村劳动力转移从控制到允许，不仅表现为由农村向城市的转移，还表现为产业间的转移。总体来看，这一时期农民进城就业大体可以划分为以下五个阶段。

1. 农民进城就业得益于农业经营体制改革红利（1979~1983 年）

由图 2-6~图 2-9 可知，这一时期，无论是全社会从业人员的城乡构成与产业构成，还是乡村从业人员内部的产业构成都比较稳定，城镇从业人员占全社会从业人员的比例与第二、第三产业从业人员占全社会从业人员的比例及乡村第二、第三产业就业人员占乡村全部就业人员的比例每年都只有小幅度的缓慢上升，分别由 1978 年的 23.7%、29.5% 和 7.6% 上升到 1983 年的 25.3%、32.9% 和 9.8%，年均分别仅上升 0.3 个、0.7 个和 0.2 个百分点；城镇新增就业中来自农村的比例甚至缓慢下降，由 1978 年的 27.3% 下降到 1983 年的 10.9%。这说明，这一时期，农业劳动力向城镇和非农产业的转移很缓慢。这主要是因为，家庭联产承包责任制确立了农村劳动力的产权主体地位，大大提高了农业生产效率。一方面，使一部分农民摆脱了土地的束缚，旧体制掩盖下的农村劳动力隐性剩余开始显性化，开始在农业外就业；另一方面，粮食产出的提高以及 1978 年以后国家对农产品价格的大幅度提高在很大程度上激发了农民经营土地的积极性，从而又在某种意义上弱化了农业剩余劳动力向非农领域转移的冲动；同时，这一时期，基本农产品供给的改善和农村积累能力的提高，打破了单一粮食生产的格局，农民开始发展多种经营，数据表明，农林牧渔业产值占农业总产值的比例由 1978 年的 17.6%，上升到 1983 年的 20.5%。因此，这一时期农业劳动力主要是向农业深度发展转移阶段，使得农村劳动力资源在农业内部逐渐得到充分利用，为农业剩余劳动力向非农产业、向城市转移奠定基础。

2. 农民就地就近转移阶段（1984~1988 年）

由图 2-6 可知，这一时期，全社会从业人员的城乡构成比较稳定，城镇从业人员占全社会从业人员的比例每年都只有小幅度的缓慢上升，由 1983 年的 25.3% 上升到 1988 年的 26.3%，年均仅上升 0.2 个百分点；而由图 2-7、图 2-8 可知，全社会从业人员的产业构成和乡村从业人员内部的产业构成变化较大，第二、第三产业从业人员占全社会从业人员的比例及乡村第二、第三产业就业人员占乡村全部就业人员的比例，分别由 1983 年的 32.9% 和 9.8% 上升到 1988 年的 40.6% 和 21.5%，年均分别上升 2.0 个和 2.3 个百分点，明显高于城镇从业人员占全社会从业人员的比例的上升速度；由图 2-9 可知，城镇新增就业中来自农村的比例呈现一定幅度的上升，由 1983 年的 10.9% 上升到 1988 年的 18.9%。城镇新增就业人员中平均每年来自农村仅 153.3 万人；而乡村第二、第三产业从业人员平均每年增加 1113.2 万人。这说明，这一时期，农业劳动力向城镇的转移很缓慢，而向非农产业的转移规模较大。这主要是因为，这一时期农业生产开始出现增产不增收局面，农业对剩余劳动力的向外推力开始产生并不断增长，与此同时，农村非农产业在这一时期得到了快速发展。

一方面，以家庭联产承包经营为主要内容的农村第一阶段改革使农业生产连续六年获得丰收，这不仅使得绝大多数农业劳动力及其家属的温饱由此得到基本解决，还使粮棉等大宗农产品开始出现相对过剩，市场开始逐步扩大对粮食等为主的农产品供求的调节作用，大部分农产品价格形成的市场化机制开始发挥作用。因此，农业对剩余劳动力的向外推力开始产生并不断增长。

另一方面，农村非农产业的快速发展主要是因为，这一时期，由于国有企业改革相对滞后，导致生活消费品和部分生产资料供应短缺，中央政府实施全面放开和搞活乡镇企业的政策，为乡镇企业的发展提供了机遇。如图 2-10 和图 2-11 所示，1984~1988 年，乡镇企业异军突起，成为吸纳农业剩余劳动力的主要渠道。1985~1988 年，乡镇企业单位数由 1223 万个增加到 1888 万个；乡镇企业总产值由 2728 亿元增长到 7502 亿元，年均增长 40%；乡镇企业吸纳的劳动力由 6979 万人增加到 9545 万人，年均递增 10.0%。这是继 1958 年"大跃进"后又一次农业剩余劳动力大规模向非农产业转移。不同的是，这是在农业生产率提高和剩余农产品增长基础上的转移，是乡村企业大发展、对农业剩余劳动力形成巨大拉力作用下发生的[①]，有力地促进了农村经济以至整个国民经济的发展。

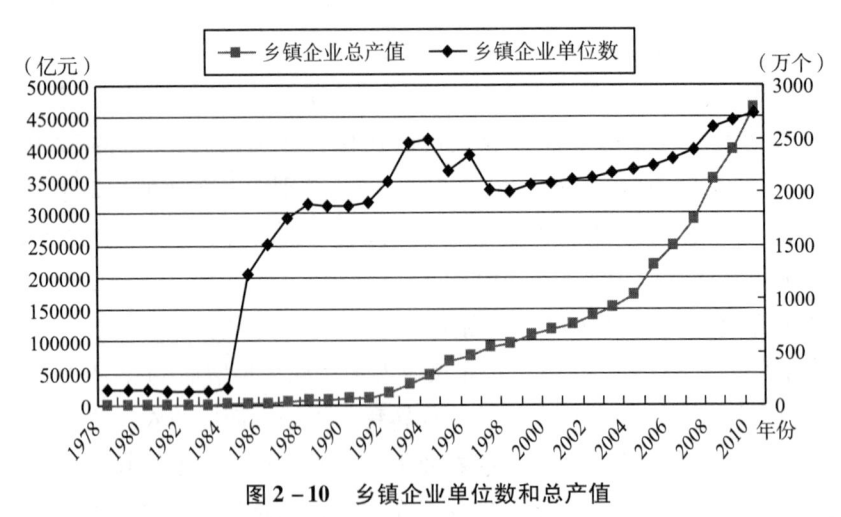

图 2-10 乡镇企业单位数和总产值

资料来源：根据 2003~2006 年各年《中国乡镇企业年鉴》和 2007~2011 年各年《中国乡镇企业及农产品加工业年鉴》相关数据计算，原始数据见附表 2-4。

---

① 许可. 我国农村剩余劳动力转移研究 [D]. 山东大学，2005.

图 2-11 乡镇企业从业人员数

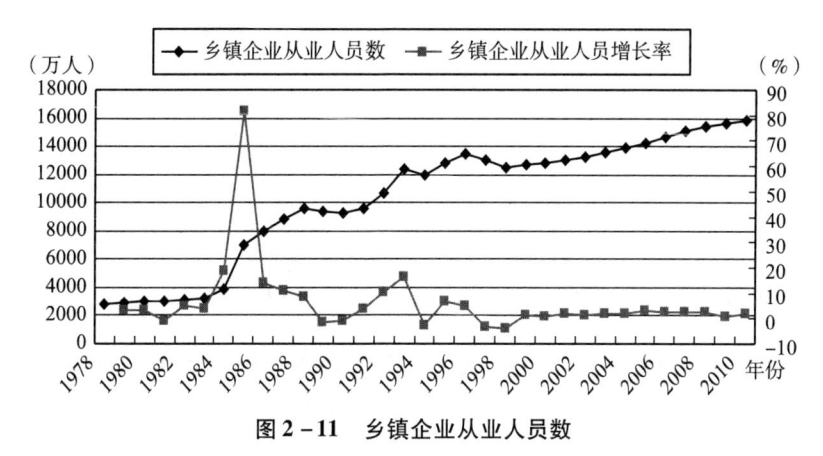

资料来源：根据 2003~2006 年各年《中国乡镇企业年鉴》和 2007~2011 年各年《中国乡镇企业及农产品加工业年鉴》相关数据计算，原始数据见附表 2-4。

3. 农村劳动力回流停滞阶段（1989~1991 年）

由图 2-6~图 2-8 可知，这一时期，无论是全社会从业人员的城乡构成与产业构成，还是乡村从业人员内部的产业构成及城镇新增就业人员的来源构成都比较稳定，甚至出现了回流现象。城镇从业人员占全社会从业人员的比例由 1988 年的 26.3% 下降到 1989 年的 26.0%，又缓慢上升到 1990 年的 26.3% 和 1991 年的 26.7%；第二、第三产业从业人员占全社会从业人员的比例由 1988 年的 40.6% 下降到 1989 年的 40.0%，又下降到 1990 年的 39.9%，1991 年才缓慢上升到 40.3%；乡村第二、第三产业就业人员占乡村全部就业人员的比例更是由 1988 年的 21.5% 逐年下降到 1991 年的 18.6%，平均每年下降近 1.0 个百分点，城镇新增就业人员中来自农村的比例由 1988 年的 18.9% 下降到 1991 年的 18.3%。由图 2-10 和图 2-11 所示，这一时期，乡镇企业从业人员数和乡镇企业的单位数也都出现了下降现象，乡镇企业从业人员数由 1988 年的 9545 万人下降到 1989 年的 9367 万人，减少了 178 万人，1990 年又减少了 102 万人，下降到 9265 万人，1991 年才缓慢上升到 9614 万人，1989 年和 1990 年分别比上年下降了 1.9% 和 1.1%；乡镇企业的单位数由 1988 年的 1888 万个下降到 1989 年的 1869 万个，1990 年和 1991 年缓慢上升，每年分别增加 0.3% 和 1.9%；而乡镇企业总产值在此期间增长速度也出现下降，1989~1991 年增长率分别为 12%、16.4%、20.8%。这说明，这一时期，农业劳动力向城镇和非农产业的转移出现了回流现象。这主要是因为，1988年底，国家开始为期三年的国民经济治理整顿，控制经济的过快增长，乡镇企业也开始"调整、整顿、改造和提高"，发展速度开始减缓，因而已经转移出去的剩余劳动力在1989年以后又陆续回归农业，再次成为农业剩余劳动力。

4. 农村劳动力跨地区快速转移阶段（1992~1996年）

由图2-6~图2-8可知，这一时期，城镇从业人员占全社会从业人员的比例与第二、第三产业从业人员占全社会从业人员的比例及乡村第二、第三产业就业人员占乡村全部就业人员的比例与城镇新增就业中来自农村的比例每年都有一定程度的上升，分别由1991年的26.7%、40.3%、18.6%和18.3%上升到1996年的28.9%、49.5%、29.0%和29.8%，年均分别上升0.4个、1.8个、2.1个和2.3个百分点。乡村第二、第三产业从业人员由1991年的8928万人增加到1996年的14208万人，增加了5280万人，平均每年增加1056万人，比1984~1988年的1113.2万人减少了57.2万人；城镇新增就业中共有970万人来自农村，平均每年有194万人，比1984~1998年的153.3万人增加了40.7万人；这一时期乡镇企业从业人员数量增加也较快，由1991年的9609万人增加到1996年的13508万人，平均每年增加813.3万人。这说明，这一时期农村劳动力向城镇和农村非农产业都出现了较大规模的转移，但是与1984~1988年相比，向城镇转移的数量略有增加，而向农村非农产业转移的数量略有减少，因此这一时期农村劳动力向城镇的跨地区转移特征较明显。这主要是因为，1992年邓小平南方谈话发表后，我国改革开放进入一个新的阶段，从而极大地推动了农村剩余劳动力向非农产业、向城市的转移。一方面，随着农业现代化建设的顺利进展，农村劳动力的生产效率大大提高，使得广大农村地区的就业压力逐步增大，富余劳动力数量日益见长，从而为农村劳动力的大量转移提供了基础；另一方面，社会经济的快速发展，尤其是城镇化、工业化进程的加快以及相应的基础设施建设的增加，又需要大量的劳动力补充进来，因此也就为农村富余劳动力的转移提供了必要的就业空间。另外，随着城镇户籍制度和劳动用工制度的改革和松动，农民获得了在地区间流动的更大自由，加之20世纪80年代后期以来,城乡之间收入水平差距和地区之间经济发展不平衡加大,也强化了农村剩余劳动力转移的利益动机,促进了农民的跨地区流动。因此,这一时期农村剩余劳动力跨地区转移明显增加。80年代初,农村外出打工者只有几百万人,截至80年代末达到2000万左右。1993年以后,劳动力地区转移加快,1994年骤增至6000多万人,约占农村劳动力总数的14.3%,1997年前后,民工潮达到8000万人的规模①。

5. 农村劳动力向东部小城镇集聚的民工潮阶段（1997~2003年）

由图2-8和图2-9可知,1997~2003年,城镇新增就业中来自农村的比例每年都有较大幅度的上升,而乡村第二、第三产业从业人员占乡村劳动力的比例却开始逐年下降,说明农村劳动力向城镇转移数量有大幅度的增加。这一时期,城镇新增就业人员中,平均每年来自农村的数量达到210.6万人,比上一时期跨地区高速转移阶段的194万人还要多出16.6万人,高于以往任何时期;另外,农村第二、第三产业从业人员自1997年开始出现了减少,由1996年的14208万人减少到2003年的11302万人,减少了2906万人,平均每年减少415.1万人。这在一定程度上说明,这一期间,农村劳动力出现了向小城镇的大规模转移,因此,形成了所谓的"民工潮"。这一时期,农村剩余劳动力异地转移的原因主要有以下三方面。

第一,国家实施了积极的财政政策,大力加强农田水利、交通、通信、农村电网、流通市场等基础设施建设,因此,形成了大批进入城市基础设施建设的工人群体。

第二,中国特色的多元城镇（大中小城镇多层次发展）建设开始大规模进行,目前,东部地区小城镇有一半以上甚至8成以上是移民,中西部地区也有3成以上是移民。山东已有1000万农民进入小城镇。苏南地区小城镇容纳人口已从过去的几百人、几千人增加到现在的平均两万人以上。我国农村小城镇达到5万多个,其中建制镇已从70年代的2800多个,增加到1.2万多个,另外还有4万多个集镇。全国不包括县城在内的小城镇,拥有人口1.5亿人,其中有1亿人属非城镇户口②。

---

① 张雅丽. 中国工业化进程中农村劳动力转移研究 [M]. 北京: 中国农业出版社, 2009: 77.
② 许可. 我国农村剩余劳动力转移研究 [D]. 山东大学, 2005.

第三，东部发达地区20世纪80年代初发展起来的乡村企业开始规模经营，通过建立"乡镇工业小区、工业城、农民商城"等形成了小城镇，使农村非农产业向小城镇集聚，农村工业化与农村城镇化的同步发展。而农村工业多为劳动密集型产业。因此，形成了进入劳动密集型产业的工人群体[1]。

6. 民工潮与民工荒并存阶段（2004年至今）

由图2-8和图2-9可知，2004~2010年，城镇新增就业中来自农村的比例仍然继续上升，同时，乡村第二、第三产业从业人员占乡村劳动力的比例却又开始逐年上升，说明农村劳动力仍然大规模向城镇转移的同时，又转而回流到农村非农产业转移。这一时期，城镇新增就业人员中，平均每年来自农村的数量高达571.1万人，是上一时期的2.7倍；另外，由图2-8可知，农村第二、第三产业从业人员自2004年开始由减少转为增加，由2003年的11302万人增加到2013年的14566万人，回到1997年减少前的水平（14199万人），增加了3264万人，平均每年增加326.4万人。这在一定程度上说明，这一期间，农村劳动力出现了"民工潮"与"民工荒"并存转移的现象。

2.6 农民进城就业的现状

国家统计局于2008年底，建立了农民工统计监测调查制度。其相关数据[2]能够很好地反映农民进城就业的现状。因为农村剩余劳动力转移就业主要包括农村劳动力向城市异地转移和向农村非农产业的就地转移，而农民工统计监测调查所得数据包括外出农民工和本地农民工，外出农民工恰好是指向城市转移就业的农村劳动力，本地农民工恰好是指向农村

---

[1] 许可. 我国农村剩余劳动力转移研究 [D]. 山东大学，2005.
[2] 本节标题中农民工就业的相关数据及图2-12~图2-25的数据均来自国家统计局2009~2014年我国《农民工调查监测报告》。

非农产业转移的农村劳动力。其中,农民工总量反映了农村劳动力累计转移就业的规模,农民工增量反映了当年实现转移就业的农村劳动力数量。

2.6.1 农民进城就业规模持续增长,但转移就业增量和增速出现持续下降

据抽样调查结果推算,2008~2014年全国农民工总量持续增长,农民工增量先增后减,如图2-12所示。农民工总量由2008年的22542万人增长到2014年的27395万人,平均每年增加809万人,使得2013年农民工总量占农村劳动力总数的比例达到69.4%,这说明截至2014年农村劳动力累计转移27395万人,截至2013年已有69.4%的农村劳动力实现向城市或农村非农产业的转移;2009~2014年农民工总量分别比上年增加436万人、1245万人、1055万人、983万人、633万人、501万人,说明2008~2011年农村劳动力转移数量逐年增加,而近四年转移人数呈现逐年减少的局面。从图2-13也可以看出,2010年以后农民工总量、外出农民工和本地农民工增速均呈下降趋势,但本地农民工增速要高于外出农民工增速。

图2-12 2008~2014年农民工总量与增量

资料来源:国家统计局2008~2014年我国《农民工调查监测报告》。

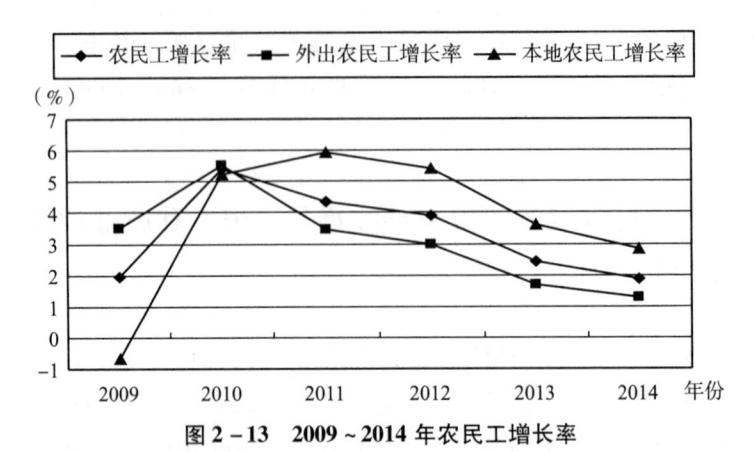

图 2-13　2009~2014 年农民工增长率

资料来源：国家统计局 2009~2014 年我国《农民工调查监测报告》。

2.6.2　农民就地转移增量逐渐超过异地转移，但外出就业比仍高于就地就业

如图 2-14 所示，2009~2011 年，外出农民工分别比上年增加 492 万人、802 万人、520 万人、473 万人、274 万人、211 万人，说明农村劳动力异地转移数量由 2010 年的 802 万人逐年下降到 2014 年的 211 万人；除 2009 年比上年减少 56 万人外，其余年份本地农民工分别比上年增加 443 万人、527 万

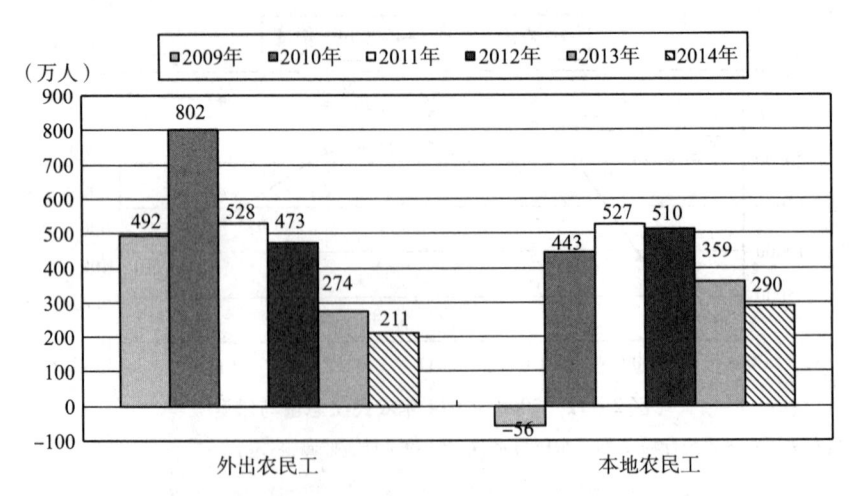

图 2-14　2009~2014 年外出农民工与本地农民工增量

资料来源：国家统计局 2009~2014 年我国《农民工调查监测报告》。

人、510万人、359万人、290万人，说明农村劳动就地转移数量在2011年以前逐年增加，2011年以后逐年下降，但转移量多于异地转移量。但从农民工存量来看，外出就业的农民工所占比例虽然逐年下降，但下降很缓慢，仍高于60%。其中，举家外出农民工占外出农民工和农民工总量的比例分别在12.7%~13.1%和20.4%~21.3%的区间缓慢上升，说明举家外出比例有所增加，但不明显。如图2-15所示。

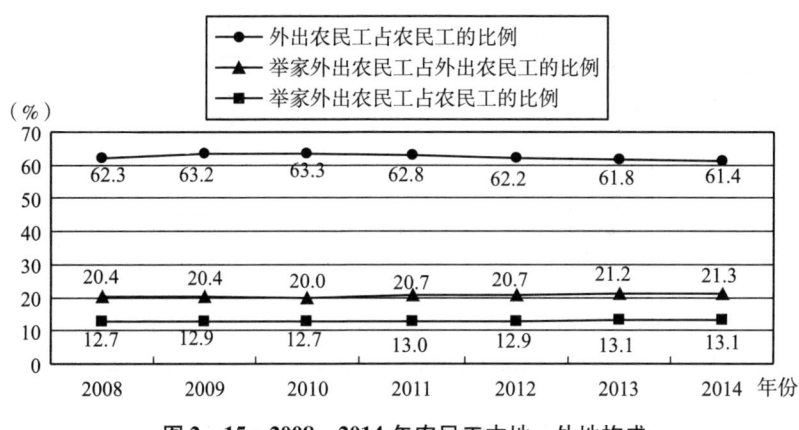

图2-15 2008~2014年农民工本地、外地构成

资料来源：国家统计局2008~2014年我国《农民工调查监测报告》。

2.6.3 西部地区承接转移就业增量大于东部地区，农村劳动力转移格局有待重新洗牌

如图2-16和图2-17所示，西部地区①成为农村劳动力转移就业增长最快的地区。从输出地来看，2014年，东部地区农民工比上年增加210万人，增长2.0%；中部地区农民工比上年增加111万人，增长1.2%；西部地区农民工比上年增加180万人，增长2.5%②；可见，西部地区农村劳动力转移速

---

① 东部地区包括北京、天津、河北、辽宁、上海、江苏、浙江、福建、山东、广东、海南11个省（市）；中部地区包括山西、吉林、黑龙江、安徽、江西、河南、湖北、湖南8个省；西部地区包括内蒙古、广西、重庆、四川、贵州、云南、西藏、陕西、甘肃、青海、宁夏、新疆12个省（自治区、市）。农民工的就业地区分布，除东部、中部和西部地区外，另有0.3%的外出农民工在港澳台地区及国外从业。

② 国家统计局.2014年我国农民工调查监测报告［EB/OL］.http：//www.stats.gov.cn/tjsj/zxfb/201504/t20150429_797821.html.2015-04-29.

度要快于东部地区。从输入地来看，2014年在东部地区务工的农民工比上年增加251万人，增长1.6%；在中部地区务工的农民工比上年增加93万人，增长1.6%；在西部地区务工的农民工比上年增加154万人，增长3.1%①。可见，西部地区务工的农民工增长速度明显高于东部和中部地区。这主要是因为，近年来东部沿海地区产业升级和转移以及西部地区城市化的快速发展，东部地区对农民工的就业吸引力在逐步下降。

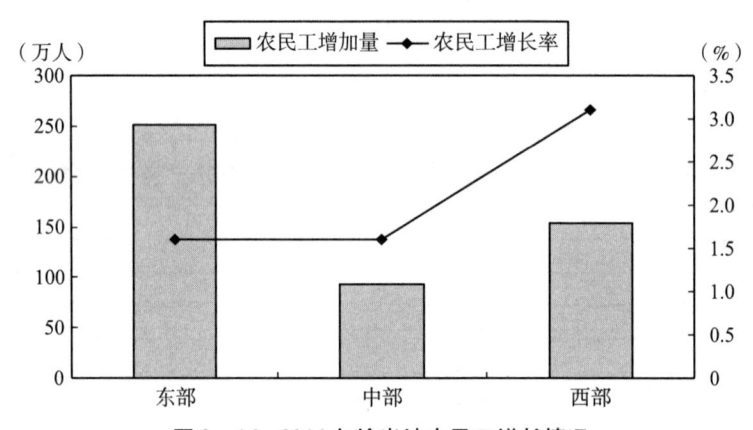

图2-16 2014年输出地农民工增长情况

资料来源：国家统计局2014年我国《农民工调查监测报告》。

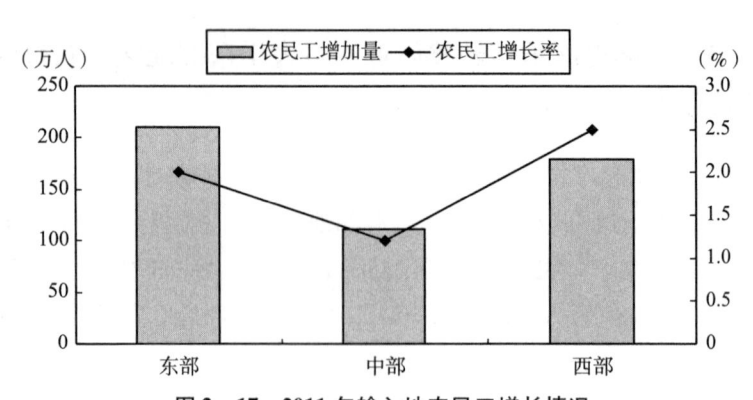

图2-17 2011年输入地农民工增长情况

资料来源：国家统计局2011年我国《农民工调查监测报告》。

---

① 国家统计局.2014年我国农民工调查监测报告［EB/OL］.http：//www.stats.gov.cn/tjsj/zxfb/201504/t20150429_797821.html.2015-04-29.

2.6.4 农民转移就业质量有所提高，但尚未实现就业转型

就业质量通过工资、工作环境与生活、工作的稳定性、生存条件等方面的指标可以反映，农民工在这些指标方面有所提高，但都不是很理想。

1. 农民工工资增长较快但仍低于城镇职工水平

如图2-18所示，2014年，外出农民工月均收入2864元，比上年增加255元，增长9.8%[1]；全国城镇国有单位和集体单位在岗职工月平均工资分别为4290元和3242元，比上年分别增加260元和427元，分别增长6.5%、15.2%。可见，农民工工资收入增长速度较快，高于城镇国有单位，其工资水平与城镇职工工资水平的差距在逐渐缩小，但还远远低于城镇职工。在农民工内部来看，无论是工资水平还是增长速度都是东部地区最高，工资水平和增长率分别为2966元和10.2%，但西部地区工资已超过中部地区，只是差距不大，仅比中部高36元和0.6%；西部与东部地区的差距较大。

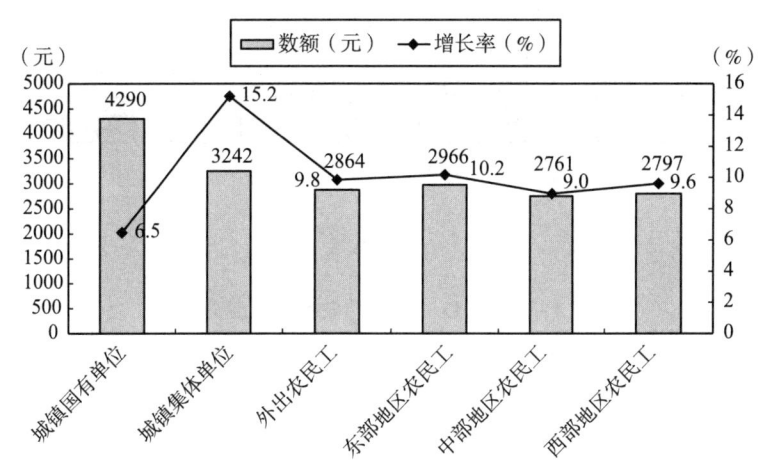

图2-18 2014年城镇职工与农民工月均工资收入及其增长率

资料来源：国家统计局2014年我国《农民工调查监测报告》。

---

[1] 国家统计局. 2014年我国农民工调查监测报告 [EB/OL]. http://www.stats.gov.cn/tjsj/zxfb/201504/t20150429_797821.html. 2015-04-29.

2. 农民工就业条件与工作环境较差

劳动力的工作环境与条件与其所从事的行业有密切关系，一般来说，劳动密集型行业对从业者的要求都比较低，农民工比较容易进入，因此其就业条件较差，工资较低，而且就业环境较差。如图2-19所示，2014年，农民工从业以制造业、建筑业和批发零售业为主，占农民工总量的比例分别为31.3%、22.3%和11.%，其余行业所占比例由高到低依次为居民服务业占10.2%，交通运输仓储和邮政业占6.5%，住宿餐饮业占6.0%。从近几年调查数据看，变化较明显的是建筑业，农民工从事建筑业的比重在逐年递增，从2008年的13.8%上升到22.3%，从事制造业的比重则趋于下降。农民工所从事业的行业决定了其就业的稳定性较差，2011年农民工从事现职的平均时间为2.7年，从事现职累计5年以上的仅占13.3%，3~5年的占20.9%，1~2年的占43.1%，不满1年的占22.7%。

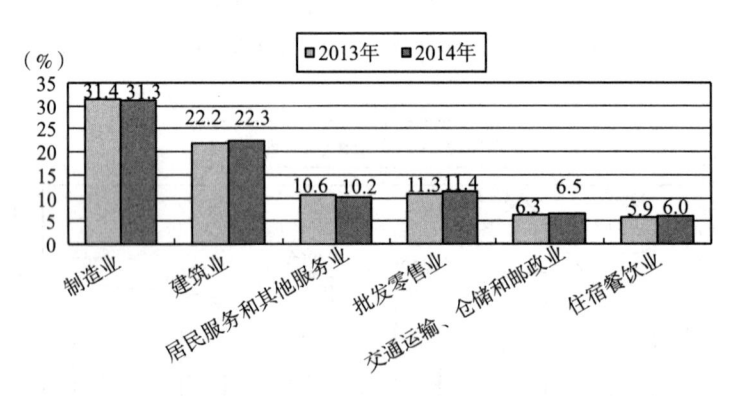

图2-19　2013~2014年农民工行业分布

资料来源：国家统计局2013~2014年我国《农民工调查监测报告》。

3. 农民工就业生存条件有所改善，但居住负担有所加重

农民工的生活条件主要反映在其居住条件和居住负担方面有待改善。如图2-20所示，从近3年农民工居住条件来看，外出农民工中，租赁住房的比例最高，且有缓慢上升趋势，由2012年的33.2%上升到2014年的36.9%；其次是在单位宿舍居住，其所占比例有所下降，由2012年的32.3%

下降到 2014 年的 28.3%；在工地工棚和生产经营场所居住的比例处于第 3 位，且近两年出现明显下降，由 2012 年的 26.5% 下降到 2014 年的 17.2%；近年来，回家居住的比例比较稳定，保持在 13%~14% 之间；在务工地自购房的比例最低，但呈逐渐上升趋势，已经由不足 1% 上升到 2014 年的 1%。如图 2-21 所示，从外出农民工的居住负担来看，雇主提供免费住宿比例最

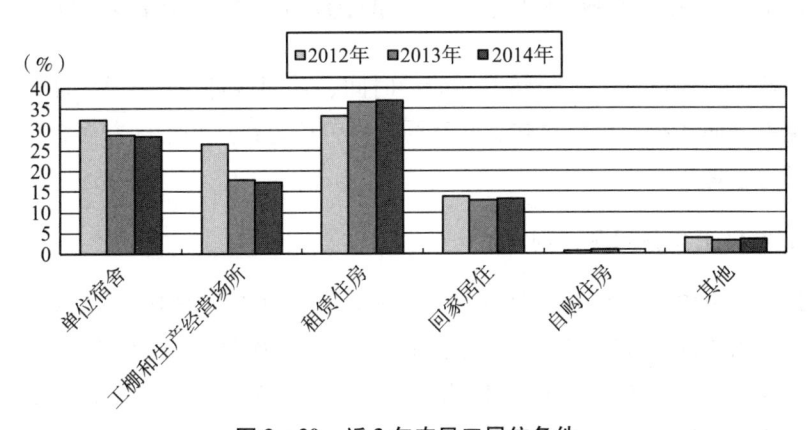

图 2-20　近 3 年农民工居住条件

资料来源：国家统计局 2012~2014 年我国《农民工调查监测报告》。

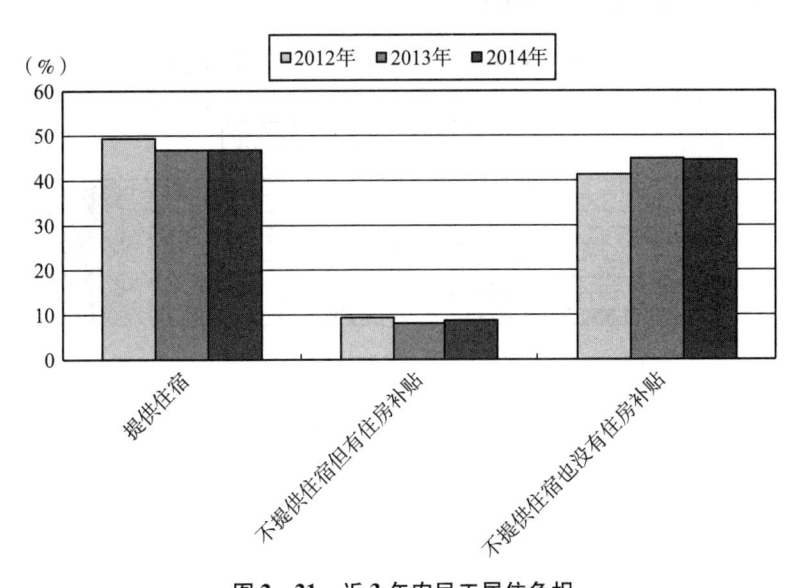

图 2-21　近 3 年农民工居住负担

资料来源：国家统计局 2012~2014 年我国《农民工调查监测报告》。

高，但也不足50%，而且近年来有下降趋势；雇主不提供住宿也没有住房补贴的比例仅次于提供免费住宿，且有上升趋势，由2012年的41.3上升到2014年的44.6%；不提供住宿但有住房补贴的比重较低，不足10%，但有下降的趋势，由2012年的9.2%下降到2014年的8.6%。

2.6.5 农民工权益保障强化，但仍存在较大的城乡差距

权益保障通过拖欠工资状况、劳动时间、合同签订情况、参加社会保险的状况等方面的指标可以反映，转移的农村劳动力在这些指标方面有所改善，但都不是很理想。

1. 农民工欠薪问题得到缓解

2008~2012年，农民工被拖欠工资现象明显改善，被拖欠工资的农民工所占比例由2008年的4.1%逐年下降到2012年的0.5%，仅有两年反弹，但都没有超过1%，2013年和2014年分别为1.0%和0.8%。其中，2014年，建筑业拖欠农民工工资的比例最高，达1.4%。

2. 外出农民工超时工作现象仍存在

如图2-22所示，近年来外出农民工平均每年在外工作时间有所延长，由

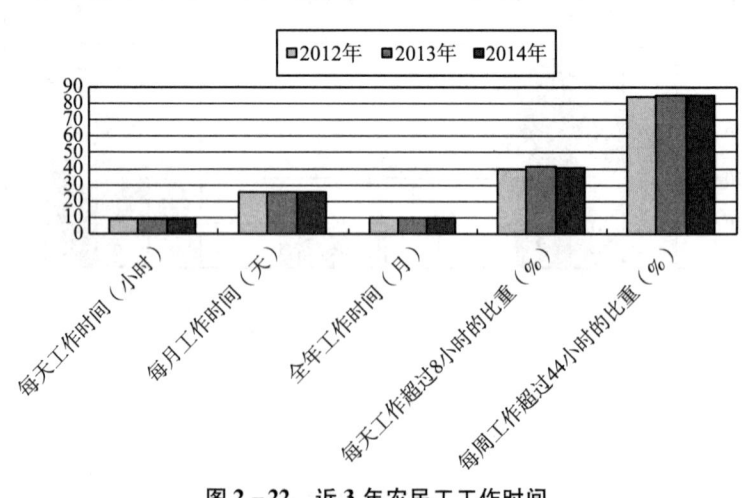

图2-22 近3年农民工工作时间

资料来源：国家统计局2012~2014年我国《农民工调查监测报告》。

过去几年的不足 10 个月达到 2014 年的 10 个月；平均每月工作天数比较稳定，在 25.2~25.3 天之间，要高于 22 天的法定工作日；平均每天工作时间也比较稳定，近两年都是 8.8 小时，也要高于每日法定工作时间的 8 小时。从超时工作的农民工所占比例来看，每周工作超过 44 小时的农民工所占比例很高，达到 80% 多；每天工作超过 8 小时的农民工所占比例相对来说略低，不到 50%。

3. 农民工签订劳动合同的情况仍然没有得到显著改善

近 3 年，外出受雇农民工与雇主或雇用单位签订劳动合同的比例都不足 50%，近两年甚至略有下降，由 2012 年的 43.9% 下降至近两年的 41.4%。而在签订合同的农民工中，签订一年以上的仅占 23% 左右。如图 2-23 所示。

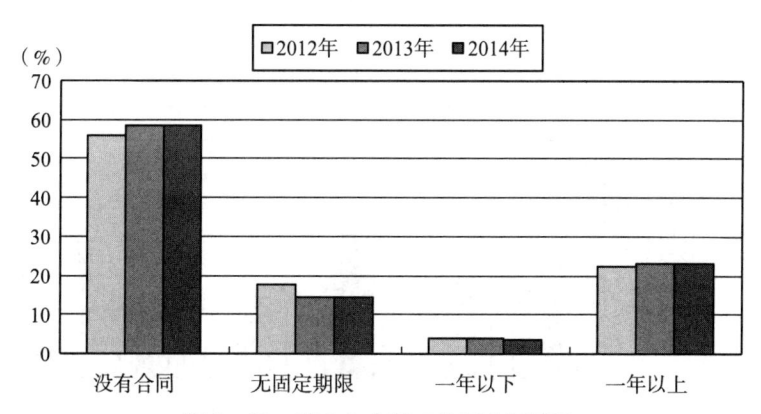

图 2-23 近 3 年农民工签订合同情况

资料来源：国家统计局 2012~2014 年我国《农民工调查监测报告》。

4. 外出农民工社会保险参保率有所提高

2014 年，农民工缴纳养老、工伤、医疗、失业和生育保险的比例分别为 21.4%、34.2%、22.1%、13.1% 和 9.3%，与城镇职工相比，农民工各项社会保险参保率仍然很低，如图 2-24 所示。农民工与城镇职工工伤保险参保率差距最小，还要相差 17.9 个百分点，其他保险参保率差距更大。从主要行业来看，如图 2-24 所示，制造业的各项保险参保率最高，交通运输仓储业和批发零售业参保情况较好，而建筑业和住宿餐饮业各项保险的参保比例显著低于其他行业。

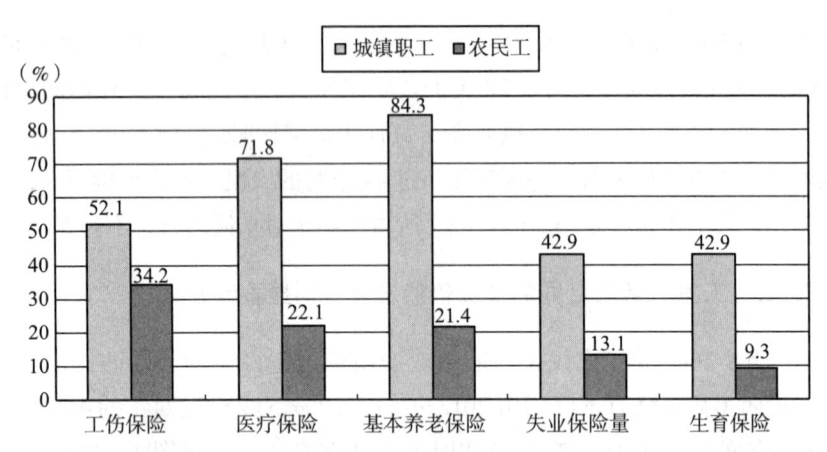

图 2-24　2014 年城镇职工与农民工社保参保率

资料来源：国家统计局 2014 年我国《农民工调查监测报告》。

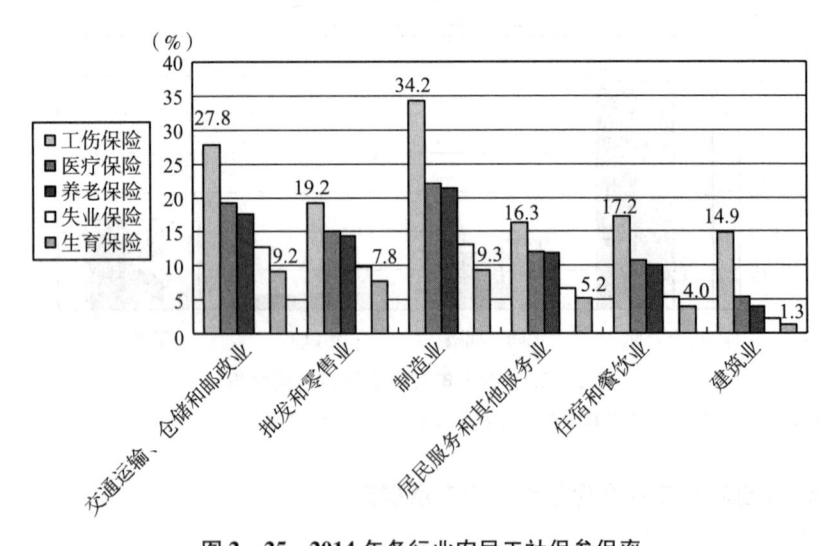

图 2-25　2014 年各行业农民工社保参保率

资料来源：国家统计局 2014 年我国《农民工调查监测报告》。

3
概念内涵：产城融合、稳步城镇化与新生代农民就业转型

3.1 产城融合理论

"产城融合"是中国独有的概念，就像"城镇化"一样，尽管国外城市发展也存在各种问题[①]，但是像中国这种由地方政府主导的城市扩张导致的产业发展与城市功能分离的现象不突出。产城融合，顾名思义就是强调城市发展与其所属的产业协同共进、良性互动。然而，如何衡量二者的融合程度，没有一定之规和统一的标准，而且，城市功能和产业功能不仅各自是复杂的系统，而且它们之间相互勾连，又同时受其他因素的影响，很难割裂开来量化。已有的研究使用匹配、协调、融合度、指标体系等描述、评价城镇化中的产城融合情况（杨立勋，2013；王霞等，2014；唐晓宏，2014），但是这些研究在使用的样本、方法、指标选择上差异很大，而且理论基础较差，逻辑性不够。下面笔者尝试为广义的产城融合[②]提供新的理论解释。

[①] 如发达国家的传统老工业城市的衰老，城市内部的种族分化，收入分化等问题；其他发展中国家的贫民窟蔓延、交通拥堵、环境污染、无业游民等问题。

[②] 之所以指的是广义的产城融合，是因为目前一些城市规划研究者重点研究某个城市内产业区、城市新城的产业与城市发展的融合程度。但是，广义的产城融合指的是整个城市与产业的互动发展情况。

我们分析的基本逻辑为：产城融合中产业选择处于优先地位，而产业选择必须基于本地的要素禀赋和比较优势；反过来，城市规模扩大不仅为产业发展提供集聚经济效应，而且会逐渐改变城市的要素禀赋，促使产业结构优化升级；如此循环往复。产城融合表现为空间融合、功能融合和互动融合三个层次。

3.1.1　城市的产生

城市的出现，是人类文明和进步的标志，也是人类群居生活的需要。城市的起源从根本上来说，有先有"城"后有"市"和先有"市"后有"城"两种类型，先有城后有市是指市是在城的基础上发展起来的，这种类型的城市多见于战略要地和边疆城市，如天津起源于天津卫；先有市后有城则是由市的发展繁荣而形成的城市，即先有市场后形成有城墙的城市，这种类型比较多见，是人类经济社会发展到一定阶段的历史产物。《世本·作篇》记载：颛顼时"祝融作市"。颜师古注曰："古未有市，若朝聚井汲，便将货物于井边货卖，曰市井。"

这便是"市井"的来历。学术界关于城市的起源有三种说法：一是防御说，即建城郭的目的是为了不受外敌侵犯；二是集市说，认为随着社会生产发展，农业有了剩余产品，人们需要有个集市进行集中交换。交换的地方逐渐固定下来，就产生了市，后来就在集市的周围筑起了城；三是社会分工说，随着社会生产力的发展，出现了劳动分工和专业化，一部分人从农业中分离出来，专门从事手工业和商业，有了劳动分工就有交换的需要，从事手工业的人需要集中起来生产，商人也要找个有利于交换地方交换产品，为了便于生产和交换，人们在交换的地方定居，所以就产生了城市。

城市是人类文明的主要组成部分，城市也是伴随人类文明与进步发展起来的。在农耕时代，城市雏形就出现了，这时的城市与现代意义的城市还存在较大差别，其主要作用仅是军事防御和祭祀。伴随工商业的发展，城市规模逐渐发展壮大。真正意义上的城市是工商业发展的产物。英国工业革命以后，工业化速度加快，城市化进程也相应加快了，城市工业扩张产生了大量的劳动力需求，城市劳动力供不应求，农村劳动力源源不断地向城市流动，城市获得了前所未有的发展。到第一次世界大战前夕，英国、美国、德国和法国等国家城市化率已达到较高水平。

总体而言，本研究认为，城市的产生起源于剩余产品和交换的需求。农业满足了自给自足并有了剩余产品，手工业和商业才能从农业中分离出来，才有了手工业和商业的产生。由于手工业不依赖于农地，人们会选择最适合的地方从事手工业劳动，手工业产品除自给自足外，主要还是用来交换。如果生产地和交换地距离越短，产品运输距离越短，交易成本就越小，人们会选择在交换地附近从事生产活动，并在生产交换地附近长期定居下来，这样就产生了市。为了保护财产不受侵犯，创造安定的生产交易环境，人们在居住地周围筑起城墙，有形的城市便产生了[①]。可见，城市与产业是不可分割的，产业发展带来剩余产品，才产生交换的需要。毗邻产品生产和交换的地方形成了城市，产业与城市具有空间依赖性。

3.1.2 城市的产业

常言道，"工业立时，工业强市。"人们习惯将产业作为生存发展的基本。没有产业也就没有现代意义上的城市。城市产业选择不是随意的，如房地产业。房地产的消费需要其他产业的积累，而房地产业对就业岗位创造不具有可持续性，能够造城但难以支撑城市发展，导致出现"鬼城""空城"等。城市对产业的选择应基于要素禀赋特征，不同类型城市因城市自身禀赋不同，对产业的要求也不同。拟选产业应该能够不断发展壮大，形成产业规模，吸纳带动就业。产业自身能够形成内生发展动力，实现持续技术进步和产业转型升级。产业与城市之间应具有适合性和匹配性，这样的产业才具有可持续性，相反急功近利地追求高科技、高附加值、绿色环保的产业，到最后获得的只是短暂的风光，却因企业不能盈利而中途夭折、无功而返。

3.1.3 产城融合的三个层次

第一层次是产城空间融合。产业空间规划。在产业成型期，产业按照城

---

① 刘洪银，张洪霞，崔宁. 中国农民工市民化：模式与治理 [M]. 天津：南开大学出版社，2014.

市功能分区进行空间规划。如重工业区、轻工业区、商贸物流区、创意产业园区和居住社区。工业区与居住区保持合适的通勤距离。这是产生融合的雏形。第二层次是产城功能融合。在产业成长期，产业发展从追求资本投入规模向追求创新效率转变，产业实现转型升级。城市综合功能提升，新城逐渐成形。产业和新城功能实现转型和融合。第三阶段是产城互动融合。产业功能从资本生产力提升向劳动生产力提高转变，新城功能从单一功能向人本主义的综合功能转变。新城综合功能提升为产业转型吸纳高层次人才，推动产业转型升级。随着产业升级和就业质量提升，城市财富积累加快，新城基础设施和生产生活服务功能日趋完备。由职业结构决定的收入结构以及消费结构实现升级，就业结构与住房供给结构相匹配，产城互动中实现高水平融合。如图3-1所示。

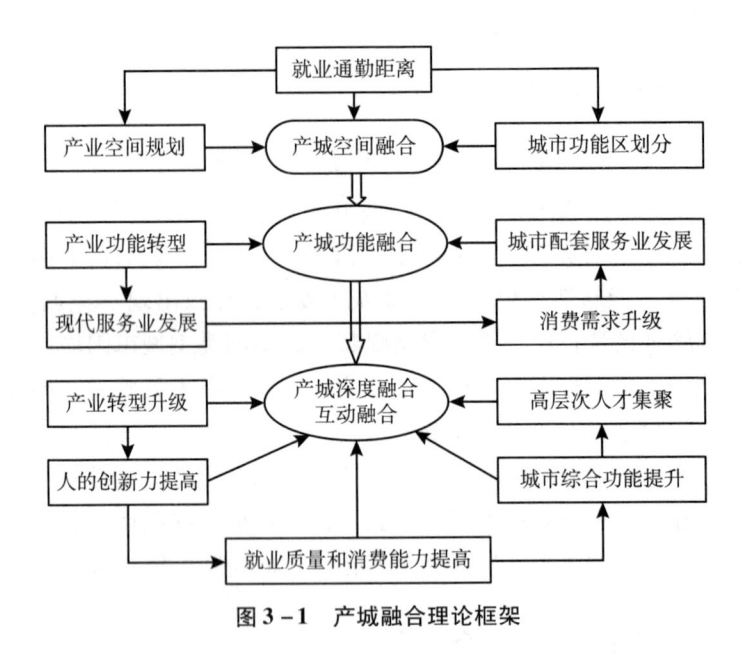

图3-1 产城融合理论框架

1. 产城空间融合

第一，产业空间与城市空间具有不同的性质。产业空间具有与城市空间不同的性质。产业空间内资本、土地、劳动力、技术和政策等生产要素应具备禀赋优势，能够对产业形成和产业集聚形成充分支持。生产要素禀赋特征及其集聚状况形成产业空间组件,产业空间具有生产空间特征。与产业空间不同,城市空间需要满足人的居住和生活需求。城市空间不但需要营造生态绿色清洁环境,还需要构建居民生活便利的设施和服务,如健身设施、交通设施和商贸物流设施等。第二,城市与产业存在空间上的相互依赖性。居民生活的根本是就业,而产业能够创造就业岗位,城市居民在产业空间内就业而在城市空间内居住生活,劳动力就业将生产空间与生活空间联系在一起,也就是将产业空间与城市空间联结在一起。第三,产业空间规划与城市空间规划具有协调统一性。首先,产业空间布局与城市应保持在一定的物理空间内,产城通勤距离应缩短到能够保障工作和生活时间的有效性。如半小时生活圈等。其次,产业类型不同,产城空间融合状况不同。如商贸流通等生活服务业、邮电和银行等便民服务业和教育医疗等社会服务业应完全融合城市空间,而工业空间完全隔离与城市空间,金融、外贸等生产性服务业应落地在产业空间与城市空间之间。最后,产业与城市空间上具有匹配性和扩张性。城市空间应与产业吸纳的人群相适应,产城空间具有匹配性。产城空间不是一成不变的。产业规模扩张引致城市人口集聚,相应地促进城市空间的延展。如果城市空间延展脱离了产业集聚规模,就会出现城市蔓延。

2. 产城功能融合

产城功能融合是以生产功能为主导的生产功能与生活居住功能的统一。第一,产业与城市具有不同的功能。产业具有创造社会财富、提供产品和服务、创造就业岗位等多种功能。产业功能主要体现在生产劳动方面。与产业功能不同,城市主要满足不同层次人群的居住、生活、就业等。宜业、宜居、宜人是城市功能的核心。城市功能与产业功能都具有人的吸纳能力。不同层次人群需求特征不同,低层次人群为生存所迫更看重城市产业功能,如第一代农民工进城打工的主要目的为了获取收入。高层次人才具有需要的多样性,更看重城市功能。同质性产业的城市功能越完善,人才吸纳能力越强。第二,产业功能与城市功能具有依赖性。产业性质不同,产业对城市功能的依赖程度不同。高端产业如现代服务业对高层次人才需求旺盛,高端人才对城市功能要求较高,城市社会服务业、城市生态环境和交通状况等成为高端人才集聚的考量。城市功能的完善需要产业功能的支撑。产业创造的社会财富是城市基础设施建设、城市公共服务福利的物质基础。第三，产业功能与城市功能具有统一性。城市基础设施将产业功能与城市功能联结起来。产城功能融合就是充分发挥产业功能和城市功能，并实现产城功能的相对支持、相互依存。如进城农民工不但能够实现劳动就业，还能够享受城市文化资源、交通设施、职业培训等公共服务和住房、社区卫生保健等城市福利，这样农民工就能进得来、留得住。第四，不同层级城镇产城的功能定位不同、目标选择不同。小城镇和县级市以产业集聚带动人口集聚，发挥产业的就业吸纳功能。产业发展以资本积累和就业创造为目标，以地方财力推进城镇基础设施建设；地级市以现代工业发展带动城市公共服务业发展，完善城市生产、生活和社会功能。地级市产城发展以生产与生活功能融合为目标，以产业升级和劳动力就业转型带动居民生产和生活方式转变；直辖市重点发展现代服务业，与周边城市群形成辐射带动的产业布局。直辖市政府引导产城资源应由虹吸效应向外溢效应转变，产城功能需要一定疏解，以带动城市群或经济带产业发展和城市功能完善。

3. 产城互动融合

产城深度融合阶段需要产城互动。城市功能的完善提升城市居住生活的适宜性，提高人才集聚力，有助于吸纳高层次人才和创造型人才，从而有助于创造新兴产业。第一，产业的转型升级不但为城市积累了财富，也减轻了传统制造业低水平扩张对城市生存环境的污染。第二，现代服务业摆脱了物理空间的依赖性，尤其"物联网＋产业"的深入推进，产业空间缩小而城市空间相应扩大。第三，教育医疗保健等社会服务业和高速轨道交通服务业发展为集聚人才创造了条件，稀缺人才可以在城市群内实现共享。人才的保健服务为城市储存了智力资源，为产业发展提供长期支持。

总之，产城在三个层次的融合不但能够稳定农民工就业，改善农民工居住生活状况，有助于留住农民工，实现农民工市民化，还能够吸纳不同层次人才在城市集聚，推动产业转型升级。产城由融合到互促，实现产业、就业、居住、生活的协调统一，实现城镇化水平、城镇化质量和农民工就业质量的提升。

3.1.4 产城融合发展需要现代农业进城

传统上，农村工业化之前，农村产业以农业为主，而城市产业属于非农产业。农民转移到非农产业称为农民工。如果现代农业进入城市发展，城镇农民既可以从事非农劳动，也可以从事农业生产经营，进城农民工概念就回归到进城农民。本书通过现代农业进城研究，将研究对象从新生代农民工拓展到新生代农民。新生代农民包括新生代农民工和新生代农民。

1. 城镇农业的内涵①

城市发展给人们带来便利的同时，也割断了人与自然的密切接触。城市的水泥建筑和一成不变的生活节奏让人们产生压抑和倦怠感，城市污染给居民身心健康带来不良影响。城市居民迫切需要感受自然、感受生命和感受生态变化，"现代农业进城"满足了人们的生活需求、生态需求、文化需求和社会需求。城镇农业就是现代农业进入城镇，成为与城镇非农产业共生共存的新兴产业之一。城镇农业中"城镇"包括大中小城市和小城镇，还包括城市群，即涵盖所有城镇和城市群区域。城镇农业主要指科技水平高的现代农业，如生态农业、设施农业、休闲农业等。城镇农业可以根据城镇不同类型选择与城镇的融合方式，既可以在城区设立城市农业区，也可以在城市周边发展。如可以在城市中心建立用于体验农作物及季节变化的农业公园、农业景观带，设立用于教学、教育的现代农业科技园，在城市周边设立市民农园、农业旅游区和自然保护林带等。大中城市适合设立城市农业区和周边农业带，中小城市和小城镇适合在周边设立农业发展区。

2. 城镇农业的产生②

从城市产生的渊源看，城市并没有排除农业。城市中"市"是市场交易的场所，人们为了交易方便，在交易场所附近建立非土地依赖型的生产制造商铺和住宅，为了保护这些厂商的财产，在生产和交易场所外围建造

---

①② 刘洪银. 论"现代农业进城"内涵和路径 [J]. 农业现代化研究, 2014 (1).

了城墙，城市由此产生。传统上，农业在农村发展，工业在城市发展。农村可以工业化，但城市难以农业化。居住是城市主要功能之一，人的生活居住环境、健康和精神始终离不开农业。但在一定技术条件约束下，最初城市单位土地的农业产出综合效用（如经济效用、社会效用、生态效用和文化效用等）大大低于非农产业，城市农业发展缺乏动力基础。随着农业生产技术水平提高，农业土地产生水平也随之提升。当农业产出综合效用大于等于非农产业时，城市农业发展才会产生效益（包括经济和社会效益）。城镇农业产生如图3-2所示。

图3-2 城镇农业的产生

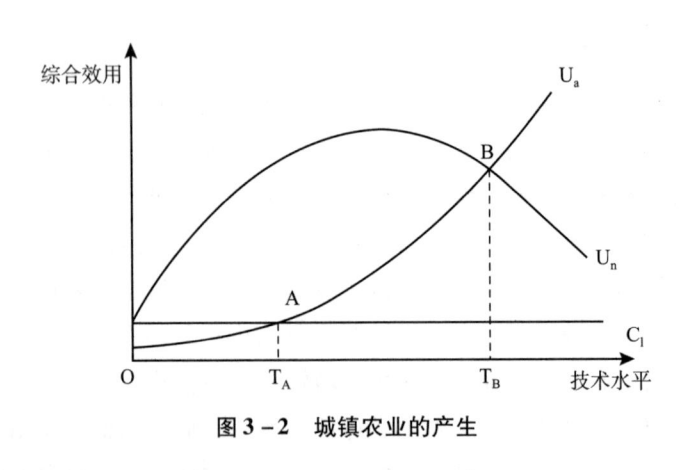

图3-2中，U_a是城镇农业单位土地产出的综合效用，U_n是城镇非农产业单位土地产出的综合效用。C_l是城镇单位土地的使用成本。当生产技术水平达到T_A时，土地成本线与农业产出线在A相交，农业产出的净收益为0；当生产技术水平达到T_B时，农业产出线与非农产出线相交于B点，此时单位土地的农业产出综合效用等于非农产业。当生产技术水平≥T_B时，发展城镇农业的机会成本才会等于小于综合收益，城镇农业才得以产生。根据经验分析，只有城市人均GDP达到2000~3000美元的时候，才可能进入都市农业阶段。但城镇居民对农业的需求无时不在，只是当经济增长到一定阶段，环境污染加剧，人们的生存环境受到威胁，城市农业理念才会产生并被广泛接受和强化。因而有学者认为都市农业是后现代社会的理念。目前我国人均GDP超过5000美元，生产技术水平足以支持城镇农业发展。与大城市相比，

农村城镇化过程中,中小城市和小城镇的土地使用成本较低,非农产业规模化程度不高,单位产出水平较低,而人们对环境和健康的重视与大城市居民无异,城镇农业产出综合效用超出非农产业的空间较大,现代农业进入中小城市和小城镇具有更高的可行性和效益。

3. 产城融合发展中"现代农业进城"的必要性①

传统城镇化与传统农业泾渭分明,但新型城镇化与现代农业唇齿相依。新四化同步发展中,"现代农业进城"既是新型城镇化的内在要求,也是城乡一体化的理性选择。

第一,生态城镇化离不开现代农业。资源粗放利用和环境污染让我国农村工业化走过弯路,农村工业化为基础的小城镇有可能落入工业化陷阱,生态城镇化是不可偏离的目标。城镇工业化发展也迫切需要构筑都市生态绿地网络系统来挽救日渐恶劣的生态环境。生态城镇化是绿色、低碳、环境保全和可持续的城镇化。基于自然与生命的农业具有生态功能,如气候调节、防洪抗旱、空气净化、吸碳排氧和废弃物降解等。城镇化不是简单的"农业退出,工业进入",而是城市与农村的融合,工业与农业的共生。现代农业技术扩张了农业生态功能,农业从绿化农业向阳台景观农业等拓展,从生产型农业向生活型农业延伸。生态城镇化离不开现代农业的全方位参与。

第二,宜居城镇化需要依托现代农业。人口集聚是城镇化的外在特征,城镇化内涵是提高人口的生活质量。居住条件和居住环境是衡量生活水平的指标之一。宜居是城镇的首要功能。环境保护、景观、人文、基础设施和服务业发展都是考量宜居的因素,其中,前三个因素需要现代农业的参与。日本自1991年大力发展有"农"的都市,1990年9月的政府环境厅报告书陈述了都市农业的增温暖和、防洪抗旱和固定二氧化碳等环境保护功能。我国大中小城市和小城镇"四城"协同发展同样需要农业进城。不管什么层级的城镇化,农业进城都将居住环境拉近自然、拉近健康。

第三,新型城镇化需要发挥现代农业的多功能性。集约、智能、绿色、低碳的新型城镇化需要多功能农业如景观农业、休闲农业、设施农业、生态

---

① 刘洪银. 论"现代农业进城"内涵和路径 [J]. 农业现代化研究,2014 (1).

农业和知识农业等的支持，绿色、低碳城镇化需要农业营造和维护生态空间，提升城镇环境价值；集约、智能城镇化需要发挥农业的生活功能、生态功能、文化功能和社会功能，赋予城镇集聚人口绿色生活空间和乡村文化内涵。新型城镇化离不开城镇农业的参与和支持，"现代农业进城"是新型城镇化的重要组成部分。

第四，"现代农业进城"推动农民城镇化和城镇文明建设。从农村来看，农民城镇生活方式的转变，是否必须以放弃农业劳动偏好和熟练技能为代价？如何实现农业生产方式与城市生活方式兼容？答案就是——农业进城。现代农业因城市需求和产品高附加值产生高收入预期，农业与非农业间的就业引力差距缩小，进城从事现代农业农民也可以市民化，农民"进城不离农"，实现了农业生产与城市生活兼容。从城镇来看，城镇与农业不是非此即彼的关系，城镇生活对农业有一种天然的依赖。城镇现代农业将城市文明与农业文明有机融合。日本农林水产省一项调查显示，75.2%的市民认为都市农业让人们深切地感受到四季的变换，46.8%的市民认为在都市农业中的作物生长、食品生产对孩子有陶冶情操的教育功能。现代农业重塑城镇季节感、自然感和生命感，激发城镇自然生机，缓解居民的倦怠和颓废。

3.1.5 产城融合发展中政府的作用

政府在宏观调控和社会管理中发挥不可替代的作用。政府作用主要表现为弥补市场机制无法自身解决的失灵问题，如公共品提供、外部性、垄断、信息不对称、宏观调控、收入分配等（曼昆，2012）。具体而言它需要为企业提供产业发展信息，因为受自身规模局限，它们往往无法把握整个行业的走势；为科技创新型企业提供补贴，因为这些企业面临着较高的风险，但是一旦成功将带动整个行业发展，需要为其产生的正外部性提供补贴（林毅夫，2013）；为产业发展提供高质量的基础设施，为城市居民和劳动者提供舒适的公共生活环境、医疗、教育等。产城融合发展中城市政府的重要职责是进行城市功能区规划和产业园区规划，城市功能区规划需要根据城市综合要素禀赋和产业发展情况制定，合理的功能区规划和产业园区规划能够充分促进集聚经济效应释放，形成产业规模扩大和城市化的良性循环。

3.2 稳步城镇化内涵

3.2.1 稳步城镇化的内涵[①]

人口学认为城市化是农村人口向城市转移集中而形成城市人口比重不断上升的过程。社会学则认为是城市社会生活方式的产生、发展和扩散的过程。如著名美国社会学家沃思（Louis Wirth）认为：城市化意味着乡村生活方式向城市生活方式质变的全过程。可见，城镇化是农村人口向城市集聚和市民化的过程。这个过程不完全由人为决定，而是受客观规律支配。稳步城镇化就是按照城镇化规律稳步推进的城镇化，城镇化速度既不超前也不滞后，达到速度和质量的辩证统一。稳步城镇化是基于稳定就业的农民市民化和城镇落户，产城融合是稳步城镇化的基础，农民市民化是稳步城镇化的核心，就业转型是稳步城镇化的推动力。农民市民化就是进城农民享有原居市民均等的城市福利和公共服务，进一步实现乡村文化的城市社会化和城市社会融合。农民市民化前提是农民就业转型。就业转型包括进城农民就业稳定、劳动收入足以维持家庭城市生活、劳动者身心健康得到安全保护等。就业稳定是劳动者与用工单位结成长期稳定的劳动合同关系；劳动收入水平取决于行业性质和劳动者人力资本水平，最低收入水平足以保障劳动者家庭城市生存；劳动强度能够保障劳动力再生产，劳动安全保护能够远离职业病。就业转型不是强调农民非农产业转移，而是现代产业转移，包括现代农业和非农产业。如果进城农民不能实现就业转型，即使市民化也难以在城市稳定生活。就业转型的基础是产城融合。就业地与居住地之间的通勤时间应该控制在一定水平，这就要求产业与城镇融合发展。产业形成发展是

[①] 刘洪银．稳步城镇化三步走战略及实现机制［J］．兰州学刊，2014（5）．

就业实现的前提，没有产业支撑的城镇化是空心城镇化，俗称"鬼城"，难以持续发展。

3.2.2 稳步城镇化的基础：资本积累[①]

稳步城镇化是遵循城镇化内在发展规律的城镇化。城镇化速度由财富水平和制度安排决定。财富积累水平基于资本和劳动生产要素以及两者之间的分配关系。其中，物质资本积累和劳动者人力资本积累（本文统称"资本积累"）是一国财富水平的决定因素。资本积累是稳步城镇化的基础，城镇化水平应该与一定资本积累水平相对等，脱离了资本积累水平，也即脱离财富水平，无论政府还是进城农民都没有城镇化经济能力，这样的城镇化必然有速度而无质量，导致城镇化病。稳步城镇化就是根据全社会资本积累水平选择城镇化道路和城镇化政策安排。

3.2.3 稳步城镇化的本质——实现人的发展[②]

1. 生存型劳动难以实现人的发展

人的发展是人的价值创造能力（人力资本）提升及其需求更大程度的满足。在一定生产力水平下，人类为了生存不得不进行劳动，在用劳动工具和劳动方法改造劳动对象时，人们的身体也遭受一定摧残。劳动技术、工具和劳动方法越落后，人们单位劳动的产出水平越低，劳动对人体的损害越大。如传统农业劳动，劳动条件简陋，单位农业产出需付出的体能较大，在体能有限的情况下，农业产出水平是有限的。人的需求满足水平较低。这样的劳动"是一种自我牺牲，自我折磨的劳动"[③]。劳动对劳动者来说是一种痛苦，不能带来满足感，更谈不上自我价值的实现。村镇企业也是如此，虽然村镇企业非农劳动的劳动强度、劳动环境和收入水平均优于农业劳动，但劳动者的生活方式和生活环境没有得到根本改善，仅仅能够维持生存。农业劳动和

[①②] 刘洪银. 稳步城镇化三步走战略及其实现机制［J］. 兰州学刊，2014（5）.
[③] 马克思. 1844年经济学哲学手稿［M］. 北京：人民出版社，2000.

农村低端非农劳动属于生存型劳动，难以实现人的发展。

2. 城镇化更大程度上满足人们的生活需求

农村生活方式是由农业生产方式决定的，农村村落既是居住地也是生产作坊，兼具生产和生活功能。城镇将居住与生产功能分离，居民社区仅具有居住功能，而工业区和商务区仅具有生产功能。这样城镇集中居住便于统一配套生活设施，产生了集聚效应和规模效应。

3. 稳步城镇化实现了人的发展

稳步城镇化通过生产条件和生活条件的改善实现了人的更高层次的发展。进城农民就业转型改善了就业条件和收入水平，一定程度上实现了体面就业。市民化的农民获得了城市福利服务以及城市文明，改善了生活状态，也积累了一定的人力资本。与村落居住相比，稳步城镇化将农民生产生活状态推进到一个新的水平。

3.2.4 产城融合是稳步城镇化的内容和手段

稳步城镇化是积极稳妥地推进城镇化，促使城镇化从土地蔓延的造城运动向以人为本的产城融合转变，也就是从不稳定状态向稳定状态的城镇化转型。其中产城融合既是稳步城镇化的内容，也是稳步城镇化的手段。产城融合目标是实现宜业宜居宜人的城镇化。产城融合需要以产业支撑城市发展，需要以城市功能改造产业园区。城市功能和产业发展是城市化的两个核心要素，产城融合也就是把城市和产业作为一个整体，以产业功能定位城市发展、以城市功能配套产业园区、以生态功能融合居住和生活，实现产城一体化。产城融合既是产业与城市的融合，也是产业、就业和居住的融合，本质上人的安居乐业有保障。城镇产业本身是第一、第二、第三产业的融合。第一产业是生态型城镇农业，承担城市园林绿化、生态景观和休闲旅游等功能；第二产业是承担吸纳就业功能的工业，是城镇的支柱产业；第三产业是生产性、生活性、社会性和公共性服务业。生产性服务业是城市工业发展配套的服务业，如金融保险、物流配送、研发设计等服务业；生活性服务业是城市居民必不可少的批发零售、住宿餐饮等便民性服务业；社会性服务业是指文体教卫服务业；公共服务业如邮政通信、电子网络等公共设施和服务。城镇就业也包括第一、第二、第三产业就业。传统上城市就业即非农就业，现代农业进城后，进城农民可以在城镇农业就业，成为城镇农民。城镇居住地与就业地应保持合适的通勤距离，实行集中就业、集中居住。如产业园区，产业园区城镇化需要在产业集聚和就业集聚基础上，实现就业人口的集中居住，这样有助于城市功能的集中配套和集约使用。

3.3 新生代农民就业转型内涵

3.3.1 新生代农民就业转型问题的提出[①]

计划经济时期，农民基本不存在就业问题。农村经营体制改革后，农民实行以家庭为单位的自雇用就业，这种就业方式与雇用劳动不同，农民自主决定劳动时间和劳动付出。家庭成员以家庭利益最大化安排生产经营活动。家庭经营调动了农民劳动积极性，在耕地资源总量约束下，农村出现了剩余劳动力。由农业生产力水平决定的土地产出率上升空间有限，农产品价格受国家调控而相对稳定，农业收入一直在低水平徘徊。在生存压力驱使下，家庭内部进行了二次分工，一方或双方家庭成员外出打工，另一方家庭成员在家务农和照料家务。务农家庭成员多为妇女老人，这部分人缺乏现代农业生产技术，仍沿袭传统的农业劳动。农业劳动就业的性质没有发生根本性转变。而外出打工的农村劳动力，受学历和自身技能等条件限制，多流入城镇传统制造业。传统产业低廉的工资水平削弱了农民工财富积累水平，扣除城镇高昂的生活成本，第一代农民工青壮年期间打工的收入积累仅能回乡盖一处住房。农民家庭多少年虽然辛勤劳动，但没有发生翻天覆地的变化。到2012

---

① 刘洪银. 新生代农民就业转型问题 [J]. 开放导报，2014 (5).

3 | 概念内涵：产城融合、稳步城镇化与新生代农民就业转型

年，农业户籍人口占全部人口的比率接近65%，占社会成员主体部分的农民和农民工如果通过辛勤劳动不能改变生存状况，社会成员的劳动积极性将受到挫伤，社会价值的创造水平将受到较大影响。

全面建成小康社会要求农民的生产状态和生活状态发生根本性转变，这个转变的根源就在于农民实现就业转型。农民就业转型受两个约束条件：一是劳动力供求关系，二是劳动谈判能力。从劳动力供给看，2012年以后，中国劳动年龄人口总量达到峰值并开始下降，如图3-3所示，劳动力供给出现萎缩。从产业需求看，受欧债危机的影响，出口依赖型产业需求出现下滑，中国经济增长放缓。但中国并没有出现大面积失业（有学者归功于服务业扩张），表明劳动力供求状态到了一个转折点，农民就业转型时期到来。近年来，经济增长和民工荒之间存在一个协同变化关系，一旦经济增速，民工荒现象就会加重，相反，民工荒矛盾就会缓和。这也说明我国劳动力供求关系正在发生逆转。

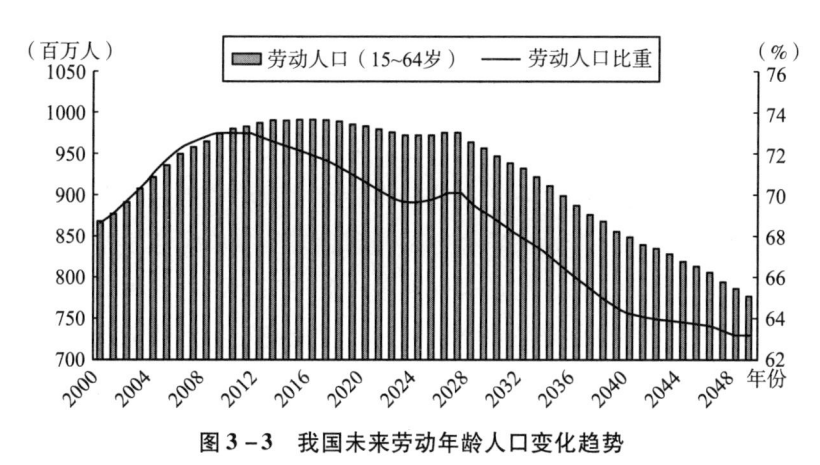

图 3-3 我国未来劳动年龄人口变化趋势

资料来源：杨静.中国人口变化趋势及其对经济趋势的影响 [J]. 经济研究参考，2012（56）：65-75。

从劳动谈判能力来看，新生代农民就业观念发生改变，发展型就业观成为主流。劳动者更看重劳动条件、劳动安全卫生保障和劳动强度等，更加注重自身劳动权益保障和维护。全国范围内集体谈判机制已经形成，劳动合同法已颁布实施，迫使用工单位改变用工观念。

101

3.3.2 新生代农民就业转型的内涵[①]

新生代农民是按照出生年代和户籍性质界定的，指1980年及以后出生的农业户籍人口，但不包括农业户籍的大学生。2003年8月公安部政策规定，升入大学的农业户籍学生，大学期间可以自主选择户籍留在农村还是迁入学校。但政策潜在地将大学生就业归属城市就业范畴。新生代农民未必从事农业劳动，不是严格意义上的农民。新生代农民包括农民工和农业生产者。这部分群体从知识技能、态度、价值观念和个性特征等方面具有与第一代农民不同的特征。第一代农民已步入中老年时期，大部分已从城市回流到农村，成为传统农业的生产者。新生代农民大部分进城打工，少部分留在农村。随着城镇化推进，这部分群体将进行二次洗牌，成为城镇产业和农村现代农业的主力军。二次洗牌的动力在于农民就业转型。新生代农民就业转型大致包括劳动关系、劳动力再生产、劳动收入、社会保险和劳动技能五个维度。

1. 劳动关系和谐稳定

劳动关系和谐稳定是就业转型的基本要求。劳动者与用工单位结成劳动关系才称为达成就业。劳动关系稳定是劳动者与员工单位通过鉴定劳动合同结成相对稳定的劳动关系，劳动合同期限一般在三年以上或无固定期限劳动合同。劳动关系稳定也就是就业状态稳定，就业稳定不但让劳动者心生职业安全感，也会减少失业造成的收入损失和工作搜寻成本。劳动关系和谐即劳资双方没有不可调和的矛盾，劳动争议纠纷及时调处，不影响劳动产出水平。劳动关系和谐不但减少劳资纠纷造成的劳动生产率下降，还会提高劳动者劳动积极性和工作满意度，提高就业质量。

2. 劳动安全卫生、劳动时间和劳动强度不影响劳动力再生产

由于劳动力与劳动者须臾不可分割，劳动过程本质上是一个劳动者被控

[①] 刘洪银. 新生代农民就业转型问题[J]. 开放导报，2014（5）.

制和被剥削的过程。劳动者在出卖劳动力过程中自身也被雇用者支配和控制。但劳动力具有生物性和再生性，劳动力消耗后需要恢复性再生，劳动力再生产要求劳动过程和劳动环境对劳动者施加的影响不能逾越健康底线，否则劳动就是对劳动者身体的消耗，这样的劳动不但不能实现人的发展，还会导致职业病、伤残和过劳死。劳动者健康要求劳动安全卫生条件达到一定标准、劳动时间遵从国家法规，劳动强度控制在身体可承受的一般范围之内。这不但是就业质量提高的要求，也是劳动者就业的基本。但由于劳动法规的弱势性，就业者的劳动权益时常被侵犯，劳动力再生产难以为继，劳动生产成为劳动者人身权益被侵害的痛苦过程，这样的就业状态既不能维持人的健康存在也不能实现人的可持续发展。

3. 劳动收入达到小康水平

劳动收入水平是度量就业转型与否的关键因素。工资是维系劳动关系的前提，也是劳动分配能力的体现。就业转型就是要求达到经济社会发展水平相对应的劳动条件、劳动标准、劳动收入和福利，也就是劳动成果在资本和劳动之间进行分配的结果。劳动收入是人生存发展的物质基础，也是劳动者就业转型的保障。按照国家2020年全面建成小康社会的目标要求，农民无论农业就业还是非农就业，劳动收入都应该达到小康水平。

劳动收入分配是市场力量与行政手段共同作用的结果。市场机制是调节劳动力就业的主导力量，行政管制是在市场主导作用下的再调控。偏离市场供求态势的行政管制会产生地下劳动力市场。如图3-4所示，S为劳动力供给曲线，D为用工单位需求曲线。如果供求趋势不发生改变，政府将劳动力市场工资水平提升到W_1，则产生超额劳动力供给量L_1L_B，劳动者为实现就业宁愿选择降低工资水平。相反，如果劳动力市场供求态势发生变化，劳动力供给曲线从S左上方移动到S_1，如果工资水平仍维持在W_0，则产生超额劳动力需求量L_AL_0。现实劳动力市场中，工资水平是受多种因素共同作业的结果。工资不但存在下降刚性，也存在上升刚性。我国劳动年龄人口总量开始下降，劳动力供给曲线向左上方移动到S_1，出现了民工荒现象，但农民工市场工资水平并没有快速提升到W_1，而是在W_0至W_1之间长期徘徊。政府只能根据经济发展水平定期调整最低工资水平，推动农民工市

场工资向 W_1 推进。当前劳动力市场供求态势变化有助于农民工工资水平提升和就业转型。

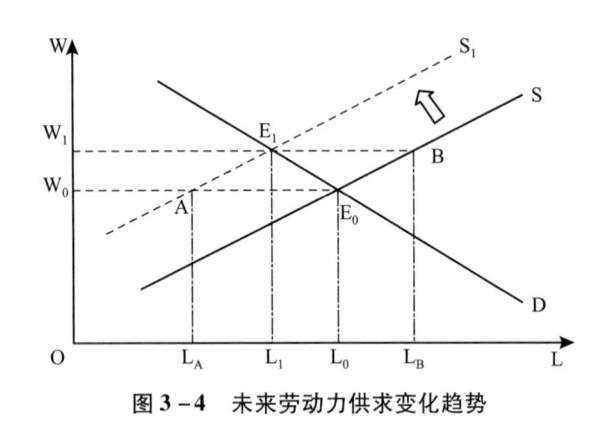

图 3-4 未来劳动力供求变化趋势

4. 社会保险健全且与经济发展同步增长

社会保险是农民就业的安全阀。职业生涯仅是人生命周期中的一个组成部分，职业时期不但应获得自身和家属的生活资料，还要为劳动者健康和职业退出后生活积累物质资料。社会保险是劳动者的基本权益。农民就业转型要求社会保险不但应该种类齐全，还应与经济发展同步增长。现实中，农民工与农民的社会保险与城市居民差距较大，不但社会保险制度不健全，社会保险水平也不可同日而语。目前农村尚未建立起养老保险制度，新农合保险水平无法满足农民医疗需求。农民工社会保险转移接续制度不完备，农民工参保积极性不高。社会保险问题成为农民就业转型的羁绊。

5. 劳动者技能水平适应产业转型升级

劳动者技能水平与劳动条件、劳动收益是对等的，劳动条件等改善归根到底是劳动创造价值的分配形式，这种分配包括货币形式的工资和非货币形式的劳动安全保障、劳动卫生条件和社会保险等。价值创造量是由劳动者劳动技能水平决定的。农民就业转型的隐性契约是农民技能水平的提升，劳动技能水平至少应满足产业转型升级后新岗位的要求。只有这样，劳动才能生产更高价值的产品，创造就业转型的物质基础。

3.3.3　新生代农民就业转型的本质：劳动本位[①]

农民就业转型是劳动本位价值观的体现。人的本质是劳动，劳动创造了人类，"整个所谓世界历史不外是人通过人的劳动而诞生的过程"[②]。劳动本位就是将劳动作为人类生存和发展的根本，即将劳动作为处于社会主导地位的价值标准和导向。劳动本位表明，劳动将成为人们生活的第一需求并使人们各种需求得到满足。

由于受到生产力和生产关系的制约，劳动者没有真正回归劳动本位，导致劳动异化。异化的劳动脱离了人的本质，使劳动偏离了个人目的，失去了劳动的意义，因而是不自主、不自愿的劳动。劳动异化使人失去了劳动的乐趣，无法发挥人的主观能动性，也就无法实现人的发展。异化劳动表现为被动性劳动和被迫性劳动两种形式。被动性劳动不是为了实现自我，而是为了生存而不得已的谋生性劳动。这种以生存为目的的劳动属外在的劳动，"是一种自我牺牲，自我折磨的劳动"[③]。劳动对劳动者来说是一种痛苦，而不是自觉自愿的乐趣，更谈不上自我价值的实现。传统农业劳动就是如此。受农业生产技术条件和工业偏向政策约束，传统农业高强度体力劳动和简陋的生产条件给农民带来的是痛苦而不是乐趣，劳动收入仅能维持低水平的生存状态。这样的劳动不是农民的自愿选择，而是户籍制度将农民束缚在土地上。农民就业转型需要依托农业技术进步发展现代农业，提升自身技能以及农业政策扶持。

被迫性劳动是被人剥夺，被人剥削的劳动，劳动活动是被迫或强制的行为，劳动的价值被别人占有或部分占有。劳动遭受资本的控制和剥削。剩余劳动归资本所有，资本使劳动异化。农民工的劳动就是一种被迫性劳动。源于产业技术进步缓慢，传统产业利润空间有限，用工单位为抬高利润，极力压缩用工成本，千方百计摆脱劳动合同法约束。农民工劳动安全保障缺位，劳动卫生条件简陋，工资水平压至生存极限。这样劳动创造的价值被资本过多占有，劳动者自身健康得不到保障，劳动力再生产难以维系，劳动力变成

[①] 刘洪银. 新生代农民就业转型问题[J]. 开放导报，2014（5）.
[②][③] 马克思. 1844年经济学哲学手稿[M]. 北京：人民出版社，2000.

了消费品。这样的劳动与被动性劳动一样，同样是一种自我牺牲、自我折磨的劳动①。

农民就业转型就是让农民的劳动异化在一定程度上回归劳动本位。无论是被动性劳动还是被迫性劳动，都没有实现人的发展。随着新生代农民劳动就业观念转变，这样的用工方式将难以持续。经济社会发展为新生代农民就业转型奠定了物质基础，新生代农民劳动就业应该实现与现阶段经济发展水平相对应的转型发展②。

3.3.4 新生代农民就业转型是一个相对的概念③

新生代农民就业转型问题与经济社会发展阶段息息相关，不同发展阶段农民就业转型内涵不同。但由于受强资本弱劳动和农民谈判能力约束，农民就业质量总是滞后于经济社会发展水平。农民就业转型不是自动实现的，需要政府政策干预。当前劳动力供给进入短缺阶段，有利于农民劳动要价和就业条件改善。但农民就业转型预期仍不容乐观。第一，由于就业歧视存在，进城农民与城市工人同工不同酬。工资条例迟迟没有出台，农民工劳动权益不同程度地被剥夺。就业歧视短期内难以消除，进城农民就业转型道路坎坷。第二，按照属地管理原则，城市政府主要负责本市域户籍的劳动力就业，进城农民如果不能在打工城市落户，就被排除在城市公共就业服务体系之外。即使中央政府政策约束，城市政府也不情愿承担农民工就业的主体责任④。第三，农民工就业条件改善与工资一样都属于企业负担的成本，都是劳资权益的再分配。在产业需求和劳动生产率没有提高的情况下，政府过分地干预劳动条件必然抬高企业用工成本，企业的自主用工和理性决策会加剧失业。"据美国麻省理工学院奥利维尔·布兰查德，哈佛大学贾斯廷·沃尔弗斯对欧盟十五国以及美国、加拿大、澳大利亚、日本等20国从1960~1999年40年有关数据的分析发现，那些实施严格保障法规的国家只会使那些失去工作的工人更难找到工作，使就业环境

---

①②④ 刘洪银. 城镇"农二代"就业转型评价及实现路径［J］. 首都经济贸易大学学报, 2015 (5).

③ 刘洪银. 论劳动本位［J］. 中国劳动关系学院学报, 2011 (1).

3 | 概念内涵：产城融合、稳步城镇化与新生代农民就业转型

进一步恶化。"①② 政府就业干预对企业用工决策的影响如图3-5所示。

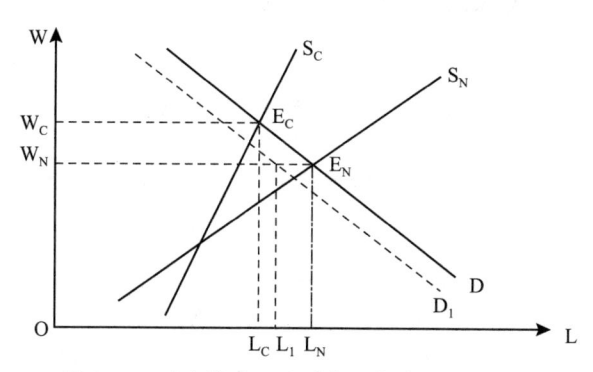

图 3-5 政府就业干预对产业劳动需求的影响

图 3-5 中，假设城乡劳动力市场由分割趋于统一，城乡劳动力面临同一条产业劳动需求曲线 D，S_N 与 S_C 分别是农民和城市工人的劳动供给曲线。由于城乡收入差距，农民劳动供给曲线弹性大于城市工人。E_N 和 E_C 分别是农民和城市工人劳动供求均衡点。假设城乡劳动力人力资本水平相当，劳动力从事相同工作时工资水平却不相同，城市工人均衡工资水平 W_C 高于农民工资 W_N，而城市工人被雇用量 L_C 低于农民水平 L_N。这主要源于用工企业对农民的歧视。企业雇用成本中除工资、劳动相关保障福利等外，还包含就业歧视等产生的隐性成本。隐性雇用成本的存在降低了企业对农民工的货币支付意愿，出现农民工与城市工人同工不同酬现象。如果政府不适度干预，强制大幅度改善农民工劳动条件，势必提高企业用工成本，劳动需求曲线将向左下方移动到 D_1，即使农民工工资水平 E_N 保持不变，企业对农民工需求量也将从 L_N 降低到 L_1，导致农民转移就业数量下降。因此，农民就业转型程度应该根据现阶段社会生产力发展水平确定，不能盲目提高，劳动标准设定和劳动者保护政策应与经济发展水平一致。无论如何，劳动行政部门必须监督企业改善农民工劳动安全、劳动保护和劳动卫生条件等，确保农民工身心健康。

---

① 金一虹. 非正规劳动力市场的形成与发展 [J]. 学海, 2000 (4): 91-97.
② 刘洪银. 城镇"农二代"就业转型评价及实现路径 [J]. 首都经济贸易大学学报, 2015 (5).

3.3.5 新生代农民就业转型的条件[①]

1. 产业技术进步和转型升级是农民就业转型的基础

产业是就业的载体，产业转型升级是农民就业转型的基础。农民就业转型不是无源之水，而是价值创造和价值分配的结果。农民就业质量提升的内驱力是产业技术进步。如图3-6所示，一方面，产业技术进步提高劳动生产率，提高了产出水平，这是劳动产品分配的基础。通过劳资谈判，劳动者获得更多的收益，如劳动保护、劳动条件改善、劳动收入和福利水平提高等。另一方面，产业技术进步引致技术在更大程度上替代劳动力，劳动者技能提升，劳动强度减轻。劳动者技能水平提升与产业技术进步协同推进，促进农民就业转型升级。但现实中，在最低工资制度推动下，劳动者货币工资得到提高。但由于产业升级缓慢，劳动工资提升主要不是依靠技术进步提高劳动生产率，而是依赖加班加点，延长劳动工时实现的，标准劳动时间的工资水平并没有提高多少。

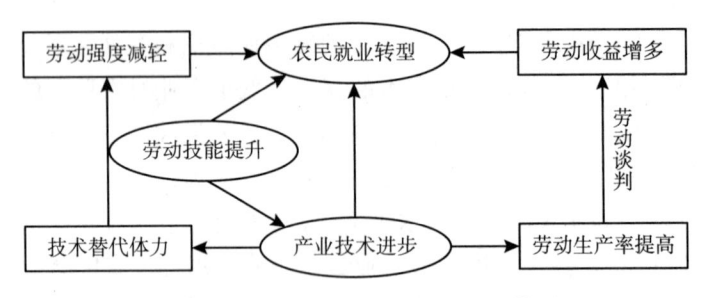

图3-6 产业技术进步与农民就业转型

2. 提高劳动分配能力是农民就业转型的必然选择

资本作为价值创造过程中必不可少的一个条件，对价值创造做出贡献，资本也应该在价值分配中获得相应的收益。但一切价值都是劳动创造的，资

---

① 刘洪银. 新生代农民就业转型问题[J]. 开放导报，2014（5）.

本分配是作为价值创造条件参与分配，在价值分配中处于次要地位；而劳动分配是作为价值创造主体参与分配，在价值分配中处于主导地位，应该获得所创造价值中大部分收益。劳动本位要求劳动权益在剩余索取权和剩余控制权分配中居于主导地位，也就是说提高劳动的自主权和劳动在价值分配中的分配能力。如果说产业技术进步是将蛋糕做大，劳动分配能力提升则是更多地分得蛋糕。劳动分配能力是劳动者谈判能力和政策调节的结果。

3. 政策干预是农民就业转型的外部力量

新生代农民就业转型依赖市场单一力量难以实现，还需要政府干预。第一，农民工劳动力市场不是完全竞争的市场，劳动力市场分割和信息不对称等导致市场失灵。第二，产业升级中路径依赖、工资上升刚性和技能培训的外部性等都需要政策调整。第三，强资弱劳的劳动关系中农民工劳动权益容易遭受侵害，劳动权益保护和劳动纠纷调处需要法律界定规则。第四，劳动产品的分配是劳资双方利益的分割，需要外部力量制定分配规则，劳资谈判需在这一规制约束下进行。

4

协同机理：产城融合发展下稳步城镇化与新生代农民就业转型

"协同机理"是指协同推进稳步城镇化与新生代农民就业转型机理。厘清作用对象之间存在的互动关联关系是机理分析的基础。

4.1 产城融合发展与进城农民就业的互动关联

4.1.1 城镇产业发展为进城农民就业创造了劳动需求

1. 与农村相比，城镇产业发展具有得天独厚的空间

第一，现代农业进城拓展了城镇产业类型。传统上农村以农业生产为主，城镇以非农产业为主。农村工业化后，农村三次产业协同发展。现代农业也从农村向城市推进，由于现代农业的多功能特征，城镇居民对现代农业形成天然的依存关系，现代农业进城发展成为一个趋势。城镇现代农业与农村现代农业异曲同工，农民既可以在农村也可以进入城镇从事现代农业生产经营。城镇园林绿化和景观农业等需要一批农业劳动力进城劳动。城郊农业如蔬菜水果生产、生态苗木种植和畜牧养殖等也会创造大量农业劳动需求。第二，公共管理和服务为城镇产业发展创造了有利条件。政府行政管理部门和公共事业管理部门一般设在城镇，这为城镇产业发展创造了有利环境。产业部门离不开政府的宏观调控和公共管理服务，企业部门生产经营也离不开信贷、物流等生产性服务业的支持。与农村相比，城镇具有更强的产业集聚功能。城镇产业集聚和规模扩张吸纳农村劳动力进入城镇打工。第三，城镇人口集聚为服务业发展创造了条件。与农村相比，城镇人口集聚为服务业发展创造了条件。无论是生产服务业还是生活服务业，人口密度是服务业供给水平的基础性因素。城镇高的人口密度对服务业产生需求，也就产生了服务业的供给。

2. 城镇产业发展创造了大量劳动需求

农村劳动力从就地转移向异地转移主要源于城镇产业创造的较高的就业机会。城镇农业、工业和服务业规模扩张创造了大量劳动需求。一般来说，城镇产业技术水平较高，产业层次高于农村产业，城镇产业对劳动力技能要求较高。产业对劳动力需求呈现结构化特征。如果进城农民技能结构不能满足产业需求结构，这种产业需求对进城农民而言是无效需求。城镇工业（如制造业和建筑业）和城镇生活服务业对一般劳动力需求较多，进城农民更容易在这些产业实现就业。城镇人口集聚推进建筑业和生活服务业规模扩张，也就创造了一般劳动需求，吸纳更多进城农民就业。

3. 产业政策扩张城镇劳动需求

城镇产业发展离不开一个政策环境，政策环境影响企业发展所需资源的获取成本。以财税金融政策，贸易政策等为工具的产业政策为城镇产业提供了发展环境，产业政策降低了企业资源获取成本，提高了资源的可获得性，扩张了城镇劳动需求。产业政策劳动需求扩张机制如图4-1所示。

产业政策主要从刺激产品需求、改善资本供给和创造产业发展环境三个方面来促进城镇产业健康发展，扩大劳动需求。从改善发展环境来看，产业政策具有竞争性、倾斜性、限制性、保护性和鼓励性特点。竞争性政策通过反垄断法抑制垄断的形成，提高市场的竞争性，为城镇产业发展营造一个完全竞争的市场环境；倾斜性政策借助财税金融政策，扶持暂时经营困难企业发展；限制性政策通过限制两高一低产业发展，援助衰退产业或过剩产能的

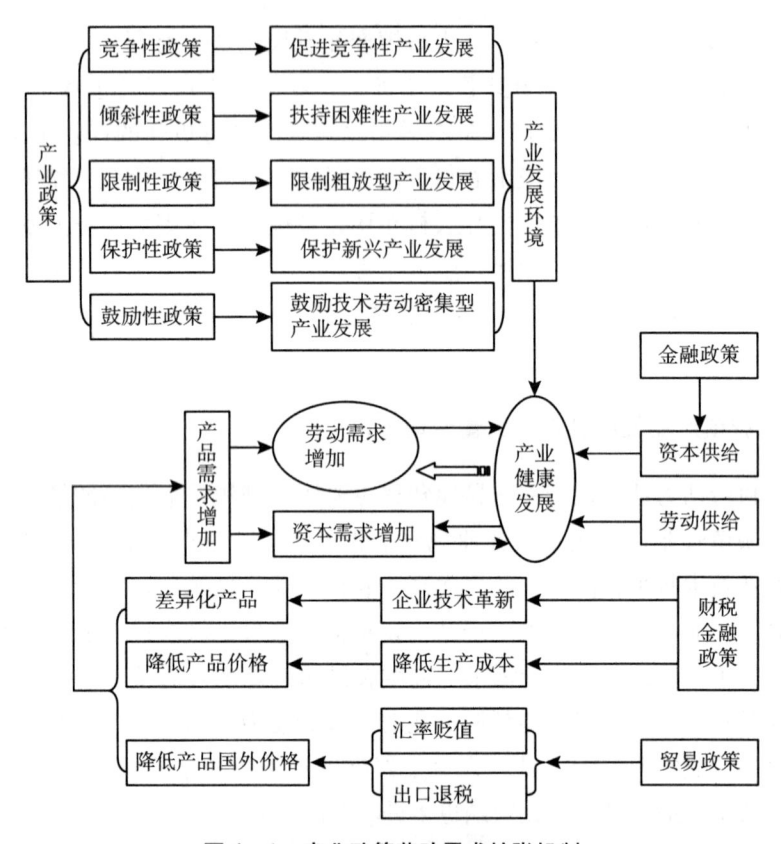

图 4-1 产业政策劳动需求扩张机制

资料来源：刘洪银. 中国农村劳动力非农就业：效应与机制 [M]. 南开大学出版社，2014。

退出市场，以促进产业升级，提高产业竞争力；保护性政策通过开拓新兴产业市场空间，保护和扶持新兴城镇产业发展，促进产业结构优化升级；鼓励性政策通过鼓励城镇产业技术创新，鼓励技术劳动密集型产业发展，提高城镇产业吸纳劳动的能力和劳动产出率①。产业政策不但为城镇产业创造发展环境，还运用各种政策工具刺激产品需求。一方面，产业政策通过财税金融政策降低生产成本来降低产品市场价格，刺激消费需求；鼓励城镇产业产品创新，以差异化产品的生产创造产品需求；另一方面，政府还可以在公共支

---

① 刘洪银. 东部地区农村劳动力非农就业的家庭收入效应分析 [J]. 湖南农业大学学报，2011 (3).

4 │ 协同机理：产城融合发展下稳步城镇化与新生代农民就业转型

出预算中增加新兴产业产品采购支出，扩张产品需求空间，进一步扩张了城镇劳动需求[①]。

4.1.2　进城农民为城镇产业发展提供了劳动要素支持

城镇产业发展需要土地、资本、劳动力和技术等生产要素支持。城镇产业具有得天独厚的资本和技术吸纳集聚能力，但受城镇土地资源和劳动力资源约束。土地资源匮乏迫使城镇产业向城郊转移，促进了城市蔓延。但受人口与计划生育政策的调整，城镇劳动力资源增长缓慢。在资本技术替代率一定的条件下，一定规模的产业对劳动力需求是相对稳定的。城镇有限的劳动力会优先选择劳动条件好、劳动收入高的产业企业，而建筑业和生活服务业等职业声誉较低的产业劳动供给较少，这些产业发展受到劳动力约束。进城农民为城镇产业发展提供了劳动要素支持。城镇产业在吸纳城镇劳动力就业之后，剩余的岗位需求不得不由农村劳动力来满足。即使这样，城镇产业发展仍面临劳动力短缺约束。城镇产业发展对农村劳动力已形成依赖，进城农民已成为城镇产业发展不可或缺的力量，两者形成共生和依存关系。

4.1.3　进城农民就业质量约束产城融合发展

1. 稳定就业是农民工就业转型的基础

从前述研究可以看出，农民工就业转型的基础是稳定就业，稳定就业即从事具有一定技术资格要求并受中长期劳动合同保护的工作岗位。稳定就业是农民工就业转型的必要条件。打工地的流动性和工作岗位的不稳定性是形成农民工问题的原因之一，频繁转换工作和流动给农民工管理带来困难，打工地的流动主要源于工作岗位的不稳定性。稳定就业不但奠定了农民工就业转型的基础，也成为稳步城镇化的微观基础。

---

① 刘洪银. 中国农村劳动力非农就业：效应与机制［M］. 南开大学出版社，2014.

2. 进城农民不稳定就业制约产城融合发展

第一，进城农民不稳定就业制约城市产业发展。农民工数量已占城镇产业工人队伍的2/3，已成为城镇产业发展不可或缺的力量。但进城农民不稳定就业给城镇产业持续健康发展带来不良影响，持续十几年的用工荒问题可见一斑。农民工频繁转换工作降低了企业内职业技术培训和职业管理的积极性，企业使用农民工是权宜之计，难以将农民工纳入核心员工管理。当农民工成为企业用工主体时，企业不得不大量使用农民工而又难以稳定用工，企业的可持续经营将面临威胁，农民工自身也难以得到职业技术培训和职业发展。

第二，进城农民不稳定就业制约城市功能配套。集聚人气是城镇化的基础，人口规模决定城镇功能配套水平和城镇规模，城市功能配套水平是由城市常住人口规模决定的，如生活服务业、社会服务业和公共服务业的供给。进城农民就业的不稳定性引致打工和居住地的频繁转换，农民工高流动性使城市常住人口规模和结构发生变化，与个体息息相关的社会保险、住房保障、计划生育管理等难以有效供给，城市政府的市民化政策也难以覆盖不稳定就业群体。城市功能配套不但受制于进城农民不稳定就业，也反过来影响农民工的集聚和就业。那些缺乏必要的生活配套和公共服务设施的产业园区，就业人员面临生活、休闲、就医、子女上学等诸多不便和困难，产业园区就出现招工困难。相反，那些产业集聚度高、企业扎堆，生产性、生活性服务配套比较完善的园区，招工情况就好很多①。新生代农民工在城市功能缺失的产业园区难以享受城市繁华，即使招得来也留不住。

第三，进城农民不稳定就业制约产城融合发展。产城融合发展中"城"的含义就是为城市人口配套城市功能，构建宜业、宜居、宜人的工作环境和生活环境，促进城镇化质量的提高。不稳定就业的进城农民难以市民化，难以成为稳定居住的城市人口，政府城市功能配套完善的动力不足。进城农民不稳定就业和高流动性使产业与城市难以做到真正融合。不但产业的可持续发展受到影响，城市人口的规模也频繁变动，稳定居住的城市人口规模不高，

---

① 蔡雪芳. 完善园区配套、加速产城融合 [N]. 江西日报, 2014-05-19.

城市人口出现虚增假象,产业发展与城市功能难以实现高水平的融合。

3. 进城农民就业质量不高制约高水平产城融合发展

除就业不稳定外,工资水平低、劳动强度高、劳动安全保护差也降低了进城农民就业质量。进城农民就业质量不高制约高水平产城融合发展。工资收入水平低降低了优质的社会服务业和生活服务业有效需求,劳动时间延长相应地减少了文化休闲服务业的消费时间。城市优质服务业供给的动力不足,城市功能配套质量就会降低。工资水平低也限制了农民工人力资本投资,农民工技术技能难以稳步提高,产业转型升级遭遇技术性人力资源约束。城市产业和城市功能在低水平实现融合,这样的产城融合难以提高城镇化质量,也就是说,进城农民不能实现就业转型也就难以提高城镇化质量。

4.2　产城融合发展与新生代农民市民化的互动关联

1. 城镇产业发展为进城农民市民化创造了物质条件

进城农民城市化的本质是生产方式与生活方式的转型,就地转移就业的农民工仅实现了生产方式的转变而没有实现生活方式的转型。进城农民尤其新生代农民进城打工的目标不仅仅是维持生存,更重要的是享受城市经济社会文明,实现从农村生活方式向城市生活方式的转型,做一个城市人,也就是实现市民化。进城农民市民化是城市经济社会发展的结果,城镇产业发展为城镇农民市民化创造了物质条件。

如图4-2所示,进城农民市民化是物质资本积累、人力资本积累和城市福利公平分配的结果。就业和居住是市民化的基础条件,住房购置和高质量的子女教育是农民进城打工的主要追求目标。这些源于城镇产业发展和进城农民就业实现。按照合理的通勤距离规划城镇产业空间布局和居民居住区布局,引导产业以城市为中心在有效半径内转移。城镇房地产业发展保障住房供给,劳动收入积累产生购房有效需求。城镇产业发展积累的剩余成为城镇财政收入的主要来源,城镇财政收入的一部分通过再分配形式成为城市居民福利。城市政府按照公平分配原则在原有城市居民与进城农民之间进行分配，让进城农民按照贡献享受不同水平的城镇公共就业服务、公共卫生服务、社会保险、子女教育和住房福利等。城市财政收入的一部分以转移支付形式支持进城农民教育培训，以促进进城农民人力资本提升。物质资本与人力资本积累、就业实现、居住安置和城市福利获得帮助进城农民实现市民化。

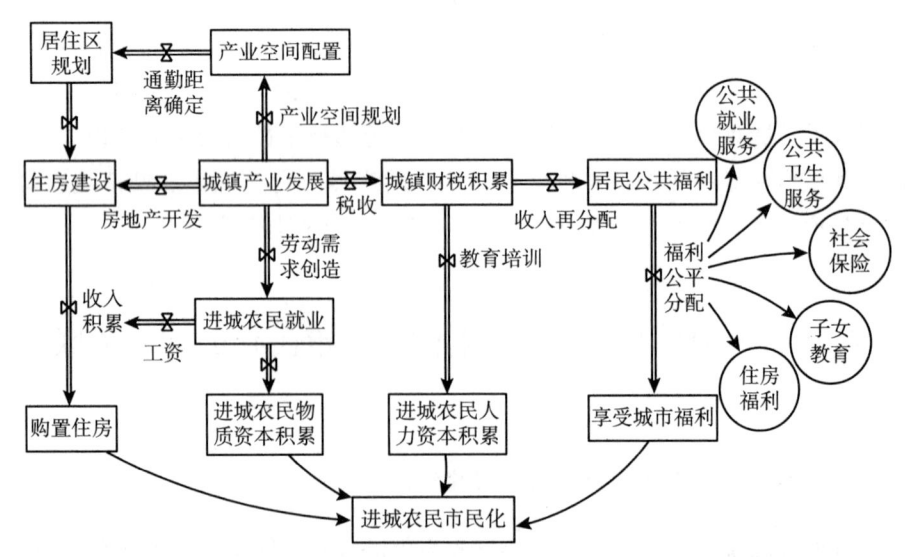

图 4-2 产城融合发展对进城农民市民化作用流图

2. 进城农民家庭市民化促进城镇产业持续稳定发展

城镇产业持续稳定发展需要稳定的产业工人队伍。进城农民要进得来、留得住需要农民及其家庭市民化，保障进城农民家庭在城市扎根生存，成为城镇永久居民。否则，进城农民仍将流动到其他城市或回流到农村。春节之后的大规模农民工招工就是实例。进城农民要留在城市首先需要首先稳定就业和市民化，其次还要将家庭迁移到城镇并市民化。进城农民稳定就业促进城镇产业持续稳定发展，进城农民及其家庭市民化也使进城农民家属及其子女加入城镇产业工人队伍，保障产业发展的人力资源供给。进城农民家庭市民化对城镇产业发展提出了要求，城镇产业技术需要不断升级转型，不断提高劳动生产率和劳动分配能力，提高劳动收入水平，这样进城农民家庭才能够承担得起城市生活支出。

进城农民家庭市民化提高城镇人口集聚水平，促进了城镇生活服务业和社会服务业发展。进城农民工家属既可以打工就业，也可以从事餐饮、商贸物流等城镇生活服务业。农民工后代将成长为新一代城市劳动力，成为城镇产业发展的后备力量，保障城镇产业持续发展。城镇人口密度的提高也扩大了城镇文教卫生等社会服务业发展需求，如托幼产业、养老服务产业、教育医疗产业等，社会服务业发展又创造了新的就业机会，吸纳更多劳动力城镇就业。

4.3 稳步城镇化与农民就业转型的互动关联

4.3.1 初级阶段城镇化与农民转移就业的互动关联

初级阶段，城镇化与农民转移就业呈互动关联关系。农民就地转移就业为就地城镇化创造了条件，进城转移就业支撑了城市产业发展。城镇化发展对农民产生吸引力，吸纳农民进城转移就业。其中，关联节点主要为农业技术进步、农业资本积累、农民转移就业和农村土地流转。

（1）技术进步提高农业劳动生产率。农业技术进步是农民转移就业的驱动力。技术进步提高了农业劳动生产率，土地资源约束下农业出现剩余劳动力，农民从单一的农业劳动中解脱出来开始向非农产业转移就业。农业则通过农地流转发展适度规模经营。在土地流转政策缺失情况下，已转移就业的农民兼营农业甚至落荒。转移就业需要非农产业需求支持。

（2）农业资本积累奠定农村工业化基础。农业资本积累为农村工业化奠定了基础。除非借助外来资本，乡镇企业发展倚重农民自有资本的积累。农业资本积累催生了农村工业化，为农村劳动力转移就业创造了劳动需求。

（3）转移就业支撑城镇产业发展。农民转移就业分为就地就近转移就业和异地转移就业。就地转移就业支撑了乡镇企业发展，而异地转移就业（主要转移到城镇）支撑了城镇产业发展（目前农民工数量占城镇产业工人总量的2/3）。就地转移就业农民分散居住，进城就业农民虽然居住在城市，但呈候鸟式转移，就业处于不稳定状态。但农民工对城市产业发展和居民生活提供了便利。

（4）农村土地流转促进乡镇企业园区集中。在统一规划下，各级政府通过农村土地流转集中建设经济开发区和各类工业园区。企业向园区集中，劳动者实现园区化集中就业，但分散居住方式没有改变。各类园区具备城镇的产业基础，成为城镇化的雏形。

4.3.2　高级阶段稳步城镇化与农民就业转型的互动关联

高级阶段，城镇化向稳态演进，产业向高端升级，农民向稳定就业和市民化转型，城镇化与农民就业在高层次上互动关联。高级阶段稳步城镇化与农民就业转型关联关系如图4-3所示。土地、产业和人口空间集聚赋予城市内容，产城融合创造城市产业生态和劳动需求，就业和居住融合促进生产方式与生活方式的改变。社会政策调节进城农民与城市居民之间的关系，促进进城农民市民化和城市社会融入。产城融合、业居融合、稳定就业和市民化是四个互动关联节点。产城融合为业居融合创造了条件，稳定就业和市民化促进城镇化稳态，业居融合和稳步城镇化赋予城镇化内涵。

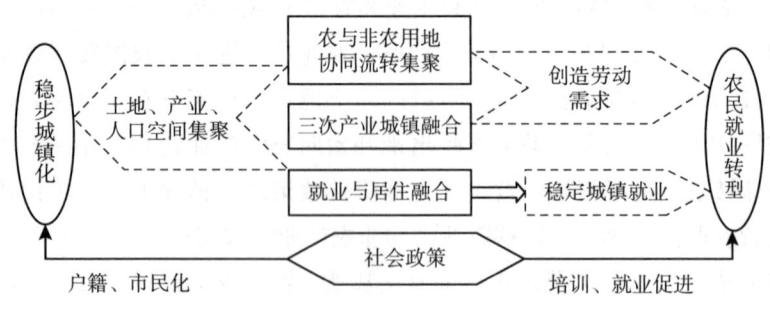

图4-3　稳步城镇化与农民就业转型关联关系

1. 产城融合赋予城市内涵和产业要素

产城融合可以赋予城市产业支撑，巩固城镇化经济基础；可以赋予产业园区城市内涵，促进产业功能区向城市的蜕变。城市内涵包括城市生态环境、城市人文和自然景观、城市生活方式、城市基础设施、城市社会管理和城市社会服务业等[①]。产业培育能够创造就业需求，城市内涵营造能够创造宜业、宜居、宜人的城市环境，满足进城农民城镇居住和生活需求，促进农民生活方式转变。

2. 业居融合促进城市就业和生活方式转型

就业和居住融合能够实现集中居住。工作地和居住地保持合理的通勤距离，进城农民无须在城市与农村两地间奔波，有助于提高城市就业和生活稳定性。在就业地的有效半径内居住能够促进就业和生活方式改变，促进外来农民与城市人的社会融合和融入，促进城镇化稳态。

3. 稳定就业奠定就业转型和稳步城镇化基础

就业稳定，生活才能稳定。就业质量提升标志主要表现为就业稳定性、劳动条件和收入水平状况。稳定就业奠定了就业转型的基础。就业不稳定，人口在城镇居留就不稳定，稳定就业也是稳步城镇化的基础。进城农民稳定就业促进了就业转型与城镇化的稳态。但就业稳定与否受多种因素影响，劳动者技能、企业性质、产业层次等是主要因素。劳动者知识技能提升有助于就业的稳定性。

4. 市民化保障劳动者的社会权益

市民化与否体现劳动者在打工城市享受的社会权益和社会福利水平。社会福利归根到底是劳动者为城市贡献的结果，是劳动价值的再分配形式。市民化能够让劳动者长期居留城市，而非市民化会引致劳动者因福利剥夺的累积而选择更换打工城市，城镇化处于不稳定状态。进城农民市民化能够促进稳定就业和稳定城镇化。市民化与否主要取决于市民化政策与自身努力。降低政策门槛，调动市民化参与积极性，提高外来人口市民化率，也就增强了城镇化的稳定性。

---

① 徐林，曹红华. 从测度到引导：新型城镇化的"星系"模型及其评价体系 [J]. 公共管理学报，2014（1）.

4.4 产业演进推动进城农民就业转型和稳步城镇化机理

改革开放以来，我国走的是一条快速城镇化道路。土地城镇化快于人口城镇化，房地产业开发超前于工业化发展，出现"鬼城""空城"等城镇化病。事实表明，缺乏产业支撑的城镇化不可持续，城镇化需要产城互促和产城融合，需要从"大跃进"式向稳态式城镇化转变。城镇化稳态转变需要产业转型升级，城镇产业升级与进城农民就业状况息息相关。传统产业中进城打工的农民工作转换频繁、劳动条件简陋、工资收入水平低下且欠薪现象严重，劳动权益普遍受到侵害。进城农民工就业质量状况抑制城镇化质量提升，也影响城镇产业升级和可持续发展。城镇农民就业转型和稳步城镇化需要产业发展和产业技术进步。

学者对城镇化与产业发展关系尤其城镇化对产业发展影响进行了研究。城市化发展会促进产业分工及重组，促进现代产业要素集聚（Michael et al，2012）。城镇化通过影响科技创新活动间接地推进产业结构（Carlino et al，2007；Kolko，2010），能够推动工业发展向集约经济和创新经济转变（辜胜阻等，2012a），推动产业（包括县域产业）升级（王振华，2014）。中国将进入城镇化主导的工业化发展中期（毛丰付等，2012）。但如果城镇化发展脱离产业演进规律而快速推进将导致制造业产能过剩（刘航等，2014）。产业演进对城镇化影响的相关研究较少，学者主要关注房地产过度开发而导致"空城"现象（朱中一，2011；辜胜阻等，2012b）。本研究采用理论推演方法，从产业发展视角研究进城农民就业质量和城镇化发展质量，探索城镇产业升级、城镇化质量提升和进城农民就业转型协同推进路子，为城镇化病消除提供理论依据。

4.4.1 产业升级必然引致结构性失业的悖论

1. 产业升级是一个技术扩散和新型产业形成的过程

主流观点认为，产业结构升级必然带来劳动力结构性失业。这一论断的前提是劳动力技能提升的刚性。但产业升级和劳动力技能提升都不是一蹴而就的。产业升级和新兴产业的形成是一个产业技术研发、转化和扩散的过程。科技成果的成功转化最初以企业形式进入市场，新型技术的高利润引致其他市场主体对专利权的有偿使用甚至模仿，产业技术得以扩算。产业技术从扩散到新型产业形成也是一个不确定性过程，资本、劳动力和土地等生产要素的供给状况影响产业的顺利升级。

2. 劳动力知识技能提升是一个习得演进过程

知识技能提升是一个习得演进过程，短期内具有上升刚性，中长期内则具有一定弹性。源于人力资源的生物性和时效性，人力资本投资效率受年龄和投资结构影响。青少年时期人力资本投资效率高，中老年后投资效率衰减；所学知识技能有市场需求并能够得到及时应用，人力资本将得到固化，否则，人力资本时效性会随时间衰减。"80后"和"90后"新生代农民工知识技能水平和结构具有较强的可塑性，人力资本投资效率高。但源于人力资本的资产专用性，农民工知识技能培训必须以产业技术需求为导向，脱离产业需求的预先技能培训和储备具有一定的人力资本投资效率风险。产业技术演进为进城农民工知识技能培训确定了方向和领域。

3. 产业升级与进城农民工知识技能提升具有协同性

产业转型升级的过程性和劳动力知识技能获取的习得性显示两者具有协同性，两者都离不开政府的政策干预。政策鼓励科技成果的转化应用和扩散，确立技术专利市场交易规则。同时政府规划和组织农民工培训。城市政府根据产业技术需求，确立中长期内农民工培训专业目录和财政预算，并根据产业市场需求，逐年调整培训专业和培训内容，协同推进产业升级与进城农民工培训。

4.4.2 产业演进推动进城农民就业转型机理

就业转型是指就业质量提高到一定水平，达到维护劳动者身心健康的稳定和体面就业状态。就业转型是生产功能与分配功能共同发挥作用的结果。

前者是把蛋糕做大，后者是公平分配蛋糕。从生产功能来看，产业技术进步是农民工就业转型的物质基础。如图4-4所示，产业技术进步提高劳动生产率，劳动者创造的价值增多，在一定谈判能力下，劳动者分享的收益增多。产业技术进步还通过机器对劳动的替代而减轻劳动强度。从分配功能来看，劳动条件改善和劳动安全保护归根到底是组织内劳动成果分配的形式之一。在劳资谈判能力不变的情况下，劳动者创造的剩余价值越多，资方劳动环境改善的物质能力越强。当然，劳动的分配能力还受劳资谈判能力的影响。技术推动的产业演进是农民工就业转型的推动力，产业演进的作用效应受劳动技能约束。

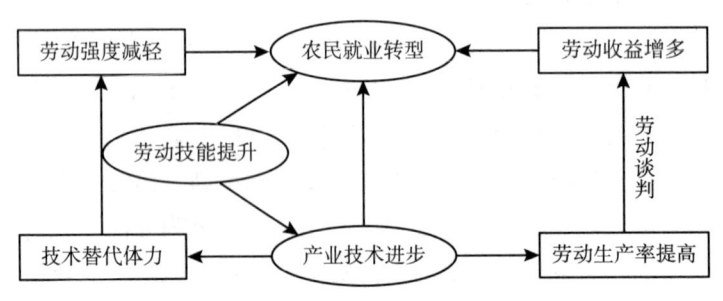

图4-4 产业技术进步与农民就业转型

4.4.3 产业演进推进城镇化稳态机理

城市兼具生产功能和生活功能，其中，生产功能是第一功能，生活功能从属于生产功能。生产功能体现于城市产业发展和劳动力就业，生活功能体现在居民居住和生活文化娱乐服务等。城市吸纳力源于城市兼具生产功能和生活功能，产业发展为城市劳动力创造了就业机会，劳动力就业获得了城市生存收入。宜居功能吸纳外来人口城市集聚，城市定居引导农业转移劳动力转变生活方式，提高生活质量。产业发展以及劳动力就业成为城市居住生活消费的收入来源。产业演进以及劳动力就业转型转变城市居民的生产方式和生活方式，推进城镇化稳态。产业演进推进城镇化稳态流图如图4-5所示。

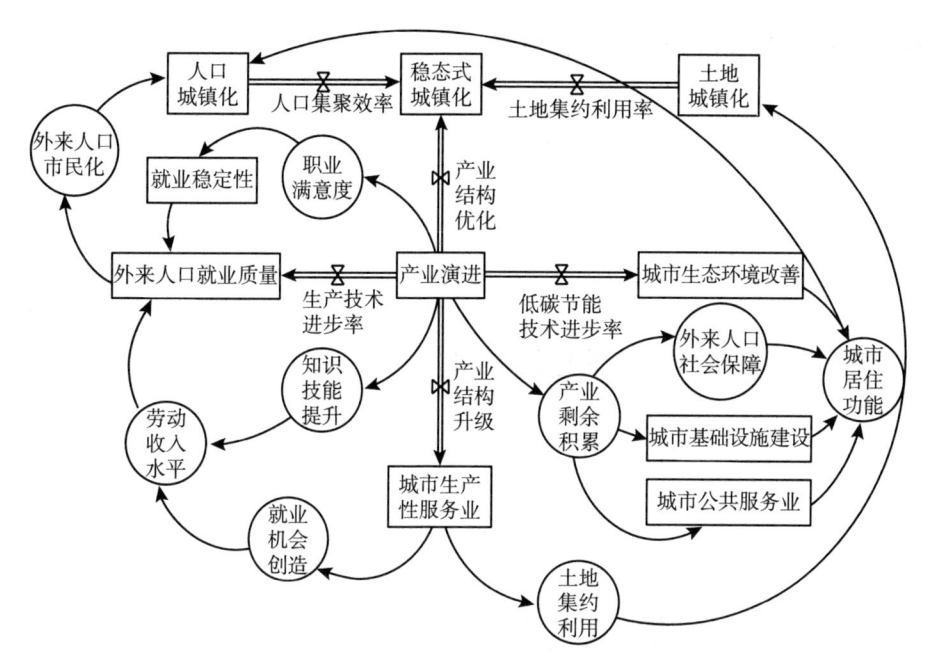

4 | 协同机理：产城融合发展下稳步城镇化与新生代农民就业转型

图4-5 产业演进推进城镇化稳态流图

如图4-5所示，产业演进从四个方向推进城镇化稳态。第一，产业演进通过生产技术进步提高了外来人口（如农民工）就业质量。一方面，产业技术进步减轻了体力劳动强度，增加了劳动就业的体面性，劳动者职业满意度会提高，工作岗位的稳定性提高；另一方面，产业技术进步引导劳动者技能培训，企业劳动生产率和劳动收入水平提高。第二，产业演进通过产业结构升级推动城市生产性服务业等第三产业发展。第三产业发展创造了更多就业机会，减少了城市空间的占用，提高城市土地集约利用率。第三，产业演进通过低碳节能技术的使用改善了城市生态环境，增强了城市宜居功能。不但如此，产业升级后产业利润增加，部分增加的利润以财政收入方式投入城市基础设施建设、城市公共服务业和外来人口社会保障，提高了宜居功能，促进了人口城镇化。第四，产业演进通过产业结构优化直接推进了城镇化稳态。根据城市产业需求结构变化，政府引导城市产业结构调整和优化，抑制房地产业产能扩张和超前发展，限制两高一低产业规模，鼓励先进制造业和现代服务业集群化发展，提高产业的就业吸纳能力和劳动力就业质量，完善城市生产生活功能，以此推进城镇化稳态。

4.5 稳步城镇化推进产业升级与农民工就业转型机理

4.5.1 稳步城镇化的作用机理[①]

稳步城镇化作用机理如图 4-6 所示。

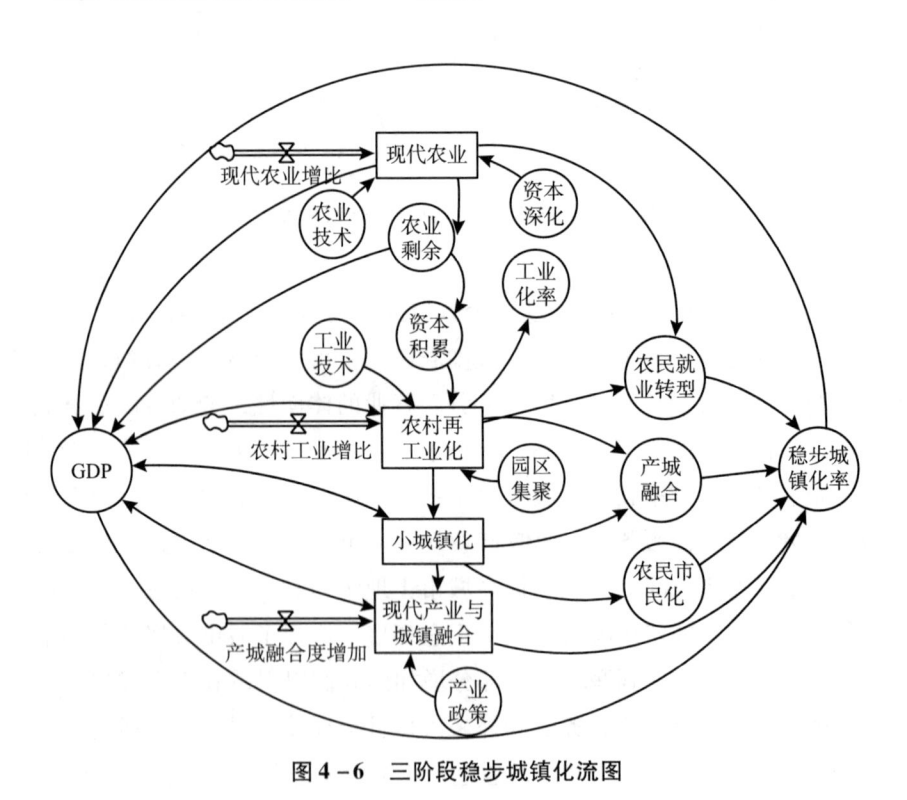

图 4-6 三阶段稳步城镇化流图

---

① 刘洪银. 稳步城镇化三步走战略及实现机制 [J]. 兰州学刊，2014（5）.

如图 4-6 所示，稳步城镇化与经济增长之间存在内在关联性。经济增长引致人口的集聚和城镇化，反过来城镇化又对经济增长起到较大地拉动和促进作用。城镇化是经济发展的结果。现代农业是经济发展的基础，也是城镇化的基础。现代农业技术对体力劳动的替代程度较高，劳动对人们身体的损害程度较轻，而产出水平较高。农民从传统农业转移到现代农业，实现了就业转型。农业技术和资本深化为现代农业发展提供了支持条件。现代农业剩余转化为资本，为农村再工业化提供了启动资本。在新型工业技术支持下，农村再工业化成为可能。农村再工业化提高了工业增加值，创造了新的就业需求。农民就近就地转移，实现了从传统农业向新型工业的就业转型。同时，政策引导农村工业向园区和乡镇集聚，并在产业集聚地发展起小城镇和中小城市，实现产城融合发展。小城镇和中小城市低的市民化门槛让转移农民能够家庭整体市民化。现代产业注入城市元素，城市产业升级转型，形成现代产业集群与大中小城市和小城镇融合发展、城市群与区域产业互促的产城融合发展格局。城镇化三个阶段与经济增长形成阶段性互动关联机制，促进城镇化与经济增长协同稳步演进。

4.5.2 稳步城镇化推动产业结构升级转型

城镇化稳态即协同推进人口城镇化、土地城镇化与产业结构优化升级，使城镇化达到城市功能完善、居民安居乐业的稳步发展状态，实现城镇化质量和速度的统一。稳态城镇化有助于产业升级转型。城镇化不但集聚产业升级所需要的资本、土地和劳动力等生产要素，更重要的是稳步城镇化吸纳和集聚产业技术进步所依赖的科技人才。科技人才尤其高端人才的集聚是多种因素共同作用的结果，如子女教育、家属工作安排、个人职业发展前景等。城市优质的教育资源、教育政策以及医疗水平、医疗便利、医疗保障等是吸引高端人才流动集聚的重要因素。这些城镇公共服务资源供给既是城镇工业化发展积累的结果，也依赖于人口城镇化集聚。稳步城镇化满足社会公共服务供给的必要条件，城市公共服务业发展和城市功能完善吸纳科技人才集聚，科技成果的生成、转化和扩散又推动产业结构转型升级，产业演进产生了更强的人口集聚能力，城镇化与产业升级形成良性循环。

4.5.3 稳步城镇化推进进城农民就业转型机理

农民工就业转型既来源于内生动力，也来源于外生动力。内生动力产生于农民工自身教育培训、工作经验和身体锻炼等人力资本投资，提高就业能力和工作技能，从而改善就业状况。外生动力产生于生存环境对农民工就业状况改善的影响。外生动力通过内生动力发挥作用。城镇化属于宏观领域，农民工就业属于微观领域，如何通过宏观领域的行为影响微观领域的转变，需要营造生存环境，如就业环境、居住环境、制度政策环境等，也就是通过环境影响微观主体的行为，达成政策目标。环境是联结宏观领域与微观领域的通道。稳步城镇化推进农民工就业转型流图如图4-7所示。

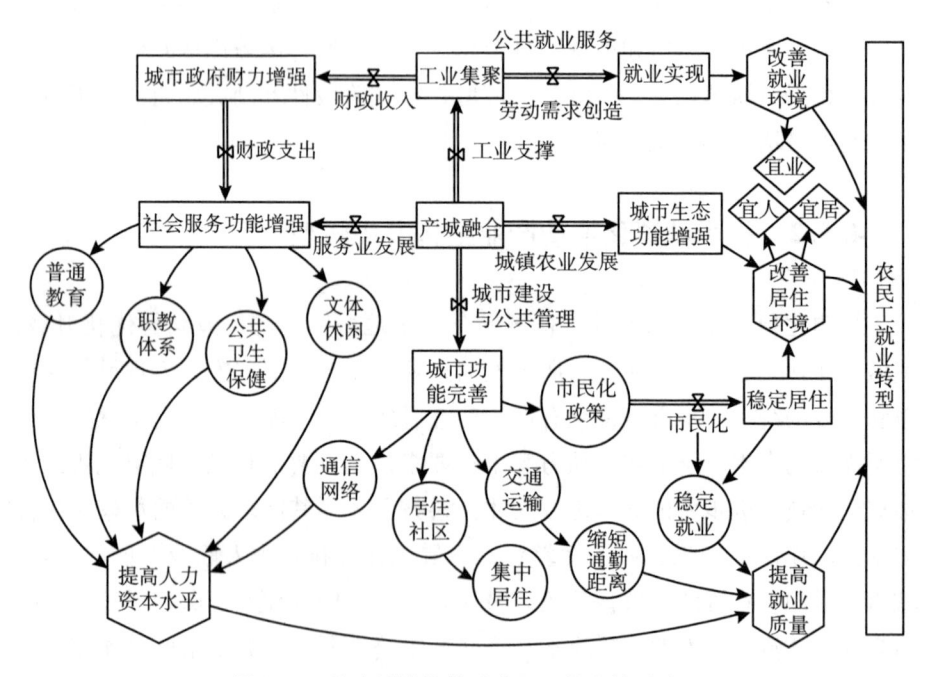

图4-7 稳步城镇化推进农民工就业转型流图

如图4-7所示，稳步城镇化的路径是产城融合。城市产业支撑表现为工业集聚、城镇农业发展和城镇服务业发展。工业集聚创造了就业机会，有助于农民工就业实现，改善就业环境；城镇农业发展构建城市生态环境和休闲旅游空间，有助于改善居住环境；在城市工业积累基础上，城市有财力发展优质社会服务业，城市教育质量、公共卫生和医疗保健水平提高，文体休闲设施健全，为农民工人力资本投资创造了条件，农民工人力资本投资推动就业质量提高。城市基础设施建设和公共管理完善了城市功能，市民化政策让入围农民工得以市民化，农民工市民化使居住和就业趋于稳定；交通便利缩短了就业地和居住地的通勤距离，农民工围绕打工地在合理半径内集中居住，方便了就业和生活，提高了城市就业生活质量。就业环境、居住环境和就业质量改善促进农民工就业转型。

5

协同机制：产城融合发展下稳步城镇化与新生代农民就业转型

5.1 协同机制构建

"协同机制"不是一个固有词组，而是协同推进稳步城镇化与新生代农民就业转型机制的简称。协同机制是协同机理以及遵循协同机理而进行的政策制度安排。第4章研究了协同机理。本章主要探讨基于协同机理的政策干预以及行为主体协同作用达成政策目标的路径。

城镇化是宏观领域，产业发展是中观领域，而农民工就业是微观领域，如何将不同层次领域的问题协同解决需要构建主体分工明确、作用边界清晰、路径选择科学的协同机制。

5.1.1 协同机制主体

协同治理需要发挥政府的主导作用和市场的主体作用，需要行政手段和市场手段的联姻。其中，市场手段是发挥市场在资源配置中的决定性作用，依靠市场机制调节经济运行；行政手段通过制度安排（法律法规和政策等）维护市场秩序，调整市场主体的利益分配。协同治理主体包括主动主体和被动主体。主动主体是政策制度的设计者，被动主体是政策制度的作用对象。

5 | 协同机制：产城融合发展下稳步城镇化与新生代农民就业转型

主动主体为中央政府、城市政府和产业企业，通过制定产业政策、土地政策、市民化政策和企业规章制度等，引导产业发展和城镇化进程；被动主体为城市政府、产业企业、新生代农民，被动主体只能在政策制度框架内进行经济活动。城市政府与产业企业既是主动主体，也是被动主体。上级政府是城市政府的主动主体，城市政府又是城市产业企业和农民工的主动主体，产业企业是农民工的主动主体。

5.1.2 协同机制

本研究构建稳步城镇化与新生代农民就业转型 DLM 协同机制。DLM 协同机制即决策机制（decision making）、学习机制（learning making）、动力机制（motivation making）。

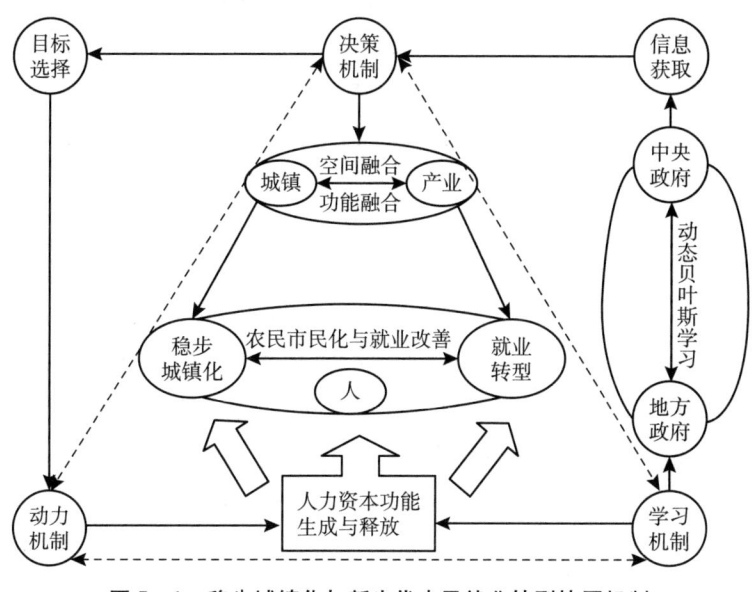

图 5-1　稳步城镇化与新生代农民就业转型协同机制

如图 5-1 所示，DLM 协同机制模型包括三个部分。第一部分为三个机制：动力机制、决策机制和学习机制。三个机制相互作用相互关联。学习机制是决策机制信息获取，实现科学决策的手段，决策机制通过信息搜集、信息比较和选择确定目标任务，学习机制是目标确定的基础。动力机制为任务实施和目标达成提供驱动力。目标确定后行为主体产生内驱力，目标任务达成既是决策的导向，也是动力产生的源泉，目标确定形成 DLM 治理机制基础。政策目标是协同治理机制作用的出发点和归宿。目标确定后才能进行政策决策，目标达成期望产生行为激励。学习机制为决策机制提供信息，动力机制为学习机制提供驱动力，决策机制为动力机制提供动力基础，三者相互作用，相互制约，形成协同作用机制。

第二部分是机制作用对象。DLM 机制共同作用于产城融合、稳步城镇化与新生代农民就业转型。产城空间融合和功能融合是中央和地方政府宏观层次上的决策。产业与城镇融合发展为新生代农民城镇就业和定居打造了平台。进城农民市民化与就业条件改善是稳步城镇化与农民就业转型协同机制作用的对象。市民化是进城农民城镇居住生存能力的体现，进城农民就业改善是人力资本及其劳动成果分配的表现。这两个方面都是人的综合能力的体现，人的能力归根到底是人力资本动能的生成与释放。人力资本动能生成是决策机制、动力机制和学习机制共同作用的结果，也是协同机制的阶段性目标。政策制度通过激发农民人力资本投资动能和使用动能，协同推进稳步城镇化与农民就业转型。

第三部分为两类主体间的不完全信息动态博弈。即中央和地方、市场主体（包括企业、城市居民、农民工和其他外来人口）间的贝叶斯学习。这个学习方式是行为科学意义上的学习，即对方行为信息的获取和自身行为的改变。政府与市场主体之间存在信息不完全和信息不对称，两者真实信息的来源不能通过预测揣摩，只能通过行为观察获取和分析信息进行判断决策。由于政府和市场主体都是有限理性人，政策目标达成需要根据政策实施效果也就是被动主体对政策作用的行为反应进行多次政策修正，两类主体间的博弈也就反复发生，直至达到精炼贝叶斯纳什均衡，这就形成了动态贝叶斯博弈的准分离均衡。纳什均衡的实现过程也就是一个动态贝叶斯学习过程。DLM 模型三个部分构成有机统一的协同机制。

总体来看，协同机制的作用核心是城镇新生代农民人力资本动能生成和释放。稳步城镇化是宏观问题，而城镇农民就业转型是微观问题，如果将二者有机协同起来，需要从人的视角破题。人是最活跃的生产力，人力资源具有主观能动性和潜能。协同机制设计就是要在分析协同机理基础上进行政策安排，以激发行为主体动能。稳步城镇化的核心是人的城镇化，产城融合发展目的就是满足人的就业需要和城镇居住生活需求，就业转型是就业质量从量变到质变的升华。在居住证积分管理制度下，无论人的城镇化还是农民就业转型都是人力资本投资积累的结果，人力资本投资和运用需要激发人力资源动能。因此，稳步城镇化与就业转型协同机制就是通过制度安排促进新生代农民人力资本动能生成和释放。人力资本动能生成和释放具有内生性和外生性。目标确定后，行为主体产生目标达成的内生驱动力，而制度和政策安排能够产生外部激励，如补贴和税收政策能够降低企业实际培训成本，激励企业开展在职培训。如果政府承担更多的农民工就业前教育培训成本将提高农民工参训积极性。协同机制设计需要在挖掘内生动力基础上，通过有效政策安排创造外部动力，促进行为主体人力资本动能的生成和释放。

5.2 新生代农民人力资本动能理论

5.2.1 人力资本动能

从物理学上说，机械能包括动能和势能。动能（kinetic energy）是指物体作机械运动所具有的能量。质量和速度决定物体动能的大小，运动物体的质量越大，动能越大；速度越大，动能也越大。势能（potential energy）是物体因处在高位（或变形）而具有的能量。质量和高度（或弹性）决定物体势能的大小，处在一定高度（或变形）物体的质量越大，势能越大；高度（或弹性）越大，势能也越大。社会学中的动能指人类资本积累及其能动性发挥而形成的社会生产力。人力资本动能是人力资本使用过程中所形成的劳动生产力。人力资本水平是劳动者进行人力资本投资积累的结果，激励程度既影响人力资本投资效率，也影响人力资本使用效果。人力资本使用过程中，对不同水平的人力资本进行激励产生的激励效果不同。人力资本与激励之间产生交互作用，形成交互动能。人力资本动能由人力资本水平、激励程度以及人力资本交互动能决定。

人力资本投资效率和使用效率离不开激励。人力资本投资行为和投资效率受多种因素影响，如投资者天资禀赋、投资成本和人格品质等。但激励是影响人力资本投资的关键因素。在不考虑其他因素条件下，简单地说，人力资本动能是对人力资本投资和运用进行激励的结果，包括人力资本投资激励和人力资本运用激励。激励程度越大，劳动的主动性、积极性和创造性越高，人力资本动能越大。人力资本积累越多，人力资本动能越大。

人力资本交互动能取决于劳动者人力资本水平和所受的激励水平。如表 5-1 所示，对高人力资本水平者进行高水平激励，产生的人力资本交互动能最高；相反，对低人力资本水平者进行低水平激励，产生的人力资本交互动能最低。其他两种情况下所产生的人力资本交互动能处于中等水平。

表 5-1　　　　　　　　　人力资本交互动能

人力资本交互动能	高激励水平	低激励水平
高人力资本水平	最高人力资本动能	中等人力资本动能
低人力资本水平	中等人力资本动能	最低人力资本动能

5.2.2　新生代农民人力资本是就业转型和市民化的新型动能

（1）人力资本是新生代农民就业转型的新型动能。斯加斯塔（Sjaastad）和贝克尔（Becker）认为，劳动力的迁移与人力资本具有函数关系。第一，就学历而言，具有较高学历和技能的劳动力，其迁移的可能性更强；反之，其迁移的可能性就较弱。第二，就劳动力年龄而言，年青的劳动力不但在迁移的可能性上要高于年长的年轻劳动力，并且前者的收入水平也会高于后者。第三，就劳动力素质而言，无论是在城市的工业部门还是农村的农业部门，劳动力的工资水平与其个人素质存在正比关系，并且具有较高素质的劳动力其获取就业机会的概率也更高。从斯加斯塔和贝克尔的人力资本转移理论可以看出，新生代农民工比第一代农民工的就业实现和劳动收入创造水平要高。人力资本高的农民工就业实现和劳动收入创造水平高，表明农民工人力资本与就业转型息息相关。农民工就业转型是就业权益维护意识和劳动要价能力的体现，人力资本水平高的农民工劳动维权意识较高，劳动讨价还价的能力也较高，即人力资本是农民工就业转型的动能。对于新生代农民工而言，教育水平、工作技能及健康程度等仅是一般性人力资本，有助于就业实现和就业质量改善，而内在的或被激励的学习工作天赋与才能等这些高级人力资本（周坤，1997）才是实现新生代农民工城镇持续生存发展的动力源。与第一代农民工相比，新生代农民工具有较多的高级人力资本。这些人力资本是新生代农民工就业转型的新型动能。培育新型动能，就要挖掘新生代农民工高层次人力资本，激发农民工人力资本生成动能。

（2）人力资本是新生代农民市民化的新型动能。在城市政府政策框架内，新生代农民市民化是市民化能力的结果。新生代市民化能力形成是人力资本及其使用中逐渐积累形成的。无论是城镇层级选择、城镇落户意识、就业机会搜索识别判断还是职业生涯规划，都是人力资本及其动能释放的体现。新生代农民工要想扎根城镇需要激发人力资本投资和使用动能。

（3）人力资本是协同推进新生代农民市民化与就业转型的新型动能。无论是新生代农民市民化还是就业质量改善都是知识技能的积累及其创造性发挥的结果，也就是人力资本投资积累及其高效运用，也就是人力资本动能的生成。居住证积分评价依据是外来人口人力资本（学历、知识技能、工作时间）及其对城市的贡献（如缴纳社会保险、税收等），这些都是外来人口人力资本动能积累及其释放的结果。新生代农民就业转型是就业质量（如就业稳定性、就业条件改善、劳动收入提高等）显著性提高到一个新的水平并相对稳固下来。就业质量提高是新生代农民人力资本提升及其价值创造能力提高的反映，是所在单位对农民工人力资本价值创造贡献的认可和补偿。因此，作为培育发展的新型动能，人力资本（包括心理资本）既促进新生代农民市民化，也推进农民就业转型。

5.2.3 协同机制的核心是新生代农民人力资本动能生成

人力资本投资是人力资本生成的主要渠道。

就农民工人力资本投资而言，教育、职业培训、迁移和医疗保健是农民工人力资本投资的基本途径。教育在促进人力资本形成中发挥关键作用（舒尔茨、贝克尔)。在职培训和干中学能够促进人力资本形成(阿罗,1962;贝克尔,2007)。迁移流动不仅使现存人力资本得到有效配置,还能促进人力资本积累(侯力,2003)。但频繁迁移和工种转换会阻碍农民工人力资本生成(蒋长流,2007)。农民工健康状况影响人力资本及其价值实现,恶劣的劳动环境和简陋的劳动防护加速了人力资本折旧(韩俊,2009)。政府在人力资本投资中应当承担主导职能(宋晓梅,2004)。

就农民工人力资本投资激励而言,垄断利润、稀缺性资源和社会形象追求是企业对农民工人力资本投资的动机(杨波,2014)。人力资本投资是一种能够带来成长快乐的消费行为,具有"成长效用",该效用能够激励农民工人力资本投资,具有自激励作用(何亦名,2014)。

就农民工人力资本运用激励而言,农民工多是企业非正式员工,新生代农民工就业观念具有多样性和多变性特征,劳动激励方式也应该具有多样性(姚月娟,2008)。新生代农民工激励应注重个性化培训、营造和谐员工关系以及挑战性的工作等(李宁等,2009;邵爱国,2010)。

以上研究将农民工人力资本与激励割裂开来,就人力资本而人力资本,就激励而激励。但农民工人力资本生成困难重重,既缺乏物质资本支持,又缺乏人力资本投资的高收益预期,农民工人力资本生成动力不足。农民工既需要人力资本使用激励,更需要人力资本投资激励。本研究将农民工人力资本与激励问题协同起来,纳入一个统一分析框架,将农民工人力资本投资结果与激励效果以及交叉效果统称为人力资本动能。人力资本动能将新生代农民工市民化与就业转型问题协同起来,人的城镇化与就业转型归根到底都是人力资本动能生成、运行和演进提升的结果。人力资本动能概念的提出为协同推进稳步城镇化与新生代农民就业转型问题的解决找到了出路。

改造提升传统动能、培育发展新型动能就是要加大社会人力资本投资,并挖掘人的主动性、积极性和创造性,提高社会生产力,也就是生成人力资本动能。新生代农民人力资本动能生成需要构建人力资本动能生成机制,即需要发现新生代农民人力资本动能生成机理,并遵循人力资本动能生成机理,做出能够有效影响新生代农民的激励约束政策安排,也就是要揭示人力资本动能作用规律,遵循规律制定新型城镇化政策与促进进城新生代农民就业质量提升的公共管理政策。

新生代农民实现落户城镇和就业质量提高是人力资本动能生成和积累的结果。稳步城镇化的核心是人的城镇化（亦即外来人口城镇定居生活并落户，平等享受城镇公共服务福利），人的城镇化的根基是就业质量及其收入水平的提高（当然还包括通过产城融合发展营造宜业、宜居、宜人的城市环境，吸纳农民工家庭整体到城镇就业、居住和生活），就业质量提高归根到底是人力资本投资积累及其动能的生成。协同推进新生代农民城镇落户与就业质量提高归根到底是提高人力资本水平及其激励水平，人力资本投资也需要激励，因此，稳步城镇化与新生代农民就业转型协同机制的重点就是如何促进新生代农民人力资本投资积累及其动能生成。

5.2.4 人力资本势能与禀赋性激励理论

为补偿人力资本投资预期收益的削减，本研究提出人力资本势能和禀赋性激励理论。

人力资本不但具有动能，还具有势能。人力资本势能是人力资本预期能够创造的社会价值。人力资本水平越高，人力资本势能越大；人力资本预期收益越高，人力资本势能越大。人力资本动能和势能在一定条件下可以相互转化。人力资本属于个体禀赋，人力资本势能可以称为禀赋性价值。人力资本势能虽然没有创造现实劳动生产力，但人力资本投资后，主体就具有了人力资本势能，这个势能在物质资本与人力资本结合后转化成人力资本动能。因此，人力资本势能与人力资本动能是人力资本的两种状态。在进入市场之前，人力资本只具有势能，进入市场后，人力资本势能就转化为动能。

如果人力资本动能因为创造了剩余价值而获得劳动价值补偿，从而得到市场认可，人力资本势能也应该得到市场尊重。人力资本动能是由势能转化而来的，没有人力资本势能也就没有人力资本动能。也就是说，没有预期收益也就没有人力资本投资，人力资本使用中也就不会产生内生激励，相应地，也就不会形成人力资本动能。因此，市场应充分尊重人力资本势能，给予人力资本禀赋性价值补偿。目前，体制内单位人力资本禀赋性价值得到一定补偿，而体制外单位仅认可人力资本现实劳动生产力，而漠视人力资本势能的潜在劳动生产力。人力资本价值在体制外单位没有得到充分尊重。

基于禀赋性价值的激励成为禀赋性激励。禀赋性激励也就是对人力资本势能的认可和潜在价值补偿。禀赋性激励是基于禀赋性价值的尊重和认可，即单位根据禀赋性价值给予经济补偿。不管人力资本禀赋是否已实际创造出社会价值，人力资本雇用方都要给予补偿。这是基于人力资本禀赋性价值能够创造较高社会产品的判断预期。传统激励注重工作业绩，属于结果导向的激励。禀赋性激励注重人力资本和心理资本等自身禀赋价值，依据禀赋价值大小给予一定待遇和声誉，属于过程导向的激励方式，如员工持股计划等。在激励作用下，一定禀赋人力资本创造价值产出是必然。禀赋性激励既能激励人力资本投资，也能激励人力资本产出。禀赋性激励既有助于人力资本势能形成，也有助于激发人力资本动能。前者属于结果导向的激励，后者属于过程导向的激励。进城农民主要在体制外单位如民营企业和个体工商户就业，没有获得人力资本禀赋性价值补偿。农民工获得的是基于产品生产数量的劳动力成本，劳动力价值没有获得充分认可。既没有参与剩余价值的分配，也没有获得禀赋性价值补偿。这样，既不利于形成人力资本势能，也不利于形成人力资本动能。无论城镇农民市民化和城镇落户，还是就业转型，都是进城农民人力资本势能和动能共同作用的结果。目前，体制外单位用工条件既不利于农民工市民化也难以实现农民就业转型。

5.2.5 新生代农民人力资本动能生成机理

人力资本动能包括人力资本投资动能和流动使用动能。人力资本动能生成源于人力资本预期收益与人力资本投资成本比较。

新生代农民人力资本投资的成本与收益。2016年，国家拟计划培训农民工2100万人，促进农民工职业技能提升，其中，主要培训新生代农民工。这是国家对农民工进行人力资本投资。虽然各级政府积极支持农民工人力资本投资，但农民工参与人力资本投资的积极性并不高，主要涉及人力资本投资的成本和收益比较。新生代农民工人力资本投资成本包括：教育培训学费、培训期间的生活费、因参训而放弃的劳动收入（机会成本）、培训的交通费用、技能学习的辛苦等。其中放弃的劳动收入是农民工养家糊口的依赖。所以即使免除教育培训费，并给予参训生活补助，农民工自身也要承担很大的成本。而农民工人力资本投资收益实现需要跨越市场门槛，即人力资本实现就业后才能带来收益。如果存在就业歧视等非竞争性门槛，参与人力资本投资的农民工无法实现就业，人力资本投资收益获得就具有一定风险性。权衡利弊，新生代农民会做出参训与否的理性决策。

人力资本投资积累阶段，人力资本投资收益包括预期社会声望、禀赋性价值等，投资收益与投资成本相比较产生预期净收益，预期净收益对人力资本投资产生结果导向的激励作用。预期社会声望是社会对人力资本评价的结果，社会声望与人力资本水平呈正相关。人力资本水平越高，社会评价越好，社会给予的声望越高。禀赋性价值来源于人力资本投资后形成的人的属性价值，即人力资本与人融为一体，提升了人力资本投资者自身禀赋存量，亦即禀赋性价值。

劳动者进入市场后，即为人力资本流动配置和使用阶段，该阶段人力资本实际收益形成需要跨越平等就业门槛。如果劳动者不能实现就业，人力资本预期收益将不能转化为实际收益，人力资本投资风险将演变成投资失败。城市对农民工就业歧视等导致不公平就业竞争。除非消除准入歧视，获得平等竞争资格，否则，人力资本预期收益将大大降低。

人力资本获得准入资格，实现就业后，如果单位认可人力资本禀赋性价值，人力资本就获得了禀赋性收益［如依据学历、学位等给付的基本工资（学历学位简单代表了人力资本水平或者能力评价）、人力资本持股收益等］。如果人力资本实际创造了社会剩余产品，还会获得业绩性收益，即根据剩余价值量，单位给予的奖励（如奖金和浮动薪酬等）。禀赋性收益产生过程导向激励作用，业绩性收益产生结果导向激励作用。人力资本动能生成机理如图 5-2 所示。

新生代农民人力资本动能生成状况。新生代农民虽然比第一代农民工人力资本水平高，但尚达不到城市产业工人平均的人力资本水平。

第一，新生代农民难以承担参训成本。进入职场后，因需要养家糊口，农民工参与培训的机会成本增大，即使政府提供培训补贴，农民工也难以承担剩余参训成本。农民工参加政府组织的培训的动力不足。

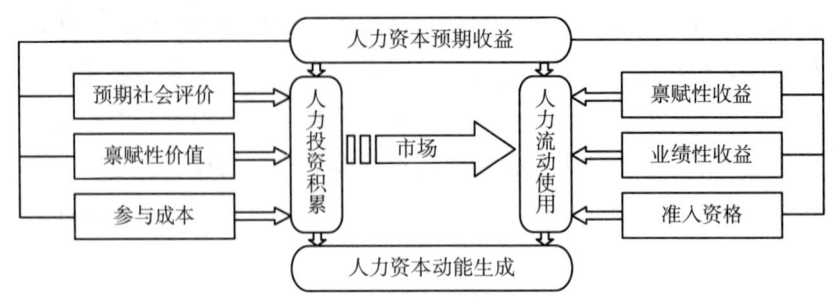

图 5-2 人力资本动能生成机理

第二，农民工禀赋性价值得不到认可。农民工主要在体制外单位灵活性就业，其在单位的身份是非核心员工，实行的是"一揽子"薪酬。农民工如果参加教育培训，积累的人力资本禀赋性价值得不到单位认可，也就不能实现人力资本的禀赋性价值收益，农民工人力资本投资的动力不足。

第三，城镇农民工仍遭受就业歧视。单位内能够得到晋升，实现职业发展的屈指可数。农民工很难进入体制内单位，也难以晋升到体制外单位的管理层或专业技术人员，多数从事体力性劳动为主的工作岗位。农民工预期的社会声誉不高。

第四，进入职场后，农民工人力资本投资的禀赋性价值得不到尊重，不能实现禀赋性收益。农民工人力资本水平提高后创造更多的剩余价值，但农民工不能分享这些剩余价值的增值，仍按照计件确定薪酬（产品质量只要合格就计入工作量，而产业质量的更高提升或其他创造性的工作得不到回报），业绩性收益不能充分实现。

因此，在现有正式制度和非正式制度框架内，农民工人力资本动能形成存在多重约束。无论是人力资本投资阶段的预期收益还是人力资本流动使用的实际收益，都不足以激发新生代农民工参与人力资本投资的积极性、主动性和潜能。

5.3 决策机制

行为主体稳步城镇化与就业转型决策目标具有统一性。产城融合发展是国家新型城镇化路径，是中央和城市政府政策调整的目标，产城融合发展也给企业和农民工带来利好。稳步城镇化是汲取偏离城镇化教训后中央政府城镇化模式的再选择，城市政府和产业企业同样具有稳步城镇化需求。农民工就业转型是国家民生权利实现的内容，是农民共享经济社会发展成果的体现。产业企业能够从农民就业质量改善中获得收益，城市政府具有促进企业农民就业转型的责任。稳步城镇化的核心是人的城镇化，亦即进城农民市民化和城镇落户，无论是城镇落户还是就业转型都是城镇农民追求的主要目标。可见，行为主体具有协同推进稳步城镇化与农民就业转型的一致性目标。虽然行为主体分散自主决策，决策目标存在一定差异性，但协同推进稳步城镇化与就业转型能够实现行为主体的共同利益，行为主体决策目标具有统一性，这就奠定了协同决策机制的基础。新生代农民城镇层级流动中稳步城镇化与其就业转型协同决策机制如图5-3所示。

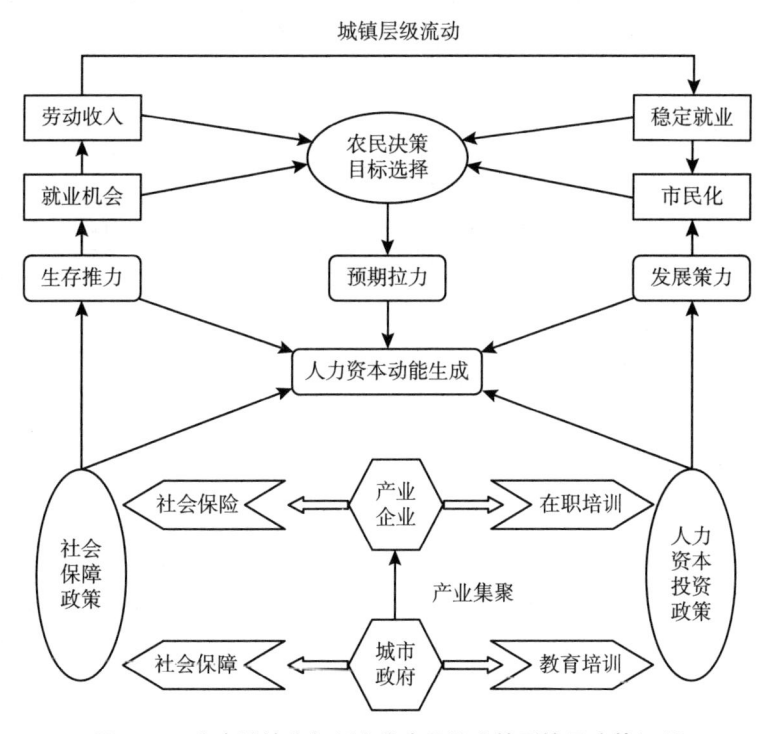

图5-3 稳步城镇化与新生代农民就业转型协同决策机制

虽然行为主体决策目标存在差异，但决策目标的最大公约数都是人力资本动能生成。也就是说，行为主体实现了协同决策。

新生代农民进城打工的目标依次是获得就业机会、赚取劳动收入、实现城镇稳定就业和市民化。目标的选择产生预期拉力，生存推力驱动农民工搜寻就业机会，发展策力驱使农民工市民化和城镇落户。农民工生存推力作用离不开社会保障政策扶持，发展策力需要人力资本投资政策支持。城镇农民社会保障既涵盖组织内职工基本社会保险，也涵盖农民工家庭的城镇居民基本社会保险、低保和社会救助等。目前，农民工基本社会保险参保率较低，如表5-2所示。"五险一金"缴纳比例不足20%（工伤保险26.2%）。产业企业和城市政府都是进城农民工及其家庭社会保险的责任主体，农民工社保参与率低是责任主体没有履责的结果。产业企业和城市政府还是农民工教育培训的责任主体。无论是企业内农民工在职培训还是输出地农民工技能培训，企业和地方政府都需要承担主体责任。城市政府也有责任组织外来农民工职业技能培训。人力资本投资政策和社会保障政策都促进农民工人力资本动能生成。

表5-2　　　　2014年农民工参加"五险一金"的比例　　　　单位：%

项目	工伤保险	医疗保险	养老保险	失业保险	生育保险	住房公积金
合计	26.2	17.6	16.7	10.5	7.8	5.5
外出农民工	29.7	18.2	16.4	9.8	7.1	5.6
本地农民工	21.1	16.8	17.2	11.5	8.7	5.3

5.3.1　城市政府决策

城市政府决策的总体目标是追求城市公共利益最大化，城镇化进程中城市政府决策的首要目标是通过产城融合发展实现稳步城镇化。不同层级城市政府实现公共利益最大化的途径不同。县级及以下中小城市，产业集聚和人口集聚水平较低（东部地区部分小城镇除外），城市政府规划建设各类产业园区，积极引资引智，扩大产业集聚规模，吸纳劳动力就业。中小城市城市化和就业转型决策表现为降低城镇户籍门槛、扩大就业数量。地级市、省会城市和计划单列市等大城市则产业集聚达到一定规模，产业继续升级转型，农民工劳动技能迫切需要提升。城市政府通过政策鼓励产业技术创新，促进产业转型升级。大城市城镇化和就业转型决策表现为采用居住证积分落户管理办法，按照贡献给予农民工相应的市民待遇，吸纳有一定技术和经验的农民工进城稳定就业。北京、上海和广州等特大城市人口集聚能力强，产业结构高，产业发展的地理空间较小。特大城市城市化和就业转型决策主要表现为城市更新、产业转型和吸纳具有专业技能的青年农民工就业。通过城市更新置换出新的地理空间，通过产业深度转型，发展现代服务业。农民工进入先进制造业和现代服务业就业，就业质量提高。稳定就业的农民工可以获得一定等级的居住证。

5.3.2 产业和企业决策

企业追求企业经营利润最大化。降低用工成本能够提高企业利润。企业农民工雇用决策受市场供求和政府政策影响，市场供求和政府政策对企业而言是必须接受的外部环境。城市政府的最低工资政策和集体谈判约定的工资水平是企业工资支付的底线，劳动法律法规界定了企业必须提供的最低水平的劳动条件和劳动者权益。企业在政策和市场环境下决定雇用数量。改善农民工就业条件主要是企业在政策和市场环境约束下被动选择的结果。

农民工就业条件改善也是行业协会干预的结果。行业内某一企业用工待遇提高，行业内其他企业就有意见。但为留住和吸纳员工，其他企业不得已提高用工成本。这样，与其企业独立决策，不如协会统一协调。行业协会根据本行业劳动力供求状况和其他行业类似岗位用工条件决定调整劳动者薪酬待遇。行业协会还通过开展集体谈判，签订本行业集体劳动协议，确定本行业用工的基础待遇和劳动条件等。农民工就业质量改善是劳资双方协商的结果，是劳动者诉求和产业企业妥协的结果。

产业决策依据是什么？是城市现有的要素禀赋。我们这里使用广义上的要素禀赋概念，它既包括劳动、资本、技术水平、资源等具体的生产要素，也包括地理位置、行政级别、基础设施条件等环境因素。企业是在综合上述所有要素基础上，衡量成本与收益之间的关系，再做出是否进入城市某个产业。企业只有进入所在城市拥有相对丰富要素禀赋的产业，才能既发挥城市的比较优势，在市场中拥有竞争力，进而才会创造最多的剩余价值和最大限度的资本积累，从而促进整个产业不断壮大（林毅夫、蔡昉、李周，1994；林毅夫、李永军，2003）。企业基于要素禀赋进入城市的某个产业后，如果该企业市场竞争力较强，能够获得较高利润，从而有能力扩大生产规模，以及间接吸引更多企业进入该产业，使得该产业在本市集聚并不断增大规模，如此循环往复形成城市产业集群。

5.3.3 农民城镇层级流动决策

农民工在沿城镇层级流动中做出市民化和就业状况改善决策。外来农民对城市几乎一无所知，农民城镇就业质量改善和市民化是一个不断学习不断演进的过程，这个过程从进入城镇开始。预期目标追求是农民选择进入城镇就业生活的驱动力。如果预期目标无法实现或设定更高的目标，农民会从低层级城镇向高层级城镇流动或者回流，直至确定一个理想的市民化目标城镇。也就是说，进城农民在沿着城镇层级流动中做出就业和市民化目标城市的决策。城镇层级流动即沿着城镇层级由低到高地流动。具体表现为农民工根据地缘、亲缘、学缘关系直接进入某一层级的目标城镇，经过一段时间的试错后，再重新选择目标城镇，而未必是一步一个层级的跨城镇流动。我国城镇层级类型从低到高依次为小城镇、县级市（或县城）、地级市、省会城市或计划单列市、直辖市。农民根据地缘、亲缘、学缘特性或信息获取态势选择进入城镇的层级（首次进入的城镇未必是小城镇）。人力资本、心理资本和心理预期影响城镇流动层级。人力资本水平较高的新生代农民工自我效能感较强，流入的城镇层级较高；心理预期越高，农民流入城镇的层级也越高。流动性是进城农民实现就业转型和市民化的必经阶段，在落户城镇之前，流动状态是农民城镇就业和生活的常态。进城农民在城镇层级流动中学习和积累人力资本、社会资本和心理资本，逐步提高劳动要加能力和市民化能力，不断修正预期目标，最后在政策框架内实现就业转型和市民化，也就推动稳步城镇化与就业转型的协同发展。

（1）农民城镇层级流动决策的阶段性预期目标是就业机会、劳动收入、稳定就业与市民化。预期目标具有阶段性特征。农民进城的预期目标可以分为三个层级：第一层次是获取就业机会。就业机会是农民进入城镇的初级目标。农村非农就业机会少，农业生产劳动的季节性使农民有时间寻找非农就业机会，成为农民工。一般而言，高层级城镇就业机会高于低层级城镇。受信息的可获得性和心理安全（农民流入的城镇层级越高，但心理不安全风险越大）等因素影响，农民未必会直接流到最高层级的城市如直辖市，而是选择一个能够实现转移就业的城镇。小城镇就业机会少，农民可能会直接流入县城或地级市。获取非农就业机会是农村剩余劳动力实现转移就业的必要条件。国家发改委《国家新型城镇化报告2015》显示，只有不到10%的农民工进入县城以下小城镇，而70%的农民工流向大中城市（其中，10%农民工进入直辖市）。这主要源于小城镇就业机会少，农民工就近就地转移就业存在困难。第二层次是增加劳动收入。随着农业生产劳动收入增加，农民进城务工的机会成本增加，进城农民不断搜寻劳动收入较高的城市和工作岗位。劳动收入增加与进城农民自身人力资本水平相关联。随着打工经历的丰富，农民工提高了自身劳动技能水平和劳动熟练程度，丰富了心理资本，对打工行业和城市有了更科学的评判，也就提高了劳动要价能力。如果所在城市或劳动岗位不能够满足农民工的诉求，农民工会重新选择打工城市，出现再次流动。第三层次是实现稳定就业和市民化。稳定就业和市民化是城镇农民多次资本积累的结果，资本积累源于城镇流动和打工经历。经过多次目标修正和试错，进城农民最后选择一个稳定的打工地点或者做出农村回流决策。这个打工地点能够满足进城农民相对稳定就业和收入水平诉求，在此基础上，在城市政策框架内选择申领城镇居住证，进一步实现落户城镇的目标。

（2）新生代农民城镇层级流动源于生存推力、预期拉力、发展策力。根据推拉定理，农民工乡城转移就业源于农村推力和城市拉力。推拉定理更适合第一代农民工。随着城乡差别的缩小和社会价值观念的改变，新生代农民进入城镇打工的动力源于生存推力、预期拉力和发展策力。生存所迫是新生代农民外出打工就业的压力，这个压力也是外部驱动力；预期目标的设定和实现产生了内驱力,属于内生动力;新生代农民进入城镇打工除生存所迫外,还追求城市生活方式和满足自身发展的诉求。通过自身努力实现人生目标产生发展需求,内在地驱动新生代农民向较高层级城镇流动,这个内驱力也就是发展策动力,即鞭策自己不断进取,实现自己各阶段性流动目标。

(3) 新生代农民在城镇层级流动中实现就业转型和市民化。随着人力资本水平的提高,新生代农民城镇流动目标不断得到修正。就业目标不断升级。就业既是一个生产状态也是一个生活状态。生产功能的就业目的是创造社会价值并获得劳动收入,生活功能的就业目的是满足劳动者社会需求,包括就业地与居住地统一,承担家庭责任和社会保障等。随着收入水平的提高,生产功能的农民劳动边际效应下降,生活功能的边际效应升高,农民就业目的从满足生产需求为主转向生产与生活并重的功利性需求。随着城镇流动的深入和人力资本水平的提高,新生代农民工进城打工目标从获得赖以生存的劳动收入提升到期望获得职业发展,取得城镇市民身份和社会地位,期望家庭整体落户定居城镇,而不是年轻时进城打工,年老时回家务农。全国总工会2010年对新生代农民工问题的社会调查显示,新生代农民工中只有1.4%愿意回乡务农。据中国青少年研究中心新生代农民工研究报告,有55.9%的新生代农民工打算将来"在打工的城市买房定居"。新生代农民城镇层级流动的结果要么是回流到农村,要么是实现城镇稳定就业和落户城镇。否则,进城新生代农民不会改变流动状态。

(4) 产业组织和城市政府对新生代农民城镇层级流动行为和流动结果产生影响。产业集聚状况决定就业机会创造。东部发达地区如广州市新塘镇,因为牛仔产业集聚和规模扩张,创造了大量就业岗位,集聚80多万常住人口。产业规模决定劳动就业规模,这为城镇化积累了人气。企业管理制度影响农民工就业质量。如企业农民工在职教育培训制度、农民工从业资格和职业晋升制度、农民工工资制度等影响企业农民工劳动条件和职业发展,影响农民工就业稳定性和劳动收入水平。如果企业没有对农民工进行职业培训,没有将农民工纳入核心员工,农民工始终处于边缘状态,没有资格从事管理工作岗位,没有职业发展空间,农民工就业就不会稳定,就业质量将难以提高。农民工最终会流动到其他企业或其他行业。

城市政府政策对进城农民工流动决策和市民化产生影响。如果农民工只为城市 GDP 做贡献，而没有享受与劳动付出对等的城市公共服务和福利，农民工始终被排除在城市利益之外，城市对农民工就没有吸引力，农民工选择再次跨城市层级流动将成为必然。城市政府政策如果偏离农民工自身状况将达不到政策预期目标。如居住证政策。农民工难以与大中专毕业的青年人才相竞争，难以达到居住证申领条件，难以落户城市。居住证政策将成为非农民工外来人口的盛宴，政策对农民工而言出现天花板效应，最终将农民工排除在城市人之外，进城农民工只能再次做出跨城市流动决策。

5.3.4　乡城流动决策的城镇化稳态取向——农民二重分化

城乡差别和工农业差别是二重分化决策的基础，农民按照经济利益和社会利益比较原则，根据自身禀赋决定生产方式和生活方式。农民第一次分流主要按照经济利益做出流动决策，即转移就业主要目的是获得劳动收入。高于农业的非农劳动收入一定程度上补偿了农民家庭分离和城镇遭遇歧视的痛苦。第二次分流主要基于社会利益比较。农民工决策目标是家庭效用最大化。农民工稳定就业和市民化决策基于家庭效用最大化，实现稳定就业后会产生家庭整体市民化诉求。城镇农民工长期打工积累了一定的人力资本、物质资本和社会资本，萌生稳定就业和家庭整体落户城镇的诉求，收入水平、个人发展、子女教育、家庭责任、医疗卫生、社会保险等是农民工落户定居城镇的主要考量。如果这一利益无法得到满足，农民工将选择回流农村。如果职业发生分流而身份没有分化，农民工得不到与身份相吻合的城镇福利，也会选择回流农村[①]。

城镇化本质是农民生活方式转变和福利增进。农民生活方式转变导源于职业和身份的转变。城镇化中农民就业在农业与非农业之间重新洗牌，农民职业从分流到分化。与农民职业分化相对应，农民身份也发生分化，农民根据市民化能力选择市民和农民身份。这样集职业与身份于一体的"农民"发

---

① 刘洪银. 城镇化中农民二重分化取向及其实现机制 [J]. 中州学刊, 2013 (12).

生了二重分流。城镇化过程也就是农民从分流到分化过程，稳步城镇化也就是农民实现了职业和身份的二重分化。农民二重分流到二重分化不是自动实现的，需要制度规制和政策调节。

1. 农民职业二次分流

改革开放后，企业自主用工和劳动力自主择业，农业劳动力得以向非农产业转移，但户籍仍在农村，转移后农业劳动力的职业也由农民变成农民工。这是农民职业的第一次分流。如表5-3所示。第一次分流发生后，农民的身份没改变、就业不稳定，大多数农民工呈兼营农业的候鸟式迁移。第一次分流动力源于城乡差别：城市产业高收入和较为优越的工作生活环境产生内向拉力，农业低收入和艰苦的生产条件产生外向推力，两者促进了农民职业分流。统筹城乡发展战略下，城乡经济社会差别缩小，城市拉力和农村推力弱化，农民就业二次洗牌。在政策支持下，一部分市民化能力较强的农民工在城镇扎根落户，在现代企业（包括农业企业）实现稳定就业。一部分回流到农村，从事非农产业、现代农业和社会服务业。还有一部分回流到传统农业。这样，城市产业与现代农业吸纳力此消彼长，农民职业发生二次分流。

表5-3　　　　　　　　　　农民二重二次分流

二重分流	二次分流	
	第一次分流：以产业为分水岭	第二次分流：以居住特征为分界线
职业	农业生产者—非农劳动者	非农劳动者—现代产业工人
身份	农民—农民工	农民工—城镇居民

2. 农民身份二次分流

伴随着农村劳动力转移，农民身份发生第一次分流，转移就业的劳动力被称为农民工，留在农业的劳动力仍为农民。如表5-3所示。农民工市民化进程中，户籍制度改革让一部分市民化能力较强的农民工落户城镇，变成城镇居民,而一部分无法在城镇定居的农民工回流农村,仍为农村居民。留在农业的农民一部分依靠人力资本和物质资本积累在城镇周边或城镇发展现代农业,现代农业高收入让农民有能力在城镇落户定居,成为从事农业的城镇居民;另一部分成为农村职业农民。这样农民身份实现二次分流。与第一次分流的产业分水岭不同,农民身份第二次分流是以居住特征为分界线。无论是农村居民还是城镇居民,既可以从事非农劳动,也可以从事农业生产经营。

3. 乡城流动中农民的二重分化[①]

农民二重分化的系统动力学解释如图 5-4 所示。

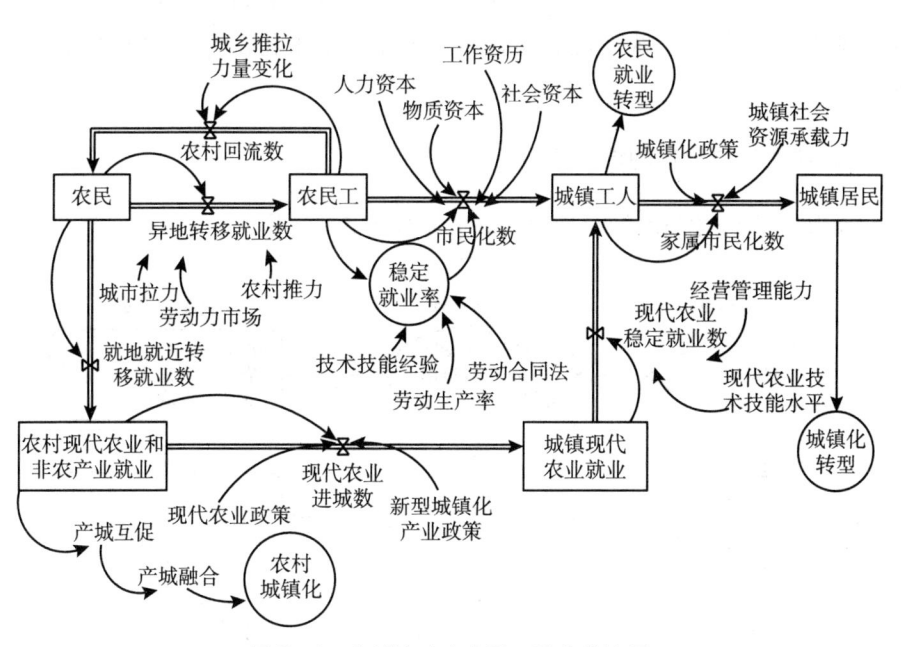

图 5-4 乡城流动中农民二重分化流图

如图 5-4 所示,农民转移就业是农民二重分流的驱动力,农民稳定转移就业和市民化是农民从二重分流到二重分化的实现条件。城市拉力、农村推

---

① 刘洪银. 城镇化中农民二重分化取向及其实现机制[J]. 中州学刊, 2013 (12).

力和劳动力市场产生让农民得以转移就业,农民转移就业后实现身份和职业的第一次分流。城镇农民工依靠技能培训和劳动经验提高劳动生产率,在劳动合同法调节和保护下实现稳定就业。稳定就业的农民工依靠人力资本、物质资本和社会资本积累提高了市民化能力,实现市民化,变身城镇工人,农民实现就业转型。无法在城镇立足的农民工最终回流到农村。城镇政府根据社会资源承载力制定的市民化政策让已市民化农民工的家属落户城镇,变成城镇居民,城镇化由半城镇化向新型城镇化转型。

留在农村的农民一部分就地转移到农村现代农业和非农产业。现代农业政策和城镇产业政策作用下,现代农业向城镇和城镇周边集聚,农民随现代农业进城实现城镇农业就业,那些具有现代农业技术和经营管理能力的农民得以实现稳定就业,变成城镇农业经营者。农村依托现代农业和非农产业集聚地通过产城互促实现就地城镇化,城镇化由空心化向产城融合转变。

4. 农民二重分化的城镇化稳态取向[①]

农民二重分化与城镇化阶段关联关系如图 5-5 所示。

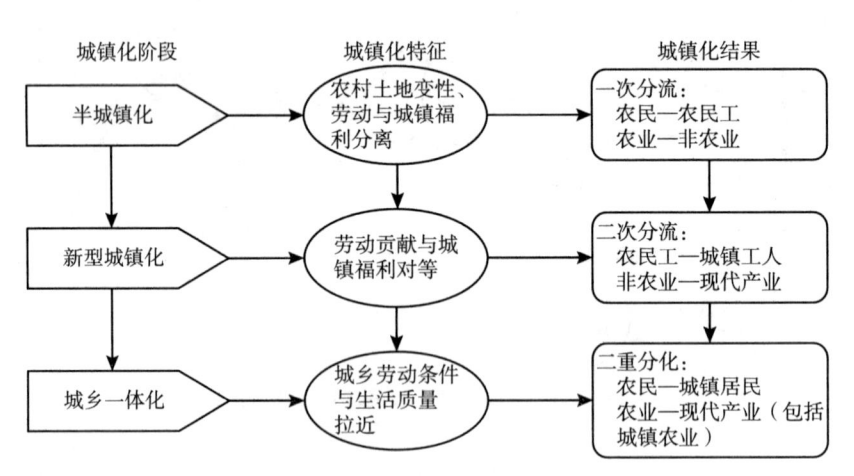

图 5-5 稳步城镇化与农民二重分化阶段性关联

[①] 刘洪银. 城镇化中农民二重分化取向及其实现机制 [J]. 中州学刊, 2013 (12).

从城镇化发展历程看，我国城镇化经历了半城镇化、新型城镇化和城乡一体化阶段。在半城镇化阶段，土地城镇化快于人口城镇化，农村集体土地变性为城镇土地，但农民工没有转变城镇居民。农民工城镇劳动贡献与收入和城镇福利不对等。部分农民身份从农民变成农民工，就业从农业转移到非农产业。新型城镇化阶段，城镇化政策变迁加快人口城镇化速度，农民工凭城镇居住证获得与劳动贡献相对等的城镇福利，一部分农民工变成城镇居民，实现城镇稳定就业，另一部分农民工回流到农村，从事现代农业或农村非农产业。城乡一体化阶段，城乡劳动条件、劳动收入和生活水平差距缩小，农民凭自身禀赋自主选择农民或市民身份，自主决定农业就业还是非农就业。城乡流动格局达到均衡，进城农民在现代产业实现稳定转移就业。从二重分流到二重分化后，城镇农民就业的稳定性和就业质量得到改善，从持有居住证向城镇落户推进，进城农民最终实现身份转变和城市社会融合，推进城镇化从偏离状态向稳定状态转型。

5.3.5 实证检验：城镇层级流动决策的新生代农民就业转型效应

实证分析数据来源于课题组 2014 年 3~6 月对全国进城"农二代"进行的问卷调查。调查地区涉及环渤海地区（北京、天津、山东等）、长三角地区（江苏、浙江和上海）和珠三角地区（广东、福建）及部分东北地区和中西部地区。发放回收有效问卷 3402 份。其中，北京市 737 份，天津市 1195 份，山东省 442 份，长三角 469 份，珠三角 510 份，其他地区 49 份。样本概况如表 5-4 所示。

表 5-4　　　　　　　　　　　　样本概况　　　　　　　　　　单位：%

变量		比例	变量		比例
性别	男性	43.0	就业类型	打工类	72.2
	女性	57.0		开办企业	10.1
年龄	"80后"	63.4		个体经营	17.7
	"90后"	36.6	岗位类型	体力性岗位	51.9
受教育程度	小学及以下	7.4		技术性岗位	30.9
	初中	40.5		管理性岗位	17.3
	高中（含中职）	32.3	打工年限	5年及以下	60.3
	大专（含高职）及以上	19.8		6~10年	31.3
打工地区	北京	21.7		11年及以上	8.4
	天津	35.1	月收入	2000元及以下	10.9
	山东	13.0		2001~3000元	34.0
	长三角	13.8		3001~5000元	39.9
	珠三角	15.0		5001元及以上	15.2
	其他	1.4			
打工城市类	小城镇	11.1			
	县级市或县城	13.1			
	一般地级市	16.5			
	省会城市或计划单列市	8.0			
	直辖市	51.6			

1. 城镇层级流动决策的新生代农民工稳定就业效应

（1）变量选择。

变量选择如表5-5所示。

表5-5　　　　　　　　　　　　变量选择

变量类型	变量分类	变量名称
因变量	稳定就业	工作转换
自变量	个体特征	年龄；教育水平
	打工地	城镇类型：小城镇、县级市（县城）、地级市、省城（单列市）、直辖市；打工地区：北京市、天津市、山东省、长三角、珠三角、其他地区
	劳动条件	小时工资收入；岗位类型：体力型、技术型、管理型；技术要求；职业病危害；劳动歧视

5 | 协同机制：产城融合发展下稳步城镇化与新生代农民就业转型

（2）实证结果及分析。

计量分析工具采用 SPSS19.0，实证分析结果如表 5-6 所示。

表 5-6　　　城镇"农二代"稳定就业影响因素回归结果
（因变量：工作转换状况）

自变量		估计值
教育年限		-0.047** (9.43)
小时工资		0.206*** (6.75)
打工地区***	北京市	-0.612** (6.32)
	天津市	-1.323*** (33.82)
	山东省	-0.270 (1.10)
	长三角	-1.701*** (40.09)
	珠三角	-1.179*** (22.17)
	中西部地区（参照组）	0
打工城市***	小城镇	-0.993*** (32.50)
	县城（县级市）	-0.608*** (13.81)
	地级市	-0.295* (3.68)
	省会城市	-0.066 (0.147)
	直辖市（参照组）	0
岗位类型	管理型	0.304** (5.95)
	技术型	0.321*** (11.02)
	体力型（参照组）	0
岗位技术要求		-0.189 (2.58)
职业病风险		0.269*** (9.48)
同工不同酬		0.155* (3.44)
-2log 似然值		3714.2
Cox 和 Snell 伪 R^2		0.255
Hosmer 和 Lemeshow 检验		Sig. =0.019
观测值数量		888（1）+2514（0）=3402

注：括号内是 Wald 检验值。***、**和*分别表示回归结果在 1%、5% 和 10% 的水平下显著。

151

表5-6显示，工作转换状况回归分析中-2Log似然值为3714.2，数值较大。Hosmer和Lemeshow检验伴随概率（Sig）小于0.05，表明模型拟合状况良好，拒绝回归模型无效的假设，模型显著有效。

第一，层级越高的打工城市就业稳定性越强。城镇层级单变量通过计量显著性检验，且小城镇、县城和地级市三个哑变量通过显著性检验且系数为负值，说明与直辖市相比，低层级城镇就业稳定性差，且城镇层级越高，变量系数越大，就业越趋稳定性。这与前述假设基本一致。"农二代"高层级城市社会资本和可识别的就业机会较少，职业再选择的空间较小。

第二，中西部地区就业稳定性较高。与中西部地区相比，东部地区"农二代"工作转换更加频繁。除山东省外，东部其他地区变量均通过显著性检验，且系数为负值，说明与中西部地区相比，东部城镇农民工可供选择的就业机会多，工作跳槽频繁。中西部地区农民工多为就地就近转移就业，打工地与居住地通勤距离短，可选择的就业机会少，劳动就业相对稳定。

第三，"农二代"稳定就业的质量较低。职业病风险和同工不同酬两个变量均通过计量检验且系数为正值，这并不意味着劳动者权受到侵害越多，就业稳定性越强，而是"农二代"人力资本水平较低（2013年全国农民工检测调查报告显示，新生代农民工中初中及以下占2/3），可供选择的就业机会较少，为生存不得不忍受劳动权益侵害。而那些存在职业病风险和劳动歧视的岗位就业吸纳能力低，用工单位可选择的雇用对象较少，雇用关系较为稳定。由此可以看出，城镇农二代即使实现稳定就业，就业质量也不高，就业者长期处于劳动权益被侵害状态。

2. 城镇层级流动决策的新生代农民工收入增长效应

（1）模型构建。

Mincer方程认为，劳动者的工资收入由人力资本及其个体特征决定。但现实中，由于劳动力市场是不完善的，人力资本收益通常随劳动力就业的地区、行业、职业及其人力资本相关因素等不同而变化。劳动者的工资水平不但与人力资本等个体属性特征有关，还受其他一系列复杂因素的影响。劳动者综合收入水平是多种因素共同作用的函数。本研究拟构建收入扩展方程（5-1）、方程（5-2）、方程（5-3）。

5 | 协同机制：产城融合发展下稳步城镇化与新生代农民就业转型

$$\ln(y) = \alpha_0 + \alpha_1 \text{sch} + \alpha_2 \exp + \alpha_3 \text{city} + \sum \alpha_i X + \varepsilon \quad (5-1)$$

$$\ln(y) = \alpha_0 + \alpha_1 \text{sch} + \alpha_2 \exp + \alpha_3 \text{city} + \alpha_4 \exp^2 + \alpha_5 \exp^3 + \sum \alpha_i X + \varepsilon$$
$$(5-2)$$

$$\ln(y) = \alpha_0 + \alpha_1 \text{sch} + \alpha_2 \exp + \alpha_3 \text{city} + \alpha_4 \text{sch} \times \text{city} + \alpha_5 \exp \times \text{city} + \sum \alpha_i X + \varepsilon$$
$$(5-3)$$

（2）变量选择和描述。

为研判进城"农二代"劳动收入与其教育、打工经验之间的函数关系，诊断人力资本对收入影响的城市差异，本研究选取17个变量。如表5-7所示。

表5-7　　　　　　　　　　　变量选择与缩写

变量类型	变量分类	变量名称及缩写
因变量	劳动收入	进城"农二代"小时工资（sarry）
	人力资本	教育年限（sch）；工作经验（exp）
自变量	工作地变量	城市层级（city）；打工地区：北京（beijing）、天津（tianjin）、山东（shandong）、长三角（yangtze delta）、珠三角（pear delta）
	就业变量	就业方式：就业（empl）、创业（creat）；岗位类型（carmode）；培训（training）；劳动歧视（discr）
	个性特征	年龄（age）；性别（sex）

变量分两类：数值变量和属性变量。数值变量包括作为因变量的劳动收入和作为自变量的人力资本、培训和年龄。其他变量为属性变量。

劳动收入：进城"农二代"小时工资收入。

人力资本用教育年限和工作经验度量。教育年限指新生代农民工接受正规教育的年数；工作经验用农民工累计打工年数表示。培训指新生代农民工平均每年参加职业培训的月数。

工作地变量是属性变量。无参照组打工城市类型将一般地级市及以上记为1，县级市（县城）及以下记为0；有参照组打工所在城市类型是以小城镇为参照组，包括县级市（县城）、一般地级市、省会城市或计划单列市、直辖市四个哑变量的一组变量。在城镇联动变量中城镇类型将地级市及以上记为1，县城（县级市）及以下记为0；打工所在地是以其他地区为参照组，包括北京市、天津市、山东省、长三角和珠三角地区五个哑变量的一组变量。

就业变量除培训外皆为属性变量。就业方式是以个体经营为参照组，包括打工和创办企业两个哑变量的一组变量。岗位类型变量中技术和管理型岗位记为1，体力型岗位记为0。劳动歧视变量中与城市人工资差距一般及以上记为1，较小及以下记为0。属性特征包括年龄和性别。

（3）实证结果分析。

城市"农二代"工资扩展方程回归分析结果如表5-8所示。

表5-8　Mincer工资扩展方程的回归分析结果［分析方法：OLS，SPSS19.0，因变量：ln（sarry）］

变量		模型1	模型2	模型3	模型4	模型5	模型6
教育年限		0.175***	0.150***	0.062***	0.054***	0.053***	0.066***
打工年限		0.064***	0.057***	0.021***	0.020***	0.068***	0.058***
打工城市（无参照组）		0.344***					
打工城市（小城镇为参照组）	县级市（县城）		0.671***	0.227***	0.230***	0.221***	0.190***
	一般地级市		0.504***	0.195***	0.193***	0.186***	0.431***
	省会城市或计划单列市		0.546***	0.258***	0.254***	0.248***	0.498***
	直辖市		0.723***	0.205***	0.213***	0.202***	0.455***
打工地区（其他地区为参照组）	北京			1.944***	1.956***	1.852***	1.676***
	天津			1.477***	1.482***	1.381***	1.228***
	山东			1.441***	1.416***	1.311***	1.162***
	长三角			1.724***	1.710***	1.619***	1.465***
	珠三角			1.523***	1.531***	1.428***	1.288***
就业方式（个体经营为参照组）	打工			—	0.069***	0.058**	0.039*
	创办企业			0.159***	0.146***	0.141***	0.136***
	岗位类型				0.156***	0.151***	0.157***
	培训时间				0.019***	—	—
	劳动歧视				-0.052***	-0.047***	-0.065***

续表

变量	模型1	模型2	模型3	模型4	模型5	模型6
打工年限平方					-0.003***	
打工年限立方					0.000***	
City × sch						-0.005***
City × exp						—
AdR²	0.934	0.940	0.966	0.967	0.968	0.968
F	16061.2	8814.8	7370.2	6153.3	6324.4	6404.5
Durbin-Watson	1.296	1.289	1.475	1.487	1.517	1.530

注：***、**和*分别表示回归结果在1%、5%和10%的水平下显著。

从表5-8看出，模型拟合优度较高，D-W值趋近于2，模型相对稳定，方程共线性问题可控，所建模型皆通过计量经济学检验。

从实证分析结果可以看出：

第一，进城"农二代"收入增长效应存在打工城镇层级差异性。

从表5-8看出，与小城镇相比，各层级城镇对农民工收入增长均产生正向显著性影响。不控制其他变量，城镇层级类型为唯一解释变量（模型1）的回归结果显示，城镇层级的收入增长效应从大到小依次是直辖市、县级市、省会或计划单列市、一般地级市。总体来看，直辖市和县级市打工的收入增长效应较高。直辖市收入增长效应高是多种因素共同作用的结果。而县级市占据地利和人和优势，农民工拥有较高的社会资本禀赋，有助于就业实现和收入增长。当梯次引入不同类别控制变量后（模型2和模型3），直辖市和省会或计划单列市的位次发生置换，城镇层级的收入增长效应从大到小依次是省会城市或计划单列市、县级市、直辖市、一般地级市。直辖市位次降低说明不是只要在直辖市打工，收入就会高。直辖市样本占到51.6%且均位于东部地区，收入增长效应较高的东部地区哑变量分解了直辖市的作用效应。不但如此，直辖市产业层次高，低端产业体量较小，但高的收入预期吸纳集聚大量外来劳动力，低端劳动力市场竞争激烈，低技能的同质性劳动力难以获得大城市发展红利。省会城市或计划单列市经济社会发展较快，就业机会多，新生代农民工收入水平较高。

第二，城镇层级与人力资本对"农二代"打工收入增长产生联动影响。

控制了城镇层级和教育年限联动作用变量后，地级及以上高层级城市对"农二代"打工收入增长效果均明显提高，而县级及以下低层级城镇的影响效果不增反降，说明城镇层级与人力资本对"农二代"打工收入增长产生了联动影响，高层级城镇影响效果的提高和低层级城镇影响效果的降低均源于交叉变量的联动作用。交叉变量通过显著性检验，收入增长影响系数为-0.005，表明相对于低层级城镇，高层级城镇对不同人力资本的"农二代"收入增长产生弱消极影响。

第三，城镇"农二代"收入增长效应因打工地区而不同。

与其他地区相比，东部地区城镇对农民工收入增长产生积极的显著性影响，但不同地区城镇的影响效应呈现差异化。影响程度从大到小依次为：北京市、长三角地区、珠三角地区、天津市和山东省。东部地区城镇的收入增长系数在1.0~2.0之间，说明与中西部地区相比，东部地区城镇新生代农民工数量增加1%，带动新生代农民工整体收入增长1%~2%。其中，北京市和长三角地区的收入增长系数处于1.5~2.0的高位区间，这与这些地区较高级的产业结构和农民工较高的知识技能水平密切相关。

3. 实证结论

新生代农民工城镇层级流动决策产生了稳定就业效应。相对于低层级城镇，高层级城市新生代农民工就业相对稳定。与东部地区相比，中西部地区"农二代"就业稳定性较高。但总体来看，农民工稳定就业的质量较低。

新生代农民工沿城镇层级流动对打工收入增长产生显著性影响。不控制其他变量，打工城镇对收入增长影响效果随城镇层级提高呈"U"型变化。当控制了相关单变量后，省城（含单列市）和直辖市对"农二代"收入增长的影响效果较好，而县级市和一般地级市较差。进一步控制了城镇层级和教育年限交叉变量，高层级城市对"农二代"打工收入增长影响效应明显提高，而低层级城镇的影响效果不增反降，城镇层级与人力资本对"农二代"打工收入增长产生联动影响。高层级城镇对高人力资本收入增长具有积极影响，而对低人力资本则具有消极影响。源于高层级城镇的高技术产业与高知识技能劳动力的互补关系，知识技能水平较高的农民工因其异质性适合在较大范围内流动，可以进入较高层级的城市打工，而技能水平较低的农民工因其同质性应适当控制流动距离，适合进入地级及以下城镇打工。当前"农二代"城镇层级流动格局尚存在优化空间。

5.4 学习机制

行为主体间学习具有互动性和协同性。一方主体行为会对对方产生影响，对方的行为再选择又对第三方产生影响。行为主体间相互影响致使以行为观察与再决策为主的学习方式具有互动性和协同性，这就形成了协同性学习。稳步城镇化与新生代农民就业转型协同学习机制如图5-6所示。

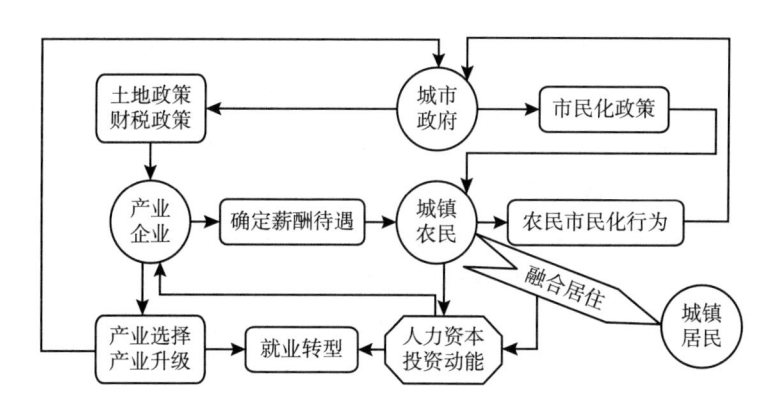

图5-6 稳步城镇化与新生代农民就业转型协同学习机制

如图5-6所示，城市政府、产业企业、城镇农民等行为主体之间开展动态贝叶斯学习。贝叶斯学习过程也是一个行为激励过程。一方观察对方行为做出决策，这个决策结果可能是对方的期望目标，为达成这个目标，行为主体会进行各种人力资本投资，以改善自己行为符合对方的期望。具体而言，城市政府通过制定土地政策和财税政策等影响产业企业，以吸纳政府期望的产业在城镇集聚，并实现产业升级。如果产业企业行为不符合政府期望，城市政府会进一步修改政策。城市政府通过市民化政策影响城镇农民行为，引导农民工城镇落户，并根据城镇农民行为反应修正市民化政策。企业根据农民工劳动生产率决定薪酬福利待遇和其他劳动条件，农民工为提高劳动收入、改善劳动条件，会选择通过参加职业技能培训等提高人力资本水平。如果城市居民区规划建设中有计划安排农民工与城市居民融合居住（如一个小区内配套建设廉租房），农民工会从城市居民身上学习到城市文明、城市生活方式，获取就业信息等，也就是实现农民工人力资本水平提升。城镇产业集聚升级与农民人力资本积累共同促进城镇农民就业转型。

5.4.1 行为主体的学习机理

（1）城市政府学习即动态贝叶斯学习。政府学习的结果是获取信息并政策法规政策。获取信息的方式是通过政府统计和社会调查。政策实施效果取决于政策对象对政策做出的行为反应，政府按照主体反应结果不断修正政策，因此，获取信息、分析信息、制定决策是一个动态循环过程。行政决策和政策制定前需要获取政策对象的信息，政策修正需要对政策对象进行调查研究，评估政策实施成效，发现政策缺陷，修改政策内容。城镇化政策选择就是要观察农民行为特征，政策评价和修正需要分析农民政策反应做出决策。农民根据政府政策影响进行利益比较，做出城镇居留与否决策。企业、城市居民、农民工均是政策调整对象，政府平衡三个主体的诉求做出决策。

（2）企业学习也是动态贝叶斯学习。在市场环境和政策环境约束下，企业观察政府释放的信息（如政策等）和农民工行为做出雇用决策，根据政府信息走向和农民工行为的变化修正雇用决策。在既定用工成本下（如工资、福利、劳动保护、劳动条件等）企业决定雇用数量，如果招工数量不足，企业不得不抬高用工成本；相反，企业就没有提高农民工薪酬的动力。

（3）农民工学习包括正式学习和非正式学习。正式学习包括普通教育、职业教育和参加政府或企业组织的职业培训。非正式学习是农民工在与周围群体的互动影响中得到人力资本水平的提升，主要表现为动态贝叶斯学习。

5.4.2 城市政府与企业家之间产业升级转型的贝叶斯学习[①]

城市政府指农民工打工所在城市的管理者，企业家指农民工打工所在企业的管理者。市场经济条件下，政府不干预企业的生产经营，企业作为市场主体自由自主决策。城市政府不掌握企业的经营决策信息。而对企业而言，城市政府的政策制度安排是一个既定结果，企业不掌握政府的行政决策信息。城市政府与企业之间是一种不完全信息博弈。城市政府与企业难以形成合作博弈。政府与企业之间属于管理与被管理的关系。政府的行政决策和政策安排不需要征得企业同意，在广泛的人民代表大会制度框架内，企业也难以有效影响城市政府的决策（除非企业家是人大代表的主体），两者之间博弈属于动态贝叶斯学习。即一方无法与对方协商达成协议，只能通过观察对方的行为结果做出决策。

1. 城市政府与企业家的目标选择

城市政府与企业家的决策目标不相同。城市政府的目标是公共利益。城市政府城市全体人民共同利益的代表，城市政府由城市人民代表大会选举产生并对人民代表大会负责，代表了城市人民的最广泛利益。为实现城市公共利益，政府会行使法律法规的强制权利和公共管理和服务权利。城镇化进程中，为实现城镇化中长期发展规划目标，城市政府会按照城镇化战略规划目标行使公共权利。产城融合发展规律指导下，城市政府会适度遏制房地产业发展，而扶持战略性新型产业，确立和扶持城市主导产业发展。积极稳妥推进城镇化，就要实现农民工生产方式和生活方式的转型，城镇居民宜居宜业成为城镇化发展的基本目标。房地产业发展与城市第二、第三产业发展应达成平衡，居民收入和消费之间达成平衡。这就要求实现城市产业和居民就业有机统一。由此看来，城市政府城镇化中长期发展目标分为两个阶段：第一，培植壮大城镇主导产业；第二，实现城镇传统产业向现代产业转型。第一阶段目标的实现需要平衡房地产业与城市第二、

[①] 刘洪银. 中国农村劳动力非农就业：效应与机制 [M]. 南开大学出版社，2014.

第三产业发展，第二阶段目标实现需要制定实施中国制造业2025年发展规划，实现城市从"中国制造"向"中国智造"的转变、城市现代服务业规模化发展和常住人口就业转型。

企业经营决策的主要目标是实现利润最大化。企业经营目标具有多元化，如占有市场、承担社会责任等，但主体目标是经营收入。企业经营目标实现受多种因素影响，其中政府的法律法规对企业经营行为和利润空间形成硬性约束，如企业工商登记法、最低工资法等，企业只能在政府的政策制度环境中合法经营。政府的政策对企业经营环境和利润实现形成激励约束，如扶持创业政策、信贷融资政策等，企业借助政府利好政策机遇能够改变自身经营状况。

2. 城市政府与企业家之间产业升级转型的贝叶斯学习

（1）城市政府与企业之间主导产业的博弈。

城市政府不但需要创造GDP，提高财政收入，还承担常住人口充分就业的社会责任。而逐利动机驱使企业家在行业之间做出选择。城市房地产业高利润空间吸纳企业进入，但缺乏产业依托的房地产业发展具有不可持续性，也无法满足城市政府的多重目标。根据新型城镇化发展战略，城市政府需要确立和培植既能增加GDP和财政收入，又能够拉动居民就业的产业，实现产城融合发展。为实现这一目标，城市政府会严格房地产项目审批、缩减项目用地指标和提高土地使用权转让费用等政策措施，行政许可和经营成本双重压力迫使部分企业退出房地产行业，进入其他预期利润空间较大的行业。城市政府会对相关政策进行微调，保留适当规模的城市住房供给数量，而扶持城市其他第二、第三产业的发展。

城市主导产业选择确定既要满足城市政府的多重目标也要满足产业发展条件。主导产业的培育和壮大需要土地、资本、劳动和技术等城市产业要素的支持以及原材料供给和产品消费市场，这些因素是政府政策调控的领域。城市政府会从土地使用权转让、税收优惠、贷款贴息、劳动力培训补贴等方面给予扶持。政府政策引致企业家对目标产业利润空间重新做出评估，抬高的预期利润驱使企业家进入目标产业。产业规模和就业数量得到扩张，城市政府目标和企业家目标得以达成。

(2) 城市政府与企业家之间产业升级的博弈。

城市政府与企业家第二阶段的博弈属于准分离均衡。城市政府通过产业准入许可、贷款贴息、减免税负等政策手段影响创新型企业的成本和收益空间，提高企业家创新活动的预期收益，激发其创新创造的动机，促使企业技术工艺和产品的升级换代。城市政府的创新激励政策对企业而言是一个利好，企业会想方设法争取进入政策圈子。由于创新风险的存在，企业创新活动具有结果的不确定性。我们把能够取得政策预期创新成果的企业称为创新能力者，把不能取得预期创新成果的企业称为非创新能力者。非创新能力者可能源于自身创新能力低下而不能取得预期创新成果，也可能源于创新的高风险导致创新活动的失败。

创新能力者自然发出具备政策条件的信号，而部分非创新能力者为了获得政策支持也会努力创造条件，或直接向政府发出具备政策条件的信号。这时的博弈均衡就是准分离均衡（semi-separating equilibrium），创新能力者的比例：$P(H) = P[H, m(H)] + [1 - P[H, m(H)]] \times \lambda$，$\lambda$ 是非创新能力者中发出创新能力者信号的比率。

在准分离均衡的情况下，城市政府为达到政策预期目标，会组织专家对发出创新能力者信号的企业家进行评估，评审出具有真正创新能力的企业家，不考虑专家评估的偏差，由于创新风险的存在，筛选出的具有真正创新能力的企业家数量会大于实际取得创新成果的企业家数量，亦即，城市政府政策扶持的创新能力者的数量大于分离均衡下的比率，小于创新能力者信号发出的比率。

$$P(H) + \lambda[1 - P(H)] > \tilde{P}[H, m(H)] = \frac{1 \times P(H)}{1 \times P(H) + \lambda P(L)} > P(H)$$

在城市财政能力不变的情况下，准分离均衡下企业家平均享受的政策优惠资金小于分离均衡下的水平，政策对单个企业家的激励效果也小于分离均衡下的水平。

5.4.3　企业与农民工之间就业转型的贝叶斯学习[①]

劳动收入、劳动安全卫生保护、福利水平等都属于用工条件，用工条件

[①] 刘洪银. 中国农村劳动力非农就业：效应与机制 [M]. 南开大学出版社，2014.

及其改善支出都是企业的用工成本,也是劳动者的广义薪酬。企业根据农民工劳动力价值评价决定薪酬水平,农民工根据企业给出的薪酬水平决定就业与否。当农民工人力资本水平提升后,企业对农民工劳动力价值进行再评价,决定改善用工条件与否,由此对农民工就业质量产生影响。

劳动者和用工企业的薪酬博弈是同时进行的,属静态博弈。劳动者清楚自己对劳动力价值的评价,但不知道用工单位支付的薪酬水平,同样,用工单位知道自己对求职者劳动力价值的评价,但不知道劳动者本人索要的薪酬水平。因此,劳资双方就薪酬问题的讨价还价就是一个贝叶斯学习过程。

假设劳动者为参与人1,劳动者对自身劳动力价值的评价是 v_1,用工单位为参与人2,单位对求职者劳动力价值的评价为 v_2,且 $v_1 \in [0, 1]$, $v_2 \in [0, 1]$,劳资双方基于劳动力评价的最低索价和最高出价分别为 w_1 和 w_2,只有 $w_2 \geq w_1$,非农就业才能实现,均衡薪酬 $w = \frac{(w_1 + w_2)}{2}$,劳动者获得的效用 $u_1 = \frac{(w_1 + w_2)}{2} - v_1$,用工单位的效用是 $u_2 = v_2 - \frac{(w_1 + w_2)}{2}$。如果 $w_2 < w_1$,劳动者不能选择非农就业,劳资双方效用为0,这里的 w_1 是农业的薪酬水平。在这个贝叶斯均衡中,劳动者的战略 w_1 是 v_1 的函数,$w_1(v_1)$;用工单位的战略 w_2 是 v_2 的函数,$w_2(v_2)$,战略组合是贝叶斯均衡 $[w_1^*(v_1), w_2^*(v_2)]$。计算得出:

$$w_1(v_1) = \frac{1}{4} + \frac{2}{3}v_1$$

$$w_2(v_2) = \frac{1}{12} + \frac{2}{3}v_2$$

在均衡情况下,当只当 $v_2 \geq v_1 + \frac{1}{4}$ 时,才能实现就业。也就是说,用工单位对劳动力价值的评价至少要比劳动者自己对自身劳动力价值的评价高出1/4,城镇农民工才能顺利实现非农就业。同样,如果农民工人力资本水平提升后,用工单位会对农民工劳动力价值进行重新评价,当用工单位评价增值至少高出农民工人力资本提升评价的1/4,农民工才会选择人力资本投资,用工单位才会提高农民工薪酬福利水平甚至给予晋升,改善安全卫生保护,促进农民工就业转型。因此,城镇农民工要实现非农就业和就业转型,不但要降低自我价值评价，而且还要进行人力资本投资，提高劳动生产率，提高用工单位甚至全社会对劳动力价值的评价。对同一劳动力价值而言，企业评价高出劳动者自我评价越多，越有利于就业实现和就业转型；相反，越不利于进城农民工城镇就业。企业会选择用机器人代替劳动力，进行资本深化。

5.4.4　城市政府与农民工之间市民化的贝叶斯学习[①]

城市政府与农民工之间的博弈属于不完全信息动态博弈。城市政府对农民工城镇打工和生活决策信息不了解，农民工群体不掌握城市政府的行政决策信息，两者之间属于不完全信息博弈。同时，农民工是弱势群体，没有与城市政府平等对话的能力，两者很难形成合作博弈。农民工只能将城市政府政策作为既定安排来接受，在政府农民工政策框架内进行打工和生活决策。而城市政府也只能根据农民工政策的实施效果对政策安排做出修正。两者之间行为活动属于不完全信息动态博弈。

1. 城市政府与农民工的目标选择

城镇农民工分为本地农民工和外来农民工。根据属地管理原则，城市政府对本地农民工就业承担责任，而对外来农民工则次之。城市财政支出会优先顾及城市居民和辖区内的进城农民工。但作为不可或缺的产业工人，城市政府也希望外来农民工长期留在城市，成为稳定的产业工人队伍。这就形成两种差别化目标。城市政府的农民工政策应兼顾两个目标的统一，即城市福利的差别化分配。

农民工进入城镇打工和生活的目的是生存和发展。尤其第二代农民工，进入城市成为城市人是进城打工的梦想。家庭整体城市居住和生活、享受城市物质和精神文明是进城农民工的目标。这个目标的实现既需要稳定体面的城市就业，也需要政府公平的市民化政策支持，让农民工实现从就业转移向身份转变的蜕变。

[①] 刘洪银. 中国农村劳动力非农就业：效应与机制[M]. 南开大学出版社，2014.

2. 城市政府与农民工之间的居住证博弈

城市政府追求公共利益,而农民工追求个人和家庭利益,两者基于不同的利益目标展开博弈。农民工实现城镇稳定就业是城市政府与农民工共同目标,达到共同目标也就实现博弈均衡。城市政府与农民工的博弈均衡也属于准分离均衡。按照公平分配原则,城市政府按照农民工能力和贡献确定其应享受的城市福利水平,实行等级制城市福利分配制度。即将农民工城市福利水平与居住证挂钩,不同等级的居住证享受不同水平的城市福利和服务,居住证实行积分制管理。为获得理想等级的居住证,农民工会参与职业技能培训,提高人力资本动能,为居住证获得创造条件。部分农民工会直接通过制造假证书等手段向城市政府发出具备相应能力和贡献的信号。这样高能力农民工向城市政府提交高等级居住证申请,低能力农民工通过教育培训也变成真正高能力者,而部分低能力农民工也向城市政府提交高等级居住证申请。这样城市政府与农民工之间形成了准分离均衡。在准分离均衡情况下,农民工即使获得高等级的居住证,也不一定表示就业稳定性和城市贡献得到提高。这样农民工市民化与就业转型就产生了脱节。而农民工为了获得高等级居住证而进行人力资本投资才是政府政策作用的初衷。在准分离均衡情况下,部分因造价而获得高等级居住证的农民工与未获得相应等级居住证的农民工之间产生了不公平。

5.4.5 农民工与城市居民之间人力资本动能提升的贝叶斯学习

农民工与城市居民之间的贝叶斯学习如图5-7所示。

图5-7显示,政府与城市居民、政府与农民工之间相互动态贝叶斯学习。农民工人力资本提升路径分为主导型和诱发型。在主导型人力资本投资中,政府通过直接提供教育培训或发放培训补贴等形式改变城市居民或农民工参与技能培训的成本和收益,激励其积极参与人力资本投资。诱发型人力资本投资是政府为市场主体创造条件,便于市场主体自发地进行人力资本积累。如城市建设规划中,城市政府不单独建立农民工聚居区,而是政策激励农民工散居于城市普通住房社区,实现农民工与城市居民融合居住。居住区

位和居住环境是农民工获取城市经济资源和社会资源的重要媒介。城镇新生代农民通过居住媒介融入城市经济和城市社会。居住环境与人力资本提升存在互动关联关系,异质群体的融合居住通过社会互动活动产生诱发性人力资本投资,提升自身人力资本动能[①]。农民工散居于城市居民社区为农民工积累社会资本、获取信息、技能、健康保障和就业机会创造了条件,有助于农民工人力资本积累。农民工需要观察和学习市民行为逐步改变农村生活方式,城市居民需要学习了解农民工的文化世界和心理情感,宽容农民工行为,逐步实现城乡文化社会化。城市住房等公共政策选择应以人力资本动能提升为导向,构建城市住房政策、人力资本投资政策和市民化政策协同作用机制。

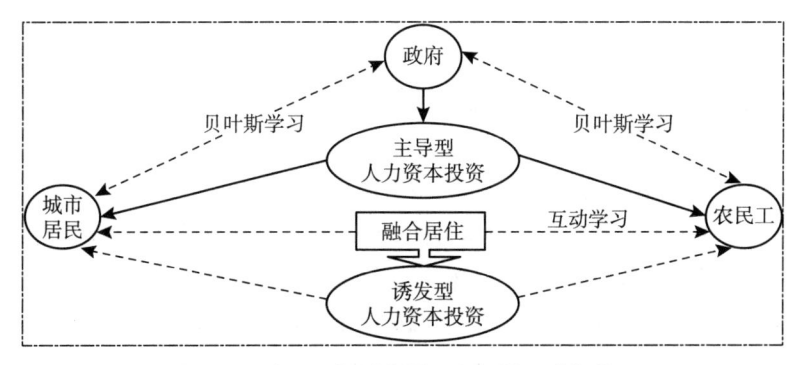

图 5-7 农民工与城市居民之间的贝叶斯学习

5.5 动力机制[②]

既然行为主体的决策目标具有一致性。目标确定后,各行为主体就产生了一致性的内生动力。如果上级政府、城市政府和产业企业等主动主体协同制定政策和制度措施,就会产生一致性的外生动力。这样,各个行为主体都具有了一致性的动力。稳步城镇化与新生代农民就业转型协同动力如表 5-9

---

① 刘洪银. 以融合居住促进新生代农民工人力资本提升 [J]. 首都经济贸易大学学报, 2013 (5).
② 刘洪银. 城镇化中农民二重分化取向及其实现机制 [J]. 中州学刊, 2013 (12).

所示。

表 5-9　　　稳步城镇化与新生代农民就业转型协同动力

动力类型	城市政府	产业企业	城镇农民
外生动力	中央政策	产业市场环境	外部劳动力市场竞争
	政绩考核	同业竞争	内部劳动力市场竞争
内生动力	产城融合发展	剩余价值的追求	发展诉求
	拉动消费需求	企业形象	家庭利益
核心动力	激励产业转型升级与农民落户	激发员工技术创新和农民工技能提升	人力资本积累
发力点	教育培训开发	在职培训	人力资本投资
协同动力	人力资本动能		

如表 5-9 所示，动力机制按照动力源可分为外生动力和内生动力。从不同行为主体来看，城市政府外生动力来源于中央方针政策和上级政府的政绩考核，内生动力来源于以产城融合发展提高城镇化质量和以人口城镇化拉动城镇消费需求，核心动力是激励产业转型升级和农民落户，发力点是教育培训开发；产业企业外生动力来源于产业市场环境约束和同业竞争，内生动力来源于企业对剩余价值的不断追求，核心动力表现为激发员工技术创新和农民工技能提升，发力点为开展职工在职培训；城镇农民外生动力来源于内部和外部劳动力市场竞争，内生动力来源于发展诉求和家庭整体利益的实现，核心动力是人力资本积累发力点为人力资本投资。

协同动力是人力资本动能。无论政府组织的教育培训开发还是企业内的在职培训，抑或农民工自主进行的人力资本投资，都形成人力资本动能。政策设计应尊重人力资本动能生成机理，激励农民工人力资本动能生成和释放。

5.5.1　城市政府动力机制

城市政府稳步城镇化与进城农民就业转型动力主要是内生动力。城市政府动力产生于城市经济社会发展需要。城市政府承担经济调控和社会管理职能。有"产"无"城"和有"城"无"产"均不利于城市经济社会稳步发展。

第一，缺乏产业支撑的城市也就缺失经济发展根基。GDP 增长仍是政府考核指标之一，产业发展不但创造城市财富，还拉动就业增长。无论从经济增长还是社会发展考虑，以产城融合促进稳步城镇化都是政府政策目标之一。单靠房地产业的造城运动，难以推动城镇化可持续发展。

第二，缺失城市功能的产业园区难以留住外来人口，难以发挥城镇化对消费增长的拉动作用。外来人口短期驻留主要源于产业吸引，长期居留则取决于城市工作生活环境。缺失城市功能的产业集聚地、产业园区和各类功能区不具备留住外来人人口的能力，难以吸纳高层次人才长期驻留，难以留住新生代农民工，产业发展缺乏持久的劳动力支持。通过产城融合发展完善城镇功能能够实现人口、产业和就业在城市空间的集聚，促进外来人口生产方式和生活方式的转变。如果新生代农民工长期居留城市，这部分农民工的后代也会在城市稳定工作和生活，成为城市未来的产业工人队伍。

第三，进城农民就业质量提升是改善民生、促进消费升级的着力点。未来经济社会发展引擎是城镇化，政府依靠城镇化改变农民生产方式和生活方式，改善民生状态，并以此促进消费结构升级。这就需要城市政府想方设法提高进城农民的就业质量，实现就业转型。城镇农民收入增长提高了消费水平，农民家庭整体市民化和购租住房，促进城市消费水平。城市政府有动力制定和完善促进进城农民及其家庭市民化、鼓励进城农民城市购置住房的政策，以及进城农民子女教育、养老保险和医疗保险等城市社会保障政策。

5.5.2　产业企业动力机制

企业动力分为外生动力和内生动力。

第一，政策和市场环境产生了外生动力（压力）。如《劳动合同法》《社会保险法》等法律法规规定了企业用工的权利和义务边界，保障了进城农民的社会权益和社会福利。最低工资法界定城镇就业的最低收入水平。这些政策法规给产业和企业戴上"紧箍咒"，形成外部压力，迫使用工企业改善用工条件，促进农民工就业转型。

第二，企业本身具有农民工就业转型的内在动力。农民工就业质量提高的内生因素在于自身人力资本水平的提高以及劳动生产率的提升，企业能够从高人力资本的农民工获得更多剩余价值。企业有动力参与农民工职业教育培训。企业改善用工条件，提高农民工工资福利水平，也是激励农民工创造更多剩余价值。劳动生产率提高和农民工就业转型是相辅相成的，企业促进农民工就业质量提高的动力来源于剩余价值的追求，改善农民工就业条件的成本来源于劳资双方劳动价值增值的分享。现实中，企业有动力与高人力资本农民工签订长期劳动合同，有动力改善劳动条件。

第三，人的城镇化通过稳定员工队伍给企业带来利好。农民工落户城镇后，城镇间流动减少，就业地的变换频率降低，企业农民工员工队伍更趋稳定，这将减少企业农民工招聘和培训成本，提高熟练农民工劳动生产率。虽然城市的市民化政策对企业来说是既定接受，但企业有动力为高技能农民工申请落户指标，产业和企业有动力游说城市政府降低外来人口市民化门槛，制定更加积极、更加宽松的农民工城镇落户政策，吸纳更多农民工在企业所在城市集聚，增加产业和企业的劳动力市场供给。

5.5.3 新生代农民动力机制

农民工就业转型动力属于内生动力，理性农民工具有追求自身和家庭效用最大化的动力。农民二重分化受人力资本积累、产业技术进步、物质资本积累和土地流转政策驱动。产业技术进步将提高农民工劳动生产率和劳动收入，加快物质资本积累。农村土地流转政策允许农民"带资进城"，即带着农村土地承包经营权、宅基地使用权和农村集体经济收益权变身城镇居民。物质资本积累和"带资进城"政策提高了农民工市民化经济能力，驱使农民工从第一次分流到第二次分流。从二重分流到二重分化，农民人力资本、产业技术进步和物质资本成为主要的驱动力。二重分化的主要特征是农民从传统农业向现代产业（包括现代农业、现代工业和现代服务业）稳定转移就业或创业。现代产业门槛是人力资本、技术进步和物质资本。没有技术进步，传统产业就不能转型为现代产业，农民只有人力资本和物质资本积累达到一定程度才能跨越现代产业门槛。但所有这些驱动力中，人力资本是主要驱动力。具有一定人力资本（包括健康和经验）的农民不甘于传统农业劳动，首批实现农业向非农产业的转移，具有高技术技能的熟练工将从事较为稳定的工作和优先落户城镇。农民稳定转移就业和落户城镇是人力资本投资和使用的结果，也就是人力资本动能作用的结果。

人力资本动能需要生成和释放。人力资本动能生成是通过投资积累形成一定水平人力资本并应用到生产劳动过程中去，也就是形成人力资本的劳动生产力。劳动生产力越高，表明人力资本动能越大。人力资本水平越高，劳动生产力越高；人力资本受激励越强，劳动生产力越高。如图5-8所示，以市场为分水岭，人力资本动能分为人力资本投资和人力资本应用两个阶段性状态。未进入市场前，人力资源通过培训开发等投资形成人力资本动能，人力资本动能形成但未释放，这个阶段属于人力资本积累阶段，这个状态下的人力资本以动能形式储存于人力资源，处于储备状态。跨越市场门槛，人力资源实现就业创业后，人力资本从储备状态转变为应用状态，人力资本价值从禀赋性价值向市场性价值转变。禀赋性价值取决于人力资本禀赋大小，而市场性价值大小除受禀赋性价值影响外，还受人力资本动能及其释放程度影响。人力资本动能及其释放是在公共政策等规则约束下人力资源对自身人力资本预期收益的评判。

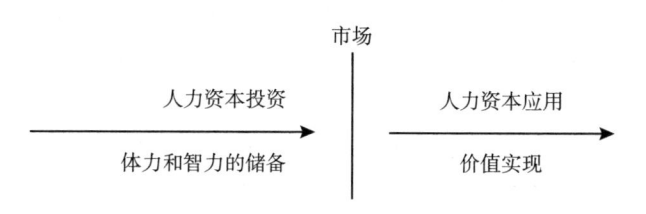

图5-8 人力资本态势演进

人力资本动能释放是通过制度再设计，解除约束人力资本投资和使用的制约因素，激发人力资本投资和使用潜能，充分调动人力资本的主观能动性。人具有主观能动性，人的能动性表现为积极性、主动性和创造性，重点是创造性。主观能动性发挥是激励的结果。人力资本动能生成后具有一定的劳动生产力，提高劳动生产力需要充分释放人力资本动能，即通过激励手段激发人力资本投资效率和人力资本应用效果，提高人力资本的劳动生产力。

新生代农民动力机制设计就是把握新生代农民人力资本动能生成机理，并遵循作用机理进行制度安排，充分释放人力资本动能。也就是在新生代农民劳动生产力现状基础上，政策激励进城农民加大人力资本投资，激励农民人力资本的劳动能动性。动力机制设计的核心就是新生代农民人力资本动能的生成和释放（人力资本动能生成机理见5.2.5）。

人力资本及其动能释放经济主体理性预期的结果。与传统经济学相比，新凯恩斯主义经济学与新古典宏观经济学都注重微观基础，充分考虑市场微观主体理性决策对宏观政策效果的影响，为宏观政策制定奠定了微观基础。而心理资本、人力资本和社会资本构成市场主体理性决策的微观基础。如进城新生代农民落户城镇决策和就业条件环境改善决策就是基于自我效能感、人力资本水平和可利用的社会关系状况。其中，心理资本和人力资本属于内在资本，而社会资本属于外在资本。

新生代农民人力资本动能释放的形式是经营性就业。经营性就业相对于传统就业而言。传统就业是完成岗位任务，而经营性就业是根据市场需求自主决定经营项目。经营性就业更加适应市场环境变化，创造市场需求的产品，是创造性劳动，是创造能动性发挥作用的结果。经营性就业包括创办企业、个体工商经营、农业规模化经营和企业经营管理等，属于创造性就业。经营性就业是在一定人力资本支持下，人力资源动能释放的结果。经营性就业的创造性劳动需要发挥积极性、主动性和创造性，需要不断创新、不断进取，百折不挠，不能墨守成规和简单模仿。没有一定人力资本支持，创造性成果的质量将难以保证。没有人力资本动能释放，也就失去了创新创造的动力。

新生代农民工人力资本动能释放是开创意识、创业动力、经营能力和风险能力的充分发挥。如图5-9所示，开创意识、创业动力和经营能力都属于人力资本动能。其中，开创意识是社会创新文化培育的结果，创新文化形成内敛于心的社会价值观，引导和激发开创意识。创业动力来源于预期收益的追求，是经济主体在政策框架内调整心理预期，形成较为稳定的预期评价。经营能力是人力资本投资及其运用的结果。进入市场后，新生代农民在运用人力资本过程中形成市场经营能力。创业动力是一定经营能力基础上，具有开创意识的新生代农民目标达成中产生的驱动力。在城镇农民人力资本动能释放过程中,开创意识是先导,经营能力是基础,创业动力是核心。三种力量相互作用,相互影响,共同促进新生代农民人力资本释放。

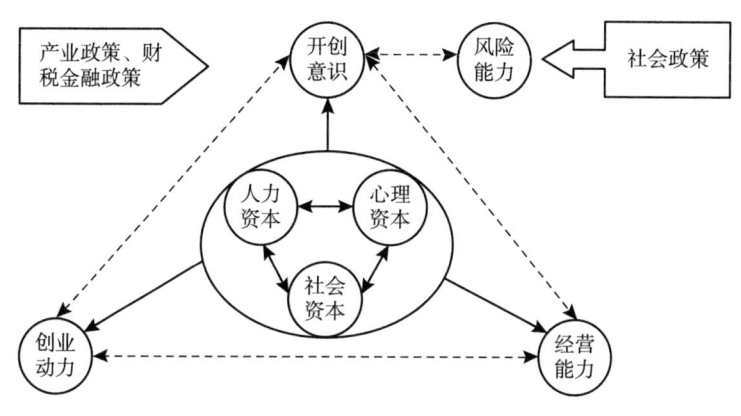

图 5-9 新生代农民人力资本动能释放机制

影响人力资本动能释放的三种力量的形成是公共政策作用的结果。这些政策包括引导性政策、限定性政策、激励性政策和保障性政策。引导性政策如鼓励发展战略性新兴产业的产业政策、工资条例等劳动力收入分配政策等,引导市场主体行为转变以符合政策预期。限定性政策如行业准入政策、禁止性政策等,限定性政策需要进一步放宽市场准入,赋予民营企业经营资格,吸纳农民转移就业。如鼓励农民工创办农业社会服务组织、创办第一、第二、第三产业融合经营组织、经营农村公共事业等。大中城市户籍政策需降低户籍门槛,放宽落户条件,允许符合一定条件的农民工城市落户。激励性政策如财税金融政策等,通过减免税、财政补贴等,减轻市场主体负担,提高市场主体收入水平,提高主体预期性收入水平。激励性政策不但需要调整产业企业,新常态下激励性政策还应鼓励农民工城镇创业、返乡创业和就地创业,激励农民举家城镇落户和人力资本投资,激发城镇农民工作生活积极性。保障性政策主要指发挥兜底保障作用的公共政策,如贷款担保政策、创业风险分担政策、社会保障政策等。保障性政策分散了经营性就业的风险,提高了创造性劳动的积极性,保障了农民工基本的民生权利。如新常态下就业形态趋于多样化,组织内正式雇用劳动减少,而以任务承包形式的经营性灵活就业增多。农村社会保险和工商行政管理等制度应相应调整，优先为创业和经营性就业农民工建立基本养老医疗保险，实行兜底保障。

稳步城镇化和新生代农民就业转型除受人力资本投资积累及其动能生成作用外，还取决于公共政策制定实施而产生的人力资本动能释放。稳步城镇化政策不但包括产业培育政策，城市基础设施建设政策等，还包括外来人口城镇落户政策和城镇公共服务在新老市民之间公平分配政策等。公共政策应对外来人口产生激励作用效果，激励外来人口积极参与人力资本投资，积极主动地实现就业和创造性工作，争取落户城镇。新生代农民就业转型政策除教育培训政策外，还要消除就业歧视，营造平等竞争的就业环境，提高新生代农民人力资本收益预期。与此同时，还要承认农民工人力资本禀赋性价值，引导体制外单位尊重认可农民工禀赋性价值，保障农民工禀赋性收益，帮助农民工实现职业发展。

5.6 保障条件

机制是内在作用机理以及遵循机理的政策安排。机制目标达成单靠政策制度难以实现，政策的落地需要提供保障条件。新生代农民是弱势群体，企业内农民工就业质量提高既有自身劳动生产力提高的原因，也是劳资之间劳动成果分配的结果。人力资本动能提升政策以及劳资关系调整等都需要保障措施。

5.6.1 法律保障

产城融合发展是新型城镇化实践探索的产物，目前尚处于政策引导阶段。需要上升为法律层次，通过法律保障城镇化发展方向。城镇化过程中，GDP追求往往导致产业发展优先，而与民生息息相关的城市基础设施、公共服务、生态环境等这些投入多而短期效益低的城市建设滞后，导致产城分离。经过实践检验后，国家需要对产城融合发展的城镇化方向予以强制界定。

农民工就业转型也需要相关法律保障。总体来看，劳动法律法规是弱势法规，法律的保障力相对较弱。随着经济社会发展水平的提高，国家应让农民工共享经济社会发展成果。目前经济不景气，减轻企业负担的呼声较高，但农民工就业权是民生权利，劳动收入等就业条件应随着经济发展水平不断改善。但现实中，农民工收入具有上升刚性，实际工资增长幅度较小。越是经济下行越要保障劳工利益，因为经济下行的最大受损者是劳动者，无论是劳动就业还是收入方面（常凯，2016）。目前，调整工资关系的工资条例迟迟没有出台，农民工不能实现与城市工人同工同酬。农民工就业质量提高需要加大劳动法律保障力度。劳动相关法律法规需要适度向劳动者倾斜，需要加强劳动法律法规落实的监督检查和违法行为惩处力度，提高劳动法律的震慑力和保障力。

5.6.2 资金保障

稳步城镇化核心是人的城镇化，具体表现为外来人口（包括农民工）市民化。农民工市民化本质上是城市公共服务和福利在城市居民与农民工之间的分配。城市政府不但需要增加基础设施建设，还要为市民化的农民工提供社会保障，这些市民化投入需要资金保障。多数研究认为，农民工市民化人均成本在 8 万~10 万元之间（张国胜，2009；中国发展研究基金会，2010；国务院发展研究中心课题组，2011）。本课题前期研究发现，地市级政府承担的农民工市民化教育支出、社会保障与就业支出、医疗卫生支出、一般公共服务支出和住房保障支出五项成本占本省一般预算支出比率平均为 2.9%，农民工集聚的东部沿海地区达到 5% 左右[①]。这些市民化成本阻碍了农民工市民化进度，农民工城镇落户的进程较慢。农民工市民化和落户城镇缺乏资金支持，在财政收入约束下，城市政府难以大规模推进外来人口落户。户籍人口城镇化需要建立资金保障机制。除中央政府财政转移支付外，城市政府需要建立农民工市民化成本分担和筹资机制，逐步推进农民工市民化和城镇

---

① 刘洪银. 新生代农民工内生性市民化与公共成本估算［J］. 云南财经大学学报，2013（4）.

落户。

5.6.3 监督保障

《劳动合同法》明确规定，用人单位必须与劳动者签订劳动合同，必须为劳动者缴纳五险一金。但现实中，《劳动合同法》没有得到根本贯彻落实，农民工劳动权益屡屡受到侵害。2014年，农民工劳动合同签订率仅为38%，农民工养老保险、医疗保险、工伤保险、失业保险、生育保险和住房公积金缴纳率分别为16.7%、17.6%、26.2%、10.5%、7.8%和5.5%。这主要源于劳动法律法规没有得到根本贯彻落实，在生存迫使下，劳动者不得不优先选择就业而放弃部分劳动权益。更有甚者，在当前经济下行期，社会上出现修改劳动合同法，减轻劳动者权益保护的争议。无论何时何地，劳动者权益保护只应该加强，不应该削弱。加强劳动权益保护需要强化监督检查，保障劳动合同法的贯彻落实。劳动行政管理部门需要履职尽责，加强劳动监督，查处劳动侵权事件，及时化解劳动争议。

5.6.4 组织保障

农民工就业转型需要组织保障。目前，农民工就业问题没有专门的管理部门。劳动力市场制度建立后，企业拥有用工自主权，劳动者具有自主择业权。但企业内部劳资分配关系中，企业拥有自主决定权，而劳动者工资要价能力较低。在民营企业工会组织不健全的情况下，农民工工资水平除受集体合同和当地最低工资标准保障外，几乎没有其他保障。农民工就业问题需要专门组织管理。2013年国务院成立了"国务院农民工工作领导小组办公室"，但这个办公室并没有突出农民工就业问题的管理。各地人力资源与社会保障局行政职能繁多，也没有重视农民工就业问题。当前要么在"国务院农民工工作领导小组办公室"设立职能处室负责农民工就业管理，要么在人力资源和社会保障部门设立农民工就业管理专门职能部门，负责农民工转移就业和就业质量监督管理。

5.7 产城融合发展下不同类型城镇稳步城镇化与新生代农民就业转型协同机制

直辖市新城、计划单列市和省会城市新区等大城市具有高的财政能力和经济环境，产城融合发展的重点是产业升级转型带动具有一定人力资本的农民工就业转型。稳步城镇化与新生代农民就业转型协同机制是政策引导内生性人力资本动能生成和释放，提高农民工居住证取得和落户能力以及劳动价值创造能力，促进稳定就业的新生代农民工就业转型。

5.7.1 直辖市新城、计划单列市和省会城市新区稳步城镇化与新生代农民就业转型协同机制

具体如表 5-10 所示。

表 5-10　大城市稳步城镇化与新生代农民就业转型协同机制

大城市	产城融合	稳步城镇化	新生代农民就业转型	协同机制
机制目标	产城融合	技能人才落户，居住证制度	就业转型	协同推进农民工居住证管理与就业转型
决策机制	政策引导产业升级转型、新区城市功能完善	实行居住证制度，吸纳高技能人才落户	高人力资本农民工就业转型	产城高端融合促进高人力资本农民工积分落户和就业转型
学习机制	根据企业行为修正产业创新政策	灵活就业农民工难以得到政策青睐	企业观察农民工人力资本及其产出修正薪酬福利和身份	政策青睐创新性企业，企业分配向高水平农民工倾斜
动力机制	上级政策约束和新城发展内生需求	中央政策约束和社会公平需要；产业工人队伍稳定需求；农民工城市稳定生活追求	农民工具有内生性人力资本动能积累；城市政府具有本地农民工就业转型动力；劳动合同法产生保障力	上级政策法规约束与农民工人力资本动能生成

1. 协同决策机制

中央政府授予大城市尤其北京、上海、广州、天津市等新城或新区许多特殊权限，如自主创新示范区、自由贸易实验区、国家新区等。直辖市、计划单列市、省会城市政府有更多决策权限。大城市新城、新区、开发区等产业基础较好，城市及其新区政府产业和财税金融等政策制定的目标是引导产业创新和产业结构升级。产城融合与否是大城市政府决策的结果，新区开发阶段，政府可能会决策失误，优先发展房地产业，出现产城分离。如北京市通州区和天津市滨海新区。但随着产业规模扩张，过剩房源会得到消化，产城分离现象缓解。为促进产业升级，大城市政府会加大科技投入，加大高端人才吸纳力度。但大城市结构化的产业也需要农民工，如建筑业、售后服务业、家政服务、商贸物流服务业等。大城市政府不会将农民工排除在外。

政府产城融合发展目标确定后，政府会完善基础设施（道路、通信、物流、信息等）、人才资源和市场环境，吸纳目标产业企业落地。产业企业在政府政策框架内决定入住与否。鉴于大城市中心城区地租高，产业企业会选择从中心城区向新城和新区转移或直接落地新城。大城市政府激励新城企业科技创新和产业升级。

大城市完备的基础设施和产业发展创造的就业机会吸纳新生代农民进入。大城市周边的农民源于地缘、亲缘、乡缘关系向城市集聚，偏远地区的新生代农民出于对大城市工作生活的向往而流入。新生代农民在大城市政策框架内根据自身状况决定长期居留城市或者暂时性打工逗留。新生代农民在大城市新区多从事灵活就业，会根据参训成本和预期收益决定人力资本投资与否。

2. 协同学习机制

大城市政府观察企业科技创新行为修正政策，不断引导企业和产业行为趋近政策预期。城市政府也会在中央政府法规政策引导和约束下，加快新区生态环境建设，完善新区居住功能和生态功能，构建宜业、宜居、宜人的新区环境。产城融合是大城市新区政府不断学习的结果。

大城市政府根据城市承载力和人口流入取向制定居住证政策，引导符合城市发展需要的人才落户，限制人口落户规模。大城市针对农民工能力、贡献等颁发与城市公共服务和福利水平挂钩的等级化居住证。由于农民工处于大城市人力资源能力结构的低端，难以得到户籍政策青睐。灵活就业农民工的流动行为很难被城市政府关注，难以落户大城市。

企业会根据农民工供求状况和人力资本水平决定薪酬待遇。企业会适时提高新生代农民工的工资福利水平、劳动安全保护，延长劳动合同年限，甚至纳入正式员工，部分新生代农民工会实现就业转型。

3. 协同动力机制

大城市政府具有通过产城融合发展推进稳步城镇化与新生代农民就业转型的动力。外生动力来源于上级政策的约束、社会公平的需要和劳动法律法规的约束，内生动力来源于执政目标追求，包括新城自身发展需求和辖区内人口就业增收责任等。大城市政府对辖区外人口就业和落户的动力来源于中央政策约束和城市社会稳定的压力。

产业企业具有稳步城镇化与新生代农民就业转型的动力。新城城市功能的完善将吸纳更多劳动力，增加企业劳动供给；农民工落户城镇和就业转型将稳定产业工人队伍，减少企业招聘、培训和社会化成本。就业转型表现为剩余价值在企业与农民工之间的分配，是企业对农民工激励的方式。

新生代农民具有落户大城市和就业转型的动力，大城市稳定生存发展目标驱使农民工进行人力资本投资，促进农民工人力资本动能生成和积累。农民工具有人力资本动能生成的内生动力。

5.7.2　一般地级市开发区稳步城镇化与新生代农民就业质量提升协同机制

一般地级市开发区产业发展处于从产业规模化向产业高新化转变阶段，开发区产城融合重点是城市功能完善。地级市开发区稳步城镇化与新生代农民就业质量提升协同机制是中央政策激励地级市降低农民工市民化门槛，提高户籍人口城镇化率，城市政府引导企业加强农民工在职培训，促进农民工人力资本动能生成和释放。如表5-11所示。

表 5-11　一般地级市开发区稳步城镇化与新生代农民就业质量提升协同机制

一般地级市	产城融合	稳步城镇化	新生代农民就业转型	协同机制
机制目标	产城融合	农民工低门槛落户	就业质量提高	产城融合发展推进农民工落户与就业质量提高
决策机制	开发区产城深度融合决策	自身财力约束农民工落户规模，农民工落户意愿较高	政府轻视农民工就业转型，农民工就业转型预期不高	产城深度融合下有条件允许农民工落户但就业转型难
学习机制	向其他地区学习产城融合发展经验	中央户改精神引导城市政府降低落户门槛	企业观察农民工人力资本变化而修正薪酬福利	政策引导城市降低落户门槛，企业优先改善高产出农民工劳动条件
动力机制	上级政策约束和开发区发展内生需求	中央政策约束和转移支付等与人口市民化挂钩激励	举家城市生活目标产生人力资本积累动力，劳动合同法产生保障力	上级政策的激励约束与农民工目标达成的人力资本积累动能

1. 协同决策机制

城市开发区（经济技术开发区、高新技术产业园区等）产业发展较早，城市扩张使开发区城市功能日益完善，产城融合发展已达到一定水平，城市政府很容易做出产城深度融合决策。城市开发区稳步城镇化与新生代农民就业转型的决策基于自身财力状况。与大城市相比，一般地级市财政能力较弱，而人口市民化需要财政能力支撑，政府在农民工城市落户决策时会审慎进行。开发区产业基础较好，但城市功能不完善。即使中心城区与开发区通勤距离短，也难以吸引高端人才集聚，约束开发区产业升级和农民工就业转型。地级市政府在 GDP 目标下会优先选择产业规模扩张和产业创新，而轻视企业农民工就业质量状况。城市政府难以做出开发区协同推进稳步城镇化与进城农民就业转型决策。

城市产业环境影响产业升级和企业技术进步。受人才水平和市场需求约束，产业技术创新目标设定不会太高。

城市政府产城融合发展政策影响农民进入和落户。新生代农民工选择进入地级市主要源于城市较为完善的功能和地缘优势。据国家统计局中山调查队的调查，具有城镇落户意愿农民工中，64.7%选择落户地级市。与县城相比，地级市是真正意义上的城市，农民工进入地级市打工生活会产生城市人的感觉。进城农民根据城市政府与企业提供的培训机会和参训成本决定人力资本投资，受自身禀赋约束，低人力资本农民工就业转型的期望不高。

2. 协同学习机制

城市政府的决策不是一成不变的，而是根据中央精神和企业、农民工行为修正政策。中央新型城镇化政策让城市政府认识到人口市民化的重要性和紧迫性，认识到开发区产城融合发展的导向，城市政府会及时修正发展方向和发展目标，从 GDP 追求向居住环境、公共服务和生态环境等人居需求转变。企业和农民工也会根据城市政府政策修改期望目标。

3. 协同动力机制

城市政府具有开发区稳步城镇化与农民就业转型的动力机制。中央户籍制度改革政策的落实监督迫使城市政府进一步降低农民工落户门槛，扩大城市落户规模。中央关于财政转移支付、财政建设资金对城市基础设施的补贴同农业转移人口市民化挂钩等政策会对地级市政府产生激励。

企业具有农民工就业质量提高的动力机制。根据农民工人力资本状况改善劳动条件对企业和农民工而言是双赢。

地级市农民工具有人力资本投资动力，尤其大专以上的农民工。人力资本动能积累会提高收入水平，提高农民工举家市民化能力。地级市完善的城市功能、可接受的房价、地缘优势吸纳农民工举家城市居留生活，这一目标驱动农民工想方设法提高自身技能和能力，努力提高劳动收入和市民化能力。

5.7.3 县城和小城镇稳步城镇化与新生代农民就业实现协同机制

县城和小城镇产城融合的首要目标是培育小城镇特色产业（包括现代农业）和服务业（社会服务业、商业服务业和公共服务业等）创造就业机会和人居环境，提高小城镇人口集聚能力。县城和小城镇稳步城镇化与新生代农民就业实现协同机制是县级政府制定实施小城镇发展规划，培育特色产业，组织新生代农民职业技能培训，提高新生代农民就地就近转移就业率。如表5-12所示。

表5-12　县城和小城镇稳步城镇化与新生代农民就业实现协同机制

县城和小城镇	产城融合	稳步城镇化	新生代农民就业转型	协同机制
机制目标	产业发展、城市功能跟进	农民工无条件落户	就业实现	产业发展、人口集聚和就业实现
决策机制	优先培育产业和产业集群	小城镇人口吸纳力不足	就业机会少，转移就业难	以产业培育吸纳农民转移就业
学习机制	示范小城镇学习	根据就业机会和人居环境修正居住决策	根据就业机会决定转移就业	政府向示范镇学习，农民视情决定就业和居住
动力机制	产业功能与城市功能缺失，产城融合缺乏动力基础	人口缺乏向小城镇集聚和落户的动力	企业缺乏小城镇落地动力，农民缺乏小城镇就业动力	缺乏人口聚居动力和人力资本积累动能

1. 协同决策机制

除东部沿海地区小城镇（包括直辖市小城镇）已形成产业规模外，其他地区小城镇既缺乏主导产业，也缺失城市功能。培育主导产业，建设专业园区是小城镇政府的首要目标。为提高小城镇吸引力，小城镇政府会配套基础设施建设和公共服务（商贸服务、社区便民服务、教育医疗服务、养老服务等）。

在产城功能缺失情况下，就业实现成为农民首选目标。农民通常不愿到小城镇居住生活，而是选择生产地与居住地通勤距离较短的农村居住。镇区提供农业产前、产中和产后服务，农民选择定期去城镇办事，而长期居住在农村。

2. 协同学习机制

小城镇政府需要向先进示范镇学习，模仿示范镇的做法，修正小城镇产城融合发展目标。农民会根据小城镇就业机会、基础设施状况、居住环境和公共服务状况修正决策目标，改变居住行为。

3. 协同动力机制

小城镇优势在于通勤距离短，劣势是人口吸纳力差。由于产业发展环境劣势和城市功能缺失，无论新生代农民还是企业向小城镇集聚动力不足。国家发改委编写的《国家新型城镇化报告2015》显示，中国农民工流向地市级以上的占70%以上，而流向小城镇的不到10%。小城镇吸纳的目标人群多是人力资本水平不高且偏好就地就近就业的人群，这部分人群人力资本动能不足且提升空间不大。

5.8 产城融合发展下不同地区稳步城镇化与新生代农民就业转型协同机制

5.8.1 东部地区稳步城镇化与新生代农民就业转型协同机制

东部地区发达的城市经济为协同推进稳步城镇化与农民工就业转型奠定了基础。产城融合发展的重点是产业升级转型和城市功能完善。稳步城镇化与新生代农民就业转型协同机制是中央政策迫使城市政府降低农民工落户门槛，城市政府授予农民工更多市民权利，监督检查企业用工行为，促进稳定就业农民工城市落户和就业转型。政策引导新生代农民工人力资本动能生成和释放，促进农民工劳动生产力提高和职业生涯发展。如表 5 - 13 所示。

表 5 - 13 东部地区稳步城镇化与新生代农民就业转型协同机制

东部地区	产城融合	稳步城镇化	新生代农民就业转型	协同机制
机制目标	产城高端融合	技能农民工落户，居住证制度	就业转型	以产城高端融合促进技能型农民工积分落户和就业转型

续表

东部地区	产城融合	稳步城镇化	新生代农民就业转型	协同机制
决策机制	政策引导产业升级转型、新区城市功能完善	实行居住证制度，吸纳技能型人才落户	农民工就业转型	引导技能农民工积分落户和就业转型
学习机制	根据中央政策、企业和农民工行为修正产城融合政策	外来人口城市落户门槛高，需要中央政策自上而下的干预	企业根据农民工人力资本及其生产力状况决定薪酬福利和职业发展	上级政府根据人口规模赋予城镇相应管理权限，企业依据农民工劳动生产力状况确定劳动条件
动力机制	中央对地方政府政绩评价标准约束、新城发展目标的内在动力	中央户改政策约束、产业升级需求、城市社会公平的需要	企业稳定用工需要、劳动合同法保障、农民工内生性人力资本动能积累	上级政策法规的激励约束和农民工人力资本积累动能

1. 协同决策机制

东部地区经济社会较为发达，具有先行先试的政策优势。从产城融合发展来看，东部地区产业较为发达，产业集聚规模较大，产城融合发展具有较好的经济基础。城市政府在中央政策引导下调整政策目标，从 GDP 追求向产业升级和城市功能完善转变，补齐城市功能短板。政府财政收入支出向城市公共管理服务和民生领域倾斜。从稳步城镇化和农民工就业转型来看，福利越高的城市，外来人口落户门槛越高。人口属地管理制度使城市政府不会主动将户籍人口城镇化作为主要目标。同时，农民工基本上实现了稳定就业，在城市政策框架内，新生代农民工努力落户城市并实现劳动收入、劳动条件的改善。东部地区具有协同推进稳步城镇化与就业转型内在需求，中央政府应给地方政府下达"十三五"期间任务目标，有计划推进农民工城镇落户和就业转型，逐步提高新生代农民工就业质量和发展水平。

2. 协同学习机制

地方政府观察中央政策、企业行为和农民工行为确定政策目标。中央政策是地方政策决策的导向，地方性政策决策未必出于自身利益追求，而是自上而下的指令。产业政策需要观察企业行为做出修正，才能激发企业

5 | 协同机制：产城融合发展下稳步城镇化与新生代农民就业转型

技术创新和产业升级转型的动力，保障政策目标的达成。市民化政策也要根据农民工行为拟定。农民工供求状况、技能素质、城市贡献等都是政府市民化政策决策的考量。企业和农民工在政府政策框架内按照利益最大化原则确定和修正自身行为目标，政策对微观主体而言是既定的接受，但可以影响市场主体的决策目标。企业根据农民工人力资本及其生产力决定薪酬福利和职业发展。

3. 协同动力机制

外在约束与内在动力协同作用。第一，中央政策的外在约束。中央对地方政府政绩评价标准的改变迫使地方政府转变发展理念，从GDP追求向生态绿色发展目标转变，从追求经济规模向发展质量转变，从总量追求向弥补短板倾斜。东部地区产城融合发展的短板是城市功能、社会管理和公共服务等不能满足人口集聚规模需求，中央政府补短板任务目标对地方政府政策目标形成约束。稳步城镇化也是如此。中央政府提出的2020年1亿非户籍人口在城市落户，户籍人口城镇化率达45%。然而，许多地方政策迟迟没有出台当地外来人口落户政策，中央政府加大户籍改革政策落实的监督检查，这给地方政府带来非户籍人口落户城市的外在压力，迫使地方政策进一步降低外来人口落户门槛，推进外来人口落户。第二，法律法规的贯彻实施。《劳动合同法》为农民工就业质量改善和就业转型提供了法律保障，但农民工劳动权益受侵现象频频发生。政府劳动行政部门和司法部门有义务加强企业用工行为监督检查，保障农民工劳动权益，如劳动合同签订、社会保险缴纳等。第三，城市发展目标追求的内在动力。一方面，劳动力进入短缺时代，民工荒现象年年发生，影响企业开工运转，迫使政府制定有吸引力的市民化政策，给予外来人口与城市居民均等的城市公共服务和福利，迫使企业改善用工条件，建立有利于农民工家庭转移就业的企业后勤保障；另一方面，产业升级需要高端人才城市集聚，这就需要完善城市功能，提高城市社会服务质量、公共服务水平，完善城市商业娱乐健身等便民服务设施，提高城市宜业宜居宜人水平。第四，新生代农民工自身人力资本动能生成。劳动力市场竞争压力迫使农民工不断进行人力资本投资，积累人力资本动能，这是协同推进农民工城市落户和就业转型的内生动力。如果政策认可农民工人力资本禀赋性价值,将促进农民工人力资本动能的释放。

5.8.2 中西部地区城镇化与新生代农民就业实现协同机制

西部大开发战略为产城融合发展带来了机遇。中西部地区产业基础薄弱和城镇化滞后制约产城融合发展,城市政府会优先发展环境友好型的劳动密集型产业,吸纳农村劳动力转移就业,集聚城镇人气。中西部地区尚未达到稳步城镇化与新生代农民就业转型协同发展阶段,集聚小城镇人气和促进就地转移就业是政策作用重点。城镇化与就业实现的协同机制是政策引导激励产业集聚和农民人力资本动能生成。中央和地方政府更多承担农民教育培训成本,引导用工单位提高技能型农民工收入水平,激发农民人力资本投资,促进农民人力资本动能生成和释放。见表5-14。

表5-14　　　　中西部地区城镇化与新生代农民就业实现协同机制

中西部地区	产城融合	稳步城镇化	新生代农民就业转型	协同机制
机制目标	产业发展,城市建设逐步推进	农民工无条件落户	就业实现	产业发展,人口集聚和就业实现
决策机制	优先培育劳动密集型产业	城镇人口吸纳力不足	就业机会少,转移就业难	以产业发展吸纳农民就地转移就业
学习机制	向东部地区学习	农民根据城镇就业机会决定进城就业和居住	农民根据就业机会决定就近转移就业	向东部地区示范城镇学习,农民根据就业机会决定城镇居住生活
动力机制	中央和地方政府有优先培育产业的动力	人口缺乏向城镇集聚和落户动力,需要政府加大招商引资和出台更加积极的就业政策	城市政府有农民职业技能培训动力;农民自身人力资本动能不足,需要政府承担更多培训成本	政策激发产业集聚动力。人口缺乏城镇集聚落户动力,农民工人力资本投资动能不足

1. 协同决策机制

新型城镇化目标之一是"引导约1亿人在中西部地区就近城镇化"。中西部地区产城融合发展难以达到东部地区水平,也难以协同推进稳步城镇化水平和新生代农民就业转型。中西部地区的决策需要立足实际，逐步推进。产城融合的目标既需要培育产业，集聚人气，也需要道路交通、公共服务等城市基础设施建设。中西部地区城市不发达，城市对人口吸纳力不强，外来人口城市落户的阻力较小。新生代农民中大部分向东部地区转移就业，除非当地能够发现就业机会。城市政府决策目标不是实现稳步城镇化与农民就业转型，而是创造就业机会，促进农民就地就近转移就业和城市落户。部分产业企业因生产经营成本约束决定向中西部地区转移，这与城市政府目标不谋而合。但中西部地区城市政府对落地企业选择不仅仅看 GDP、税收收入和就业岗位创造，还要看企业生产对当地生态环境带来的影响。

2. 协同学习机制

第一，中西部地区会向东部地区学习发展经验，模仿东部地区成功的做法。东中西部之间对口帮助活动为这种学习模仿提供了机遇，中西部地区在实践学习发展经验。第二，中西部地区政府会从中央西部大开发倾斜性政策中洞悉政策意图，充分利用发展机遇，争取外部支持。第三，中西部地区城市政府会观察农民工流动行为制定吸纳农民工就地就近转移就业和城市落户政策，观察拟转移就业农民技能状况和企业对农民工技能需求结构的变化修正教育培训内容和培训政策。

3. 协同动力机制

第一，中西部城市政府有产业优先发展的动力。为实现统筹区域发展以及补短板任务目标，中央政府在制定实施第一轮西部大开发战略，又开始制定实施第二轮西部大开发战略。中央政府在党中央领导下，有加快中西部地区经济社会发展的动力，包括新型城镇化。中西部地区资本积累缓慢，产城融合发展受到资本积累等多种约束。在中央政策和城市经营目标激励下，中西部城市政府有动力地优先发展劳动密集型产业。第二，中西部城市政府有劳动力职业技能培训的动力。本书前期研究发现，"孔雀东南飞"的趋势没有逆转，中西部地区人力资本外流现象仍然存在[①]。中西部地区政府人力资

---

① 数据来源于中国科学技术协会政策类调研课题《我国科技人才政策实施成效评估》的研究成果。课题主持人：刘洪银。

本投资动力受到影响。但没有职业技能的教育培训，农民将难以实现转移就业或个体创业，这倒逼地方政府采用培育与吸纳相结合集聚人力资本。第三，农民自身人力资本动能不足。农民人力资本投资成本较高而预期收益不高，农民自身人力资本动能生成不足。政府需要更多承担农民教育培训成本，并引导企业开展在职培训，承认禀赋性价值，激发农民参训积极性。第四，中西部地区农民城镇落户的动力不足。中西部城镇产城功能不完善，人口聚居吸纳力不足。按照四川省统计局的调查结果，53.8%的受访进城务工人员不愿将农村户口转为城镇户口[1]，66.1%的农民工打算到了一定年龄就回乡[2]。主要原因在于受访者认为，城市生活成本高、城镇户口含金量不高和农村土地增值潜力大，分别占43.6%、38.5%和33.7%。

---

[1] 来自《人民日报》2015年12月27日，调查对象为成都、绵阳等9个城市进城务工人员。
[2] 数据来自中国社科院关于中西部农民城镇转移意愿分布的调查结果。

6

产城融合视阈下稳步城镇化与新生代农民就业转型协同状况评价

本章拟通过构建评价指标体系评估我国现阶段城镇化质量、进城农民工就业质量、城镇化与农民就业协同发展质量。城镇化质量用稳步城镇化水平表示，根据第4章的研究，产城融合城镇化也就是稳步城镇化，稳步城镇化水平可以用来衡量城镇化质量状况；进城农民就业质量用城镇农民工就业转型程度表示，就业转型也就是就业质量提高达到了一定水平即界定为实现就业转型，城镇农民工现阶段就业转型的标准参照同龄城市工人水平，即评价指标达到城市工人水平就认定为农民工在该项指标上实现了就业转型；城镇化与农民就业协同发展质量用就业转型城镇化水平表示，即表示同步实现了稳步城镇化与农民就业转型，本章拟构建一个指标体系来评价协同发展质量，评价体系中的指标选择要求同时代表城镇化质量与进城农民就业质量状况。

本章微观部分实证分析数据来源于课题组2014年3~6月对全国（以东部地区为主）进城"农二代"进行的问卷调查。调查地区涉及环渤海地区（北京、天津、山东等）、长三角地区（江苏、浙江和上海）和珠三角地区（广东、福建）及部分东北地区和中西部地区。发放回收有效问卷3402份。其中，北京市737份，天津市1195份，山东省442份，长三角地区469份，珠三角地区510份，其他地区49份。样本概况如表6-1所示。

表6-1　　　　　　　　　　　　样本概况

变量		比例(%)	变量		比例(%)
性别	男性	43.0	就业类型	打工类	72.2
	女性	57.0		开办企业	10.1
年龄	"80后"	63.4		个体经营	17.7
	"90后"	36.6	岗位类型	体力性岗位	51.9
受教育程度	小学及以下	7.4		技术性岗位	30.9
	初中	40.5		管理性岗位	17.3
	高中（含中职）	32.3	打工年限	5年及以下	60.3
	大专（含高职）及以上	19.8		6~10年	31.3
打工地区	北京	21.7		11年及以上	8.4
	天津	35.1	月收入	2000元及以下	10.9
	山东	13.0		2001~3000元	34.0
	长三角	13.8		3001~5000元	39.9
	珠三角	15.0		5001元及以上	15.2
	其他	1.4			
打工城市类	小城镇	11.1			
	县级市或县城	13.1			
	一般地级市	16.5			
	省会城市或计划单列市	8.0			
	直辖市	51.6			

6.1　产城融合视阈下稳步城镇化质量现状评价

目前有众多学者从多个角度对城镇化质量进行评价，其评价包含理论研究和评价指标体系的建构，也涉及针对特定区域的实践运用。从新型城镇化水平评价指标体系的理论构建来看，主要有两种方式，一种是在厘清城镇化内涵的基础上进行多角度评估，陈明、张云峰（2013）汇总城镇化质量研究成果发现，常被采用的评价指标主要包括人口转化、经济增长、基础设施建设、社会发展、环境改善、城乡协调和公共安全等几个领域。另一种是从城镇化某一特定角度实现评估，如焦永利、叶裕民（2013）以可持续发展为测评对象进行研究。从新型城镇化评价指标体系在区域层面的应用来看，有的是针对某一省份或区域的研究，如张向东等（2013）、景普秋（2011）通过构建多维度指标体系分别对河北省新型城镇化和山西省特色城镇化进行测度；何平（2013）等对全国31个省份的城镇化整体情况进行测评。从以往新型城镇化测度研究成果来看，城镇化评价指标体系各有特色。但上述研究多是采用宏观统计指标进行实证分析，宏观研究缺乏微观基础。新型城镇化内涵在理论研究和社会实践中日趋丰富，城镇化评价指标体系也应当与时俱进，从微观主体经济社会活动结果出发诊断城镇化问题。本研究借鉴以上众多学者的研究成果，基于产城融合视角提出稳步城镇化概念，在全国范围内进行问卷调查，利用宏观统计数据与微观调查数据构建多维度的稳步城镇化质量评价指标体系，进行城镇化质量评估。与中西部地区相比，东部地区城镇化起步较早、发展较快，城镇化质量评价对中西部地区具有重要的借鉴意义。本节研究以期总体上把握我国尤其东部地区城镇化发展质量状况，发现城镇化问题，为后续研究奠定基础。

6.1.1 稳步城镇化质量评价指标体系构建

自2010年开始，就逐渐有学者开始探讨产城融合的内涵等问题，至今也并未形成一个确切的定义，但其核心思想都是寻求产业和城市的融合与发展。其中，比较有代表性的观点有：孔翔、杨帆（2013）认为，"产城融合"指的是产业与城市之间的融合与发展，建立在城市基础之上的产业发展，包括产业空间布局、产业结构升级等，以产业为保障，促使城市配套设施逐步完善，实现城市自身的升级，以达到产业、城市、人之间持续向上良性发展的模式[①]；刘瑾、耿谦等（2012）将产城融合界定为"以产促城，以城兴产，产城融合"，就是建设以生态环境为依托、以现代产业体

---

① 付静，付岱山. 关于我国产城融合问题的研究综述[J]. 中国市场，2014（12）.

系为驱动、生产性和生活服务融合、多元功能复合共生的城市发展模式[①]。综合以上观点，本节认为产城融合视角下的稳步城镇化指标设计应该考虑以下因素：城镇产业发展支撑充分就业，社会发展与人口素质提高促进就业，土地城镇化同步人口城镇化，城镇基础设施与人口规模相匹配，最终实现进城农民就业与居住相融合，从而促进城镇人口收入和生活水平的提高。据此，本研究从六个方面来评价稳步城镇化质量水平。如表6-2所示，每个方面又选取具体的指标来衡量，从而构成了6个维度（即产业经济的城镇化、人口的城镇化、就业的城镇化、收入与生活的城镇化、土地与环境设施的城镇化、社会发展的城镇化）、20个三级指标的稳步城镇化质量评价指标体系。

表6-2 稳步城镇化质量指标评价体系及权重

综合指标	二级指标	三级指标 名称	权重	目标值
稳步城镇化综合指数	产业经济	城镇产业产值（亿元）	0.102	广东，59116.46
		城镇产业产值占地区产值比重（%）	0.060	上海，99.40
		城镇第三产业产值占城镇产业产值比重（%）	0.053	北京，77.49
		人均城镇产业产值（万元）	0.114	天津，11.75
	人口	城镇常住人口数量（万人）	0.058	广东，7212.37
		城镇常住人口占地区总人口比重（%）	0.041	上海，89.60
		城镇常住人口密度（人/平方公里）	0.043	内蒙古，1059.00
	就业	城镇从业人员数（万人）	0.053	广东，3395.35
		城镇从业人数占全社会从业人数的比重（%）	0.030	北京，94.04
		城镇亿元产业产值就业数（人）	0.034	广西，930.66
	收入与生活	地方财政收入（亿元）	0.099	广东，7081.47
		人均地方财政收入（万元）	0.089	北京，1.73
		城镇人均可支配收入与农村人均纯收入之比	0.044	1

① 付静，付岱山．关于我国产城融合问题的研究综述［J］．中国市场，2014（12）．

续表

综合指标	二级指标	三级指标 名称	权重	目标值
稳步城镇化综合指数	土地与环境设施	城镇建成区面积（平方公里）	0.032	广东，5232.00
		城镇建成区面积占行政面积的比重（%）	0.020	上海，15.76
		城镇建成区绿化覆盖率（%）	0.015	北京，47.10
		人均城市道路面积（平方米）	0.017	山东，25.34
		城镇人均住房面积（平方米）	0.015	西藏，70.73
	社会发展	人口平均受教育年限（年）	0.056	北京，12.03
		进城农民工市民化率（%）	0.024	100

（1）产业经济。产业经济的城镇化不仅要求产业经济规模达到一定水平，还要求城镇产业经济结构合理和产业经济具有效率。

城镇产业经济规模应该用城镇产业产值来衡量，而目前，我国并没有对这一指标进行统计，由于我国城镇产业以第二、第三产业为主，农村产业以第一产业为主，城镇产业产值仅用第二、第三产业产值来衡量，忽略城镇农业产值。即地区城镇产业产值 = 第二产业产值 + 第三产业产值。

城镇产业经济结构包括两个方面，一方面指某地区城乡间产业经济结构，另一方面指城镇内部产业经济结构。前者选取城镇产业产值占该地区产值比重来衡量，后者选取第三产业产值与城镇产业产值（即该地区第二、第三产业产值之和）之比来衡量。

城镇产业经济效率用平均每人创造的产值来衡量，即城镇人均产业产值 = 城镇产业产值/城镇常住人口之比。

（2）人口的城镇化。人口的城镇化包括人口规模、人口结构和人口密度三个方面的城镇化。人口规模选取某地区城镇常住人口数量来衡量，人口结构选取城镇常住人口与该地区总人口之比来衡量，人口密度选取该地区城市人口密度来衡量。

（3）劳动就业。劳动就业指标包括就业规模、就业结构和就业效率三个方面。就业规模选取城镇从业人员数来衡量，就业结构选取城镇从业人员数占全社会从业人员数之比来衡量，就业效率选取城镇亿元产值雇用劳动的人数来衡量，该指标等于地区城镇从业人员数除以城镇产业产值。

（4）收入与生活。收入与生活的城镇化即人民生活水平与生活质量的提高和城乡收入差距的缩小。生活水平与生活质量的提高一方面依赖于个人收入提高，另一方面依赖于人们所享受的教育、医疗、养老等社会保障与社会福利的完善，而这些需要有政府充足的财力作保证，因此，考虑选取地方财政收入和人均地方财政收入来反映生活的城镇化。而城乡收入差距选取城镇居民人均可支配收入与农村居民人均可支配收入之比来衡量。

（5）土地与环境设施。土地与环境设施的城镇化包括土地的城镇化、环境的优良化、基础设施的配套化和居住便利化。土地的城镇化要求建成区面积的扩大和建成区面积占行政区面积的比重提高，环境的优良化选取比较有代表性的城镇建成区绿化覆盖率来衡量，基础设施的配套化选取人均城市道路面积来衡量，居住便利化选取城镇人均住房面积来衡量。其中，人均住房面积采用1990~2013年住宅房屋竣工面积的累计值与2013年末的城镇常住人口的比值来表示。

（6）社会发展。社会发展的城镇化主要体现为人口素质的提高和农民转化为市民速度的加快。因此，选取人口平均受教育年限和进城农民工市民化率来衡量。其中，人口平均受教育年限的计算公式为：人口平均受教育年限=（小学人口数×6+初中人口数×9+高中人口数×12+大专及以上人口数×16）/6岁以上人口总数，公式中的人口数是各省市人口抽样调查数据。

6.1.2 数据来源

以上各指标的数据除进城农民工市民化率由本研究回收的调查问卷相关数据计算得到外，其余指标均来自《中国统计年鉴》和各省市统计年鉴，其中有些指标是根据年鉴中的相关数据计算得到。进城农民工市民化率研究从3402个数据中选取打工省份较集中的3145个数据进行分析，涉及打工省份主要有北京、上海、江苏、浙江、山东、天津、广东7个省市。

"进城农民市民化率"主要从进城农民工参加的城镇社会保险或福利、子女接受教育情况和在城市拥有住房情况进行考察，根据调查问卷中相应的问题计算得到。社会保险和福利情况由"所享有的城镇社会保险或福利"来反映，选项最高得4分；子女接受教育情况由"子女情况"来反映，选项最高得2分；城市拥有住房情况由"居住的房屋归属"来反映，选项最高得1分。据此，地区进城农民工市民化率＝该地区被调查农民工以上3个题的人均得分总和/（4＋2＋1）。选择评分如表6－3所示。

表6－3　　　　　　　　市民化率相关指标选项赋值

社会保险	三险	三险一金	五险	五险一金	无或自己缴纳
	1	2	3	4	0
子女情况	无子女	有，在农村老家	有，在城市公办学校上学	有，在民办学校上学	有，在打工城市但不到入学年龄
	0	0	2	1	0
住房情况	自有住房	单位提供宿舍	工棚	租赁性住房	其他
	1	0	0	0	0

6.1.3　评价方法与计算过程

本研究将依据相关数据，采用目标值法与加权平均法分别计算出稳步城镇化综合水平即产业经济城镇化、人口城镇化、就业城镇化、收入与生活城镇化、土地与环境设施城镇化、社会发展六个维度的发展水平。即首先设定各指标的目标值，分别计算出每个省市各指标与对应目标值的比率，即目标达成度；然后将每个指标目标达成度与其相应的权重进行加权平均，得出各维度数值及稳步城镇化综合水平。

1. 设定各指标的目标值

目标值为对应指标应该达到的最高值，即如果该项指标达到目标值，稳步城镇化在该指标就实现100%。表6－2中各指标均设定目标值。其中，城镇人均可支配收入与农村人均纯收入之比的目标应为100%；进城农民工市民化率的目标应为100%；其余指标的目标值采用全国最高省份的值。选择全国最高值为目标值的目的，既表示省市该项指标数值在全国范围内的相对水平，也是权宜之计，即假定该项指标数值达到现阶段全国最高水平，在该项指标上就实现稳步城镇化，亦即该项指标度量的稳步城镇化率达到100%。

2. 计算各指标的权重

各指标的权重采用层次分析法（the analytic hierarchy process，AHP），依据 Seaty 标度法进行专家评价。评价专家来自北京市和天津市相关研究方向的高校教师和部分企业人力资源管理者共 30 人左右。评价结果如表 6-2 所示，平均保留一位小数。指标权重确定方法遵循以下四个步骤：

第一，构造判断矩阵。

判断矩阵构造采用 Seaty 标度法，如表 6-4 所示。即评判专家将两个因素进行比较，根据相对重要程度打分。将所有专家打分的平均值取整数，组成判断矩阵。

表 6-4　　　　　　　　　　Seaty 标度法的含义

标度	含义
1	表示两个因素相比具有同等重要
3	表示两个因素相比，一个因素比另一个因素稍重要
5	表示两个因素相比，一个因素比另一个因素重要
7	表示两个因素相比，一个因素比另一个因素重要得多
9	表示两个因素相比，一个因素比另一个因素极为重要
2、4、6、8	表示两个因素相比，一个因素比另一个因素重要程度在1、3、5、7、9之间

第二，计算判断矩阵特征向量、因素权重排序及一致性检验。

采用和积法或方根法，计算特征向量，将特征向量归一化处理，即为各因素权重。

从理论上来讲，如果判断矩阵是完全一致的成对比较矩阵，应该有 $a_{ij}a_{jk} = a_{ik}$，$1 \leq i, j, k \leq n$，a_{ij} 是判断矩阵的标度值。

但在构造成对比较矩阵时可能会出现一定的不一致性，如果将不一致程度控制在一定范围，也认为是较为一致的。因此，需要引入不一致程度的指标 CI。

$$CI = \frac{\lambda_{max}(A) - n}{n-1}, \text{其中}, \lambda_{max}(A) = \sum_{i=1}^{n} \frac{[AW]_i}{nw_i}$$

$\lambda_{max}(A)$ 是比较矩阵 A 的最大特征值，W 是权值矩阵。当比较矩阵完全一致时，$\lambda_{max} = n$，$CI = 0$；当不完全一致时，$\lambda_{max} > n$，$CI > 0$。当 $CI < 0.1$ 时，比较矩阵不一致程度是可以接受的。但 n 越大，一致性越差，这时一致性检验需要引入修正值 CR，$CR = \frac{CI}{RI}$

当 $CR < 0.1$ 时，判定成对比较阵 A 具有满意的一致性，或其不一致程度是可以接受的；当 $CR > 0.1$ 时，就需要调整成对比较矩阵 A，直到达到满意的一致性为止。RI 是平均随机一致性指标，只与矩阵阶数 n 有关。RI 可以从相关文献查得。

第三，层次总排序及一致性检验。

不但层次单排序需要通过一致性检验，层次总排序也要通过一致性检验。如果本层次若干因素对于上一层次某一因素（目标）的单排序一致性检验指标为 CI，相应的随机一致性指标为 RI，则本层次总排序随机一致性比率为：

$$CR = \frac{\sum_{j=1}^{m} a_j CI_j}{\sum_{j=1}^{m} a_j RI_j}, \text{其中}, a_j \text{为上一层次某因素的权值}。$$

第四，判断矩阵一致性检验。

判断矩阵一致性检验结果表明，各层次因素对于上一层次目标的不一致程度指标 CI 及其修正值 CR 均在 0~0.005 之间，皆小于 0.1，说明层次单排序一致性检验通过。层次总排序随机一致性比率 CR 也小于 0.1，表明总排序一致性检验通过。综合来看，所构造判断矩阵的不一致程度是可以接受的。

3. 计算方法

本研究将分别计算北京等 7 个省市 6 个维度的稳步城镇化综合水平及各维度的目标达成度，并对其进行省市间的比较分析。

首先，分别计算出每个省市各指标目标达成度，其计算公式如下：

$$Z_i = \frac{X_i}{X} \times 100$$

其中，X_i 为各指标的具体值，X 为各指标的目标值。

然后，将每个指标目标达成度与其相应的权重进行加权平均，得出各维度发展水平及稳步城镇化综合水平，具体计算公式如下：

$$Y = \sum_{i=1}^{k} C_i Z_i$$

其中，Y 为综合评价指数，C_i 是第 i 项指标的权重，Z_i 是第 i 项指标的目标达成度。上述指标体系的综合水平都在 0～100% 之间，越接近于 100% 表示综合排名越靠前。

6.1.4 稳步城镇化质量评价结果与分析

1. 稳步城镇化质量评价结果

经过计算得出 7 个省市 6 个维度的城镇化质量指数和稳步城镇化质量综合指数，如表 6-5 所示。各省市间城镇化质量综合指数和各维度指数存在一定差异，其中综合指数和产业经济城镇化、社会发展城镇化指数差距较小，其变异系数都低于 0.1，分别为 0.09、0.08 和 0.07。其他四个维度差距较大都接近于 0.20，尤其是土地与环境设施城镇化差距最大，其变异系数为 0.21，其次是就业、收入与生活和人口城镇化差异也较大，其变异系数分别为 0.20、0.19 和 0.17。

表 6-5   稳步城镇化指数

指数		北京	天津	山东	上海	江苏	浙江	广东	变异系数	平均得分
综合指数	得分	66.26	56.64	67.29	63.55	73.87	61.47	73.44	0.09	66.07
	排名	4	7	3	5	1	6	2		
产业经济城镇化	得分	24.91	23.13	26.48	23.61	29.08	25.10	27.33	0.08	25.66
	排名	5	7	3	6	1	4	2		
人口城镇化	得分	8.46	6.33	10.01	7.04	9.29	8.26	10.39	0.17	8.54
	排名	4	7	2	6	3	5	1		

续表

指数		北京	天津	山东	上海	江苏	浙江	广东	变异系数	平均得分
劳动就业	得分	6.70	5.25	8.76	6.16	8.59	7.12	9.17	0.20	7.39
	排名	5	7	2	6	3	4	1		
收入与生活	得分	16.02	12.36	10.42	16.49	15.29	10.69	14.92	0.19	13.74
	排名	2	5	7	1	3	6	4		
土地与环境设施	得分	4.29	4.12	6.58	4.55	6.62	5.25	6.32	0.21	5.39
	排名	6	7	2	5	1	4	3		
社会发展	得分	5.89	5.46	5.04	5.70	5.00	5.04	5.32	0.07	5.35
	排名	1	3	5	2	6	5	4		

（1）从稳步城镇化质量综合指数来看，江苏、广东排名靠前，其综合得分值都在73分以上，二者差距较较小；得分在60分多的有上海、北京、山东和浙江，其中浙江偏低，略高于60分；得分在60分以下的只有天津。可见，江苏、广东稳步城镇化水平较高，浙江和天津稳步城镇化水平较低，北京、上海和山东处于中等水平。

（2）从产业经济指数来看，江苏和广东得分最高，尤其是江苏，明显高于其他省市；山东、浙江和北京处于中等水平；上海和天津得分最低，但二者差距很小，发展水平相当。

（3）从人口城镇化指数来看，广东和山东得分都很高，都在10分以上；江苏、北京和浙江得分在9分左右，处于中等水平，其中北京和浙江差距很小；上海和天津最低，得分分别为7.04分和6.33分。可见，广东和山东的人口城镇化处于领先水平，而上海和天津人口城镇化水平较滞后。

（4）从劳动就业指数来看，广东、山东和江苏得分都在8分左右，分别为9.17分、8.76分和8.59分；浙江和北京处于中等水平，得分都在7分左右；上海和天津得分最低，都在6分左右。可见，广东、山东和江苏的就业城镇化处于领先水平，而上海和天津的就业城镇化水平较滞后。

（5）从收入与生活指数来看，上海和北京得分最高且差距较小，都高于16分，分别为16.49分和16.02分；江苏和广东处于中等水平，得分都在15

分左右，分别为 15.29 分和 14.92 分；天津、浙江和山东的得分较低，都在 10~13 分之间，分别为 12.36 分、10.69 分和 10.42 分。可见，上海和北京的收入与生活城镇化处于领先水平，而山东和浙江的收入与生活城镇化水平较滞后。

（6）从土地与环境设施（居住）指数来看，江苏、山东和广东得分最高，都在 6 分以上；浙江处于中等水平，得分为 5.25 分；上海、北京和天津得分最低，都略高于 4 分，分别为 4.55 分、4.29 分和 4.12 分。可见，江苏、山东和广东的居住城镇化处于领先水平，而上海、北京和天津的居住城镇化水平较滞后。

（7）从社会发展指数来看，北京和上海得分最高，得分明显高于 5 分，分别为 5.89 分和 5.70 分；天津和广东处于中等水平，分别为 5.46 分和 5.32 分；山东、浙江和江苏得分最低，都仅略高于 5 分。可见，北京和上海的社会城镇化处于领先水平，而山东、江苏和浙江的社会城镇化水平较滞后。

2. 评价结果分析

由以上评价结果，将稳步城镇化综合指数和各维度指数划分为领先、中等、滞后三个等级，可以得到各省市稳步城镇化各维度所处等级，如表 6-6 所示。

表 6-6　　　　　　　各省市稳步城镇化各维度的等级划分

指数	北京	江苏	广东	上海	山东	浙江	天津
综合指数	中等	领先	领先	中等	中等	滞后	滞后
产业经济城镇化	中等	领先	领先	滞后	中等	中等	滞后
人口城镇化	中等	中等	中等	滞后	领先	中等	中等
就业城镇化	中等	领先	中等	滞后	中等	滞后	滞后
收入与生活城镇化	领先	中等	中等	领先	滞后	滞后	中等
土地与环境城镇化	滞后	领先	领先	滞后	领先	中等	滞后
社会发展城镇化	领先	滞后	中等	领先	滞后	滞后	中等

根据各省市在 6 个产城融合城镇化维度中领先和滞后维度的多少，将其

产城融合城镇化划分为四种类型。

（1）互动型。6个维度均处于领先或中等水平，没有滞后因素，从而稳步城镇化水平很高，如广东，6个维度中只有收入与生活和社会发展两个维度处于中等水平，其余4个均处于领先水平，因此其稳步城镇化综合水平很高，其产城融合度最高，如果再大力发展其余两个维度，其产城融合水平将更高。

（2）带动型。6个维度中有多个维度都处于领先或中等水平，只有个别维度发展滞后，这一类型的城镇化受到多维度带动，其稳步城镇化水平也很高，但是会由于某个方面的滞后，将限制其融合发展。例如，江苏除社会发展城镇化滞后外，其余维度城镇化指数都很高，从而其产城融合城镇化水平很高，如果江苏的社会发展城镇化水平也有所提高，那么其综合指数将会有大幅度提高，从而由带动型发展为互动型。

（3）关联型。6个维度中处于领先、中等和滞后水平的维度个数基本相当，这一类型的城镇化既有多维度的带动，也有多维度的限制，导致其稳步城镇化水平不会太高，只是处于中等发展水平。如上海、山东和北京，上海收入与生活和社会发展城镇化水平较高，但产业经济、人口、就业和土地与环境城镇化却需要大幅度提高；而山东正好相反，是人口、就业和土地与环境城镇化水平较高，但产业、收入与生活和社会发展城镇化水平却需要大幅度提高；北京是收入与生活、社会发展城镇化水平很高，但土地与环境城镇化滞后，在加之其他三个维度都处于中等水平，使得其产城融合城镇化综合水平处于中等水平。

（4）滞后型。6个维度中有多个维度处于滞后水平，而没有处于领先水平的维度，只有某些维度处于中等水平。这一类型的城镇化在没有带动因素的情况下，又受到某些因素的严重制约，导致其稳步城镇化水平较低。如，天津和浙江，天津的产业、人口、就业和土地与环境城镇化水平滞后，浙江的收入与生活和社会发展城镇化水平滞后，使得其产城融合城镇化整体水平较低。

6.1.5 稳步城镇化质量评价结论

产城融合背景下，稳步城镇化需要产业经济、人口与就业、收入与生活、土地与环境设施和社会发展各方面相互促进，均衡发展。但现实中各方面并非均衡发展，主要表现为互动型、带动型、关联型和滞后型。

（1）互动型是最理想的发展模式。在这四种类型的稳步城镇化中，互动型是最理想的发展模式，在这种模式中城镇化的各方面均衡发展，比如广东是比较理想的产城互动发展模式，其人口与就业城镇化水平均处于领先，其余指标都处于中等，如果其产业经济等指标再进一步提高达到领先水平，将发展成为最理想的产城互动发展模式。

（2）带动型是具有较大发展潜力，容易取得突破性发展的。在这种模式中只要应用木桶原理积极发展限制因素，稳步城镇化水平将会取得突破性发展。比如，江苏如果努力提高人口平均受教育年限和进城农民工市民化率，使得其社会发展城镇化水平大幅度提高，则其稳步城镇化综合水平也将会取得突破性的发展。

（3）关联型发展较平稳，多因素相互推动又相互制约。这种模式要想取得突破性发展较难，需要大力发展制约因素。比如，上海城镇化发展受到城镇产业产值和人均产值、城镇常住人口比重与密度、城镇从业人员比重、城镇万元 GDP 就业数、城镇建成区面积、城市道路面积、城镇人均住房面积等多因素的制约，山东城镇化发展受到城镇人均可支配收入和人口平均受教育年限、进城农民市民化率等多因素的制约，北京城镇化主要受到土地与环境的制约，这三个地区需要在以上方面做出较多努力，才能使稳步城镇化综合水平取得突破性发展。

（4）滞后型受到的制约因素较多，同时又缺乏带动因素。这种模式要想取得突破性发展很难，不仅需要大力发展制约因素，还要积极培育带动因素。这一类型的有天津和浙江。天津和上海的制约因素一样，但与上海相比，缺乏带动因素，除了要大力发展制约因素外，还需要利用其收入与生活、社会发展的潜在优势，进一步提高城镇人均可支配收入和人口平均受教育年限、进城农民市民化率等发展水平；浙江和山东的制约因素一样，但与山东相比，缺乏带动因素，除了要大力发展制约因素外，还需要利用其人口、就业和土地与环境设施的潜在优势，进一步提高城镇常住人口比重与密度、城镇从业人员比重、城镇万元 GDP 就业数、城镇建成区面积、城市道路面积、城镇人均住房面积等发展水平。

综上所述，本节利用宏观统计资料和调研数据分析了北京等7个省市的城镇化发展水平，提出了稳步城镇化发展的四种类型，在此基础上对个省市的优势与劣势进行了分析，明确了各省市的未来发展重点，并对其提出了有针对性的对策。

6.2 城镇新生代农民就业转型状况评价

改善进城新生代农民工生存状况就要提高就业质量，实现就业转型。就业转型就是就业状态从劳动力粗放使用的低质量就业向以劳动者为本的稳定体面就业转变，本质是就业质量提高。学者认为就业质量是反映整个就业过程中劳动者与生产资料结合并取得报酬收入状况之优劣程度的综合性范畴（刘素华，2005），其中，劳动者对就业状况的主观评价是评判就业质量的标准之一。该作者进一步构建包括4个一级评价指标（聘用条件、工作环境、劳动关系和社会保障）和17个二级评价指标的就业质量评价指标体系。张桂宁（2007）认为就业质量应该涵盖工作性质、工作条件、工作安全、尊严、福利、培训可能性、平等参与、晋升机会等一切与就业者工作状况相关的要素。就业转型概念于1996年提出（王诚，1996），但就业转型内涵研究没有得出一致结论。农民就业转型问题也就是农村劳动力转移就业问题（林汉川，2001），新生代农民工就业转型亦即农民工就业结构的优化（孟宪生等，2011），进城农民就业转型核心是改善劳动条件和劳动收入，实现稳定就业和市民化（刘洪银，2014）。以往研究对就业质量评价和就业转型概念进行了多角度探索，但城镇新生代农民工就业质量状况评价尚无人涉足。本节以新生代农民工为研究对象，通过构建三级指标体系评价农民工就业转型状况，从中发现城镇新生代农民工就业质量水平。

6.2.1 农民就业转型评价指标体系及其权重确定[①]

新生代农民工民生需求与城市同龄人没有根本差别。但由于社会文化背

---

① 刘洪银.城镇"农二代"就业转型评价及实现路径［J］.首都经济贸易大学学报，2015（5）.

景和经济基础的差异，新生代农民工就业存在物质资本、人力资本和社会资本三重约束，就业质量不容乐观。本研究选取 6 个一级指标、21 个二级指标和 29 个三级指标评价新生代农民工就业转型状况。其权重的确定方法与 6.1.3 中稳步城镇化评价指标体系的权重确定方法一样，都是采用 AHP 法，其指标体系及其权重如表 6-7 所示。

表 6-7　　　　　新生代农民工就业转型评价指标体系

一级指标	一级权重	二级指标	二级权重	三级指标	三级权重	总权重
工作条件	0.259	工作岗位	0.385	岗位类型	0.686	0.069
				岗位技能要求	0.314	0.031
		收入水平	0.379	收入水平	1.000	0.098
		劳动强度	0.236	日劳动时间	0.653	0.040
				劳动力再生产状况	0.347	0.021
工作稳定性	0.109	就业稳定性	0.620	累计打工年限	0.686	0.047
				工作转换频率	0.314	0.021
		就业机会	0.380	再就业培训效果	0.694	0.028
				再就业所需时间	0.306	0.013
劳动权益	0.125	社会保险	0.418	社会保险	1.000	0.052
		同工同酬	0.244	同工同酬	1.000	0.031
		劳动安全保护	0.245	劳动安全风险	0.529	0.016
				职业病风险	0.271	0.008
				劳动防护措施	0.201	0.006
		加入工会情况	0.092	加入工会情况	1.000	0.012
劳动关系	0.111	劳动合同签订	0.569	劳动合同签订	1.000	0.063
		工资要价能力	0.190	工资要价能力	1.000	0.021
		劳动争议处理	0.241	劳动争议处理	1.000	0.027
生存状况	0.211	配偶情况	0.421	配偶情况	1.000	0.089
		子女情况	0.447	子女情况	1.000	0.094
		居住条件	0.132	居住环境	0.676	0.019
				住房状况	0.323	0.009

续表

一级指标	一级权重	二级指标	二级权重	三级指标	三级权重	总权重
职业发展	0.185	学历水平	0.349	学历水平	1.00	0.065
		职业培训	0.142	年参训时间	0.660	0.017
				技能培训效果	0.340	0.009
		打工生涯进步	0.145	打工生涯进步	1.00	0.027
		工作自主性	0.142	工作自主性	1.00	0.026
		职业声誉	0.110	职业声誉	1.00	0.020
		同事关系	0.111	同事关系	1.00	0.021

如表6-7所示，6个一级指标包括工作条件、工作稳定性、劳动权益、劳动关系、生存状况和职业发展。

（1）工作条件。工作条件是衡量就业质量的基础性指标，包括工作岗位、收入水平和劳动强度三个二级指标。从工作条件可以看出劳动者对组织的贡献、劳动收入和工作对劳动者身心的伤害。其中，工作岗位用岗位类型和技能要求解释，劳动强度用日劳动时间和劳动力恢复情况表示。

（2）工作稳定性。稳定性是衡量就业质量的安全性指标，包括就业稳定性和就业机会两个二级指标。工作稳定性不但满足劳动者心理安全需求，还有助于劳动技能和收入的持续性增长。其中，就业稳定性用累计打工年限和工作转换频率表示，就业机会用再就业培训效果和再就业所需时间衡量。

（3）劳动权益。劳动权益维护是衡量就业质量的权益性指标。劳动力与劳动者须臾不可分离，资方在使用劳动力时实际控制和剥削劳动者，劳动权益维护是劳动者人身权利的实现。劳动权益分解为社会保险、同工同酬、劳动安全保护和加入工会情况四个二级指标。前三个指标受劳动法律法规调整，入工会是劳动者权益的组织保障。其中劳动安全保护用劳动安全风险、职业病风险和劳动防护措施表示。

（4）劳动关系。劳动关系是衡量就业质量的保障性指标。劳动关系和谐稳定有助于就业质量改善。劳动关系包括就业实现、劳动收入和企业用工三个方面，用劳动合同签订、工资要价能力和劳动争议处理表示。

（5）生存状况。生存权是劳动者民生权利，生存状况是衡量就业质量的辅助性指标，主要指家庭和居住状况。用配偶子女情况、居住条件表示。

（6）职业发展。职业发展是劳动者发展权的主体部分，是衡量就业质量的关键性指标。职业晋升是就业质量水平的飞跃。职业发展用学历水平、职业培训、打工生涯进步、工作自主性、职业声誉和同事关系状况6个二级指标表示。

6.2.2 数据来源与指标赋值[①]

根据就业转型概念释义，第三级指标选项赋值依据现阶段社会生产力发展水平和经济社会转型取向，参照当前农民工工作生活实际状况和未来发展趋势，比照城市工人的工作生活状况，确定选项分值。根据第三级指标含义将其变成选择题，以问卷形式由被调查农民工作答。预先给指标选项赋值，问卷回收后根据选中选项分值和指标权重计算得分。

就业转型度分值在0~100分之间，50分以下表示就业没有转型，50~60分之间为就业转型窗口期，60分表示就业质量达到基本水平，农民工就业进入转型期。60~80分之间为就业转型期，80分及以上实现就业转型。窗口期内，农民工就业质量不能满足生存基本需求，但农民工群体具有就业质量提升诉求并开始用脚投票，倒逼企业改善用工条件，提高农民工工资和劳动权益保障水平，全社会具有农民工就业质量提升的统一认识。转型期内，农民工就业质量由生存诉求向发展诉求转变，农民工工作条件、工作稳定性、劳动权益、劳动关系、生存状况和职业发展与城市工人差距缩小，直至达到同等水平，并与社会生产力发展水平同步改善。

除工资水平外，其他所有指标选项赋值和计算方法都是一致的，不存在地区差异。就工资水平而言，各地区最低工资水平不同，工资收入赋值方法是将各地区农民工小时工资水平（经济学意义的工资是指小时工资）除以当地最低工资水平，得出工资比值。工资比值1.0为50分，工资比值1.5为60分，比值2.0为70分，比值3.0为80分。最低工资是农民工基本收入权的法律保障形式，最低工资水平达不到城市正常生存水平。本研究将最低工资

[①] 刘洪银．城镇"农二代"就业转型评价及实现路径［J］．首都经济贸易大学学报，2015（5）．

的 1.5 倍设定为农民工城市生存所需的基本收入水平,记为 60 分。各类二级指标 60 分的标准如表 6-8 所示。

表 6-8　　　　　　　　　二级指标赋值标准举例

二级指标	60 分标准	二级指标	60 分标准
岗位性质	一定技术的体力型岗位	劳动争议处理	争议处理所需时间一般
收入水平	1.5 倍最低工资	配偶情况	配偶在其他城市打工
劳动强度	能够恢复体力	子女情况	子女在城市民办学校就读
就业稳定性	打工时间占毕业后年限 60%	居住条件	租赁居住
就业机会	再就业所需时间 1 个月	学历水平	初中毕业
社会保险	缴纳三险	职业培训	年参训 1 个月
同工同酬	工资与城市工存在有限差距	打工生涯进步	收入有所提高
劳动安全保护	有基本防护措施	工作自主性	具有一定自主性
劳动合同签订	鉴定固定期限劳动合同	职业声誉	职业具有一定社会地位
工资要价能力	单位具有一定影响力	同事关系	同事关系一般偏好

6.2.3　农民就业转型评价结果及分析[①]

就业转型状况评价结果如表 6-9 所示。

从表 6-9 看出,从全国(主要东部地区)看,"农二代"就业转型尚处在窗口期,农民工就业质量仍未满足生存基本需求。从东部各地区看,长三角地区和山东省农二代就业转型度较高,已率先步入就业转型期,而京津和珠三角地区就业转型度较低,仍处在就业转型窗口期。

长三角地区产业结构升级较快,农民工技术技能和劳动生产力较高,企业有动力和能力改善农民工就业状况,农民工就业转型度普遍较高。其中江苏最高,达到 60.67 分,略高于上海。山东就业转型度达到 60.40 分,鲁东和鲁西发展水平存在差距,调研地区为鲁东较发达地区,农民工劳动生产力水平较高,受齐鲁文化影响,农民工对自身就业状况评价较高。珠三角地区

---

① 刘洪银. 城镇"农二代"就业转型评价及实现路径 [J]. 首都经济贸易大学学报, 2015 (5).

产业升级缓慢,多为劳动密集型的传统产业,农民工劳动生产力及其收入水平相对较低,就业转型度偏低为57.59分,北京市产业结构较高,但农民工技能素质在当地产业工人队伍中相对较低,农民工多在传统服务业和建筑业打工,就业质量较差,比照其他群体的自我评价较低,"农二代"就业转型度仅为52.69分,低于全国(主要东部地区)平均水平。天津市农民工就业转型度接近全国(主要东部地区)平均水平,为56.34分,天津市主要发展现代制造业,高端产业发展需要从全国各地吸纳各类中高端人才,城市发展惠及农民工有限。农民工主要从事家政、商贸物流等传统服务业,劳动生产力状况和就业条件较差,"农二代"就业转型度为56.34分,农民工就业质量提升空间仍较大。

表6-9　　　　　　　　新生代农民工就业转型度　　　　　　单位:分

地区	就业转型度分值
全国(东部地区为主)	56.96
北京	52.69
上海	60.47
天津	56.34
广东	57.59
江苏	60.67
浙江	60.36
山东	60.40

注:满分100分。

6.3　产城融合视阈下稳步城镇化与新生代农民就业转型协同发展状况评价

6.3.1　就业转型城镇化指标评价体系及其权重的确定

本研究在稳步城镇化指标评价体系和新生代农民就业转型指标评价体系

基础上,构建一套指标体系评价稳步城镇化与新生代农民就业转型协同发展状况。本研究将这个指标体系定义为就业转型城镇化指标评价体系,评价结果称为就业转型城镇化水平(率)。

本研究拟从产业经济、就业数量、收入分配、就业质量和农民市民化五个方面来评价就业转型城镇化水平。通过产业经济水平判断某地区城镇化水平,通过就业数量、就业质量、收入分配和农民市民化程度来判断某地区就业转型的实现程度。如表6-10所示,本书构建了5个维度13个三级指标的就业转型城镇化评价指标体系。其权重的确定方法与6.1.3中稳步城镇化评价指标体系的权重确定方法一样,都是采用AHP法。

表6-10　　　　　就业转型城镇化指数及权重

综合指标	二级指标	三级指标 名称	权重	目标值
就业转型城镇化综合指数	产业经济	城镇人均产业产值(万元/人)	0.356	全国最高值(天津),11.75
		城镇第三产业产值占城镇产业产值的比重(%)	0.130	全国最高值(北京),77.49
	就业数量	城镇亿元产业产值就业数(人/亿元)	0.078	全国最高值(广西),931
		城镇常住人口就业率(1-调查失业率)(%)	0.031	98
		第三产业就业比(%)	0.026	全国最高值(北京),76.66
	就业质量	进城农民工平均受教育年限(年)	0.079	各省城镇职工受教育年限
		进城农民工技术技能水平(%)	0.022	各省城镇职工技能水平
		进城农民工就业转型度(%)	0.024	100
	收入分配	进城农民工收入水平(元)	0.071	各省城镇职工工资
		城镇人均财政支出(万元/人)	0.032	全国最高值(西藏),3.25
		农民工工资水平/城镇职工工资水平(%)	0.044	100
	农民市民化	城镇常住人口/地区总人口(%)	0.068	全国最高值(上海),89.60
		进城农民市民化率(保险、教育、住房)(%)	0.040	100

（1）城镇人均产值和第三产业产值占比较高才能吸收更多的农村劳动力实现就业，因此产业经济方面选取城镇人均产业产值和城镇第三产业产值占城镇产业产值的比重两个指标来衡量。城镇人均产业产值＝城镇产业产值/城镇常住人口；城镇第三产业产值占比＝地区城镇第三产业产值/城镇产业产值。

（2）就业数量方面，主要考察城镇产业吸纳就业能力和就业率，因此考虑选取城镇亿元产值就业数、城镇常住人口就业率、第三产业就业比率三个指标来衡量。即：

$$城镇亿元产业产值就业数 = 某地区城镇从业人员数/某地区第二、第三产业产值之和（亿元）$$

$$城镇常住人口就业率 = 100\% - 城镇常住人口登记失业率$$

$$第三产业就业比率 = 第三产业从业人员/全社会从业人员 \times 100$$

（3）就业质量方面，根据本研究的调查发现进城农民工的受教育水平和技能水平越高，其就业质量越高。考虑选取进城农民工平均受教育年限、进城农民工技术技能水平、进城农民工就业转型度三个指标来衡量。

（4）收入分配方面，主要考察进城农民工与城镇居民的收入水平、生活质量及收入差距。生活水平与生活质量的提高一方面依赖于个人收入的提高，另一方面依赖于人们所享受的教育、医疗、养老等社会保障与社会福利的完善，而这些主要由政府的财政支出来体现。因此，考虑选取进城农民工收入水平、农民工工资水平与城镇职工工资水平之比来衡量其现实情况，从政府角度选取人均财政支出来衡量城镇政府调节二者差距的能力及进城农民工所享受的社会保障与福利水平。其中，人均财政支出＝某地区财政支出总额/该地区年末人口数。

（5）农民市民化方面，选取人口城镇化和进城农民市民化两个指标衡量。人口城镇化选取常用的人口城镇化指标即城镇常住人口占地区总人口比率来衡量；进城农民市民化主要考察进城农民是否真正享有城市居民的社会保障及福利待遇，用进城农民市民化率来衡量。

6.3.2 数据来源

上述指标体系中涉及的各项指标数据来源有两种，一部分指标来源于

《中国统计年鉴》和各省市统计年鉴，另外一部分来源于本研究开展的调查问卷。

表6-10中进城农民工收入水平、进城农民工平均受教育年限、进城农民工技术技能水平、进城农民工就业转型度、进城农民市民化率（保险、教育、住房）由调查问卷相关数据计算得到。

其中，"进城农民工收入水平"根据调查问卷的填空部分"您每月工资或月经营性收入"计算得到，某地区进城农民工收入水平=该地区被调查农民工每月工资总和/该地区被调查农民工人数。

"进城农民工受教育年限"根据调查问卷"您的学历情况"计算得到，本题共4个选项：①小学及以下、②初中、③高中（含中职）、④大专（含高职）及以上，设定4个选项对应的教育年限分别为6年、9年、12年和14年，某地区进城农民工受教育年限=该地区被调查农民工受教育年限总和/该地区被调查农民工人数。

"进城农民工技术技能水平"根据调查问卷"目前所从事的工作对专业技术的要求"计算得到，某地区进城农民工技能水平=该地区被调查农民工中中级工以上人数/该地区被调查农民工人数。

"进城农民工就业转型度"采用本研究中农民就业转型评价部分得到的结果。

6.3.3 评价方法与计算过程

本书将依据相关数据，采用目标值法与加权平均法分别计算出就业转型城镇化水平及产业经济、就业数量、就业质量、收入分配与农民市民化五个维度的发展水平。即首先设定各指标的目标值，分别计算出每个省市各指标与其相应目标值的比率，即目标达成度；然后将每个指标目标达成度与其相应的权重进行加权平均，得出各指标水平及就业转型城镇化水平。

1. 设定各指标的目标值

表6-11中各指标均设定目标值，由于农民就业转型的目标是实现与城镇职工或居民同等的就业与生活水平，因此其目标值的设定原则是以相应省

份的城镇职工或居民相同指标的数值为农民就业转型的目标值。其中，进城农民工就业转型度、农民工工资水平与城镇职工工资水平之比、进城农民市民化率的目标应为100%；城镇常住人口就业率目标设定为98%；其余指标的目标值采用相应省份的城镇职工水平或全国最高值。涉及的指标主要有以下几个：

第一，进城农民工收入水平的目标值设定为相应省份城镇职工工资水平。

第二，进城农民工平均受教育年限的目标值设定为相应省份城镇职工平均受教育年限，具体计算方法是根据2010年人口普查数据"各地区分受教育程度的就业人口"计算得到，在受教育程度中，小学、初中、高中、大学专科、大学本科、研究生的受教育年限分别设定为6年、9年、12年、14年、16年和20年，某地区城镇职工受教育年限＝该地区城镇就业人员受教育年限总和/该地区城镇就业人员数。

第三，进城农民工技术技能水平的目标值设定为相应省份城镇职工技能水平，具体数值采用各省公有经济企事业单位中专业技术人员占从业人员比例来衡量。

表6-11　　　　　　各省部分指标的目标值——城镇标准

指标	进城农民工收入水平	进城农民工平均受教育年限	进城农民工技术技能水平
目标值	城镇职工工资（元/月）	城镇职工平均受教育年限（年）	城镇职工技能水平（%）
北京	7750.5	12.6	78.99
天津	5647.8	11.3	81.67
山东	3916.5	10.2	87.57
上海	7575.7	11.4	61.50
江苏	4764.8	10.3	88.55
浙江	4714.3	9.8	86.43
广东	4443.2	10.3	90.29

资料来源：城镇职工受教育年限由2010年第六次全国人口普查数据相关指标计算，2014年《科技统计年鉴》中各地区公有经济企事业单位专业技术人员相关指标计算。

第四，城镇人均产业产值、第三产业产值占比、亿元产业产值就业数、第三产业就业比、人均财政支出和城镇人口比重均采用全国最高值。

2. 计算方式

本节将分别计算北京等 7 个省市 5 个维度的就业转型城镇化水平及各指标目标达成度，并对其进行省市间的比较分析。由于各指标均为正向指标，评价体系中各指标及其综合水平都在 0~100% 之间，越接近于 100% 表示就业转型城镇化率越高。计算方法与 6.1.3 中计算方法相同，此处不再赘言。

6.3.4 评价结果及分析

经过计算得出 7 个省市 5 个维度的就业转型城镇化综合水平和各指标的目标达成度，如表 6-12 所示。

表 6-12　　　　　各省市就业转型城镇化评价结果

指标		北京	天津	山东	上海	江苏	浙江	广东	平均得分
综合指数	得分	78.89	77.67	69.74	75.72	74.85	72.01	67.17	73.72
	排名	1	2	6	3	4	5	7	
产业经济[①]	得分	45.12	43.62	36.35	40.50	41.01	39.02	33.26	39.84
	排名	1	2	6	4	3	5	7	
就业数量	得分	10.35	8.67	9.50	8.92	8.81	9.15	9.09	9.21
	排名	1	7	2	5	6	3	4	
就业质量	得分	9.13	11.63	11.25	11.51	11.95	11.22	10.80	11.07
	排名	7	2	4	3	1	5	6	
收入分配	得分	7.27	6.61	7.09	6.69	7.19	6.63	7.18	6.95
	排名	1	7	4	5	2	6	3	
进城农民市民化	得分	7.03	7.14	5.56	8.11	5.89	5.99	6.85	6.65
	排名	3	2	7	1	6	5	4	

① 该项指标与稳步城镇化指标体系中"产业经济"的计算口径不一样。

从表6-12可以看出,我国东部地区就业转型城镇化率达60%以上,由于各级指标目标值选取全国的最高值,计算结果具有全国省市可比性。一般来说,中西部地区经济社会发展落后,就业转型城镇化低于东部地区。从计算结果看出,东部省市就业转型城镇化水平分为三个梯队:第一是北京、天津和上海三个直辖市,就业转型城镇化率超过75%。从第一梯队分指标看,北京市农民工就业质量东部地区最低,主要源于北京农民工就业转型度最低。天津市就业数量和收入分配两项指标分数最低。从就业数量看,天津市亿元产值就业数东部地区最低,仅为468.1人。天津市发展资本密集型现代制造业,现代制造业对技术劳动力产生依赖,进城农民工技术技能水平东部地区最高。但产业技术对一般劳动力产生替代,产业的产值就业率较低。从收入分配看,不但天津市,京津沪三个直辖市农民工与城市人工资差距均较大,农民工工资水平仅占城镇职工的50%~60%。直辖市农民工同工不同酬现象严重。天津市进城农民市民化率东部地区最低,尚不到23%,但人口城镇化较高,表明城镇常住人口中农民工市民化程度较低。

第二梯队是江浙地区。江苏和浙江省就业转型城镇化在70%~75%之间。江苏省集体经济发展较好,城镇人均产业产值较高,仅次于天津市。与天津市一样,现代产业吸纳技术劳动力水平较高,城镇农民工技术技能水平与天津市并列第一,但产业雇用一般劳动力数量较少,就业数量指标得分较少。不但如此,江苏省城镇农民工市民化率较低。江苏省是新型城镇化试点省份,农民工市民化是重要试点内容之一,试点期内应大幅提高农民工市民化水平。浙江省民营经济发达,家户创业率较高,生活富裕,但政府财政能力较低,城镇人均财政支出东部地区较低,仅高于山东省。浙江省应提高财政调控能力,促进收入分配公平化。

第三梯队是广东省和山东省。就业转型城镇化率在70%以下,东部地区最低。广东省和山东省城镇人均产业产值在东部地区七省市中居后,人均经济增长水平较低。从山东省情况看,山东省城镇产业结构和就业结构在东部地区最低,城镇第三产业产值和就业占比分别为45.1%和33.8%,产业结构和就业结构亟须升级转型。受人均产值约束,山东省人均财政支出东部地区最低,政府调控收入分配的能力最低。以城镇常住人口占比计算的城镇化率最低，仅为53.8%，山东省城镇化任重道远。从广东省情况来看，广东省劳动密集型传统产业占主导地位，产业技术进步缓慢，产业对一般劳动力需求旺盛，城镇农民工技术技能水平东部地区最低。广东省应加快产业转移和产业升级，发展现代产业经济。城市政府与用工企业需加强农民工职业技能培训，提高农民工技术技能水平，促进产业升级转型。

稳步城镇化率或就业转型度高的省市就业转型城镇化并不一定高，如江苏省和山东省，表明这些省市没有协同推进稳步城镇化与新生代农民就业转型。主要源于城镇产业经济发达推高稳步城镇化率，劳动者就业环境改善提高了就业质量评价，但进城农民市民化水平最低，位次居于东部地区七省市最后。江苏和山东省以城镇常住人口占地区总人口计算的人口城镇化率和农民工市民化率均较低，表明人均经济发展水平制约人口城镇化水平。山东省城镇产业产值较高，但人均产值较低。江苏省省社会政策没有向农民工倾斜，虽然人均产值不低，但农民工没有与城市居民共享经济发展成果，农民工社会保险、住房保障和子女教育问题较为突出。

就业转型城镇化水平高的省市城镇化稳定性或农民工就业转型程度并不一定高，如北京市和天津市。这并不表明就业转型城镇化评价指标体系设计不科学，而是稳步城镇化与就业转型分别还受其他因素影响。三者的评价指标体系设计各有侧重。京津两市城镇人均产值较高推高了就业转型城镇化率，具有协同推进稳步城镇化与农民工就业转型的经济基础，但北京市农民工就业质量较低，劳动者权益侵害严重。天津市产业就业吸纳力较低，农民工市民化水平最低，以城镇常住人口计算的人口城镇化率虚高。这些因素降低了以人为核心的稳步城镇化和就业转型水平。新型城镇化战略既要协同推进城镇化与农民就业转型，又要有重点地提升城镇化稳定性和特殊群体的就业质量。北京市需要进一步提升进城农民工技能水平和农民就业转型度，具体要在农民工工作条件、工作稳定性、劳动权益保障、劳动合同签订和争议处理、生存状况和职业发展等方面提升农民工就业质量。天津市应注重提高就业数量和农民工市民化水平。就业数量方面主要通过调整产业结构，大力发展第三产业，进而提升第三产业就业比和城镇亿元产业产值就业数。社会政策向农民工倾斜，提高农民工收入和社会保障水平，缩小农民工与城市人工资差距，实现同工同酬。

就业转型城镇化水平低的省市进城农民就业转型度并不一定低，如山东省。表明虽然经济发展水平是提高农民工就业质量的基础，但并不意味着经济发展水平高，农民工就业质量就一定高。山东省城镇人均产值东部地区较低，但农民工就业转型度较高。在经济基础相对薄弱情况下，山东省产业企业注重保护农民工劳动权益，改善农民工就业环境，让农民工提高自身就业状况评价。齐鲁文化注重人的发展，虽然常住人口城镇化率最低，农民工与城市人的工资差距并不太大，进城农民工就业质量状况在东部地区属于上乘。

6.4 稳步城镇化与新生代农民就业转型协同发展约束问题

6.4.1 稳步城镇化与新生代农民就业转型协同性不高

从协同现状评价结果可以看出，全国范围内稳步城镇化与新生代农民就业转型协同性并不算很高，评价结果主要是东部地区的7个省市，其协同程度在70%左右，由于中西部地区各项指标均低于东部地区，因此从全国范围来看，这一协同程度肯定会低于70%。同时，二者的协同度在七省市间都存在一定的差异，全国范围内差异将会更大。如表6-12所示，在就业转型城镇化指数中，产业经济城镇化指标（40%左右）明显高于其他4个指标（5.56%~11.95%），而其他4个指标从不同角度反映了农民就业转型的程度。从表6-5和表6-9可以看出稳步城镇化的平均水平（66.07%）比农民就业转型程度的平均水平（56.96%）要高出近10%。这表明稳步城镇化与就业转型协同发展存在短板约束，新生代农民就业转型程度滞后于其他指标。

6.4.2 稳步城镇化总体水平不高制约着新生代农民就业转型

由以上分析可知，我国目前稳步城镇化水平不是很高，东部地区的平均实现程度才66.07%，全国平均水平会更低。而且，在稳步城镇化指标评价体系中，6个指标的实现程度由高到低分别为产业经济（25.66%）＞收入与生活城镇化（13.74%）＞人口（8.54%）＞就业（7.39%）＞土地与环境（5.39%）＞社会发展（5.35%），各指标之间城镇化实现程度差距较大，6个指标平均实现程度的变异系数达到0.20，最高和最低差距达到20.31%。其中产业经济城镇化发展水平最高明显高于其他各维度水平，社会发展、土地与环境城镇化水平最低，其平均实现程度仅为5.35%和5.39%，这说明城镇产业经济快速发展为新生代农民提供了大量就业机会，但是城镇功能和社会发展滞后，导致不稳定城镇化，制约新生代农民就业转型。

1. 制度因素导致人口城镇化滞后于城镇产业化

正如东部7个省市稳步城镇化评价结果显示，5个维度的城镇化中，产业经济城镇化发展水平最高，而人口城镇化水平倒数第二位，二者差距较大。因此，也使得就业转型城镇化评价结果中就业数量城镇化水平很低。从我国非农产业发展和人口城镇化水平的整体情况来看，如图6-1所示，新中国成立以来，我国非农产业产值比重明显高于其就业比重，二者一直相差20～40个百分点；非农产业就业比重又明显高于城镇人口比重，二者一直相差0～20个百分点，而且这一偏差还在呈现扩大趋势。这说明人口城镇化水平明显落后于城镇产业发展，城镇非农产业发展没有同比例吸纳外来人口城镇落户，这主要是由于我国片面强调工业化发展政策和限制人口流动的户籍制度造成的。

其中，2000年以来，非农产业产值与就业的偏差呈现逐渐缩小的趋势，主要是第二、第三产业内部结构变化（第二产业比重逐渐下降，第三产业比重逐渐上升）引起的。2000年以来，第三产业所占比重超过40%，开始与第二产业相当，而且在2012年超过了第二产业。由于第三产业就业吸纳能力要强于第二产业，随着第三产业比重的提高，非农就业比重将会提高，但是目前非农产业比重仍然落后于产值比重20个百分点，还需要继续大力发展第三产业。

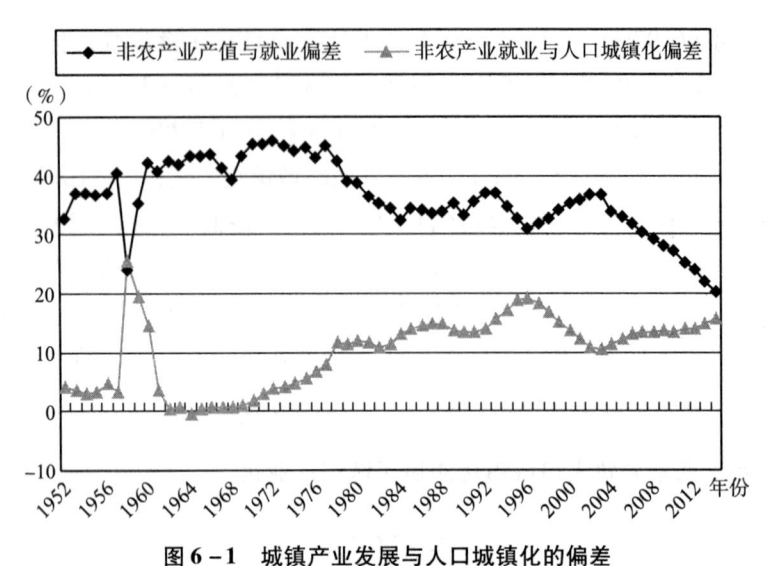

图 6-1 城镇产业发展与人口城镇化的偏差

资料来源：根据附表 2-1 和附表 2-2 的相关数据计算得到。

非农产业就业比重与城镇人口比重的偏差除了在 1996~2004 年有所下降外，一直呈上升趋势，尤其 2004 年以来，偏差一直在扩大，达到 10 多个百分点。这说明有大部分实现非农就业转移的农村劳动力没能进入城镇。这主要是由于新中国成立以后我国大多采取限制或控制农村人口进城的政策，比如 20 世纪 50 年代形成的城乡分割的户籍制度、粮油供应、劳动用工、教育与社会福利制度等造成了城乡人口的隔绝；80 年代采取的大力发展乡镇企业鼓励农民就地就近转移的政策，使得乡镇企业获得蓬勃发展，吸纳了大量农村剩余劳动力，农村劳动力以"离土不离乡、进厂不进城"的就地转移为主，同时也造成大批农业劳动力实现非农化但不能实现城镇化；90 年代中后期，一方面，伴随乡镇企业面临发展瓶颈，进入衰退时期，乡镇企业吸纳的劳动力大量减少，非农就业比重增长缓慢基本停滞，1997~2001 年非农产业就业比重基本维持在 50%；另一方面，1992 年的邓小平同志南方谈话，1997 年开始实施的积极财政政策加大基础设施建设力度，中国特色的多元城镇（大中小城镇多层次发展）的大规模建设都极大推动了农村剩余劳动力向非农产业、向城市的异地转移，尤其是向小城镇的转移，因此有大批农村劳动力实现非农转移的同时实现了城镇化，因此这一时期非农就业比重与人口城镇化的比重有所缩小；但是，2004年以来，我国开始加强农业现代化和农村经济建设，实施粮食种植直接补贴和各种有利于农民增收的政策措施，使得从事农业生产经营的比较利益显著提升，城市对农村劳动力的吸引力逐渐减弱。

2. 人口城镇化滞后制约产业升级和进城农民收入提升

虽然在稳步城镇化和就业转型城镇化发展水平评价中，产业经济城镇化水平都是最高的，但是其上升空间还很大，带动进城农民增收能力有待加强。在稳步城镇化评价结果的6个指标中产业经济同收入和生活城镇化水平差距很大，分别为25.66%和13.74%，在就业转型城镇化评价结果中产业经济城镇化与收入分配城镇化水平差距更大，分别为39.84%和6.95%，这说明产业经济的发展没有更好地促进进城农民收入的增加。进城农民增收途径：一是靠产业内部劳动生产率的提高，二是靠从第一产业转移到第二、第三产业，即产业升级。而人口城镇化滞后制约了产业升级进而影响到进城农民收入的提高。如图6-2和图6-3所示，从我国三次产业劳动生产率的变化情况来看，三次产业劳动生产率都在不断提高，但是2007年以来增长速度都在下降，这将引致转移就业数量和劳动收入增长趋缓。因此应提高人口城镇化水平，促进产业升级和进城农民增收。

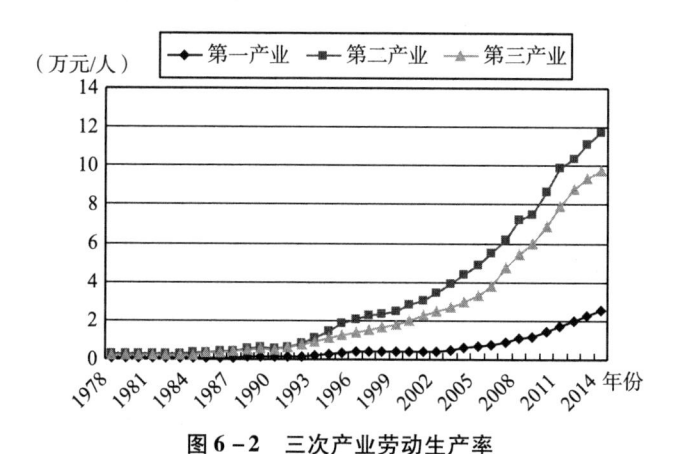

图6-2 三次产业劳动生产率

资料来源：根据附表6-9中的相关数据计算得到。

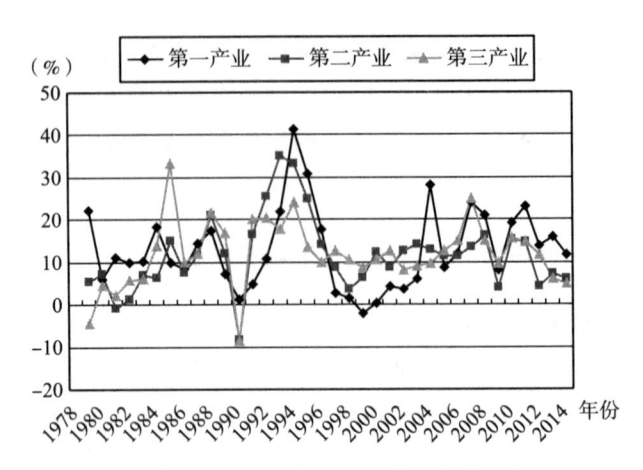

图 6-3 三次产业劳动生产率提高速度

资料来源：同图 6-2。

3. 城镇产业集聚水平不高制约了进城农民就业、居住和生活环境改善

城市环境改善需要有城镇产业做支撑，而从稳步城镇化评价结果看出，目前我国城镇产业发展水平及其集聚效应还有待提高。首先，在城镇工业方面，其集聚效应有限，导致人口与就业城镇化水平、土地与环境城镇化水平都很低，尤其是大量乡镇工业的发展很难形成规模效益，直接制约了产业结构升级，生产性服务业等第三产业发展缓慢，导致进城农民就业机会有限且分散就业，就业环境有待改善；同时，乡镇工业分散化的布局造成耕地资源被大量占用，工业污染分散无法集中治理，而且我国传统制造业产能过剩，资源消耗大，城镇生态环境不容乐观，城镇的宜居功能有待改进。其次，我国城镇农业发展刚刚处于起步阶段，还没有构建出充足的城市生态环境和休闲旅游空间，对居住环境的改善空间还很大。最后，近年来，随着新型城镇化发展规划的实施和政府职能的转变，城镇基础设施和公共服务逐渐完善，促进了新生代农民生活环境和就业质量的改善，但是由于生活服务业等城镇第三产业发展仍然较慢，制约了城镇社会服务功能的提升，新生代农民就业质量及其权益保护还存在较多问题，导致新生代农民在城镇的就业稳定性较差，流动性较强，正如稳步城镇化评价结果显示，社会发展城镇化发展水平仍然很低。

6.4.3 新生代农民就业转型滞后制约稳步城镇化水平提高

1. 新生代农民就业质量低难以实现市民化

从农民就业转型评价结果来看,"农二代"就业转型尚处在窗口期,农民工就业质量仍未满足生存基本需求。由于户籍制度、城乡社会保障制度、劳动就业制度、土地制度使得新生代农民工虽然已经进入城镇打工,却不能完全融入城市生活。尽管近年来,政府加大对外出农民工的公共服务,但是外来人口在教育、医疗、社会保障、保障性住房等方面与城镇本地居民还是有一些差别,大量进入城市的农民工很难享受到与城市居民平等的公共服务,加之农业现代化的发展,近年来有大量农民工返乡创业,出现了外出农民工回流的现象。新生代农民不能在城镇稳定下来,直接影响到城镇化水平的提高,进而使城镇非农产业发展与产业升级依赖的劳动力资源得不到保障,制约城镇产业的持续稳定发展。

对 3402 位新生代农民工的调查结果显示,新生代农民打工年限较短,多从事体力性岗位,城市打工取得的进步较小。由于新生代农民目前年龄较小,在 18~34 岁之间,大多数"农二代"打工年限都在 5 年左右,打工年限 11 年以上的仅占 8.4%。有一半以上的"农二代"从事体力性劳动,从事技术性岗位的占 31%,从事管理性岗位的仅占 17%。可见,"农二代"在城市打工期间,除了在收入方面有所提高外,很难在工作技能、岗位流动、职务晋升等方面取得进步。在对"城市打工取得的进步"的调查中,有近一半的农民工选择"收入提高",还有 20% 多的新生代农民选择"没有明显变化",而选择"学历提升""更高技能""转向技术或管理岗位""职务晋升"的新生代农民都不足 10%,尤其是职务晋升的比例仅 4%。

2. 新生代农民结构性失业阻碍了城镇化水平提高

尽管新生代农民文化程度、职业技能比第一代农民工有所提高,但整体素质仍然偏低。被调查者受教育程度不是很高,专业技能也有待提高,在被调查的 3402 位受访者中,93% 的新生代农民都具备初中文化知识,小学及以下学历的仅占7%。其中，高中以上的达32%，大专及以上的占到20%；但是，从他们目前从事的工作对专业技术的要求来看，近1/3新生代农民从事的工作都没有专业技术要求，还有35%的新生代农民从事的工作只要求具有初级工技能，只有不足1/3的新生代农民从事专业技术较强的工作，其中，中级工要求的占24%，高级工和技师以上要求的仅占13%。由于新生代农民整体素质偏低，导致他们在城市找到工作（尤其是技术型和管理型工作）的机会有限，大大限制了农民向城市的转移就业，从而阻碍了城镇化水平的提高。

技术进步与科技创新带来的产业升级加剧新生代农民的就业压力及其对城镇化的阻碍。技术进步与科技创新带来的产业升级要求农民掌握先进的技术，这需要根据产业发展需求对转移劳动力进行及时就业培训。而本研究调查数据显示，新生代农民接受培训时间短，培训效果不明显，重新找到工作的难度较大，因此会制约城镇产业转型升级，阻碍城镇化水平的提高。近一半的被调查者没有接受过职业培训，在另外一半接受过培训的新生代农民中，大部分人也只是一年仅接受了1个月的培训，仅占全体新生代农民的32%，一年接受两个月培训的仅占11%，接受3个月培训的仅占6%，而接受4个月和5个月及以上培训的仅占1%。新生代农民除了接受培训的时间短以外，培训效果也不理想。在被调查者中，只有30%多的受访者认为职业培训对技能提升的作用较大或很大，所占比例分别为21.3%和9.1%；有一多半认为职业培训对技能提升的作用并不理想，其中，认为"经过职业培训，对职业技能提升的影响一般"的新生代农民最多，达38.2%；认为"经过培训，职业技能没有得到提升"的新生代农民也较多，达20.3%；还有11.2%认为作用较小。正因为如此，"农二代"重新找到工作的难度较大。在"一旦离开目前工作，您认为您找到新工作的机会有多大？"的调查中，有近一半的人认为"一般"，还有9.7%和2.9%的人认为"机会较小"和"没有机会"；而认为"找到新工作的机会较大和很大"的比例仅为24.4%和15.2%。

6.5　结论与讨论

与中西部地区相比，东部地区城镇化进程较快，东部地区城镇化特征和问题对中西部地区城镇化具有一定的普适性。评估结果表明，我国稳步城镇化水平与新生代农民就业转型水平均不高，稳步城镇化与就业转型协同性不强且省际间存在较大差异性。东部地区省市稳步城镇化率在56%~74%之间，城镇新生代农民工就业转型度在52%~61%之间，就业转型城镇化率在67%~79%之间，其中，就业转型度最低。稳步城镇化与就业转型城镇化水平均低于以城镇常住人口占比度量的东部省市53.8%~89.6%的一般城镇化水平，中西部地区三项数值应该低于东部地区水平，三者均存在较大的提升空间。协同推进稳步城镇化与农民就业转型未必能使城镇化稳定性或就业质量达到最高水平，但城镇化质量与农民就业质量能够相互影响，相互促进。稳步城镇化的核心是人的城镇化，也就是进城农民就业转型和市民化，协同推进稳步城镇化与农民就业转型的重点是提升农民就业质量和市民化水平。就业数量与就业质量具有统一性。但农民工就业数量高的地区就业质量并不高，如广东省；而就业质量高的地区就业数量不高，如天津市和江苏省。提高农民工就业数量和就业质量的关键在于壮大现代产业规模和加强农民工职业技术培训。人均经济发展较快地区如江苏和较慢地区如山东省市民化水平皆不高，市场力量不能自动实现农民工市民化和劳动权益保障，农民工市民化需要法律保障和政策调整，借助城市政府财政干预，调整农民工与城市人、农民工与企业间的利益分配，保障农民工劳动分配公平。农民工就业质量改善一般滞后于产业经济水平，稳步城镇化的瓶颈主要不在于城市经济发展，而在于农民工从经济社会发展分享的收益，也就是农民工就业质量和市民化状况的改善。

7

案例分析：天津市推进就地城镇化与农民就业转型实践

中国城镇化道路有两条：一是以人口城镇化赋予城镇内涵，即农民进入城镇打工就业和市民化，二是农村就地城镇化，即土地城镇化与人口城镇化的统一。以人口为参照物，前者可以称为异地城镇化，后者可以称为就地城镇化。协同推进城镇化与农民就业转型，既包括异地城镇化中进城农民就业转型也包括农村就地城镇化中农民就业质量提升。天津市农村就地城镇化具有独特的示范意义。

天津市属于大城市小农村、大工业小农业的直辖市，2014年天津市常住人口1516.81万人，其中，外来人口476.18万人。户籍人口1016.66万人，其中，农业户籍人口371.61万人。天津市农村城镇化过程中开展宅基地换房、"三区联动"建设和"三改一化"工程，实现村镇向市镇、村庄向社区、农民向市民的转变。

7.1 天津市就地城镇化与农民就业实践探索

7.1.1 天津市农村城镇化三部曲：宅基地换房、"三区联动"建设和"三改一化"

1. 宅基地换房推动示范小城镇建设

宅基地换房就是用农民的宅基地置换楼房。政府按照农民自愿和双平衡

（资金和指标平衡）原则进行示范小城镇建设试点，列入试点项目的村镇层层签订换房协议，镇政府委托投融资机构进行项目建设，农民还迁入住后对置换出的宅基地进行复耕。

源于小城镇和村庄规模普遍偏小，村庄人均建设用地多，用地不集约。村庄公共服务和基础设施配套不完善，农村居住环境恶劣等原因，2005年8月开始，市政府提出以宅基地换房办法进行示范小城镇建设试点工作的办法。项目试点按照承包责任制不变、可耕种土地不减（耕地占补平衡、总量不减、质量不降）和尊重农民自愿原则以宅基地置换住房。宅基地换房按照如下程序开展：区县政府编制总体规划报市政府审批—政府组建小城镇建设投融资机构—市国土管理部门下达土地挂钩周转指标—村民提出宅基地换房申请并与村民委员会签订换房协议—村民委员会与镇政府签订换房协议—镇政府与小城镇投融资机构签订总体换房协议—住宅建成后由村民委员会按照全体村民通过的分房办法进行分配—农民还迁后对原宅基地整理复耕或复垦，用于归还土地挂钩周转指标。

由于城镇用地指标短缺，天津市向国土资源部提出指标申请，2005年10月国土资源部下发了《关于印发〈关于规范城镇建设用地增加与农村建设用地减少相挂钩试点工作的意见〉的通知》，批准天津等省（市）为第一批试点，并分四批向天津市下发土地周转指标3472公顷，天津市分批次推进示范小城镇建设试点项目。截至2013年，天津市先后规划批准了五批43个镇6个村的示范小城镇试点，涉及836个行政村的100万名农民，规划建设农民安置住宅和公建设施6000万平方米，郊区城镇化率达到60%[①]。

2. "三区联动"建设

天津市在全国率先开展了以园区化为特征的"三区联动"建设。"三区联动"即以农业产业园区、示范工业园区和农民居住社区联动建设促进城乡一体化发展。

2009年，天津市政府提出了以示范小城镇建设为龙头，农民居住社区、示范工业园区、农业产业园区"三区"统筹联动发展的战略部署，并在《天

---

① 黄兴国. 一样的土地，不一样的生活——天津市市长黄兴国答记者问 [N]. 学习时报，2013-03-11.

津市以宅基地换房建设示范小城镇管理办法》中明确规定：示范小城镇在规划时，应当充分考虑村民的生产、生活需求，科学规划村民居住社区、工业或服务业产业园区、设施农业产业园区，促进"三区"统筹联动发展，提高农村工业化、城镇化和农业现代化水平，不断增加村民收入，实现可持续发展①。"三区联动"机制图 7-1 所示。

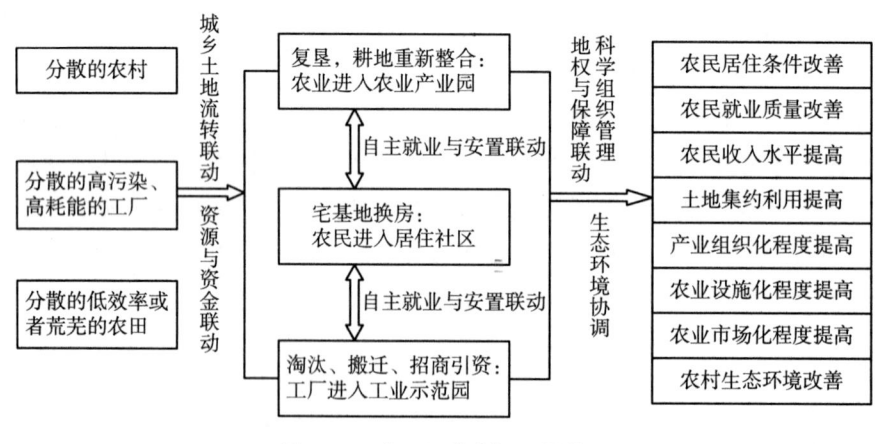

图 7-1 "三区联动"逻辑关系

资料来源：南开大学课题组. 天津农业"三区联动"与协调发展报告 [R]. 南开大学经济学院，2011.

"三区联动"建设将分散的农村、工厂和农田向园区集聚，通过宅基地换房构建农民新型居住社区、通过宅基地复垦建设农业产业园区、通过淘汰和搬迁引导企业进入示范工业园区，实现城乡土地流转联动、资源与资金联动，通过园区科学组织和管理，实现农民居住条件、就业质量和收入水平改善，农业组织化、设施化和市场化程度提高，农村生态环境改善。

第一，小城镇建设是龙头。以宅基地换房推进的小城镇建设是"三区联动"的引领。小城镇建设提高农村社区公共服务水平，引导农村居民参与和分享城市发展的收益；培育发展第二、第三产业，促进农村劳动力从第一产业向第二、第三产业的转移；带动农村商品流通和市场培育，扩大了农村居

---

① 天津市以宅基地换房建设示范小城镇管理办法 [N]. 天津日报，2009-07-31.

民的消费需求。

第二,居住社区建设是依托。居住社区为农村居民创造了一个适宜居住、休闲、交流的城市社区和行政区划,农村人口向居住社区集中,为公共服务设施的集中配套提供了条件,避免各村重复建设。居住社区为居民提供交通通信、教育、科研、试验、推广、普及和技术咨询,以及医疗、卫生保健、文化娱乐、体育设施等公益事业[①]。

第三,工业园区建设是支撑。工业园区是农村工业化集聚发展的主要载体。示范工业园的建设为农村工业发展如招商引资、产业链打造和集约化管理提供了平台,并成为小城镇发展资金和居民收入的主要来源,农民薪金、租金和养老金的基本保证。工业园区功能如图7-2所示。

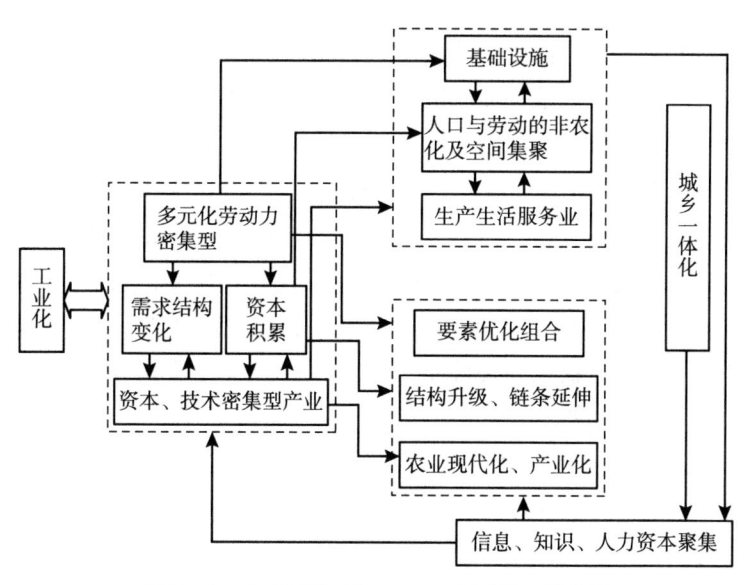

图7-2 "三区联动"——工业园区支撑作用

资料来源:天津市农村经济发展研究院中心、天津市农村研究所.研究简报,2007(10)。

第四,农业产业园区是基础。农业产业园区建设既是传统农业和农民向

---

① 张贵,韩彦清.城镇化进程中应把握好的几个问题——天津华明示范镇"三区联动"调研报告[J].经济研究参考,2011(5).

现代农业过渡的一个桥梁，还是完善城市功能，实现城市涵养的重要载体。宅基地进行整理复垦后的土地难以落实到具体村庄，只能由镇政府统一管理。宅基地换房后，农民就业方式发生改变，复垦后土地以及原有耕地适合以农业园区发展适度规模经营。农业产业园区的经营者成为新型农业经营主体，以园区化发展现代农业。

3. "三改一化"工程

"三改一化"即"集改股""农改非""村改居"；"一化"即农村城镇化或城乡一体化。"三改一化"就是彻底消除城乡二元结构，实现城乡一体化。"集改股"，就是实施集体经济组织股份制改革，合理而完善的经济组织形式对推动农村经济发展和农民增收具有重要的推动作用，并能协调各方利益关系。股份制公司具有现代企业的优势，通过市场化运作，可实现土地等各种资源的有效配置，并有效保障农民的权益。股改目标就是建立起新的集体资产管理体制和运行机制，促进集体经济发展和农民持续增收。"农改非"，就是将农业户口改变为非农户口，主要是改革户籍登记制度。"农转非"是农村居民城市化的一个表征，而其本质是农民能否通过进城获得福利和公共服务等市民权益，因此是一个从农民权益向市民权益转变的过程。"村改居"，就是撤销原有的村委会，组建社区居委会，在完成"集改股"和"农转非"之后，依照法定程序撤销村民委员会，组建社区居民委员会，并相应建立社区党组织和群众社团组织。

天津市政府于2011年7月提出了《关于在我市示范小城镇开展"三改一化"加快农村城镇化进程的初步研究》的工作目标，确定了东丽区华明街、无瑕街和武清区下朱庄街作为天津市"三改一化"第一批试点。2012年10月，天津市政府启动实施第二批"三改一化"试点工作，涉及6个区县、19个街镇、98个村和21万村民。

7.1.2 人口集中、资源整合和产业集聚奠定产城融合基础

农村分散居住方式和家户分散经营模式不利于资源的集聚和集约利用。公共产品和服务的供给需要人口集聚，农业规模经营需要资源整合，基础设

施建设需要产业集聚。农村城镇化也就是农村人口、资源和产业集聚、整合和组织化管理的过程。天津市宅基地换房实现了人口的集中居住，产业园区化实现了资源整合和产业集聚。"三区联动"建设将人口、资源和产业组织起来，实现了居民居住、产业发展与人口就业的联动和互动。"三改一化"将具备城镇化雏形的居住模式和产业空间布局提升到一个更高层次，实现人口、产业与就业真正意义上的城镇化。宅基地换房是"三区联动"的基础，成为农民居住社区建设、社区服务业培育、农业园区建设和非农产业发展的主要驱动力。"三区联动"是"三改一化"的基础，为"三改一化"奠定了产业空间布局、产业组织管理、人口就业转变和居住模式转型。"三区联动"发展使"三改一化"工程得以顺利推进。宅基地换房、"三区联动"、"三改一化"奠定城镇化的基础。如图7-3所示。

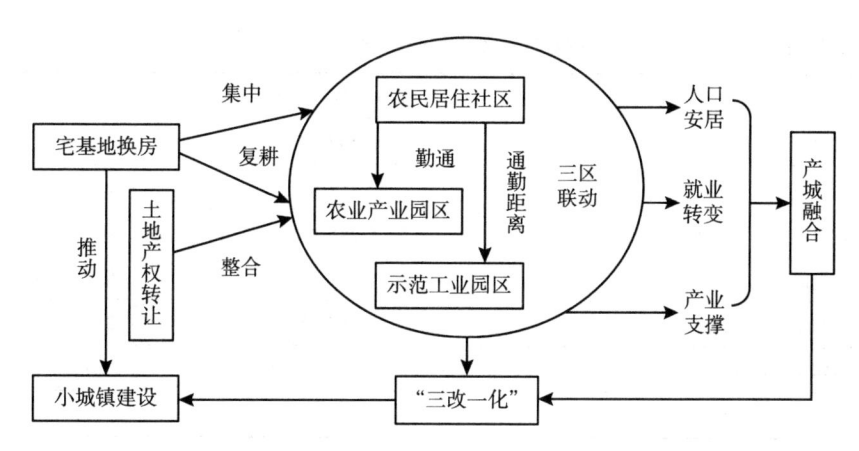

图7-3 宅基地换房、"三区联动"、"三改一化"与示范小城镇建设关系

从图7-3可以看出，宅基地换房、"三区联动"与"三改一化"在示范小城镇建设中各具功能：

1. 宅基地换房功效

宅基地换房本质是通过农民宅基地由农村集体所有转变为国家所有，宅基地实现市场价值的增值，用增值部分补偿项目开发成本。宅基地变性（宅基地变性面积包括还迁房占用面积和约定出让面积）收益的一部分用于项目平台公司新楼盘开发，另一部分用于还迁农民的安置。还迁农民安置费用包括技能培训费用、社会保险费用（包括城乡居民养老保险、城乡居民医疗保险、退养补助金、困难户低保费用等）、经营性用房开发费用、物业和取暖等补助费等。宅基地换房提高了参与示范小城镇建设试点项目村镇农民的收入水平，参与农民成为拥有股金、薪金、租金、保障金的"四金"农民。以华明镇为例，华明示范镇农民人均纯收入 2014 年达到 26000 元，是 2009 年的 2 倍，全街居民"四金"覆盖率达 90% 以上[①]。宅基地换房提高了天津市农村社会保障覆盖率，截至 2014 年，全市参加基本养老保险 657.2 万人，其中参加城乡居民养老保险 111.8 万人。参加医疗保险 1023.6 万人，其中参加城乡居民医疗保险 514.0 万人[②]。天津市医疗保险户籍人口参保率实现城乡全覆盖。2014 年天津市社会保险参保状况如表 7-1 所示。

表 7-1　　　　　　　　2014 年天津市社会保险参保状况

指标	参保人数（万人）	比上年增长（%）
城镇职工基本医疗保险	509.6	3.3
城乡居民医疗保险	514.0	1.1
城镇职工基本养老保险	545.4	4.7
城乡居民养老保险	111.8	5.1
城镇职工失业保险	287.6	3.2
城镇职工工伤保险	345.2	3.0
城镇职工生育保险	774.8	2.3

资料来源：2014 年天津市国民经济和社会发展统计公报。

宅基地换房参与农民按照宅基地一定比例置换获得楼房，政府和农民没有投入资金而住上新楼房，实现农民"上楼"的夙愿。

宅基地换房节约出来的土地经过复垦复耕建设成为农业产业园区。农业产业园区采用镇政府委托经营方式，实现农业经营管理的市场化。农业园区

[①] 刘元旭，天津："三区联动"助推农村城市化 [N]. 新华每日电讯，2010-02-01.
[②] 天津市统计局国家统计局天津调查总队. 2014 年天津市国民经济和社会发展统计公报 [R]. 2015-03-13.

发展蔬菜、花卉、水果等现代设施农业，园区化的农业产业经营提升了农业科技化水平，提高了农业产值和收入。

2. "三区联动"意义

"三区联动"发展奠定了城乡一体化发展的基础。第一，通过推动经济要素在空间上的集约与整合，促进资本、技术和劳动力在区域的流动与聚集，充分挖掘农村资源的潜力。第二，"三区"集聚发展为基础设施建设和公共产品和公共服务供给创造了条件。"三区联动"发展使人口、产业和就业的空间配置和组织管理特征更接近于城市，克服了农村人口、居住、资源的分散和无组织化特征，为社会化和城市化管理创造了条件。第三，"三区联动"发展缩短了农民打工就业的通勤距离，有利于农民实现就地就近转移就业，为小城镇建设入住产业和就业内容。工业园区、农业园区和居住社区的空间配置形成生产、生活空间的科学配置，形成产城融合、安居乐业的城镇雏形。第四，示范工业园区建设不但实现了产业集聚，还对进园区企业进行重新洗牌，淘汰落后产能和污染企业，促进了工业结构升级。农业产业园区建设促进了农业结构调整，农业由传统种植结构向两高一优和生态安全农产品生产转变，促进了农业生产结构升级。

3. "三改一化"作用

"三改一化"是农村城市化发展进程中的重要环节，是对原有农村集体经济发展模式、村委会管理体制和农民户籍身份的重大改革，是对资源的重新配置和利益格局的重大调整，是创新农村体制机制，统筹推进城乡发展的重要举措。第一，"三改一化"实现了农村向城市、农民向市民、农村集体经济管理向现代企业管理转变。"三改一化"是农村城镇化的最后一公里，是农村向城市的完整蜕变。第二，"三改一化"有助于农民带资进城。农村集体经济股份制改造后，集体经济组织成员对集体资产的所有权形式由非人格化虚拟占有向拥有股份转变，农民可以不参与企业生产经营而只参与企业收益分配。农民可以带着集体资产的股份自由流动和就业。第三，"三改一化"促进农村经济社会管理模式向城市公共管理转变。不但农村经济由传统管理方式向现代管理方式转变，社区管理方式也由农村社区的松散和自我管理向城市社区公共化和专业化管理转变。

7.1.3 产城融合发展中协同推进农民就业转型

就业实现，产业先行。产城融合就是以产业发展带动人口集聚和就业实现，达到人口集聚、产业发展和就业实现的有机统一。天津市宅基地换房、"三区联动"和"三改一化"中农民就业质量得到不同程度提升。

天津市宅基地换房中将失地农民安置放在重要位置。农民安置费用中安排职业技能培训专项费用，各社区成立劳动和社会保障服务中心，组织社区内人员技能培训、职业介绍和再就业服务等。只要不过分挑剔，一般能够实现转移就业。

在"三区联动"中，经过技能培训并合格的农民可以进入工业园区就业，可以从事社区服务业，也可以进入农业园区成为农业工人或农场主。如图7-4所示，"三区联动"不但促进了农民就地就近转移就业，还提高转移就业农民的就业质量。示范工业园区产业结构升级一定程度地改善了就业者劳动条件，提高了劳动生产率和就业者的收入水平。农业产业园区通过生产结构改造提高了土地产出率和劳动生产率，提高了农业工人的收入水平。社会化的社区管理方式产生了社区服务业岗位需求，为农民社区服务业就业提供了机会。

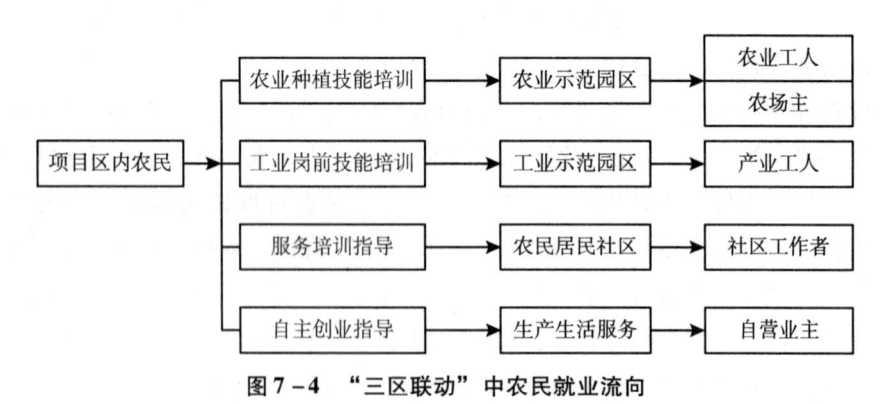

图7-4 "三区联动"中农民就业流向

资料来源：南开大学课题组.天津农业"三区联动"与协调发展报告[R].南开大学经济学院，2011.

"三改一化"中农民身份由农业人口向非农业人口转变,成为新市民。身份的转变为就业条件改善提供了支持。拥有集体经济股份的新市民打工就业的身份不再是农民工而是城市工人,减少了就业歧视,有助于就业选择的多元化和职业层次的提高。

7.2 实施效果

1. 天津市示范小城镇建设在近郊地区取得了较好的效果

天津市示范小城镇建设试点项目主要涉及北辰区、东丽区、津南区和西青区等近郊区县以及滨海新区、武清区、宝坻区和静海县等试点街镇。从试点效果来看,中心城区近郊区县以及毗邻滨海核心区的街镇取得了较好的试点效果。

第一,示范小城镇建设提高了农村城镇化水平。"宅基地换房"政策促使天津的城镇化率从2007年的76.31%迅速提高到2012年的81.55%,平均每年有50万农民成为拥有城镇户籍的城镇居民[1]。不但农民实现市民化,转户农民的生活条件得到改善。宅基地换房后,农民居住条件得到改善。新建小城镇道路管网、供水、供热和燃气管网设施较为完备,每个新市镇建设了中小学校、医疗卫生、街道办事处、派出所等社会服务和管理设施。大多数示范街镇将宅基地换房节约出土地的统一经营收益用于支付居民物业管理费,补贴农民上楼后的水、电、气等费用等,转户农民过上城镇人的生活。

第二,实现了人口集中和土地集聚集约利用。宅基地换房后,大多数示范小城镇总人口数都不低于1万人,中心村的人口也都超过1000人[2]。人口集中后,社区管理也相应跟进。新建小城镇内部以3000户为单位设立社区居委会,以邻近的300户为单位设立邻里,以邻近的30户为单位设立居民小

---

[1] 马林靖,等. 快速城镇化中政府行为对失地农民就业的影响[J]. 西部论坛, 2015 (1): 1-7.

[2] 银正宗. 天津市宅基地换房推进城市化中的农民利益保护问题研究[D]. 天津大学, 2011.

组①。人口集中居住后，集约节约出大量宅基地。据统计，纳入前三批试点项目的 254 个村原本占地 7778 公顷，集中居住后共可节约 73% 的土地用于小城镇的建设②。

第三，"三区联动"发展解决了大部分农民转移就业和收入来源问题。环城四区示范小城镇建设中高规模发展示范工业园区，为农民转移就业拓宽了渠道。农民再就业方式趋于多元化，半数以上农民进入企业打工，一部分农民从事自营工商业，一部分人在社区服务业就业，还有少部分人从事农业生产。示范工业园区发展较好的街镇，农民就业率较高，如华明镇农民就业率达 92% 以上。

近郊区县示范小城镇建设与农民就业质量较好，主要源于近郊地区区位优势明显，农村土地的级差地租较高，土地变性后的增值收益较高，能够实现宅基地换房项目资金平衡。近郊地区具有较好的农村工业化基础，农民转移就业较充分，专职农业劳动力较少，以土地流转集中发展农业产业园区阻力较小，宅基地换房后，"三区联动"发展顺理成章，小城镇建设成效较好。

2. 示范小城镇建设在远郊区县的推进受阻，城镇化进程出现滞缓

远郊区县和滨海新区示范小城镇建设滞缓。如滨海新区。2013 年示范小城镇试点项目开工和竣工面积比 2012 年下降 30.0%，完成项目投资额比 2012 年减少 29.3%。部分试点项目已延期 5 年以上，签约农民整建制还迁入住率较低。主要原因在于：

第一，远郊区县宅基地换房不能实现资金平衡。示范小城镇试点项目由土地中心委托建设平台企业实施融资、补偿和还迁房建设，建设平台企业根据预期收支平衡与土地中心约定出让用地面积。与环城四区相比，远郊区县和滨海新区交通不够顺畅、区位优势不够突出，土地变性的增值空间有限，项目建设平台企业要求的出让用地面积较大。近年来，预期的土地出让收益出现下降，部分试点项目不能实现资金平衡，平台企业融资出现困难，项目

---

① 张明亮. 天津近郊宅基地置换过程中的问题和对策建议 [J]. 天津农业科学，2012 (8).
② 黄跃. 天津市以宅基地换房建设示范小城镇的调研报告 [EB/OL]. 城市中国网，2012 - 02 - 06.

建设推进缓慢。

第二，远郊区县工业园区产业层次不高。远郊地区村镇不具备区位优势，街镇基础设施建设不完善，工业企业吸纳力不高。入住工业园区的企业规模较小，产业层次不高。街镇工业园区传统制造业的低水平发展抑制农民转移就业的增收空间，农民转移就业的收入水平不高。根据2013年国家统计局天津调查总队对151个产业发展特征村农民收入状况的调查结果，远郊区县和滨海新区街镇工业园区企业工资标准不如环城四区高，农民就地转移就业的工资水平较低。

第三，远郊城镇化不宜照搬近郊模式。全市示范小城镇建设针对远郊和近郊采用统一的模式，即宅基地换房推进模式。近郊农村示范小城镇建设进展顺利，但远郊农村地区推进遭遇资金平衡和农民参与积极性约束。例如滨海新区，初步估算城市化人均成本约41万元，全部农村人口城市化需近千亿元。庞大的资金缺口难以依赖财政支持，需要依靠市场力量。但远郊农村大都不具备区位优势，土地出让收益不高。镇村经济基础薄弱，农村工业化水平低，农民转移就业困难，增收缓慢。远郊地区不具备宅基地换房的资金平衡条件，且农民"上楼"后生产方式没有发生改变，出现居住方式与生产方式的冲突。

3. 部分换房农民出现转移就业不稳定问题

农业生产经营虽然收入不高，但生产相对稳定。离开土地进入城镇，进城农民基本上脱离了农业劳动，但从农业生产转向非农就业，由于年龄和技能等问题，转移就业农民处于不稳定就业和摩擦性失业状态。据南开大学马林靖等问卷调查显示，2012年天津市近郊4个试点镇换房农民失业率为12.7%，其中的2.8%因为缺乏非农产业技术技能，6.2%源于缺乏公共就业服务[①]。处于失业状态的进城农民中，比较年轻的人员希望在正规部门实现就业，但因为其文化水平的限制，既难以进入中心城区实现就业，也很难在开发区、保税区和高新区找到正式职业。而对于政府提供的一些低收入就业岗位如保洁员等，年轻人不屑一顾，由此造成部分换房农民就

---

① 马林靖，等. 快速城镇化中政府行为对失地农民就业的影响[J]. 西部论坛，2015（1）：1-7. 资料来源于作者对天津市东丽区华明镇、西青区张家窝镇、津南区葛沽镇、北辰区双街镇进行的抽样调查，回收有效样本225份，涉及劳动力521人。

业困难[①]。部分人受年龄和技能限制只能继续从事农业劳动，但由于农业经营方式发生改变，既没有经济实力和经营能力承包农业园区，也难以胜任现代农业技术劳动，处于不稳定就业和摩擦性失业状态。

7.3 案例启示

1. "三区联动"建设成为产城融合发展模式

与异地城镇化相比，就地城镇化更能满足农民转移就业和生活的双重需要。打工就业的最初目的是获得打工收入，用以养家糊口。当家庭生存问题基本解决后，打工就业目的就从生存需求向生活需求转变。生活需求既包括稳定的劳动收入，也包括有闲暇时间照料家庭成员。中国人是以家庭为单位从事经济社会活动，家庭主要成员的经济活动决策既考虑自身需求也顾及家庭需求。新生代农民生存问题已不是主要矛盾，打工就业的目的主要是实现自身发展和提高家庭生活水平，包括承担家庭照料责任。异地城镇化中已婚农民进入城镇打工，虽然挣得劳动收入，但与家庭割裂，无法照顾家庭老人和子女。多数农民工的理性选择是夫妻双方一方外出打工，另一方留在家里照料家务。即使这样，也会形成夫妻两地分居。打工地和居住地之间合适的通勤距离是已婚农民工就业选择的重要依据。就地城镇化中农民工白天就地就近打工，晚上能够及时返家，不会影响家庭生活，不会出现留守妇女、留守儿童等社会现象。

农民工外出打工是本地就业机会少、劳动收入低等不得已的结果。天津市就地城镇化中三区联动建设培育和集聚了各类产业，创造了劳动需求，为农民就地就近转移就业创造了条件。工业园区、农业园区和居住社区联动发展，农民在园区打工，在社区居住，实现了就业与居住的统一。园区产业重新洗牌，产业技术和产业结构水平提高，农民劳动生产率和劳动收入提高，劳动收入能够维持和逐步提高家庭生活，农民实现了"乐业"梦。社区化集

---

① 王蒙. 农村城镇化进程中政府角色及定位分析——以天津市三区联动为例[J]. 中国城市经济, 2011 (23).

中居住使社区基础设施建设和社区管理服务配套得以跟进，农民能够享受与城市社会相同的社会公共服务和社区文明，实现了"安居"梦。在安居乐业方面，"三区联动"发展促进农民就业转型。而异地城镇中，进城农民即使实现了乐业，也难以实现安居。国家统计局调查显示，进城农民在打工城市购买住房的比率仅为1%。本研究调查显示，进城新生代农民中配偶在同一城市生活的比率为45.3%。两地分居、游离于家庭责任之外的打工就业抑制了进城农民就业质量的提升。

2. 农民技能培训是转移就业中一道不可逾越的门槛

天津市示范小城镇建设中失地农民转移就业培训是一道不可逾越的门槛。传统意义上的农民主要掌握传统农业生产技能，而对现代农业和现代制造业不熟悉。"三区联动"发展目标建立现代制造业和沿海现代都市农业高地，示范工业园区和农业产业园区吸纳的就业人员中一大部分为外来劳动力。本地劳动力要么技能欠缺，不能胜任岗位，要么嫌弃工作苦脏累，不愿从事。滨海新区产业也是一样，滨海新区各类功能区主要发展现代制造业和现代服务业，需求员工主要面向全国招聘，能够胜任岗位的本地劳动力寥寥无几，滨海新区发展带动本地劳动力就业的成效不高，主要原因就是本地农村劳动力技能欠缺。现实中劳动力市场是多重分割的，分割的依据就是文化知识和技术技能。行业和企业设定了不同要求的学历和技能门槛，把农村劳动力挡在门外。天津市小城镇建设中部分转移就业农民期望进入中心城区和滨海核心城区就业，苦于学历和能力限制而无法如愿。文化知识学习掌握和技术技能培训是就地城镇化中不可逾越的鸿沟。

然而，农民转移就业培训不是一件简单的事情。劳动技能培训受多种因素约束，如年龄因素、参训意愿、参训的机会成本、培训费用、学习的艰苦等。这些因素中有些经济因素，有些是非经济因素，不是支付劳动力安置费用就能解决的。传统农业生产所需劳动技能单一，但对转移就业农民而言，要掌握一门非农技术技能需要从零学起。年龄超过50岁的农民再教育培训的效率较低，学习掌握新技能的能力有限。而年轻的劳动力参加培训会丧失打工收入，产生较高的机会成本，而不愿意参加政府统一组织的培训。培训是要求立竿见影的短期化行为，参训农民很难通过培训彻底摆脱知识贫乏的境况。这些因素影响了农民参训积极性和培训效果，也就影响转移就业农民就业层次的提升。

鉴于此，技能培训计划方案应根据参训农民特点灵活多样安排。第一，培训时间可采取集中短期培训或利用劳动业余时间进行，培训地点选择也要照顾参训者便利。第二，培训目标导向具有明确性。注重实用技能培训，根据参训者就业意愿和兴趣设计差异化培训菜单，开展小规模多类型培训。第三，技能培训要与就业服务、就业帮扶和就业援助相结合，参训者只要参加培训就有可能实现就业，提高培训活动实效性。

3. 现代农业进城重新定义农村与城市、农民与市民的内涵

传统上，农村与城市泾渭分明。农村发展农业，城市发展非农产业。农村工业化后，农村形成以农业生产为主，第一、第二、第三产业并存的局面。但城市仍发展第二、第三产业。农民进城打工也是从事非农产业。但城市郊区为满足城市人蔬菜瓜果等需求开始发展城郊农业。都市农业概念提出后，城郊农业纳入都市农业。但都市农业不仅包括城郊农业，也包含城市农业或城镇农业。现代农业进入城市发展形成城市农业，城市农业模糊了传统意义上农村与城市的边界，城市与农村一样，既可以发展非农产业，也可以发展农业。产业性质不再是农村与城市的分水岭。

现代农业具有多功能性。如图7-5所示。现代农业具有生产、生活、生态和服务等多种功能，其中现代农业生活、生态和服务功能满足了人的居住和生活需求。天津市示范小城镇建设中的"三区联动"发展凸显了现代农业的多功能性以及城镇化与现代农业的兼容性。宅基地换房后，农业仍具有生产和就业吸纳功能，部分难以转移的农民仍需在农业就业。居住社区的自然景观培育需要发挥农业的生态功能和服务功能（如农业休闲旅游等），居住社区与农业园区形成共生关系。园区工业对环境的损害也需要发挥都市农业生态修复功能，净化空气、降解分解污染物，恢复生态环境。工业园区也对农业园区形成依赖。

但由于农业劳动的机会成本，现代农业在城镇的可持续发展需要设施化、科技化和资本深化。级差地租的存在抬高了城镇农业用地的机会成本，非农就业高工资传导到农业劳动，提高农业劳动价格（传统上，农业生产劳动是没有价格的，农业经营净收益就是农业劳动者的工资），传统农业在城镇已无立足之处。城镇农业发展的条件是拉平农业劳动收入与非农劳动工资的差距，改善农业劳动条件，减轻农业劳动对身体带来损害和痛苦，使职业农民成为一个体面职业，这样才能缩小农业劳动与非农劳动的差别，农村劳动力才得以在农业与非农业之间做出自由选择。这就需要用现代技术如物联网技术、温室大棚种植技术等改造传统农业，使农业变成资本、技术和劳动密集型产业，这样的现代农业才能够在城镇获得立足之地。

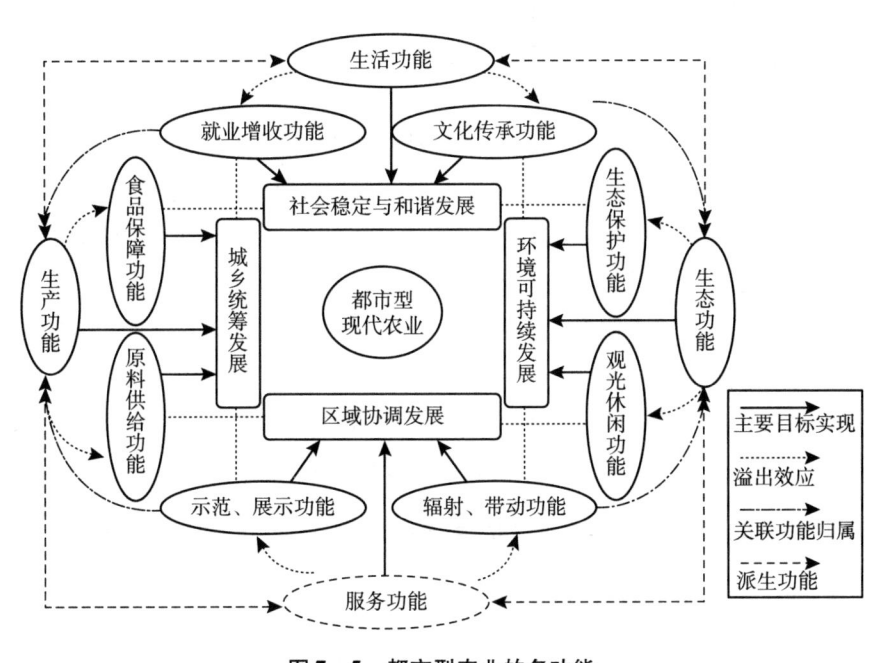

图 7-5 都市型农业的多功能

资料来源：天津市农村经济发展研究院中心，天津市农村研究所. 研究简报，2007（10）。

4. 稳定就业和劳动收入提高是农民就业转型的基本要求

进城农民就业转型的基本要求是实现稳定就业和收入水平提高。稳定就业能够给劳动者带来职业安全感，能够促进劳动者职业发展和劳动收入增长，劳动收入水平稳步提高是劳动就业和劳动贡献的肯定，也是劳动的成果。

天津市示范小城镇建设中部分农民实现就业转移而没有转型，转移就业不稳定是主要原因之一。由于劳动技能和就业能力的欠缺,转移就业者处于打工状态,随时面临失业和再就业的风险,就业岗位不稳定。部分人找工作屡次受挫而选择退出劳动力市场,依靠政府补贴度日。农民从农业转移到非农产业,表面上实现了劳动力转移就业,但就业状态从相对稳定的农业生产向不稳定的非农就业转变。

劳动收入增长也是影响就业转型的原因之一。天津市宅基地换房中,换房农民获得一次性货币补偿,农民一下子变得富有起来。但这种收入增加不是劳动获得的,对提高换房农民劳动参与积极性没有积极影响,反而降低了换房农民劳动参与率。组织内劳动就业能够给人带来生理需求、安全需求、交往需求、尊重需求、成就需求等多重满足,需求满足是衡量就业转型与否的主要指标之一,而换房农民获得高额补偿时没有同时获得劳动技能培训和就业服务,转移就业困难与一夜暴富并存,自然降低了农民工作搜寻积极性。示范小城镇建设需要与农民就业转移和转型协同推进,换房农民就业安置和社会保障应是重中之重,地方政府应该建立产业先行、就业跟进的新型城镇化建设思路,以城镇产业培育吸纳劳动力转移就业,以产城融合为城镇化注入活力。征地换房补偿资金可以转为产业资金,农民成为企业股份持有者,可以获得持久的股份收益。这样,产业与就业协同推进,换房农民获得以劳动收入为主的多种收入并稳定增长,农民就业质量才会提高。

5. 政府推进的城镇化具有不可复制性、不稳定性和不可持续性

城镇化进程取决于经济发展阶段,社会经济发展水平决定了相应的城镇化水平。新型城镇化是由社会生产力水平决定的资本不断积累的过程。城镇化需要发挥政府引导和市场主导作用。没有政府引导,城镇化速度在一定阶段内可能会落后工业化水平,制约经济社会发展;但政府作用不能逾越市场边界,如果超越市场边界,政府可能会在一定程度上替代市场,成为城镇化的主导力量。政府主导的城镇化具有不可复制性、不稳定性和不可持续性。政府的政策和财力支持是城镇化的外因,产业发展和就业创造才是城镇化的内在驱动力量。政府财力毕竟有限,依赖政府财力支持的城镇化具有不可复制性。如果被城镇化的农民没有解决稳定转移就业问题,城镇生计就缺乏持续收入支撑。城镇生活成本提高而就业收入没有增加,农民自然不会进入城镇居留生活，这样的城镇化稳定性差。缺失市场主导的城镇化也就失去了持久的动力源泉，轻视市场作用，依赖行政单一力量驱动的城镇化难以维系。

天津市城镇化主要依靠土地城镇化红利和政府政策财力支持才能实现土地占卜平衡和资金平衡，但当土地变性红利释放后，城镇化就难以实现资金平衡，远郊区县的城镇化就难以推进。天津市以宅基地换房推进示范小城镇建设难以持续推进表明，政府主导的城镇化模式不可持续。成功城镇化的街镇得益于土地变性、政府政策，更源于产业培育和就业创造。如华明示范镇，依靠附近的空港经济区吸纳大多数农民转移就业，农民才能真正实现城镇化。而远郊地区产业发展落后，非农就业机会少，农民只能依赖农业或外出打工，难以就地城镇化。城镇化应该走产城融合之路，将产业培育和就业实现放在首位，实施就业优先战略，激发企业和农民城镇化参与积极性，也就是发挥市场配置资源的基础性作用。政府购买工作岗位的能力是有限的，政策激发市场活力创造就业岗位才是城镇化的根本。城镇化进程不取决于政府意志，政府只能科学引导，通过法规政策调整群体间利益分配，影响市场主体的行为选择，按照市场规律推进城镇化进程。

8
对 策 建 议

8.1 稳步城镇化的"三步走"战略

1. 国际城镇化发展的三个阶段[①]

美国城市地理学家诺瑟姆（Ray M. Northam）揭示了国际城镇化发展的三个发展阶段，如图 8-1 所示。

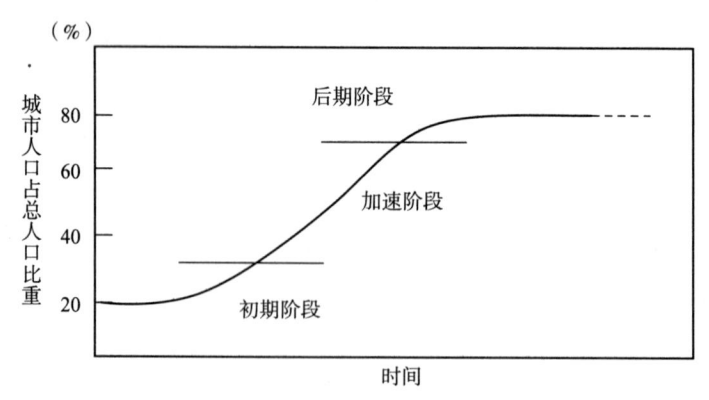

图 8-1 国际城镇化发展的三个阶段

资料来源：Northam. R M. Urban Geography [M]. New York：John Wiley & Sons，1975。

---

① 刘洪银. 稳步城镇化三步走战略及其实现机制 [J]. 兰州学刊，2014（5）.

城镇化速度不是均衡的。初期阶段，城镇化发展缓慢，而在中期阶段，城镇化率可在几十年内上升到70%，而进入后期阶段后，城镇速度趋缓。如日本城市化率曾由1950年的37.5%猛增到1955年的56.3%，年均提高3.8个百分点。据中国社科院调查，2012年中国城镇化率达到52.6%，进入城镇化快速发展阶段。但我国城镇化统计口径包含了1.7亿尚未市民化的农民工，如果按户籍人口计算，我国实际的城镇化率仅为35%左右。与日本不同，我国城乡经济社会发展水平差别较大，农业弱势态势短期内难以扭转，工业反哺农业、城市支持农村的力度较小，我国城镇化难以达到日本的速度。根据联合国2012年4月发布的《世界城市化展望》，2011～2050年，世界城市化率将由52.08%提高到67.13%，其中较发达地区将提高到86.26%，而欠发达地区也将提高到64.08%[①]。改革开放以来，我国年均城镇化率为1.0%。国外经验表明，城镇化与经济发展具有高度的内在关联性，城镇化是经济增长相伴相生的产物，鉴于未来经济增长趋缓预期，本研究将未来10年城镇化平均速度设定为0.8%，并每10年递减0.1个百分点，未来各阶段我国城镇化率分别为：第一阶段：到2020年建党100周年，城镇化率为59%；第二阶段：到2030年国家第15个"五年计划"完成时，城镇化率达到66%，2/3的人口实现城镇化；第三阶段：到2038年改革开放60周年时，城镇化率达到71%，我国城镇化水平步入中等发达国家系列。

2. 我国城镇化第一阶段（2010～2020年）：以发展现代农业为主

当前，我国农业户籍人口仍占65%，其中有2.53亿（2011年数据）农民工。这部分群体大部分拥有农村土地承包经营权（农民工多数兼营农业）。到2020年，城镇化率要提升到59%，不但需要将1.45亿进城农民工市民化，还要将6.4%的农民市民化（按年均0.8%的城镇化速度计算），这需要客观的市民化成本。无论政府还是农民自身都需要进行资金积累。农民资金积累的主要来源除打工外，还是依靠农业生产。据统计，粮食主产区农业相关收入占农民总收入的63.3%。在工业技术支持下，发展现代农业时机成熟并成为城镇化第一阶段的主要任务。现代农业不但改善农民劳动条件、增加农业

---

① 联合国经济和社会事务部. 世界城市化展望［EB/OL］. http：//www.hse365.net/renju huanjing/yiju/2012051543201_2.html.

收入，还为工业化发展积累资本。发展现代农业，可以政策引导农地的适度流转集中，发展合作经济，但不应该让农民提早退出土地，尤其人均土地较多的地区。在家庭经营背景下，一方家庭成员从事非农产业，另一方从事农业生产，这种家庭分工在一定时期内将长期存在。农业生产具有较强的季节性（作者调查，山东省家庭农业生产每年仅需40多天），在农村社会服务业不健全的情况下，从事农业劳动的家庭成员还可以抽空照料老人和孩子。这种家庭经营模式使农民工兼营农业具有合理性。

3. 城镇化第二阶段（2020～2030年）：以农村再工业化和小城镇化发展为主

发达国家城镇化率约是工业化的2～3倍，我国2012年城镇化率为52.6%，工业化率为47%，城镇化明显滞后于工业化进程。主要原因是工业化的农村没有跟进城镇化。农村工业化对农民就业和收入具有举足轻重的作用。2008年，农村工业就业人数上升到1.8亿人以上，支付劳动报酬占全国劳动报酬总量44.9%。非农就业收入在农民总收入中的比重，东部地区为76%，西部地区为50%，农民的工资收入已经占第一位。进城农民工中70%以上希望在家乡周边就业（迟福林，2013），乡镇企业和私营企业发展为农民就地就近转移就业创造了条件。农业现代化发展为农村再工业化积累了资本。城镇化第二阶段应以农村再工业化和小城镇发展为主。

农村再工业化不同于20世纪80年代"三高一低"型农村工业化，而是发展高技术含量、低环境污染的新型工业化。产业中西部转移和农村再工业化都要注重产业竞争力和产业集群培养。企业竞争力来源于技术创新及其带来的超额利润。

$$企业利润 P = 销售收入 W - 机物料成本 C_1 - 要素成本 C_2 \quad (8-1)$$

在垄断竞争条件下，产业高初始利润会吸引大批厂商加入，最终拉平产业利润，但此时产业规模得到扩张，吸纳就业能力增强。如式（8-1）所示，假设机物料成本不变，要提高企业利润，必须提高销售收入和降低要素成本。提高销售收入关键在于通过提高产品技术创新提高产品附加值。要素成本包括土地使用成本、资本利息和工资。在劳动力供求趋势发生逆转的情况下（2015年后全国劳动年龄人口总量开始下降），工资水平难以下降。提高企业竞争力只有降低土地和资本成本。目前80%的乡镇企业散落在自然村,主要是本村土地的使用成本较低[①]。小城镇发展需要引导企业向工业园区和小城镇集聚集中,政府应该改革土地管理制度,通过租赁或政府补贴等方式降低进园区企业土地使用费。还要改善要素市场条件,降低企业的融资成本。

4. 城镇化第三阶段(2030~2038年):农村再工业化与农业现代化协同发展

在城镇化第三阶段,农村再工业化为农业现代化提供了资本积累,农业进一步分工和专业化,农业现代服务业专业化和规模化程度提高,现代农业得到快速发展。工农业和服务业协同发展的现代产业体系已经建立,城市群和大中小城市及小城镇协调发展格局已经形成并进入有序发展阶段。农业劳动条件得到改善,农业劳动收入水平大大提高,工农业收入差距在缩小,职业农民队伍已经形成,农业人口向非农产业转移速度放缓。农村基础设施建设步伐加快,城乡居住和生活条件差别缩小,城乡一体化达到一个较高水平,人们在较大程度上自主选择农业还是非农产业,城镇还是农村。

8.2 协同推进城镇化与进城农民工就业质量提升的国际经验

8.2.1 工业化、城镇化、农业现代化与农民就业相互推动

英美日等发达国家的实践表明,工业化、城镇化与农业现代化协调发展促进了农民的非农就业转移;同时,农业劳动力的转移也反过来提高了工业化、城镇化与农业现代化的水平,从而城乡差距不断缩小。在工业化、

---

① 王新. 劳动密集型与非城市化转移:中国农村工业模式解析[J]. 经济学家, 2012(9): 48-55.

城市化初中期，农业部门的剩余劳动力都是在大规模工业化的条件下，吸引农村剩余劳动力大量转移到城市工业部门和非农产业部门，促进了城市的发展；在工业化、城市化发展的同时，推动农业机械化和农业现代化，提高农业劳动生产率，促使更多的农业劳动力在农村内部转移，城乡差别进一步缩小，最终这些发达国家都走出了一条工业化、城市化和农业劳动力转移同步发展的道路[1]。比如，英国工业革命，使得生产要素和人口不断向城市集中，促进制造业、商业和服务业等非农产业的集中发展，形成了一大批工业城市；美国地广人稀，劳动力短缺，在工业化之前首先促进农业现代化的发展，使大批农业劳动力从农业中解放出来，同时注重工业化、城市化和非农化同步发展，通过三者的相互作用，实现了农村劳动力向非农产业自发稳定转移[2]。

而如果城镇化脱离工业化的发展水平超前发展，就会使转移到城市的剩余劳动力很难找到工作，引发一系列的社会问题。以巴西为代表的拉美国家就为我们提供了反面的教训，巴西城市化过度发展与经济发展不协调，大量农村劳动力集中进入城市，而城市的产业发展又不能为其提供就业和相应的居住条件，从而形成了城市的贫民窟，造成城市交通、住房、贫富差距悬殊等城市病问题。

8.2.2 选择适合本地区情况的城镇化发展道路才能与工业化和农民就业形成良好的互动

从发达地区城镇化道路来看，由于各地区的基本情况和发展现状不同，其城镇化模式各不相同，适合本地区情况的城镇化道路才能推动本国工业化和农民就业的发展，尤其是要正确处理大中小城市和小城镇协调发展的关系。

在这方面，德国、美国和我国台湾地区的做法值得借鉴，而要吸取日本、韩国、印度和巴西的教训。德国人稀地广，在民族统一之初其城市规模结构

---

[1] 欧阳力胜. 新型城镇化进程中农民工市民化研究 [D]. 财政部财政科学研究所，2013：157.
[2] 何建新. 城市化进程中农村转移劳动力的配置结构与配置效率研究 [D]. 武汉：华中农业大学，2014：127.

比较均衡，工业革命首先发生在小城镇而不是大城市，因此德国的形成了大城市比重小、中小城市均匀分布的格局[1]。美国虽然不是大中小城市与小城镇同时发展，但在城市化进程中，适时的选择了相应的城市发展战略和规划，尤其注重发展小城镇，其城市化经历了从小城市、中等城市、大城市到都市区、大都市区，最后又转向发展小城镇的过程。进入20世纪，城镇化的快速发展导致城市拥挤不堪，社会问题凸显，为此，美国政府积极实施小城镇发展计划，分流城市人口。目前，依托大城市的辐射作用，美国中小城镇发展迅速，吸纳了全国75%的人口[2]。台湾地区在城市化发展战略上，较好地处理了大中小城市和小城镇协调发展的关系，采取分散型的方式，依靠大城市、中小城市及中心镇全方位、多元化吸纳转移农村剩余劳动力，避免了城市恶性膨胀、环境污染及城乡收入差距拉大的问题[3]。

日本和韩国受国土狭窄、资源贫瘠的限制，选择了大城市高度集中的集约型城镇化模式，虽然促进了其经济的发展和城镇化率的迅速提高，但是其城市过于密集的人口却造成了住房紧张、地价高昂和交通拥挤等一系列的问题，而农村和边远地区则出现了老龄化严重，劳动力不足等现象，带来了经济过密与过疏的矛盾，不利于经济的长远发展和城镇化的推进[4]。巴西和印度等发展中国家，也是过分注重发展大城市，忽视中小城市和农村建设，农业发展落后，而且人口自由流向大城市的成本很低，因此，农村剩余劳动力过度涌向大城市，由此导致城市无法满足转移劳动力的就业和发展需求，出现一系列难以解决的城市病等社会问题。

我国与各地情况均有所差异，地大物博、人口众多，区域差距较大，因此，不能采取全国统一模式，不同地区应该根据其地区特点选择合适的城镇化模式，关键是要借鉴各国的有效经验，吸取相应国家的教训，促进大中小城市和谐和小城镇协调发展。

---

[1] 陈丽华，张卫国. 中国新型城镇化包容性发展的路径选择——基于城镇化的国际经验比较与启示［J］. 世界农业，2015（8）：189-194.

[2] 杨大蓉. 基于国际经验的新型城镇化产业带动策略研究［J］. 世界农业，2015（2）：147-150.

[3] 欧阳力胜. 新型城镇化进程中农民工市民化研究［D］. 财政部财政科学研究所，2013：159-160.

[4] 周明月. 国际城镇化的典型模式及经验启示［J］. 商，2015（12）：73.

8.2.3 适合的经济发展战略和产业发展计划是促进城镇化与进城农民工就业协同发展的重要保证

各国和地区的实践证明，结合本地区具体情况选择合适的经济发展战略和产业发展计划并根据国内外经济发展形势的变化做出适时调整，才能促进本国或本地区城市化、工业化与农民非农就业的良好发展。在这方面，我国台湾地区和日本是非常成功的案例，而印度和拉美国家则为我们提供了反面的教训。

20世纪50年代初期，台湾地区针对农业发展落后的现实，制定了优先发展农业的政策，通过土地改革和加强农业基础设施建设、推广农业机械化使用、支持农业生物科技的研究推广等措施，促进了农业的大发展，使大量农民从农业中解放出来，60年代开始在此基础上又先后实行了进口替代、出口替代战略，并及时进行产业结构调整，一方面，通过发展以劳动密集型产业为主的出口导向战略和兼业型产业促进农村剩余劳动力转移就业；另一方面，迅速推进工业化和发展城市第三产业，使其成为农村剩余劳动力转移的主渠道。日本在促进农村劳动力转移就业的过程中，根据劳动力转移速度、经济增长速度、经济发展各个阶段的特征，在不同时期采取不同的转移就业路径。"二战"前，日本工业发展较快，针对人多地少的特点，加快调整产业结构，优先发展劳动密集型产业和服务业，优化农业内部结构，使农业直接向第三产业转移，实现了跳跃式发展；当经济增长放缓后，又采取就地转移农村剩余劳动力的政策，优化农业内部结构，发展农村商业等实现农村劳动力的内部转移。印度人口迅速膨胀，农业过于落后，农村工商业和服务业发展很缓慢，而印度又实行了优先发展重化工业的发展战略，忽视劳动密集型轻工业的发展，这严重制约了工业部门对农村劳动力的吸收[1]。

拉美国家通过实施进口替代战略建立了比较完整的工业体系，然而，未能抓住战略机遇促进产业升级，长期僵化执行进口替代战略，导致劳动生产率低下、经济效益增长缓慢，制约了工业化持续推进。

---

[1] 欧阳力胜. 新型城镇化进程中农民工市民化研究 [D]. 财政部财政科学研究所，2013：123.

8.2.4 有效发挥三次产业在城镇化与农村劳动力转移中的作用

产业竞争力是城镇竞争力的核心，是城镇发展的物质基础，是吸纳就业的关键，三次产业在吸纳就业方面有不同的作用，在城镇化过程中，要充分发挥三次产业的作用，根据城乡发展特点和不同阶段，确定不同的主导产业，并持续推进产业发展和升级，才能创造更多的就业机会。

(1) 农业的发展是农业劳动力转移的前提。只有农业取得发展，劳动生产率得以提高，才能释放出更多的劳动力，才能使劳动力向非农产业部门转移提供可能。发达国家的经验表明，农业生产力的进步与农业劳动力向城市的转移存在明显的正相关关系，因此，在城镇化过程中，必须结合本国国情改造传统农业。比如，英国在工业革命前农业生产力就有显著提高，有农业人口向城市的迁移；工业革命时期，农业生产力水平提高幅度最大，史学家称之为"农业革命"，与此同时伴随着农业人口大规模向城市迁移现象[1]。日本农业劳动力的迅速转移也与农业现代化水平的大幅提高有着密切的联系。作为一个地少人多的国家，其农业生产以小规模经营为主，但是农协组织在农产品产销、生产资料购买、资金技术支持甚至农村社会保障方面发挥的重要作用，使小农经营得以融入现代化大生产。美国与英国和日本不同，地广人稀，各个产业面临的都是劳动力不足的问题，因此，农业劳动生产率的提高显得更为重要，美国正是通过发展农业机械化、商品化以及农业生物技术，形成了合作农场、公司农场等企业化生产组织形式，将现代生产要素引入农业生产，使农业生产率的提高发挥了重要作用，释放出大量农业劳动力促进了非农业部门的发展[2]。

(2) 农业劳动力的转移一般是以工业的发展而启动的。发达国家的城市化进程表明，城市的高速发展与发达的工业紧密相关，大部分国家的城市化进程和农村劳动力的转移都开始于工业革命。美、英、日都是率先由工业的快速发展启动农村劳动力的转移，又随着工业的发展得以快速推进。比如，

---

[1] 王俊霞.城市化进程中农村剩余劳动力就业问题研究[D].河北大学，2004：18-20.
[2] 王树春，王俊，王斌.农村城镇化的对策研究：国际经验与天津实践[J].天津商业大学学报，2014 (1)：46-51.

英国农业劳动力的转移就业是始于其工业革命时期；美国也是在工业革命迅速发展阶段启动了农业劳动力转移的步伐，19世纪末开始了以美国和德国为中心的第二次工业革命，对劳动力的需求激增，农业劳动力快速转移；日本则是在通过引进英美技术取得工业化高速增长的同时，实现了20世纪70年代中小企业的迅速发展，吸纳了大量农业剩余劳动力[①]。而一些发展中国家则是在工业化进程缓慢或工业基础较差的情况下发展城镇化。比如，巴西就是在工业化进程缓慢的情况下超前发展城市化，导致工业发展不能充分吸收大量流入城市的人口，出现"城市病"的各种现象，阻碍了经济的进一步发展。印度则是在独立以后忽视实体工业的发展而大力发展知识经济和技术经济，出现了社会经济结构的严重失衡，基层民众没有得到工业发展带来的实惠，工人失业率增加、农业投产率下降，社会贫富差距加大，这又反过来使得印度的城市化发展进一步缓慢，制约农村劳动力的转移[②]。

（3）第三产业比第一、第二产业的劳动力吸收能力更强。因为第三产业主要是生产和生活性服务业，劳动密集程度较高，在吸收劳动力方面能够发挥更重要的作用。因此，要把握好时机，大力发展第三产业。比如，英国在工业化前期和中期都是工业吸收了大量农业劳动力，而工业化后期开始主要是靠第三产业吸收了大量农村劳动力。而日本和美国的第三产业则发展的较早，在吸收劳动力方面，比工业发挥了更大的作用。美国从20世纪20年代开始，服务产业就迅速发展了起来，在整个农业劳动力转移的过程中，服务业劳动力所占比重始终都高于工业劳动力所占比重；日本从1920年开始，第三产业的劳动力所占比重（23.7%）就超过了第二产业劳动力比重（20.5%），自此以后第三产业的劳动力比重一直都高于第二产业[③]。因此，由国际经验可知，第三产业终将替代第二产业吸收更多的劳动力，最终推动城镇化的快速发展。

目前，我国"人口红利"逐渐减弱，"二孩"政策效应将在20年以后才会显现，因此，目前劳动力供给并不充足，需要加大农业现代化发展水平，释放大量农业剩余劳动力。但是，目前城市中又存在大量流动人口，他们正

---

①③ 王俊霞. 城市化进程中农村剩余劳动力就业问题研究 [D]. 河北大学，2004：18–20.
② 曹文献，江军. 农业现代化与城镇化推进的国际经验及启示 [J]. 经济研究导刊，2015（9）：22–23.

面临产业结构升级带来的结构性失业,第二产业正在由劳动密集型向资本和知识密集型转变,吸纳劳动力的能力在减弱,因此要大力发展第三产业吸收现有的农村流动人口,才能推动城镇化的进一步发展。

8.2.5 政府与市场无缝对接协同推进城镇化与农民转移就业

发达国家的经验表明,以市场为基础充分发挥政府的宏观调控对工业化、城镇化和农民转移就业的协同推进具有重要的作用。即使美国这样高度市场化的国家,在工业化与城镇化初期采取完全放任的市场竞争机制,到后期也通过立法、宏观调控等措施引导人口向郊区转移。英国、德国、日本和韩国则是在充分发挥市场机制有效配置作用的同时重视发挥政府调控,高度重视政府在城镇化中的政策调整和完善。而巴西、墨西哥等拉美和非洲国家由于市场机制不完善的同时政府调控不当,出现了大量人口无序涌入城市,城乡发展不平衡等问题,严重制约了其工业化和城镇化的发展。

政府的宏观调控主要表现为完善的法律制度和科学的发展规划,日本、美国、英国都系统制定了大量与城镇化相关的法律、法规引导农村人口向城镇集中,促进城乡统筹发展。比如,英国在20世纪后制定了40多部关于城镇化发展的相关法律法规,这些法律法规为英国城镇化的健康发展提供了有力的制度保障。在这些制度中,各国尤其重视通过法律消除人口流动的制度障碍,保障进城农民基本权利的公共服务体系的建立,使人口转移之后固定化。比如,德国早在1883年就颁布了世界上第一部社会保险法,设立了养老保险和法定事故保险,并在此基础上建立了比较完善的社会保障体系。同时德国通过多渠道发展义务教育,实行职业教育由政府和企业分担的机制,为德国工业化和城镇化的发展提供了有力的智力支持[1]。美国除了制定了较为完善的土地征用补偿方面的法律法规外,还制定了《人力发展与培训法》《就业机会法》以及《职业教育培训法案》,多层面、多渠道开展职业技能培训,建立了系统、正规的失地农民正规教育和职业技能培训体制,形成了开

---

[1] 周明月. 国际城镇化的典型模式及经验启示[J]. 商,2015(12):73.

放完善的公共就业服务系统。英国政府也依次颁布了《工业训练法》《就业训练法》等相关法律法规，用于支持失地农民的职业教育与技能培训[①]。日本高度重视正规教育和职业技能教育对促进就业的作用，分别颁布了《基本教育法》《学校教育法》《社会教育法》（对农村成人进行教育）和《青年振兴法》（由政府资助培训青年农民），使正规教育和农村职业技术教育正规化、制度化。瑞典对就业的法律保障十分完善，法国、芬兰、加拿大和新加坡也都通过立法明确规定了技能培训和职业教育的作用与地位。而一些发展中国家，如巴西在社会保障方面却没有与其工业化、城镇化和农业发展配套跟进，使其过度城市化所带来的城市拥挤、贫富悬殊、贫民窟等问题持续恶化时没有很好的社会保障措施予以缓冲[②]。

我国已经进入城镇化快速发展阶段，在农民市民化等方面面临各种问题与矛盾，政府必须在发挥市场机制基础作用的同时，合理制定政策法规，完善社会保障和基本公共服务体系，消除人口流动的制度障碍，为进城农民提供完善的公共服务，使其与市民享有同等的福利与待遇，持续推进工业化与城镇化稳步发展。

8.3 产城融合促进进城农民就业质量提高的国内实践探索

8.3.1 城镇化中产城融合发展模式

城镇化模式大致有两类：第一类是产业先行，城市跟进。第二类是城建先行，产业植入。其中，第一类模式产城融合容易推进，产城融合程度较高。基于这两种类型，产城融合发展可以进一步细分成多种模式。

[①] 王晓刚. 人口城市化视阈下失地农民征地补偿与就业扶持的国际借鉴 [J]. 农林经济管理学报, 2015, 14 (6): 644-652.

[②] 曹文献, 江军. 农业现代化与城镇化推进的国际经验及启示 [J]. 经济研究导刊, 2015 (9): 22-23.

8 对策建议

1. 城市建设先行、产业植入跟进模式

模式特点：城市开发超前于产业发展，出现空城、卧城现象。城市房地产业开发推进了城市空间蔓延，土地城市化速度快于人口集聚速度，出现有城市无产业、有城区无就业的城市建设与产业发展相脱节的造城现象。但经过一定时期发展，城市确立主导产业，产业规模扩张吸纳人口与就业城市集聚，城市人气增强。产业与就业的集聚赋予城市内涵，城市与产业滞后性融合。这种模式适合具有产业集聚潜力、一段时间内出现空城的新城或新区。如天津市滨海新区。滨海新区专业功能区具有产业集聚潜力，但滨海核心区距离天津市中心城区较远，交通设施有待完善，新区产业与人口吸纳集聚能力不断增强。一段时期内新区房地产业超前开发会出现空城现象，但随着城市产业规模、基础设施和公共服务水平提升，空城现象会逐渐缓解。北京市通州区城市发展也曾出现房地产超前开发的空城问题，但近几年"空城"现象有所缓解。

2. 产业集群式发展、城市功能完善模式

模式特点：传统优势产业集群式发展为城镇化提供了产业支撑。产业集群化和持续化发展积累了物质财富，乡镇政府城市建设财政能力较强。产业集群发展还吸纳大量人口集聚和就业，为城镇化积累了人气。城镇化的重点是城市功能和城市管理体制完善以及公共服务水平的提升，强化城市内涵。这种模式适合产业发展基础较好、人口规模较大的乡镇地区。如广州市新塘镇，占全国60%的牛仔裤生产加工产业吸纳了大量劳动力就业，镇域常住人口达到80多万人。但城镇功能和管理体制仍沿用镇级模式，镇财政权限和人员编制不能适应人口规模变化。产城融合发展的重点是通过镇改市，强化城市功能，提高城镇财政权限和行政管理权限，提升城镇管理能级和水平。

3. 产业转型升级、城市更新模式

模式特点：工业化发展占用了大量土地空间，造成土地资源的粗放式利用，城市进一步扩容存在空间约束。城市产业可持续发展要求产业转移和转型，转移出去土地密集型的传统工业，引进吸纳附加值高、土地节约型的现代服务业。为扩张产业落地空间，城市进行"三旧"改造和再开发，实行存量土地的整理和集约利用。产业转型与城市更新使得产业与城市在更高水平上实现融合。这种模式适合发达城市的城郊地区，城郊地区通过城市更新与中心城区融为一体，蜕变成为名副其实的城市。如上海市徐泾镇，西红桥商务区开发为徐泾镇提供了新的发展机遇，但新型产业落地受土地空间约束。根据上海市划定的产业类型区，徐泾镇协同推进传统工业转移和新型产业（如商贸物流业、会展产业、总部经济和文化创意产业等）落地。深圳市光明新区通过拆旧建新、功能置换和美容美化，不但为产业扩张腾出了土地空间，城市面貌也焕然一新。

4. 产业功能区主导、城市管理转型模式

模式特点：功能区先行发展。镇域（乡镇或城关镇）或周边地区通过产业集中集聚已形成经济开发区、高新技术产业园区等产业功能区，就业人口或在园区企业宿舍或在周边居住，功能区实行管委会管理模式。功能区实现了产业和就业的集中，但人口居住相对分散。功能区产业功能完善但城市功能欠缺，经济管理职能较强但社会管理和服务职能较弱。这种模式适合经济功能区发展成熟的城郊地区。如深圳市光明新区。光明新区是深圳北部功能新区，下辖两个街道，常住人口49万人。新区采用功能区建制，但实际承担行政区管理职能，实现管理模式从功能区向功能区与行政区融合转变，经济社会管理效率较高。但行政编制没有增加，人手不够。新区没有设置独立的人大、政协和司法机构，社会管理权限仍不健全。

8.3.2 产城融合发展促进农民工就业质量提高的实践探索

1. 上海市青浦区徐泾镇产业演进衍生就业模式

（1）上海市徐泾镇基本情况。

徐泾镇位于上海市西郊，属于青浦区"一核两翼"的东翼。镇域面积38.16平方公里，常住人口15万人，户籍人口2万人，外来人口13万人。徐泾镇一半面积承载上海西虹桥商务区，其中，1平方公里位于西红桥核心功能区，18.16平方公里属于西虹桥功能拓展区。

西红桥商务区是上海继浦东新区后向西发展的新的增长极，是长三角"一小时"经济圈的关键接点。全区定位为依托虹桥综合交通枢纽，建成上海现代服务业的集聚区，国际贸易新平台，国内外企业总部和贸易机构的汇集地和高端商务中心。西红桥商务区遵循生态、低碳、智慧、高品质产业标准，由隶属于青浦区政府全资的上海西虹桥商务开发有限公司开发建设。西红桥商务区采用功能区管理模式，2009年10月成立西红桥商务区管委会。

徐泾镇是国家级新型城镇化试点城镇，产城融合发展思路是依托交通优势对接西虹桥商务区，重点发展"4+1产业"，即发展总部经济、研发创意、商贸、销售物流等现代服务业，优化巩固发展现代制造业。徐泾镇仍沿用镇级行政管理体制，实行功能区与行政区协同管理。

（2）徐泾镇产业升级转型。

2014年徐泾镇产业结构0.1%、38.5%、61.4%。农业占比微乎其微，第二、第三产业尤其第三产业成为支柱产业。徐泾镇传统优势特色产业是物流业、房地产业、商贸业。西红桥商务区在徐泾镇镇域内发展会展服务业、流通服务业、总部经济产业、现代金融服务业和创意产业五大主导产业。

北部形成国家会展中心以及配套产业集聚区。西虹桥商务区的会展产业产生效应，徐泾镇得以发展贸易物流业、总部经济、创意产业和会展经济等。商务区建成中国（上海）国际会展中心，会展中心内中间购物、餐饮、休闲服务，两边一边是写字楼，一边是五星级酒店。

西部形成总部基地与现代金融服务业产业集聚区。商务区建成北斗导航定位基地，基地设有创新孵化区、总部研发与商贸区、配套生产加工区，吸纳集聚技术创新企业入驻。

南部形成特色居住产业集聚区。重点发展房地产业，星级酒店、社区综合商店和学校等，打造休闲、娱乐、购物于一体的示范国际社区。

西虹桥商务区的辐射给徐泾镇带来新的发展机遇，如信息、资金和物流要素等在徐泾镇集聚。徐泾镇依托商务区优势产业对人气的吸纳，以人气集聚做人的服务文章。服务业将是该镇未来的主导和支柱产业。但由于工业化粗放占用土地，土地空间约束使徐泾镇"引凤容易落凤难"。高端服务业持续发展需要进行产业调整，以腾出新的空间。产业转移和产业转型会降低经济发展速度，带来阵痛。不但如此，上海市统一划定的产业类型区也给徐泾镇产业发展带来约束，本镇引资类型必须符合上海市政策限定。

(3) 徐泾镇人口就业质量状况。

徐泾镇服务业产生大量劳动力需求。得益于西红桥商务区的溢出效应，本地农民按照技能类型能够实现充分就业。因会展业发展起来的会展服务经济吸纳劳动力就业和创业。由于徐泾镇既有中低端服务业如餐饮物流服务，也有高端服务业如现代金融和信息服务业，既能吸纳一般技能外来人口就业，也能吸纳高技能外来劳动力就业。产业结构升级引致就业结构升级，产业转型带动劳动力就业转型。外来人口就业呈现立体化分层。农民工既可以是城市白领，也可以是一般劳动力。这种就业模式是基于西红桥商务区产业集聚和产业升级衍生出来的劳动力需求创造，属于"傍大款"式的分层就业模式。

(4) 徐泾镇外来人口市民化。

徐泾镇主要是外来人口，外来人口市民化遵循上海市积分落户政策。由于部分外来人口就业层次和收入水平较高，市民化自我能力较强。徐泾镇学校、医院等社会服务设施较为健全，住房价格低于中心城区，部分白领外来人口（包括农民工）具有稳定就业和城市生存能力。低层级就业的外来人口没有城市购房能力，就业和城市居住呈现不稳定状态。

2. 广州市新塘镇外来人口转移就业模式

(1) 广州市新塘镇基本情况。

新塘镇位于广州市增城区南部，面积 85.79 平方公里，户籍人口 12.7 万人，常住人口 80 多万人，属于全国特大型城镇。新塘镇有国家级重点开发区——增城开发区，开发区占地 77 平方公里。以汽车产业及其配件（广汽本田）、先进制造业（农业机械、珠江钢琴）、现代服务业等为主导产业。开发区产业园区内有农民安置区，失地农民在开发区内实现就业安置。

(2) 新塘镇产业发展状况。

广州市增城区是牛仔裤生产基地，主要坐落在新塘镇。牛仔裤生产是新塘镇的传统优势产业，产量占全国 60%，新塘镇建设有面向全国的大规模牛仔批发市场。新塘镇牛仔裤生产加工形成一条龙产业，除棉花等原料需外部供给外，其他牛仔工序都能够自己生产。

新塘镇已形成规模客观的产业集群，传统产业发展历史悠久。但产业技术进步缓慢，产业升级转型滞后。镇域内多达 3000 多家牛仔裤生产企业，其中仅有 1000 家有自主品牌，其余为贴牌代工生产。牛仔裤是劳动密集型产业，产品附加值低，贴牌代工的利润空间被进一步压缩。企业只有扩大生产规模，靠量取胜。

人口的集聚为生活服务业发展创造了条件。当地人通过住房出租和生活服务业供给等创造了可观的就业和收入。

为提高金融服务水平，增城区在新塘镇设立了中小微企业金融服务区，服务区内有金融经营机构和政府顾问服务。金融服务区目标就是创业企业孵化器，为创业企业提供全阶段的融资服务。政府为资金供需双方打造平台，提供融资、融智、信息服务。金融需求方发布需求信息，资金供给方自主选择贷款及利息。政府披露供需双方信息，为企业与大专院校提供人才需求交流桥梁，并培训人才。

（3）新塘镇人口就业质量状况。

由于传统产业规模持续扩张，新塘镇从周边地区吸纳大量农村劳动力就业。外来劳动力多为一般技能性劳动力，主要从事体力劳动。工人每天工作 10~12 小时，每周工作 6 天，月收入 3500~4500 元。近几年，由于劳动力供给短缺，服装鞋帽等劳动密集型产业劳动需求得不到满足，企业不得已用部分机器代替劳动力。新塘镇劳动力就业条件较差，收入水平不高，外来人口转移就业但没有实现就业转型。新塘镇具有珠三角地区的典型特征，依靠传统制造业规模扩张吸纳外来人口的集聚和转移就业。

（4）新塘镇外来人口市民化。

新塘镇实行广州市统一的户籍政策，外来农民工难以落户。外来人口不能享受城市低保和住房保障。由于外来人口多，大量民办学校应运而生。农民工子女能够进入民办学校，但进入公办学校比较困难，需要工作五年并持有四证。

3. 杭州市塘栖镇全民多元充分就业模式

（1）杭州市塘栖镇基本情况。

杭州市塘栖镇位于杭州市北部，南面湖州、东面嘉兴，属于京杭大运河北门户。塘栖镇民间素有"江南十大古镇之首"之称。塘栖镇建有运河古镇、谷仓文化博物馆和仓山旅游区，塘栖镇是全国闻名的"枇杷之乡"。镇域面积79平方公里，常住人口12.3万人，其中，户籍人口9万多人，外来人口2万多人。2010年塘栖镇列入浙江省首批27个小城市试点之一，小城市培育目标是通过优化发展格局，发展小而美、小而精、小而特的小城市，打造名山、名镇、名府。

（2）塘栖镇产业升级转型。

铸造、机械等传统产业是塘栖镇主导产业，塘栖镇曾是工业第一大镇。2008年以后，传统产业出现萎缩。传统产业不景气倒逼塘栖镇产业转型。2010年示范小城市建设启动后，塘栖镇关停化工等一批重污染企业。建立了高新技术开发区，规划发展高科技装备制造业，改造提升传统产业，依托运河古镇发展全域旅游业，打造京杭大运河休闲文化和节庆文化，如枇杷节、（秋天）开运节、（冬天）年味节等。古镇全域旅游正在改造运河两岸，打造徒步和水上旅游线路，计划将旅游景点穿珠成线。目前主要以散客为主，周末人多，主要人群以周边为主。农业主要发展枇杷种植、蚕桑等产业。

塘栖镇产业结构正在调整中，全域旅游业将是该镇朝阳型产业。依托运河古镇和运河文化，打造旅游、休闲、购物、娱乐于一体的旅游线路。古镇周边形成特色农产品休闲购物街，摊位林立，集市繁荣。

（3）塘栖镇人口转移就业质量和收入状况。

塘栖镇外来人口较少。由于就业渠道广泛，当地农民实现全民就业充分。农民既可以创办企业或打工就业，也可以照看店铺（运河两边店铺林立），还可以出租房屋获得财产性收入。农民收入水平较高，城乡收入差距较小。2014年，农民人均收入2.9万元，年增长12%，城镇居民收入年增长10%，城乡居民收入之比低于2∶1，实现了城乡一体化发展。

塘栖镇大力引进优势医疗教育资源，教育医疗水平仅次于杭州市区。利用这个平台引进优秀教师、医生等。社会服务业高水平发展吸纳集聚了大批高级人才。

4. 绍兴市钱清镇传统产业吸纳就业模式

（1）绍兴市钱清镇基本情况。

钱清镇位于浙江省绍兴市柯桥区，镇域面积53.6平方公里，下辖21个村 4 个居委会。常住人口 16 万人，其中，户籍人口 6.02 万人，外来人口 10 多万人。2014 年 GDP 为 150 亿元，年财政收入 15 亿元。常住人口与产值在柯桥区第一。钱清镇是全国文明镇、全国重点镇。2010 年列入浙江省第一批小城市试点建设。钱清镇拥有世界最大的（化纤）原材料市。"十三五"期间产城融合发展定位是国际轻纺原料基地、都市城市圈节点城市、（柯桥区）区域经济社会副中心，发展目标是接轨杭州都市、融入柯桥城区、引领钱（清）杨（兴）新城。

（2）钱清镇产业升级转型。

纺织企业是钱清镇传统优势主导产业，具有悠久的历史和工艺技术基础。纺织产业是劳动密集型产业，吸纳大量劳动力就业。钱清镇企业主要是民营企业，中小企业居多，企业主要依靠自有资金积累发展，借贷较少，资产负债率低，经营风险小。钱清纺织企业持续发展还受益于钱清（化纤）原料批发市场。该市场房屋产权镇占 49%，村占 51%。市场云集商户 1000 户，吸纳 1.5 万人就业，对钱清纺织企业和经济社会发展带动很大。

近年来，钱清镇周边地区经济发展较快，对钱清产生虹吸效应。钱清镇面临竞争压力。倒逼企业转型升级。钱清企业转型不是"腾笼换鸟"，而是就地产业升级。钱清企业进行第三次创业，着力用高新技术改造传统纺织企业，发展高端制造业，建设电子商务园区、物流园区、商贸三产（采用万达模式，集休闲、餐饮、娱乐、超市等商务服务业于一体。钱清企业老板多数去市区消费，钱清计划建立消费服务机构，留住当地消费）。引进先进清洁生产技术，将污染型企业转移到柯桥工业园。通过产业升级，纺织产业得到持续发展，钱清保持较好的发展势头。钱清镇产业转型实践表明，纺织产品国内具有持续消费需求，但消费结构升级，纺织企业必须提升产品档次才能保持市场空间。低档次纺织产品市场需求萎缩，但高技术纺织品市场视窗正在开启，经过技术改造的纺织产业不再是夕阳产业。

（3）钱清镇人口就业质量状况。

浙江省是创业大省，平均每四户就有一户创业。民营企业构成浙江中小企业的主体。钱清镇外来人口居多，达 10 万人。外来人口主要在纺织企业打工就业。钱清本地人要么做老板，要么从事经营管理。群体间社会地位以及收入差别主要表现为劳资差别、当地人和外地人的差别。农民工在民营企业就业，雇用劳动是外来农民工主要就业形式。纺织业农民工人均月收入5000~6000元。农民工就业相对稳定，劳动条件较好。单位为农民工缴纳社会保险，村集体为农民工建造公寓居住。

（4）钱清镇外来人口市民化和公共服务。

钱清镇通过交通基础设施建设和商贸业发展集聚人口，通过环境改造和产业提升吸纳高层次外来人才。针对外来人口大量集聚，钱清镇大力发展社会服务业，提高外来人口社会服务水平。外来人口难以落户，但钱清镇推行"教育券""医疗券"制度，保障外来农民工享受一体化的义务教育、医疗保障等。近几年，钱清镇社会服务业投资几千万元，建设绍兴市中心医院钱清分院，建设外来民工子弟中学，中小学学校建设与教育质量可以与柯桥区媲美。

5. 无锡市华西新市村集体经济组织就业优先模式

（1）无锡市华西村基本情况。

华西村是无锡市江阴区华士镇的一个村，原面积0.96平方公里，人口1500人。2001年，吸纳周围20个村加入进来。现有36平方公里，户籍人口2.6万人，外来人口2.5万人。

华西村被誉为"天下第一村"，有"全国文明村镇""全国文化典范村示范点""全国乡镇企业思想政治工作先进单位""全国乡镇企业先进企业"等荣誉称号。

（2）华西村产业转型升级。

华西村工业发展较早，20世纪60年代建起乡镇企业，生产螺丝，偷偷发展工业。华西村工业发展大致经历四个阶段：

第一阶段：1992年之前传统工业发展阶段。

第二阶段：1992~1999年，现代企业初步发展阶段。1992年邓小平南方谈话后，华西村发动党员干部借钱买原材料，大力发展乡镇工业，成立中外合资企业，构建现代企业雏形。

第三阶段：1999~2003年现代企业发展阶段。1999年以后，华西村企业股票上市，募集资金。1999~2003年，华西村对工业进行大规模技术改造，企业年产值超过100亿元。

第四阶段：2003年至今，产业转型阶段。企业年产值达到500亿元后，维持在这个水平上。

2003年，吴仁宝从村书记岗位退下来，由其四儿子吴协恩担任。2003年，吴仁宝提出产业升级转型，2005~2006年华西村走上产业转型升级之路。产业转型前，工业GDP占比60%，现在工业GDP占比43%，计划三年内将第三产业提高到70%。

华西村现有七大产业：第一，金融服务：小贷公司、银行、证券服务等；第二，休闲旅游业：华西村主导产业，年接待200多万游客；第三，海工海运业；第四，仓储物流：棉花仓储、PPA仓储；第五，物流产业；第六，文化创意产业；第七，农业：现有1万多亩土地，其中3000多亩生产水稻。农业实行工厂化生产，农民成为农业工人。

（3）华西村人口就业质量状况。

人才集聚：华西村协同推进产业发展、资本积累和人才集聚。人才储备有三条途径：第一，自己培养，村民子女大学毕业后回华西村工作。第二，在职员工培训。第三，人才引进。从国内院校招聘，从银行、证券等行业招聘高级人才。

劳动力吸纳：管理人员和农民工从老家介绍外来人口来华西打工。外来人口一般年收入4万多元。华西村所有企业都属于集体所有制，农业企业与非农业一样实行集体工厂化生产，工人实行按劳分配而不是获得家庭经营收入。华西集团公司下属100多家企业，不少外来人口担任下属企业"一把手"，中层管理岗位的外来人（包括农民工）居多。低技能的本地人在农业企业或传统工业企业就业。华西村为解决当地人就业，特意延缓了部分传统产业的升级。

社会保险：外来人口全部缴纳社会保险，如果外来人口不愿缴纳，要么企业不签订劳动合同，要么签订放弃缴纳的协议书或授权书（但根据劳动合同法，劳动者没有权利放弃社会保险，华西村这种做法也是不合法的）。

（4）华西新市村外来人口市民化和公共服务。

外来人口经过一定时间工作、掌握一定技能、对华西村做出一定贡献，经个人申请，考核通过后缴纳10万元可以吸收为新村民。新村民与老村民待遇一样，但受江阴区户籍政策约束，新村民不能在华西村落户。新村民没有代表权和表决权。

华西村房价低，生活成本低。2.5万的外地人中有1.5万人选择买房定居下来。张家港离华西村7公里，许多在张家港上班的人在华西村购房居住。外来人口难以落户华西村，但能够享受到均等的公共服务。外来人口子女可以就读华西村实验学校，可以参加每年的健康查体。

8.3.3 启示与借鉴

1. 稳步城镇化需要实施产业培育和就业优先战略

城镇是人口集聚集中的场所，城镇人口维持生存的前提是实现就业，而就业需求的创造需要培育或植入产业。在资本积累有限的条件下，劳动密集型产业虽然劳动生产率低，工资水平低，但能最大限度地吸纳劳动力就业。当资本积累到一定程度，劳动者技能也得以提升，城镇产业适时升级，相应地，劳动者就业结构也随之升级。无论如何，就业优先是稳步城镇化的基础，无论产业结构和就业结构水平如何，就业实现使城镇能够吸纳集聚人口，为稳步推进城镇化集聚了人气。

2. 城镇化质量提升需要协同推进产业升级与进城农民就业转型

衡量城镇化质量提升是城镇产业升级和就业升级共同作用的结果。产业升级为城市建设积累了更多财富，减少了新型产业对城市环境的不良影响。劳动者就业升级改善了劳动条件，提高了收入水平和劳动安全保障水平。物的城镇化质量和人的城镇化质量都得以提高。上海市徐泾镇"腾笼换鸟"，腾出劳动密集型制造业，集聚企业总部和会展、信息化产业，农民工有机会从事高端服务业，成为城市白领。城镇化综合质量水平得到提升。

3. 城镇公共管理服务能级应与外来人口规模相对等

城市治理能力与城镇级别相对应。外来人口大量集聚而城镇行政级别没有提升，城镇社会管理就显得力不从心，城镇公共服务水平不能满足人口需求。人口集聚不能自动提升城镇化水平。城镇公共管理和服务能级应与外来人口规模相匹配,而城镇公共管理能力与城镇行政层级相对应,人口规模扩张需要及时提升城镇行政层级,进行城镇行政管理体制改革。广州市新塘镇就是一个失败的案例。新塘镇人口已达到中等城市规模,而行政级别仍是镇级,公共管理预算、机构和人员仍按镇级安排。公共管理和服务水平差,打架斗殴时有发生,外来农民工享受的城市福利和公共服务较少。

4. 居住社区、产业园区与社会服务联动发展促进进城农民就业、居住和生活的统一

宜业、宜居、宜人是产城融合发展原则。但产城融合发展中存在重产轻城现象,城市产业升级转型导向主要倚重科技推动和产值增加,而轻视绿色、生态和景观等城市要素。城市离不开产业,也离不开人口。产业发展质量标准既要看产业增加值,更要看产业发展对居住、生活和社会环境带来的影响。人口驻留城市源于就业、居住和生活的三统一,三统一需要居住社区、产业园区和社会服务联动发展,保障合理的通勤距离、宜居宜人的生态环境、健全和高品质的文体教卫服务等。只有这样才能留住人口,吸纳集聚高层次人才(高级人才短时间是产业吸引,长期居留看生活环境)。深圳光明新区凤凰城规划建设具有一定的借鉴意义。凤凰城按照绿色城市、绿色产业、绿色生活规划建设城市,建设城市人文自然景观,以点连线串联翡翠项链,营造宜业、宜居、宜人的城市环境。

5. 现代农业进城是城镇生态、城镇生活和城镇景观的要求

城镇农业的生产功能大于生态和生活功能。城镇农业进城发展是城镇居民宜业、宜居、宜人的要求。进城农民既可以从事非农产业,也可以从事农业生产劳动。进城农民概念包括农民工和城镇农业生产者,进城农民身份与职业剥离,成为市民。城镇农业如生态农业、绿化农业、休闲农业等与城镇非农产业呈共生和互补关系,城镇非农产业以 GDP 创造功能为主,城镇农业以生态生活功能为主,两者都具有城镇就业创造功能。

6. 进城农民稳定就业是稳步城镇化的微观基础

稳定就业能够使人口长期驻留城市,构成稳步城镇化的基础。影响稳定就业的因素很多，其中主要包括产业发展空间、单位性质、劳动者技能和劳动法律保障等。朝阳产业就业吸纳能力不断增强，体制内单位就业相对稳定，异质性劳动力因可替代性差就业相对稳定，劳动法律保障劳资关系的稳定性，其中，劳动者能够影响的因素是职业技术技能。参加职业教育培训提高劳动技能是进城农民实现稳定就业的出路。

7. 进城农民市民化是城市化的核心内容

人的城市化是城市化的核心，人的城市化主要表现在进城农民市民化。市民化的根本是城市福利的分享。按照劳动贡献与利益分配对等原则，进城农民为城市 GDP 做出贡献，理应参与城市福利分配。如果长期被排除了城市福利之外，进城农民利益被长期剥夺，这部分群体就会用脚投票重新选择"市民化地"。市民化与否主要取决于政策门槛和自身努力。特大城市人满为患，但中小城市急需集聚人气，中小城市市民化政策应更加开放。中央已几乎取消全国小城镇市民化门槛，但地方政府尤其经济发达的小城镇政府并没有降低政策门槛，农民工落户东部经济发达小城镇仍然很难，出现中央政策与地方政策的悖逆现象。

8.4 对策建议

8.4.1 科学引导现代农业进城，实现城镇第一、第二、第三产业融合发展

1. 科学制定城镇建设和产业发展规划

按照城镇三次产业融合原则科学制定城镇建设和发展规划，以现代农业与第二、第三产业的耦合实现三次产业城镇空间集聚。城镇建设上，合理规划农业景观带、公园和公共绿地、绿化带以及农业产业园区布局，让景观绿化性生态农业散布于城镇居住、商业社区，都市农业园区在城镇边缘地带集

聚。产业发展上，城镇政府专门制定城镇现代农业发展规划，将现代农业定位于城镇公益性与竞争性相融合的产业，提升现代农业生态价值。

2. 合理规划和管理城市农业用地

城镇土地利用规划中将城镇土地分为建设用地和农用地。城镇农用地先经国家征用再出让土地使用权。公益性农业用地由国家划拨使用，委托经营。经营性农业用地宜采用招投标方式出让农地使用权，国家给予财政补贴。严格限定城镇农业用地的用途，以保障农用地的使用符合城镇建设和产业发展规划。

3. 建立和完善农村与城镇互动交流体系

加强城市与农村交流体系建设。第一，大力发展休闲体验式农业，鼓励城镇居民下乡体验农耕。在乡村旅游采摘体验基础上，农民可以提供租地农耕服务。第二，发展城镇"阳台农业"。允许城镇居民在自家院落或阳台，利用营养液和生态技术种植蔬菜或景观。第三，畅通城乡鲜活农产品物流渠道。农超对接基础上，允许农户进入城镇社区自行销售鲜活农产品。

4. 建立和完善现代农业进城支持性政策

第一，完善现代农业进城的财税金融政策。城镇政府加大现代农业的支持力度，城镇财政预算中增加现代农业专项支出项目，免征城镇农业税，政府为城镇经营性农业发展提供融资担保。第二，将城镇现代农业发展列入地方政绩考核体系。绿色GDP考核中增加现代农业项目，将城镇现代农业产值划入绿色GDP。第三，制定城镇现代农业特殊补贴政策，补贴水平高于农村现代农业和传统农业。

5. 制定和完善现代农业进城相关法律法规

现代农业进城需要法律保障。修改城市规划法，允许城镇发展现代农业；修改土地管理法，将城镇现代农业用地列入公益性征地范围；制定和完善都市农业相关法律法规，允许和鼓励城镇发展现代农业。

8.4.2 促进城镇和乡村非农产业升级，为稳步城镇化与农民就业转型提供产业支撑

1. 以家庭创业和多元经营支撑小城镇和小城市发展，提高中小城镇人口和就业吸纳能力

支柱产业缺失和非农就业机会缺少是制约小城镇化发展的主要因素。小城市和小城镇连通农村与城市，是农民工就地就近转移就业的场所。2013年新生代农民工就地转移就业已达到2467万人，兼业型就地转移就业将成为一个长期趋势。地方政府财税金融政策应向农村倾斜，鼓励农民家庭式创业，鼓励发展农产品加工、农村养老服务和农业社会化服务业，规划建设市镇工业园区和特色产业园区，发展特色产业镇、工业品牌镇、商贸物流镇等各类专业特色小城镇，为人口与就业提供产业支撑。

2. 加快推进产业技术创新和成果转化，促进高层级城市产业升级转型

"农二代"注重劳动保护和劳动条件的改善，就业偏好倾向摆脱身心健康损害和追求体面就业，农民工用脚投票必然抬高企业用工成本，倒逼产业升级，传统制造业不升级即淘汰。高层级城市产业升级应实现从中国制造向中国智造转变。第一，吸纳国外资本和智力参与高层级城市新兴产业如信息技术产业、高端装备制造业等产业技术和产品的研发设计，加快开发"两化"深度融合技术和新型产品，促进城市产业升级。第二，取消省及以下的职务科技成果转化审批，将成果转让处置权下放到科研团队甚至个人，由其自主决定成果转化时机和转化方式。简化国家基础研究科技成果转化审批手续，将基础应用研究科技成果转化审批权限下放到地方。2014年武汉市出台了"汉十条"新政，首次下放职务科技成果处置权限。科技部门可借鉴武汉市经验，适时向全国范围推广。第三，进一步提高科研人员成果转化收益比例。建议将科研负责人、骨干技术人员和团队成果转化收益分享比率从50%提高到70%以上。第四，政策允许科技人才"带职创业"。日本等国家允许在职科技人员创办企业，我国政策应允许高校、科研机构从事行政领导职务的科技人才（俗称"双肩挑"）经单

位批准后，通过科技成果产业化创办合办企业并持有股份。

3. 政策引导传统产业就地转型升级，审慎推行产业异地转移

东部地区部分传统产业不应盲目向中西部地区转移。一个产业在当地的形成发展具有一定的历史渊源，具有成熟的工艺技术、成熟的市场和成熟的产业文化。如果盲目转移，产业承接地不具备产业落地生存的必要条件，产业就不能异地转移成活。东部地区政府应充分尊重传统产业的延续性和适应性。世界上那些著名的传统产业区成功实现了传统特色产业保护继承与现代产业转型有机结合，如巴黎的时装业，京都的传统陶瓷、纺织业，伯明翰的金银珠宝制造业等，这些特色产业本身具有持久的市场需求，不受环境污染和资源枯竭约束，产业的延续和就地转型实现了城市群内产业的差别性和多样性，也体现了城市发展对历史的尊重和继承。

4. 构建功能区产业与镇村互动对接机制，推进村镇产业升级转型

一是构建功能区产业与镇村产业互动对接机制。为充分发挥功能区产业的辐射带动功能，促进镇村产业的转型升级，经济与信息化部门应建立功能区产业与镇村产业互动对接机制。引导功能区企业的对外加工项目优先选择镇村企业，扶持镇村企业发展；功能区转出产业优先在镇村落地，促进镇村产业升级转型；鼓励功能区企业与镇村产业开展联合技术攻关，提升镇村企业技术水平。二是鼓励功能区企业为镇村企业提供人员培训和技术扶持服务。经济与信息化部门引导功能区企业与镇村对口企业结对子，帮扶镇村企业发展。功能区企业定期为镇村企业提供人员培训，开展技术合作和技术服务等，政策在项目审批、税收优惠方面向上述企业倾斜。鼓励功能区企业到镇村设立分支机构，把经营业务向镇区拓展。鼓励具有一定技术或经营经验的企业人员到镇村创办企业。

8.4.3 实施就业优先战略，促进进城农民就业质量提高

1. 制定实施就业优先战略，促进进城农民就业质量提高

农民共享经济社会发展成果就要改善农民工就业条件，提高就业质量。

农民就业转型不是自动实现的，需要政府政策干预。针对"重产轻城疏就业"现象，城市政府制定实施就业优先战略，将进城农民就业质量管理纳入民生工程。落实城市农民工就业质量责任部门，负责检查监督农民工就业条件改善状况、工资支付状况、社会保险缴纳状况和其他劳动权益维护状况等。

2. 制定城市劳动力技能提升发展规划，前瞻性储备技能型劳动力

城市根据产业发展规划确定未来 5~10 年劳动力需求的技能结构，制订劳动力培训计划。培训内容分为通用性技能和专业化技能。通用性技能是具有普适性的基本技能，而专业化技能是所在城市未来产业发展所急需掌握的技能。建立城市 5~10 年内紧缺专业培训目录，政府相关部门组织 50 岁以下的常住人口（包括外来农民工）参加培训，政府根据专业紧缺程度提供不同水平的培训补贴和生活补贴。

3. 贯彻同工同酬和住房保障制度，提升新生代农民工稳定就业的质量

低层次的稳定就业无助于农民工就业质量提高，就业转型要求城镇农民工从低层次稳定就业向高层次稳定就业转变，提高农民工城镇民生权利实现质量。第一，各级政府制定和监督实施农民工工资正常增长制度，明确规定工资梯次晋升的幅度和年限要求，初步将签订中长期劳动合同的农民工纳入制度框架。第二，防范和杜绝职业病风险。各级政府安全生产监管部门和劳动监察部门严格监督监察企业用工企业职业卫生和安全生产防护措施，防范杜绝职业病风险。入职农民工必须进行安全生产教育，严格执行危险岗位持证上岗制度。第三，尽快实施同工同酬制度。劳动部门制定实施同工同酬细则，督促制度尽快落地实施。第四，将基本实现稳定就业的农民工纳入居住证管理和城镇居民住房保障体系，享受廉租房、共租房、住房公积金或住房补贴等市民待遇。

4. 县级以下产业园区发展环境友好型、资源节约型、劳动密集型产业，促进农民就地转移就业

第一，按照生态维护、资源节约、环境保护的总体要求，县级以下产业

园区发展环境友好型、资源节约型和劳动密集型产业,促进农民就地转移就业。产业政策重点下移,鼓励城市企业到县级以下中小城镇和产业园区投资办企业,鼓励返乡农民工在产业园区创办领办企业,扩大农村劳动力需求。第二,加强产业园区城市功能配套,促进园区城镇化。完善园区道路、通信网络、社会服务设施等建设,增强园区城市功能。加强园区生产服务业、生活服务业、社会和公共服务业发展,提高园区产业集聚、就业创造、居住生活和休闲娱乐等能力和水平。

5. 大力发展县级以下中小城镇社会服务业,促进农民工家庭双就业

农村社会服务业发展滞后是制约劳动力进一步转移的主要因素之一。随着农村老龄化程度加深,托幼养老等各种生活服务业需要增加。家庭妇女因照料老人孩子等家庭事务拖累难以转移就业。第一,农村社会服务业应向中心村或小城镇甚至县城集中化和规模化发展,以吸纳进城农民工及其配偶就业。政府及时引导已实现双就业的农民工家庭落户城镇。第二,各级政府财政扶持农村社会服务业发展。农村社会服务业是公益性事业,农民有较强的潜在需求,但支付能力有限。政府应给与农村社会服务机构补贴,以降低服务供给成本和服务品价格。

8.4.4 政策引导新生代农民工理性流动,优化城镇劳动力配置结构

1. 政策引导不同人力资本水平农民工差别化流动,优化城镇农民工配置结构

大城市高收入预期引致农民工蜂拥而至。但事与愿违,低知识技能农民工没有实现大城市"淘金梦",出现部分农民工中西部地区回流现象。农民工跨区域盲目流动现象要求区域劳动力配置格局重新洗牌。鉴于高层级城镇对高人力资本收入增长具有积极影响,而对低人力资本则具有消极影响,国家需制定相关政策,引导和鼓励低端农民工进入较低层级城镇如县城、小城镇打工落户,允许和鼓励异质性高知识技能农民工进入省会城市或计划单列市甚至跨省市流动,提高城镇农民工配置效率。城市政府积极为流入的高技

能农民工创造就业和落户条件，优先实现这部分农民工市民化。相对于中西部地区，东部地区城市收入较高，但东部地区产业技术和产业结构也较高，对低技能劳动力产生排斥。在产业结构地区转移完成之前，中央和中西部地方政府应创造条件，引导和鼓励低端劳动力进入当地县城和小城镇转移就业并实现市民化，这样可以大大缓解农村留守儿童和留守妇女现象。

2. 提高地级市工资收入水平，提升地级市高人力资本农民工吸纳集聚能力

实证分析发现，地级市农民工工资水平缺乏竞争力。但学历越高的农民工越偏爱流入地级市打工。地级市具有较完善的城市功能和产业支撑，具有真正的城市内涵，更适合农民工长期居留生活。城市政府应在劳动力市场竞争基础上逐步提高地级市最低工资水平，吸纳高人力资本农民工向地级市集聚集中。政策鼓励地级市加快产业技术进步和产品研发设计，促进产业升级，提高产业劳动生产率。地级市通过劳资集体谈判约定本地区最低工资水平，提高劳动分配能力，提升地级市高人力资本农民工吸纳集聚能力。

3. 大力发展县城和特色中心镇，促进农村劳动力就地就近转移就业

新生代农民工中初中及以下学历占到2/3，大部分农民工学历水平不高，更适合在县城及以下中小城镇就近转移就业和城镇化。地方政府应制定中长期城镇体系规划，确定未来城镇化发展方向和发展目标。如江苏省城镇化体系规划重点发展中心镇，建设工商业强镇、文化旅游名镇和生态宜居城镇。大力发展县城和中心镇，吸纳一般劳动力就近转移就业具有全国普适性。无论东部地区还是中西部地区，就业与城镇化政策都应该下移，中长期内地方政府应培育壮大县城和中心镇产业规模，培育建设特色小城镇，创造更多劳动力需要和更高城镇化能力。

8.4.5　多措并举促进多元资本投资，提高新生代农民工市民化能力

1. 推行财政转移支付与市民化挂钩政策，分类分步骤推进农民工市民化

第一，加快推进财政转移支付与市民化数量挂钩政策。经过试点检验颇

具成效的政策应尽快推广普及，而无须等到试点结束。当前应加快推广普及财政转移支付与市民化挂钩政策，明确中央和地方财政分担比例，明确农民工市民化的标准，制定可操作性的办法措施。第二，政策引导异质性劳动力较大范围流动，而同质性劳动力就近就地转移就业和市民化。大城市和特大城市可以采用居住证积分政策，赋予特殊技能的异质性劳动力较高的分值，减低城市积分落户门槛。第三，（特）大城市居住证积分政策中增加农民工就业质量评价指标并提高指标权重，将稳定和高质量就业水平作为落户城市的必要条件。第四，地方政府应进一步降低农民工市民化门槛。中央层面早已放开小城镇落户门槛，但地方政府并没有完全放开。源于捆绑在户籍上的城市福利的差别，东部发达地区农民工仍然难以在小城镇落户，人口集聚水平较高的小城镇农民工子女就读公办学校的门槛较高，多数只能在民办学校就读。发达小城镇应加快户籍制度改革，按照贡献获得相应城市福利。第五，加快推进中西部地区农民工就地就近市民化。政策扶持发展中西部地区乡镇企业。中西部地区一亿人口就地市民化工程需要优先发展县域劳动技术密集型产业，创造更多就业岗位。政策鼓励新生代农民工在县级及以下城镇购房居住。

2. 盘活农村存量资产，为农民工市民化积累物质资本

农民工的农地承包经营权、宅基地使用权和农村集体资产收益权是农民工市民化的经济基础。虽然收入水平对新生代农民工市民化没有显著影响，但如果没有一定的物质资本积累，即使享有城市住房保障权，农民工也买不起住房，难以在城市扎根落户。允许农民工带资进城奠定了农民工市民化的物质基础。但如果农村资产不能处置变现，农民工带资进城政策将沦为空谈。当前迫切需要构建农村产权流转的制度环境和市场条件，如建立规范有形的土地产权交易市场、集体资产的股份化、宅基地的有偿转让等，完善农村投融资体系，加快资产流转，让农民工真正能够带着农村积累的物质财富变身市民。

3. 构建公平性、宽容性和激励性企业文化，促进农民工心理资本积淀

心理资本是人力资本和社会资本形成的内在基础。社会歧视让农民工

微薄的心理资本流失。农民工的信心、坚韧性、乐观和期望等产生于农民工与社会和组织的互动，组织对自己的接纳、认可、激励和生活前景等有助于提升农民工心理资本。企业应该构建公平性、宽容性和激励性的企业文化，如城市劳动者与外来农民工同工同酬、量才定岗定薪；管理者及时反馈工作业绩，认可、赏识、奖励农民工，让其产生成就感和自我效能感；宽容农民工的失败和短期的低绩效行为，帮助农民工认识问题，纠正偏差，提高绩效等。心理资本提升也会提高工作业绩，形成农民工与企业的良性互动。

4. 统筹政府培训与干中学，逐步提升农民工人力资本水平

新生代农民工年参训时间平均不足一个月，农民工培训问题突出。各地政府应尽快建立农民工培训政策法规，规定农民工年参训时间下限，如2个月。一是建立农民工定期培训机制，统筹输出地、输入地政府和打工企业，分担新生代农民工培训责任。如农民工外出打工前由输出地县级政府进行前期培训，输入地政府开展定期培训，并要求所在企业每年不少于45天的在职培训，企业培训费用税前列支。政府相关部门监督检查企业农民工培训状况和培训效果。二是严格监督农民工职业培训经费使用。中央和地方政府农民工培训转移支付严格实行预算管理，受托单位的培训经费要与农民工培训效果挂钩。三是提高中高职院校农民工教育培训参与率和参与度，发挥职业院校专业技术培训的主导作用。职业院校农民工培训可采用政府招标、企业委托、自主培训等多种形式，采用政府费用分担和市场化运作方式。

5. 以家庭整体迁移促进稳定就业，实现农民工及其家庭市民化

打工年限对新生代农民工市民化没有产生显著影响，主要源于农民工就业不稳定。稳定就业是新生代农民工市民化的先决条件。实现稳定就业，除提高劳动技能外，还要实现就业与居住融合。家庭整体迁入城市并市民化是稳定就业的保障，新生代农民工及其家庭整体市民化是稳步城镇化的内在要求。城市政府的市民化政策不应针对农民工个人，而应惠及农民工家庭，让农民工能够在城市扎根生存。

8.4.6 建立完善城市融入能力培育机制，促进新生代农民城市社会融合

1. 中小学教学中设立城市文明相关课程，加强农民工子女城市文明素质培育

第一，中小学校设立城市文明相关课程和城市文明手册，手册学生人手一份。农民工子女城市入学第一学期接受城市文明课程学习，引导学生与学校订立遵守文明守则承诺书，鼓励城市居民子女与农民工子女结帮扶对子。第二，学校将已接受城市文明课程和签订文明守则的农民工子女与当地人子女混合编班，开展当地同学与外地同学间的帮扶活动。第三，建立综合性社区学校，引导外来农民工及其家属业余参加城市文明、科技文化等学习和参加社区文艺活动。

2. 城市改造中应统筹规划多阶层居住社区，以居住融合促进社会融合

第一，城市规划建设中不应单独设立农民工居住社区，而应该将不同阶层居民纳入一个社区，促进社区内异质群体的互动交流。第二，公租房和限价房要与普通商品住房配套建设，实现多类型房源在一个居住社区内的混搭。第三，鼓励具有有效市民化能力的农民工购买或租赁普通商品住房，以城市居住社区的自由散居促进社区融合，以居住融合促进社会融合。

8.4.7 构建宜业宜居宜人城市生态，实现产城功能匹配与融合

产城融合既需要构建产业生态体系，也需要改革完善城市功能配套和城市管理体制，两者不可偏颇。

1. 按照行政级别和城市规模确定市镇权限，探索多样化镇改市模式

长三角地区和珠三角地区城镇人口规模与行政级别脱节，出现城镇行政管理权限与辖区人口规模不符合。扩权强镇需要赋予镇政府更多的行政管理

权限，及时将符合条件的镇改制为小城市。第一，镇改市需要根据镇域面积、镇常住人口数量和行政隶属关系确定小城市行政级别，确定升格为镇级市还是县级市。常住人口规模达到中等城市水平、完全城镇化的镇可以升级为县级市或镇级独立市（不下辖农村地区），常住人口规模达到小城市水平的可以升级为镇级市。第二，实行改制镇管理权限与城市人口规模相挂钩，按照常住人口规模确定相关管理机构设置和人员编制，改变以往单一的行政级别决定的城市管理权。第三，探索多样化镇改市模式。镇改市需要视情选择适宜模式。建议将镇级独立市行政级别升格为副县级，参照中等城市水平安排财政预算、行政机构和人员编制。暂不适合升格为城市的镇应根据镇常住人口规模扩大镇政府行政管理权限，依据人口规模安排财政预算支出和行政人员编制，扩大镇政府公共管理权限和能力。

2. 加快新城镇公共管理体制改革，提高城市综合管理服务水平

第一，增强社区社会管理权限和职能。社会管理重心下移，服务资源下沉到社区，增强社区社会管理职能。大力培育社会组织，政府部分职能向有资质有能力的社会组织转移，推行扁平化管理。第二，优化社区治理结构。借鉴深圳社区治理模式，建立以社区综合党委为核心，社区居委会、社区工作站、社区服务中心为依托，物业管理公司、社会组织等多元参与的"1+3+N"三层次社区现代治理结构。第三，功能区管理从单一模式向功能区与行政区融合转变。城市化功能区可以升级为行政区，也可以名义上仍沿用管委会模式，实行经济管理与行政管理职能的融合。即赋予功能区行政管理权，功能区行政管理职能与一般行政区无二。可以咱不设置独立的人大、政协和司法机构，几个功能区共同隶属上一级的人大政协和司法监督。同时，城市化功能区探索实行大部制管理，有利于缩短决策链条，降低行政成本，提高管理效率。如深圳市光明新区探索实行功能区与行政区融合（名义上仍是功能区），实行大部制管理，取得了较好的城市管理效果。

3. 构建城市新型业态、自然景观和人文生态，打造宜业、宜居、宜人城市环境

第一，协同推进产业空间布局与城市功能优化。一是城镇建设中采取

"全产业口径、全空间布局"思路,整合产业布局与城市功能,进行产业分区,以此为基础确定城市空间布局和功能优化。二是以交通为主线整合土地功能,以土地功能混用集约利用土地。按照宜居、宜业、宜人原则,居住产业区用地可以采用"交通用地+商业、办公、居住用地"的混合用地模式,生态控制用地可以采用"交通用地+湿地、公园、景观等用地"互补用地模式,以集约用地实现工作、生活、休闲的统一。三是在商务区和居住区分散配置文体教卫产业,完善城市社会服务功能。

第二,加强城市自然和人文景观营造。成功的城镇化都是努力做好人的文章。产城融合不但需要植入工业和工业集群,还需要集聚人气,围绕人的需求培育服务产业。围绕就业、居住和生活打造宜业、宜居、宜人的城市环境是城市建设管理的根本。其中,营造城市自然和人文景观,打造绿色生态城市是培育宜人环境的关键,也是农村城市化的短板。国家绿色生态示范城建设中应依托自然地理环境,以山水田园为要素进行绿色规划,建设绿色城市;依托人文历史进行城市文明塑造规划,保护和传承城市文明,建设文化城市;依托智慧型人才进行绿色创意,以绿色创意产业打造绿色生活。

第三,以生态绿色理念建设宜业、宜居、宜人的田园城镇。一是绿色规划先行。遵循绿色理念编制绿色专项规划。绿色理念即发展绿色产业,建设绿色城市,营造绿色生活,做好人的文章。绿色产业即引进低碳节能的高技术产业,绿色城市即划定生态控制线,建设绿色生态城。绿色生活即以山水田园为要素打造城镇景观。二是以绿色理念开展城镇建设。编制实施绿色建筑专项规划,新建项目中推行绿色建筑标准。三是制定实施生态建设与环境保护规划,建立生态责任落实和终身追究制度,建设生态宜居城镇。

4. 加强城市技术和人才集聚能力建设,提高产城融合质量水平

稳态式城镇化需要加强城市经营管理,完善城市生产生活服务功能。第一,建立产城融合发展动态评价体系,利用统计数据定期评价城市产城融合发展状况,确定下期产城融合发展改革方向和领域。第二,加快城市产业技术研发转化,促进产城高层次融合。财政担保和贴息产业技术开发和产业化融资,以新兴产业培育促进产城高层次融合发展。第三,推进城市社会服务业发展,提高高层次人才吸纳力。文体教卫等社会服务业发展状况是衡量城市高层次人才吸纳力的重要标志。产城融合发展需要提升文体教卫发展水平，包括硬件建设和软件建设。前者需要加大社会服务基础设施投资水平，后者需要创新人才政策，集聚教育和医疗保健等高级人才。文体教卫基础设施建设需要在借助周边优势资源基础上提供高水平的社会服务，完善和提升中小城市社会服务水平。

8.4.8 加强高级蓝领技工培育，促进新生代农民工职业技能升级

1. 实施高级蓝领培育工程：探索实行"本科后"技师培育工程

第一，探索实行"本科后"技师培育工程。普通高校本科生具有扎实的理论基础和较高创新活力，学术与技术结合将有望培养出高素质的技能人才。针对青年技工断层和大学生就业难问题，"十三五"时期，教育部门引导各类技师学院吸纳有意愿的普通高校本科毕业生成立技师实验班，将本科毕业生培养打造成为技师或高级技师。第二，推广师带徒为主体的培训形式。天津市滨海新区百家重点企业调查显示，85.6%的企业人才培养以企业内部培训为主。实践证明，企业内"师带徒"在职培训是技工培育的有效方式。政府相关部门引导企业与技师建立技工培养工作责任制，明确技师对技工培养工作的权利和责任，将技工培养与技师薪酬、晋升、评先创优等相挂钩，激发技师人才培养工作积极性。第三，高职院校办学目标应从学历教育向高级技能教育转变。我国部分中职学校升格为高职院校后学历教育得到强化，而技术教育退化。教育部门应调整办学目标，将高职教育界定为培养高级技术人才而不仅仅是大专生。改革职业院校教学内容和教学方法，强化职业技术技能为内容的实践教学，推行高职院校"蓝领双证工程"。

2. 推进高级蓝领创新工程：重大项目中建立首席技师制

第一，建议在重大科技项目、重大工程中设立首席技师制，总体负责项目技术技能难题攻关。依托重大科技攻关项目、重大工程项目、重点研究基地、成果转化中心等培养一批具有自主创新能力的懂研发、能攻关的技能大

师。第二，建立技师流动站和工作站。通过工作站与流动站合作，以专题培训、师傅带徒、同业交流、技术革新攻关、职业标准研发等形式开展技师培育，培养造就技能大师。第三，创建国家级"技能大师工作室"。政府为身怀绝技的高级技师建立专业化工作室，承担项目研发、技术推广和培训指导等，争创国家级技师工作室，打造技师专业品牌。

3. 推行高级蓝领成长工程：畅通蓝领技工职业成长通道

第一，对掌握高超技能、工作业绩突出的技能劳动者，打破年龄、工龄、身份、等级的限制，破格参加技师、高级技师考评。第二，打通蓝领成长上升通道。打通职业成长通道。北京奔驰公司为蓝领技工设置了专门的职业成长路线，企业蓝领可以从最基层的工人一直做到高级技师。拓宽就学通道。教育部门引导技术应用型院校扩大从中职学校招生比率。第三，建立技术等级与专业技术职称转换制度。拥有一定技术等级、符合条件的蓝领可以申请相当专业技术职称的考评转换或申报高一级职称。第四，打破蓝领身份界限，技师或高级技师可以经过教育培训，晋升到较高级管理岗位，从事管理工作。

4. 实行高级蓝领荣誉工程：提高蓝领社会评价和收入水平

第一，提高蓝领技工技术劳动的社会评价。各级党委政府加大劳动者的宣传推介，营造尊重劳动尊重奉献的社会价值观。建立优秀技术技能人才定期表彰制度，增加劳动模范、先进工作者评选中技术蓝领的比率。第二，大幅度提高高级蓝领的工资水平。德国技工工资高于全国平均水平，技校毕业生工资普遍高于大学毕业生，稀缺技工工资甚至高于大学教授。我国技术蓝领工资大大低于白领水平，如高级工工资低于中级职称水平。当前应通过政府引导和市场主导，提高技术蓝领尤其高级蓝领的工资水平。第三，不断提高高级蓝领政府特殊津贴标准。根据经济社会发展水平调整技师和高级技师的政府津贴标准，提高政府津贴的激励和补助功效。

5. 打造高级蓝领海聚平台：实施蓝领"千人计划"

第一，国家"千人计划"中设立蓝领"千人计划"，从海外吸纳集聚战略性新兴产业紧缺的能研发善攻关的复合型高级技能大师，入选人才待遇水平不低于其他类型"千人计划"人才。第二，完善高技能人才引培工作服务机制。提供特事特办、专人专办、跟踪服务，建立适应企业高技能人才引进和培养工作的一体化服务机制。第三，提升高技能人才社会服务水平。加快推动医院、学校、社区以及高技能人才公寓建设，构建人性化、便利化的生活配套体系。如相关部门为天津市做出特殊贡献的高级技能大师配备专门的保健医生或医疗团队。

8.4.9 加强农民工就业的组织化建设，促进农民工职业发展

1. 建立农民工工会组织，为农民工劳动权益维护提供组织保障

第一，县级以上党委组织部门组织开展民营企业创建工会活动，使工会组织覆盖辖区内所有民营企业，有条件的地方组建行业性、区域性工会组织。各类工会设立农民工分会，专门联系农民工群体。健全工会组织结构和工作章程，并依法注册。第二，修改《工会法》，明确界定工会专职工作人员尤其民营企业工会工作人员的权利义务、工资待遇、工资来源、职业晋升等，法律保障工会工作人员的劳动权益。明确界定上下级工会之间的工作关系。第三，加强政府工会部门对企业工会的组织领导。转变政府部门工会职责，深入民营企业调查研究，制定实施民营企业工会管理办法，监督民营企业工会业务开展。

2. 企业畅通农民工职业通道，加强农民工职业管理

农民工社会资本积累能力与其社会身份和工作关系息息相关。传统上，农民工与技术、管理工作岗位无缘，只能从事单一化体力性劳动。从事体力劳动农民工社会交往面狭窄，交往对象层次不高。提升农民工社会资本需要企业帮助农民工建立职业晋升通道，实现职业发展。消除就业歧视是农民工实现职业发展的前提，农民工不是体力劳动的代名词，职业发展权利不仅是城市工人的权利，也是农民工权利。企业岗位分派不应依据身份而应取决于岗位胜任力。企业应根据农民工工作经验和劳动技能特点安排合适的工作岗

位，如具有一定技术技能农民工可以从事技术工作岗位，具有管理能力农民工可以进入管理通道，让农民工在职业发展中提升社会资本和人力资本水平。企业应加强农民工职业技能培训，为农民工提供与城市工人一样的岗位轮换、绩效评价和岗位晋升的机会，加强农民工职业管理。

8.4.10 严格贯彻落实劳动法律法规，加强新生代农民工劳动权益保护

1. 进一步强化劳动法律法规实施监督检查力度，切实维护农民工劳动权益

现实中《劳动合同法》执行不到位，劳动者为维持就业和生存不得不选择放弃部分劳动权益。本研究调查显示，2014年仍有34.77%的新生代农民工没有签订劳动合同，31.36%的新生代农民工没有缴纳任何社会保险[①]。《劳动合同法》弱势地位没有改变。法律法规实施离不开行政监督和干预。第一，劳动主管部门指导建筑和家政行业农民工签订劳动合同。建筑工人可以与建筑公司签订劳动合同，再由建筑公司派遣给工程承包人使用，工人工资由建筑公司统一发放，而无须经过工程承包人。家政服务人员与家政公司签订合同，家政公司再与用户签订劳务派遣协议。第二，劳动主管部门协同工商管理部门监督检查《劳动合同法》实施状况，尤其劳动合同的签订，劳动保险缴纳和劳动时间、劳动防护措施等，加大对违反劳动合同法企业的惩处，视情状提出警告、限期整改、罚款、吊销营业执照，直至移送司法部门，将欠薪行为与非法侵占和盗窃财物等罪行同等入刑。窗口期内重点监督检查劳动合同签订状况，转型期内注重监督检查农民工社会保险缴纳和加班加点等劳动权益侵害状况。第三，修改劳动合同法。劳动合同法制定实施后于2013年7月进行了修订，但劳动环境和条件发生变化后，劳动关系调整需要新的法律保障。如增加和突出企业职业培训责任和工资正常增长责任，在劳动密集型的特定产业规范和限制机器人的使用等。第四，尽快出台工资条例，

---

① 统计显示，2011年缴纳医疗保险、养老保险、工伤保险、失业保险的农民工占农民工总人口的比重分别为18.6%、16.4%、27.0%、9.4%，而缴纳住房公积金的农民工比重还不到3%。

解决农民工同工不同酬现象。工资条例迟迟没有出台，农民工同工不同酬问题仍未实质性解决。按劳分配原则要求按劳动贡献分配劳动成果，而不能因身份而实行差别化对待。国家应尽快出台和实行工资条例，消除劳动分配歧视。地方劳动行政部门应加强劳动监管，及时查处劳动侵权行为，保障农民工劳动权益。

2. 制定实施多层次集体谈判制度，保障农民工工资水平稳步提高

第一，制定实施多层次集体谈判制度。受强资本弱劳动和农民工谈判能力约束，农民工劳动分配能力较低。依托农民工工会组织，建立行业性、区域性多层次劳资集体谈判制度，协商确定农民工工资水平、工资增长率及其他劳动权益，保障农民工工资增长速度应超过城乡居民收入增长速度（工资性收入已占农村居民可支配收入的主导地位，农村居民收入增长主要源于工资性收入增长的拉动）。第二，建立农民工工资正常增长机制。农民工工资增长速度总是滞后于经济社会发展水平。地方政府引导用工企业建立农民工工资正常增长机制，保障农民工工资与城市工人一样随经济发展水平和物价水平提高而增长。

3. 开展工资发放制度再设计和劳动监督检查，杜绝发生农民工欠薪问题

每到年关，农民工欠薪问题就成为社会关注的焦点。欠薪顽疾屡治不愈，关键在于农民工工资发放制度和法律缺陷。第一，构建地方政府、承建单位和包工头农民工工资发放连带责任制度。虽然国家明令禁止，但项目层层转包，层层拖欠工资行为屡禁不止。政府相关部门应将拖欠农民工工资源头单位纳入诚信体系不良记录，在项目承接、贷款等方面实行一票否决，各级转包和承包单位承担农民工工资发放连带责任。第二，建立农民工工资预先支付制度。目前，建筑建设中，包工头平时只支付农民工生活费，等收回工程款后再补齐工资。政府相关部门应建立农民工工资预支付制度，即工程开工前建筑公司（不是包工头）预先支付工人一半工资，工程建设中支付剩余工资的一半，工程完工后马上付清剩余部分。包工头与农民工签订劳务合同，农民工之间建立保人制度，保障农民工预先领取工资后保质保量地完成劳动工作量。第三，加强劳动监察和违法行为惩处力度。开工前严格检查农民工工资保证金缴纳情况，未及时结清农民工工资和未足额缴纳保证金的施工单位不予发放开工许可证。

8.4.11 开展城镇新生代农民就业质量调查和评价，动态监控进城农民就业状况

第一，城市政府组织开展农民工就业质量评价指标体系研究，建立农民工就业质量评价指标体系，确立现阶段农民工就业质量评估标准，为新生代农民工就业质量监管奠定理论基础。农民工就业质量评价指标应涵盖劳动合同、就业稳定性、工资水平、劳动强度、劳动时间、劳动卫生安全防护、社会保险、同工同酬、职业发展等关键指标。科学确定指标权重和指标目标值。

第二，开展城镇新生代农民工就业质量调查。国家统计局农村和城市调查总队将农民工就业状况纳入调查范围，按照农民工就业质量评价指标体系设计调查问卷，定期组织开展城镇新生代农民工就业状况调查，将调查结果上报人力资源与社会保障部门。问卷调查应科学抽样，保障调查样本的代表性和调查数据的真实性。调查对象区分进入城镇转移就业和农村就地转移就业，分别调查两类群体的就业状况。

第三，开展城镇新生代农民工就业质量评价。政府相关部门将年度调查或普查数据以社会招标形式委托高校或研究机构开展城镇新生代农民工就业质量评价研究，城市政府部门根据研究结果制定和修正城镇农民工就业管理政策，规范企业用工行为和农民工就业行为，完善劳动力市场，促进新生代农民工的就业质量提高和就业转型。

附录

研究期间的咨询报告

报告一　城镇化中应积极引导"现代农业进城"

生态、宜居新型城镇化需要依托多功能性现代农业，农民城镇化和城镇文明建设需要借力现代农业。农业科技进步为城镇现代农业发展创造了条件。城镇政府应按照三次产业城镇空间融合原则，国有化城镇农用地产权，根据公益性与竞争性统一科学制定城镇现代农业发展规划；建立完善农村与城镇交流体系，制定城镇现代农业发展支持性政策和相关法律法规。

一、生态宜居新型城镇化离不开现代农业

"现代农业进城"即在大中小城市和小城镇协同发展现代农业。"新四化"同步发展中，现代农业进城既是新型城镇化的内在要求，也是城乡一体化的必然选择。

1. 生态城镇化离不开现代农业

资源粗放利用和环境污染让我国农村工业化走过弯路，农村工业化为基础的小城镇有可能落入工业化陷阱，生态城镇化是不可偏离的目标。城镇工业化发展也迫切需要构筑都市生态绿地网络系统来挽救日渐恶劣的生态环境。生态城镇化是绿色、低碳、环境保全和可持续的城镇化。基于自然与生命的农业具有生态功能，如气候调节、防洪抗旱、空气净化、吸碳排氧和废弃物

降解等。城镇化不是简单的"农业退出，工业进入"，而是城市与农村的融合，工业与农业的共生。现代农业技术扩张了农业生态功能，农业从绿化农业向阳台景观农业等拓展，从生产型农业向生活型农业延伸。生态城镇化离不开现代农业的全方位参与。

2. 宜居城镇化需要依托现代农业

人口集聚是城镇化的外在特征，城镇化内涵是提高人口的生活质量。居住条件和居住环境是衡量生活水平的指标之一。宜居是城镇的首要功能。空气、景观、人文、基础设施和服务业发展都是考量宜居的因素，其中，前三个因素需要现代农业的参与。日本自1991年大力发展有"农"的都市，我国大中小城市和小城镇"四城"协同发展同样需要农业进城。不管什么层级的城镇化，农业进城都将居住环境拉近自然、拉近健康。

3. 新型城镇化需要发挥现代农业的多功能性

集约、智能、绿色、低碳的新型城镇化需要多功能农业如景观农业、休闲农业、设施农业、生态农业和知识农业等的支持，绿色、低碳城镇化需要农业营造和维护生态空间，提升城镇环境价值；集约、智能城镇化需要发挥农业的生活功能、生态功能和文化功能，赋予城镇集聚人口绿色生活空间和乡村文化内涵。

4. 现代农业进城推动城镇文明建设

城镇与农业不是非此即彼的关系，城镇生活对农业有一种天然的依赖。城镇现代农业将城市文明与农业文明有机融合。日本农林水产省一项调查显示，75.2%的市民认为都市农业让人们深切地感受到四季的变换，46.8%的市民认为在都市农业中的作物生长、食品生产对孩子有陶冶情操的教育功能。现代农业重塑城镇季节感、自然感和生命感，激发城镇自然生机，缓解居民的倦怠和颓废。

5. 现代农业进城助推农民城镇化

农民城镇生活方式的转变，是否必须以放弃农业劳动偏好和熟练技能为代价？如何实现农业生产方式与城市生活方式兼容？答案只有一个："现代农业进城"。现代农业因城市需求和产品高附加值产生高收入预期，农业与非农业间的就业引力差距缩小，进城从事现代农业农民也可以市民化，农民

"进城不离农",实现了农业生产与城市生活兼容。

二、农业科技进步为现代农业进城创造了条件

1. 农业资本深化和技术进步为国家粮食安全提供了基本保障

我国粮食产量连续十年实现增产,国家粮食安全已得到基本保障,这为农业进城奠定了基础条件。农业的保障供给功能已体现,但农民收入和农业环境保护问题尚未解决,现代农业进城是有效破解农民增收难题和提升农业生态价值的出路。

2. 科技进步为现代农业进城创造了技术条件

现代农业技术和物联网信息技术发展为农业进城创造了技术条件。城镇现代农业无须再沿袭传统农业生产方式,城镇农民可以在准现代化车间内开展农业生产。

3. 城镇化发展为现代农业进城带来难得机遇

中国未来发展出路是城镇化,注入生态文明元素的新型城镇化发展为现代农业进城创造了消费需求和市场潜力。现代农业应抓住新型城镇化机遇拓展发展空间。

三、按照公益性与竞争性原则科学制定城镇建设和现代农业发展规划

1. 科学制定城镇建设和现代农业发展规划

按照城镇三次产业融合原则科学制定城镇建设和发展规划,以现代农业与第二、第三产业的耦合实现三次产业城镇空间集聚。城镇建设上,科学规划大中小城市和小城镇农业景观带、公园和公共绿地、绿化带以及农业产业园区布局,让景观绿化性生态农业散布于城镇居住、商业社区,都市农业园区在城镇边缘地带集聚。产业发展上,城镇政府按照公益性与竞争性相融合原则制定城镇现代农业发展规划,提升现代农业的生态环境价值。

2. 合理规划和管理城市农业用地

城镇土地利用规划中将城镇土地分为建设用地和农用地。城镇农用地先经国家征用再出让土地使用权。公益性农业用地由国家划拨使用;经营性农业用地宜采用招投标方式出让农地使用权,国家给予财政补贴。严格限定城

镇农业用地的用途，以保障农用地使用安全。

3. 建立和完善农村与城镇互动交流体系

加强城市与农村交流体系建设。第一，大力发展休闲体验式农业，鼓励城镇居民下乡体验农耕。在乡村旅游采摘体验基础上，农民可以提供租地农耕服务。第二，发展城镇"阳台农业"。允许城镇居民在自家院落或阳台，利用营养液和生态技术种植蔬菜或景观。第三，畅通城乡鲜活农产品物流渠道。农超对接基础上，允许农户进入城镇社区自行销售鲜活农产品。

4. 建立和完善现代农业进城支持性政策

第一，完善现代农业进城的财税金融政策。城镇政府加大现代农业的支持力度，城镇财政预算中增加现代农业专项支出项目，免征城镇农业税，政府为城镇经营性农业发展提供融资担保。第二，将城镇现代农业发展列入地方政绩考核体系。绿色GDP考核中增加现代农业项目，将城镇现代农业产值划入绿色GDP。第三，制定城镇现代农业特殊补贴政策，补贴水平高于农村现代农业和传统农业。

5. 制定和完善现代农业进城相关法律法规

现代农业进城需要法律保障。修改城市规划法，允许城镇发展现代农业；修改土地管理法，将城镇现代农业用地列入公益性征地范围；制定和完善都市农业相关法律法规，允许和鼓励城镇发展现代农业。

（该咨询报告2013年8月12日刊登于南开大学滨海开发研究院网站）

报告二 "农二代"就业转型还有多远

新型城镇化要求"农二代"就业转型，就业转型是就业状态从无视劳动者权益的劳动力粗放使用向以人为本的稳定体面就业转变。研究发现，城乡收入差距积累造就了"农二代"新的无产者阶层，农民工依靠打工维系生存而难以实现发展权利；人力资本、社会资本和心理资本三重约束延长了"农二代"就业转型视窗；派遣用工如同披着羊皮的狼仍在啃噬农民工劳动权益；社会歧视加剧城乡劳动力市场二元分割，农民工难以实现职业发展和同工同酬愿望。"农二代"就业转型仍在路上。

一、城乡收入差距积累造就了"农二代"新的无产者阶层

就业转型是就业质量的一次飞跃，即就业状态从无视劳动者权益的劳动力粗放使用向以人为本的稳定体面就业转变。农民工就业转型是多种因素综合作用的结果。与"工二代"相比，"农二代"当属无产者阶层。城乡收入差距造就了第一代农民工，第一代农民工实现从农业到非农产业的转移就业，劳动收入有所提高。但这种转移就业多是利用农闲时间的季节性转移，农民工劳动收入、劳动条件、劳动时间和职业卫生安全等劳动相关权益没有得到保障，劳动就业性质属于灵活就业，农民工其实是没有真正融入组织的临时工和游离于组织之外的自雇用者。在城市劳动力市场中，农民工获得的是生存工资，多年打工积累尚不足在家乡建造一处住房，更不用说给第二代农民工留下什么积蓄。1998 年实行住房市场化改革后，城市房产尤其一线城市市价不断飙升，每个城市家庭拥有至少一套房产，这些房产最终将会留给子女。相比之下，农村住房所值寥寥。即使第二代农民工继承了父辈的住房，他们也没有多少财产。新老农民工之间产生贫穷代际转移，形成了"农二代"这一新时期无产者阶层。

二、三重资本约束延长了"农二代"就业转型视窗

人力资本、社会资本和心理资本给"农二代"就业转型施加多重约束。人力资本水平是影响就业质量的根本因素。人力资本度量产品创造能力。劳动收入、劳动条件和劳动福利等归根到底都是劳动产品分配的结果。在劳动分配能力既定的前提下，产品生产数量决定劳动者就业质量。与城市居民相比，第一代农民工打工目的是补贴家用，改善生活水平，他们没有能力和时间对子女人力资本投资。第二代农民工完成九年义务教育后就去打工。据国家统计局调查显示，2009 年 21～25 岁之间的新生代外出农民工中接受过高中及以上教育的比例为 31.1%。表明 2/3 以上的"农二代"学历是初中及以下。人力资本水平存在门限效应，学历和技能达不到一定水平将被拒于相应劳动力市场之外。2011 年中国就业网调查显示，54.2% 的用人单位对技术等

级有明确要求，70%的"农二代"只能与城市劳动力竞争36%的就业岗位，即使竞争胜出，这部分农民工也大都从事低端岗位。

（1）社会资本。社会资本是指存在于私人以及社会关系网络中并能够被用来达成自身目标的社会资源，主要包括关系型社会资本和组织型社会资本。"农二代"就业需要借助社会资本搜寻岗位信息，需要借助熟人举荐才能较快被组织认可。但"农二代"除同乡外，在城市几乎没有关系型社会资本。而在组织中，"农二代"主要从事低层次的体力和技术性岗位，难以晋升到较高层次的职位，组织内社会地位较低，交往面较窄，难以形成有效的组织型社会资本。

（2）心理资本。心理资本是指个体在成长和发展过程中表现出来的一种积极心理状态。与第一代农民工相比，"农二代"自我效能感较高，但坚韧性较低。他们学历普遍高于父辈，城市发展的心理预期较高。但却没有经历父辈的磨难，吃苦耐劳和心理受挫能力低于父辈。现实中制度和体制因素对"农二代"形成层层约束，期望往往与现实差距较大，一旦预期受挫就会心灰意冷，走向极端。富士康N连跳就是例子。"农二代"有较高的平等意识和维权意识但心理资本不足，屡屡受挫可能会产生心理问题，这不但对就业转型、也会给自己身心健康带来不良影响。

三、派遣用工是一只披着羊皮的狼

《劳动合同法》规定，劳务派遣一般适合"三性工"，即临时性、辅助性和替代性工作岗位。实践中派遣用工已渗透主流工作岗位。劳务派遣是对劳动力的掠夺，用工企业只想在需要的时候雇用身强力壮的农民工而不想承担农民工诸如教育培训、服务福利等成长成本。劳务派遣工没有褪去计划经济时期"临时工"的烙印，是一只披着羊皮的狼。《劳动合同法》规定，"被派遣劳动者享有与用工单位的劳动者同工同酬的权利"。但现实中派遣用工方式的农民工工资福利与正式员工同工不同酬。在从事同样工作岗位，企业派遣工劳动报酬普遍低于正式职工，享受不到社会基本保险和住房公积金，更不用说年终奖、带薪休假、体检等企业福利。在入党、入团、入会、评先评优、晋升和业务培训等方面，派遣工也基本被排除在外。这样，农民工为用工单位创造了社会价值，而自身没有分享劳动成果，农民工的劳动被用工单位及其正式用工无偿占有。对用人单位而言，虽然用人单位与农民工签订了劳动合同，却不使用农民工，农民工与用人单位之间是一种虚拟关系，用人单位没有为农民工谋取福利的动机，农民工也找不到组织归属感。《劳动合同法》规定，"被派遣劳动者在无工作期间，劳务派遣单位应当按照所在地人民政府规定的最低工资标准，向其按月支付报酬。"但现实中劳务中介组织设立门槛较低，许多没有资质和实力的人得以开办劳务派遣企业，既不能兑现对农民工的技能培训，也没有能力发放尚未被派遣出去的农民工的最低工资。为此，《劳动合同法》修正案于 2013 年 7 月 1 日实施，修正案对派遣用工行为进行了严格规范。即使这样，派遣用工侵害劳动权益的行为还时有发生。派遣用工方式下农民工权益被用人单位和用工单位联合剥夺，没有机会实现资本积累，"农二代"就业转型期被推迟。

四、社会歧视加剧"农二代"就业不平等

社会歧视属于隐性制度安排且比正规制度安排更难以消除。城市社会对农村的歧视会产生代际转移，即由第一代农民工转移到第二代农民工身上，使"农二代"与第一代农民工遭受城市人一样的社会歧视。社会歧视会产生天花板效应，使农民工自我认知的美好期望和乐观心态屡屡遭受打击，久而久之，农民工自我效能感也会下降。

在外部劳动力市场上，受自身文化、技能制约，"农二代"在城市中难以获得稳定、高收入的工作，只能在城市底层徘徊，部分"农二代"甚至退出劳动力市场，沦为城乡流民，推动城市农民工队伍平均年龄上升。在内部劳动力市场上，无论劳动技术技能如何，农民工多数只能从事体力性为主的底层工作岗位，而城市工人则从事管理农民工的领导岗位。鲜有企业将农民工纳入核心员工看待，多数企业没有对农民工进行职业管理。即使农民工综合能力能够胜任管理工作，也很难被晋升到管理和领导岗位。组织内部歧视使内部劳动力市场失灵，隐性制度障碍将组织内部劳动力市场分割成农民工劳动力市场和正式员工劳动力市场，依靠农民工自身力量难以跨越市场壁垒。社会歧视的存在使"农二代"就业转型步履维艰。

（该咨询报告 2014 年 11 月 21 日刊登于南开大学滨海开发研究院与天津市农业科技合作办公室合办的刊物《城镇化建设》第 26 期）

报告三　加快培育高级蓝领，为先进制造提供人才支撑

"十三五"期间，天津滨海新区制造业迎来多种发展机遇，但也面临蓝领技工短缺约束，尤其高级技工、青年技工和现代技工的短缺，三类技工短缺抑制"天津智造"转型。建议建设"四工程一平台"：以"本科后"技师培育实施高级蓝领培育工程，通过重大项目中建立首席技师制推进高级蓝领创新工程，畅通蓝领技工职业成长通道以推行高级蓝领成长工程，以蓝领社会评价和收入水平提升实行高级蓝领荣誉工程，通过蓝领"千人计划"打造高技能人才海聚平台。

天津市工业发展具有传统优势基础。"十三五"期间，天津制造业迎来多种发展机遇，京津冀协同发展优化天津市工业布局，国家自主创新示范区和国家自由贸易试验区建设推动滨海新区工业从"中国制造"向"中国智造"转型。《中国制造2025规划》正式落地，但蓝领技工尤其高级蓝领短缺将对滨海新区制造业转型形成约束。

一、高技能蓝领短缺抑制滨海新区制造业顺利转型

1. 天津市蓝领技工短缺特征

大学扩招和轻视职业教育导致技术劳动力供给不足，蓝领技工短缺成为一个全国性现象。但近几年天津市工业规模快速扩张，蓝领技工短缺现象尤为严重。技工短缺特征主要表现为：初级技工多，高级技工少；大龄技工多，青年技工少；传统技工多，现代技工少；单一技能多，复合技能少。其中，高级技工短缺问题尤为突出。劳动力市场供求信息显示，天津市企业高级技术技能人才的供求比例达到1∶10左右。2010年，本市技工队伍中高级技工（含以上）占技术工人的比重仅为10%左右，而按照国际劳工组织提供的发达国家的合理布局应达到于35%，德国已超过40%。

2. "十三五"时期天津市制造业面临蓝领约束

2015年第一季度调查显示，天津市正规企业中贸易经营类企业和生产制

造类企业数量最多,分别达到13.3万家和12.4万家。贸易经营类企业需要经营管理人才和专业技术人才,而生产制造类企业更多地需要蓝领技工。针对滨海新区百家重点企业的调查显示,17.6%的企业将高技能蓝领列为最为紧缺的人才,技师和高级技师是企业普遍紧缺的岗位。其中,机械、冶金、电子、轻工纺织、化工、石化、医药、航空制造业及其辅助制造业需要的技工工种最多。制造业是天津市优势支柱产业主体,"十三五"时期"天津智造"面临高级蓝领约束。

3. 高级蓝领和青年技工短缺抑制天津滨海新区制造业转型

"十三五"时期,滨海新区现代制造业将向更加先进的制造业转型,实现"天津智造"。先进制造业与高技能劳动力呈互补关系,掌握现代技术技能的高级蓝领队伍将成为制造业产品创新和研发成果转化的主力军。滨海新区自主创新活动将对高技能蓝领群体产生依赖,尤其掌握现代技术的青年技工。滨海新区百家重点企业调查显示,接近70%的重点企业各类人才需求分布在35岁以下。高级蓝领、青年技工短缺将对滨海新区制造业转型发展形成约束。

二、加快培育高级蓝领技工的对策建议

1. 实施高级蓝领培育工程:探索实行"本科后"技师培育工程

"十三五"期间,天津市应每年培养各类高技能人才10万人,包括5万高级工,3万技师,2万高级技师。第一,探索实行"本科后"技师培育工程。普通高校本科生具有扎实的理论基础和较高创新活力,学术与技术结合将有望培养出高素质的技能人才。针对青年技工断层和大学生就业难问题,"十三五"时期,教育部门引导各类技师学院吸纳有意愿的普通高校本科毕业生成立技师实验班,将本科毕业生培养打造成为技师或高级技师。第二,推广"师带徒"为主体的培训形式。滨海新区百家重点企业调查显示,85.6%的企业人才培养以企业内部培训为主。实践证明,企业内"师带徒"在职培训是技工培育的有效方式。政府相关部门引导企业与技师建立技工培养工作责任制,明确技师对技工培养工作的权利和责任,将技工培养与技师薪酬、晋升、评先创优等相挂钩,激发技师人才培养工作积极性。第三,高职院校办学目标应从学历教育向高级技能教育转变。我国部分中职学校升格为高职院校后学历教育得到强化，而技术教育退化。教育部门应调整办学目标，将高职教育界定为培养高级技术人才而不仅仅是大专生。改革职业院校教学内容和教学方法，强化职业技术技能为内容的实践教学，推行高职院校"蓝领双证工程"。

2. 推进高级蓝领创新工程：重大项目中建立首席技师制

第一，建议在重大科技项目、重大工程中设立首席技师制，总体负责项目技术技能难题攻关。依托重大科技攻关项目、重大工程项目、重点研究基地、成果转化中心等培养一批具有自主创新能力的懂研发、能攻关的技能大师。第二，建立技师流动站和工作站。通过工作站与流动站合作，以专题培训、师傅带徒、同业交流、技术革新攻关、职业标准研发等形式开展技师培育，培养造就技能大师。第三，创建国家级"技能大师工作室"。政府为身怀绝技的高级技师建立专业化工作室，承担项目研发、技术推广和培训指导等，争创国家级技师工作室，打造技师专业品牌。

3. 推行高级蓝领成长工程：畅通蓝领技工职业成长通道

第一，对掌握高超技能、工作业绩突出的技能劳动者，打破年龄、工龄、身份、等级的限制，破格参加技师、高级技师考评。第二，打通蓝领成长上升通道。打通职业成长通道。北京奔驰公司为蓝领技工设置了专门的职业成长路线，企业蓝领可以从最基层的工人一直做到高级技师。拓宽就学通道。教育部门引导技术应用型院校扩大从中职学校招生比率。第三，建立技术等级与专业技术职称转换制度。拥有一定技术等级、符合条件的蓝领可以申请相当专业技术职称的考评转换或申报高一级职称。第四，打破蓝领身份界限，技师或高级技师可以经过教育培训，晋升到较高级管理岗位，从事管理工作。

4. 实行高级蓝领荣誉工程：提高蓝领社会评价和收入水平

第一，提高蓝领技工技术劳动的社会评价。各级政府加大劳动者的宣传推介，营造尊重劳动尊重奉献的社会价值观。建立优秀技术技能人才定期表彰制度，增加劳动模范、先进工作者评选中技术蓝领的比率。第二，大幅度提高高级蓝领的工资水平。德国技工工资高于全国平均水平，技校毕业生工资普遍高于大学毕业生，稀缺技工工资甚至高于大学教授。我国技术蓝领工资大大低于白领水平,如高级工工资低于中级职称水平。当前应通过政府引导和市场主导,提高技术蓝领尤其高级蓝领的工资水平。第三,不断提高高级蓝领政府特殊津贴标准。根据经济社会发展水平调整技师和高级技师的政府津贴标准,提高政府津贴的激励和补助功效。

5. 打造高级蓝领海聚平台:实施蓝领"千人计划"

第一,天津市"千人计划"中设立蓝领"千人计划",从海外吸纳集聚本市新兴产业紧缺的能研发善攻关的复合型高级技能大师,入选人才待遇水平不低于其他类型"千人计划"人才。第二,完善高技能人才引培工作服务机制。提供特事特办、专人专办、跟踪服务,建立适应企业高技能人才引进和培养工作的一体化服务机制。第三,提升高技能人才社会服务水平。加快推动医院、学校、社区以及高技能人才公寓建设,构建人性化、便利化的生活配套体系。相关部门为天津市做出特殊贡献的高级技能大师配备专门的保健医生或医疗团队。

(该咨询报告2015年8月18日刊登于南开大学滨海开发研究院刊物《滨海要报》第77期,并被新华财经网转载)

报告四 农民工市民化政策应兼顾公平与效率

当前市民化政策偏离了生产效率导向,没有充分发挥人力资本积累的激励功能。各地农民工市民化政策应兼顾分配功能和生产功能,从普惠制福利供给向激励农民工人力资本投资的差别化福利分配转变,实现城市社会公平和生产效率的统一。企业应畅通农民工职业通道,构建公平性、宽容性和激励性企业文化,促进新生代农民工心理资本、人力资本和社会资本积累。

一、市民化没有提升新生代农民工人力资本和收入水平

一亿农业转移人口及其家属市民化工程应以什么为导向,遵循什么原则?这一问题需要明确回答。当前的农民工市民化政策遵循了民生原则,如将拥有合法住所、一定打工和社会保险缴纳年限作为落户城市的基本条件,给予

未落户农民工城市居民对等的城市福利待遇等。这仅仅体现了分配领域的公平。按照生产决定分配原则，市民化工程不但应该着眼于城市社会公平分配，还应该关注社会生产效率的提高，为农民工城市生存和可持续发展奠定基础。为探讨农民工市民化的生产效率问题，本研究于2013年对全国地级市及以上打工的"80后"和"90后"农民工进行问卷调查，回收有效问卷797份。调查对象划分为户籍市民化、准市民化和未市民化三类。户籍市民化即农民工依靠自己的劳动能力落户城市；准市民化是从城市福利水平来看，即农民工没有落户城市，但享有住房保障等主要城市福利。不同市民化类型对人力资本与社会资本积累以及工资增长产生不同影响。

1. 户籍市民化没有提高新生代农民工工资收入水平

新生代农民工落户城市的工资增长效果不明显，显示当前的农民工落户政策偏离了生产效率导向，没有将人力资本（尤其教育和技能）和就业质量作为必要条件，没有充分激发农民工劳动生产力提升的内在动力。虽然农民工落户城市后享有市民权利，实现了社会公平，但没有产生收入增长效应，反而因落户问题解决后更偏向于选择低强度低收入的舒适性工作。户籍市民化与教育年限的联合变量作用显著，表明具备一定教育培训经历的新生代农民工落户城市有助于工资增长。

2. 准市民化则有效提高了新生代农民工工资收入水平

相比之下，为那些没有落户城市的农民工提供住房保障、职业介绍和就业培训等就业公共服务将有效地提高工资水平。享受城市福利和公共服务的未落户农民工增加1个百分点，农民工工资收入将增加0.1个百分点。农民工虽然没有能够落户城市，但享受了住房保障和就业公共服务，市民化目标达成的期望驱使农民工不断进取，有效地提升了劳动生产力。

3. 准市民化中农民工工资增长不是源于人力资本水平提升

准市民化对农民工人力资本和社会资本水平影响不显著，说明当前城市福利均等化的市民化政策没有有效激发新生代农民工人力资本投资。农民工市民化政策应从普惠制福利供给向激励农民工人力资本投资和积累的差别化福利分配转变，即从外生性市民化政策向内生性市民化政策转变。各地市民化政策应兼顾公平和效率原则，避免出现重社会公平轻生产效率倾向。拟实施的城市居住证分类管理制度应充分考量教育年限、培训时间、技能水平和工资收入水平等生产性指标，优先将具有一定教育培训及劳动生产能力的农民工落户城市。

二、以资本积累促进新生代农民工市民化对策

1. 企业畅通农民工职业通道，以职业发展促进社会资本积累

从事体力劳动农民工社会交往面狭窄，交往对象层次不高。提升农民工社会资本需要企业帮助农民工建立职业晋升通道，实现职业发展。消除就业歧视是农民工实现职业发展的前提。企业岗位分派不应依据身份而应取决于岗位胜任力。企业应根据农民工工作经验和劳动技能特点安排合适的工作岗位，如具有一定技术技能农民工可以从事技术工作岗位，具有管理能力农民工可以进入管理通道，让农民工在职业发展中提升社会资本和人力资本水平。

2. 构建公平性、宽容性和激励性企业文化，促进农民工心理资本积淀

心理资本是人力资本和社会资本形成的内在基础，企业的接纳、认可、激励和生活前景等有助于提升农民工信心、坚韧性、乐观和期望等心理资本。企业应该构建公平性、宽容性和激励性的企业文化，如城市劳动者与外来农民工同工同酬、量才定岗定薪；管理者及时反馈工作业绩，认可、赏识、奖励农民工，让其产生成就感和自我效能感；宽容农民工的失败和短期的低绩效行为，帮助农民工认识问题，纠正偏差，提高绩效等。心理资本提升也会提高工作业绩，形成农民工与企业的良性互动。

3. 统筹政府培训与干中学，逐步提升农民工人力资本水平

各地政府应尽快建立农民工培训政策法规，规定农民工年参训时间下限，如2个月。建立农民工定期培训机制，统筹输出地、输入地政府和打工企业，分担新生代农民工培训责任。如农民工外出打工前由输出地县级政府进行前期培训，输入地政府开展定期培训，并要求所在企业每年不少于45天的在职培训，企业培训费用税前列支。政府相关部门监督检查企业农民工培训状况和培训效果。

4. 盘活农村存量资产，为农民工市民化积累物质资本

没有一定的物质资本积累，即使享有城市住房保障权，农民工也买不起

住房，难以在城市扎根落户。政策应允许农民工带资进城，并构建产权实现的市场条件。当前迫切需要构建农村产权流转的制度环境和市场环境，如建立规范有形的土地产权交易市场、集体资产的股份化、宅基地的有偿转让等，完善农村投融资体系，加快资产流转，让农民工真正能够带着农村积累的物质财富变身市民。

5. 以家庭整体迁移促进稳定就业，实现农民工及其家庭市民化

稳定就业是新生代农民工市民化的先决条件。实现稳定就业，除提高劳动技能外，还要实现就业与居住融合。家庭整体迁入城市是稳定就业的保障，新生代农民工及其家庭整体市民化是稳步城镇化的内在要求。城市政府的市民化政策不应针对农民工个人，而应惠及农民工家庭，让农民工能够在城市扎根生存。

（该咨询报告 2015 年 3 月 11 日刊登于南开大学滨海开发研究院与天津市农业科技合作办公室合办的刊物《城镇化建设》第 27 期）

报告五　新生代农民工的市民化及治理对策

新生代农民工市民化是心理资本、人力资本和社会资本协同作用的结果。人力资本和一定水平的社会资本对新生代农民工市民化产生重要影响，而收入水平作用不明显。参训时间越长，技能等级越高，农民工市民化能力越强。但城市政府的福利配给没有有效激发新生代农民工人力资本和社会资本投资。建议市民化政策应从普惠制福利供给向激励农民工人力资本投资的差别化福利分配转变，即从外生性市民化向内生性市民化转变。企业应畅通农民工职业通道，构建公平性、宽容性和激励性企业文化，促进新生代农民工心理资本、人力资本和社会资本积累。

农村城镇化的本质是农民城市化。2010 年中央"一号文件"首次提出新生代农民工市民化，新生代农民工具有较高的市民化意愿和市民化能力成长预期，成为市民化的首要对象。新生代农民工市民化是心理资本、人力资本、

社会资本和物质资本协同作用的结果，各类资本作用大小需要通过实证检验，据此寻找新生代农民工市民化最优化治理路径。

一、新生代农民工市民化中各类资本作用状况

本报告于2013年对全国地级市及以上打工的"80后"和"90后"农民工进行问卷调查（由于县级以下小城镇进入门槛较低，农民工市民化已无障碍）。共发放问卷1400份，回收有效问卷797份。调查对象分为户籍市民化、待遇市民化和未市民化三类。户籍市民化即农民工依靠自己的劳动能力落户城市（目前政策是只要落户城市，就相应地享有城市居民福利），属于市场主导的内生性市民化；待遇市民化是从城市福利水平看，即农民工没有落户城市，但享有住房保障等主要城市福利的政策主导的外生性市民化。将三种市民化类型作为被解释变量构建多类别逻辑回归，模型通过计量经济学检验。计量分析结果如下：

1. 月收入为代表的物质资本对新生代农民工市民化作用不显著

新生代农民工市民化与否与收入水平无关。这并不表明物质资本与新生代农民工市民化不相关，而是市民化政策只要求有合法住所，不限定购买住房。新生代农民工物质基础薄弱，要在城市扎根生存需要"带资进城"，甚至代际积累。

2. 与打工年限相比，年龄对新生代农民工市民化更为重要

年龄指标作用显著，但打工年限作用效果不如年龄。调查对象多为20世纪80年代以后出生，年龄段最受企业青睐。但年长者工作经验和社会资本较为丰富，更易市民化。而打工时间长的农民工工作经验虽较丰富，但农民工工作流动性较强，前期工作经验未必用得上。

3. 年参训时间对农民工市民化作用较大

参训时间较显著。问卷调查显示，参训时间越长，落户城市的比率越大。年参训时间在1个月以下的分组中，落户城市的比率仅为9.2%，而3个月以上的落户比率为27.3%。但新生代农民工年参训时间较短，平均不到1个月。

4. 技术证书级别显著影响新生代农民工市民化

没有技术证书的农民工很难落户城市。技术证书级别越高的分组中，农

民工落户城市的比率越大。没有证书的农民工分组中落户城市的比率仅为10.8%，而技师分组中落户比率为41.7%。但调查显示，55.6%的新生代农民工没有技能证书。相对于"技师"参照组（系数为0），其他分组系数皆小于0，说明技术等级越高，农民工市民化能力越强。

5. 工作类型对农民工市民化产生明显影响

体力性工作为主的农民工更难以落户城市。体力性工作分组中落户城市比率仅为8.8%，而技术性和管理性工作分组中落户比率分别为19.3%和30.3%。调查显示，46.9%的新生代农民工从事体力性为主的工作，表明农民工落户城市的能力较弱。

6. 社会资本对新生代农民工市民化影响存在一个极值

可帮助你的人数为11~30人的分组作用较显著，且系数大于其他分组，其他分组均不显著。说明该社会资本水平对新生代农民工市民化最有效。但调查显示，新生代农民工可获得帮助的人数平均仅为8.2人，尚达不到有效市民化的社会资本水平。

7. 政策变量对新生代农民工市民化作用显著

政策是一个阈值，没有政策许可就无法市民化。调查显示，21.2%的被调查者认为打工城市没有任何农民工落户的政策。"有政策但需努力"变量作用显著，说明政策仅是新生代农民工市民化的外在力量，在制度规则下，农民工市民化还需依靠自身努力才能触及政策标杆。

从上述分析可以看出，市场主导的户籍市民化中，人力资本和一定水平的社会资本对新生代农民工市民化产生重要影响。年参训时间越长，技术证书级别越高，市民化能力越强。政府主导的待遇市民化中，农民工人力资本和社会资本作用不显著，说明城市政府的福利配给没有有效刺激新生代农民工人力资本和社会资本投资。当前新生代农民工市民化政策应从普惠制福利供给向激励农民工人力资本投资和积累的差别化福利分配转变，即从外生性市民化向内生性市民化转变。

二、新生代农民工市民化治理对策

1. 盘活农村存量资产，为农民工市民化积累物质资本

农民工的农地承包经营权、宅基地使用权和农村集体资产收益权是农民

工市民化的经济基础。虽然收入水平对新生代农民工市民化没有显著影响，但如果没有一定的物质资本积累，即使享有城市住房保障权，农民工也买不起住房，难以在城市扎根落户。允许农民工带资进城奠定了农民工市民化的物质基础。但如果农村资产不能处置变现，农民工带资进城政策将沦为空谈。当前迫切需要构建农村产权流转的制度环境和市场条件，如建立规范有形的土地产权交易市场、集体资产的股份化、宅基地的有偿转让等，完善农村投融资体系，加快资产流转，让农民工真正能够带着农村积累的物质财富变身市民。

2. 企业畅通农民工职业通道，以职业发展促进社会资本积累

农民工社会资本积累能力与其社会身份和工作关系息息相关。传统上，农民工与技术、管理工作岗位无缘，只能从事单一化体力性劳动。从事体力劳动的农民工社会交往面狭窄，交往对象层次不高。提升农民工社会资本需要企业帮助农民工建立职业晋升通道，实现职业发展。消除就业歧视是农民工实现职业发展的前提，农民工不是体力劳动的代名词，职业发展权利不单是市民权利，也是农民工权利。企业岗位分派不应依据身份而应取决于岗位胜任力。企业应根据农民工工作经验和劳动技能特点安排合适的工作岗位，如具有一定技术技能农民工可以从事技术工作岗位，具有管理能力农民工可以进入管理通道，让农民工在职业发展中提升社会资本和人力资本水平。

3. 构建公平性、宽容性和激励性企业文化，促进农民工心理资本积淀

心理资本是人力资本和社会资本形成的内在基础。社会歧视让农民工微薄的心理资本流失。农民工的信心、坚韧性、乐观和期望等产生于农民工与社会和组织的互动，组织对自己的接纳、认可、激励和生活前景等有助于提升农民工心理资本。企业应该构建公平性、宽容性和激励性的企业文化，如城市劳动者与外来农民工同工同酬、量才定岗定薪；管理者及时反馈工作业绩，认可、赏识、奖励农民工，让其产生成就感和自我效能感；宽容农民工的失败和短期的低绩效行为，帮助农民工认识问题，纠正偏差，提高绩效等。心理资本提升也会提高工作业绩，形成农民工与企业的良性互动。

4. 统筹政府培训与干中学，逐步提升农民工人力资本水平

新生代农民工年参训时间平均不足一个月，农民工培训问题突出。各地

政府应尽快建立农民工培训政策法规,规定农民工年参训时间下限,如 2 个月。建立农民工定期培训机制,统筹输出地、输入地政府和打工企业,分担新生代农民工培训责任。如农民工外出打工前由输出地县级政府进行前期培训,输入地政府开展定期培训,并要求所在企业每年不少于 45 天的在职培训,企业培训费用税前列支。政府相关部门监督检查企业农民工培训状况和培训效果。

5. 以家庭整体迁移促进稳定就业,实现农民工及其家庭市民化

打工年限对新生代农民工市民化没有产生显著影响,主要源于农民工就业不稳定。稳定就业是新生代农民工市民化的先决条件。实现稳定就业,除提高劳动技能外,还要实现就业与居住融合。家庭整体迁入城市并市民化是稳定就业的保障,新生代农民工及其家庭整体市民化是稳步城镇化的内在要求。城市政府的市民化政策不应针对农民工个人,而应惠及农民工家庭,让农民工能够在城市扎根生存。

(该咨询报告 2013 年 10 月 7 日刊登于南开大学滨海开发研究院刊物《成果专报》第 40 期)

报告六 产城融合发展中存在重"产"轻"城"现象

产城融合发展是新型城镇化基本要求。东部部分地区城镇化不缺少产业支撑,而缺乏城市内容。市镇行政权限与人口规模脱节,传统工业镇城市功能提升缓慢,城市化功能区没有实现管理职能转型,产城融合发展中存在重"产"轻"城"现象。产城融合既需要构建产业生态体系,也需要完善城市功能和管理体制。本报告提出按照行政级别和城市规模确定市镇权限,政策引导传统产业就地转型升级,加快城市化功能区管理职能转型和营造城市景观等建议。

我国城镇化过程曾因房地产业超前发展而出现"睡城""鬼城"等产城分离现象,产城融合发展问题一度成为新型城镇化的突出矛盾。但调研发现,

东部部分地区的城镇化并不缺少产业支撑，而是缺乏城市内涵，产城融合发展中存在重"产"轻"城"现象。

一、市镇城市化中轻视城市管理和服务

1. 市镇管辖权限与人口规模脱节，社会管理力不从心

东部地区产业集群化村镇吸纳人口高密度集聚，但集聚地仍沿袭镇级行政级别，镇政府对外来人口的社会管理和服务力不从心。广州市新塘镇是全国特大城镇，劳动密集型产业（牛仔产业）集聚了大量外来劳动力。2014年，户籍人口12.7万人，常住人口80多万人。按照2014年新的城市规模划分标准，应该属于中等城市。但因没有列入新型城镇化试点（虽积极申报，但广州市利益平衡后没有推荐）目前仍采用镇级管理体制，公共管理权限和预算支出较少，社会管理服务力不从心（如警务管理跟不上，打架斗殴事件时有发生）。农民工市民化缓慢。新塘镇实行广州市统一户籍政策，外来农民工难以落户，农民工子女进入公办学校比较困难。国家新型城镇化试点方案要求，2018年后分阶段推广试点经验，但对于一些突出的矛盾或已经成熟的经验是否可以扩大试点范围或同步推进改革？

2. 传统工业镇城市功能有待提升，产业升级遭遇人才约束

东部地区传统工业镇产业基础雄厚，产业对人口吸纳能力较强。但城市综合功能没有与产业规模同步提升，便民商业服务业和文体教卫等社会服务业发展滞后对高层次人才吸纳形成约束，制约传统产业升级。作为全国纺织之乡的钱清镇是浙江省较为成功的小城市试点单位，纺织工业正在转型。但钱清镇城市功能无法与市区相媲美，产城融合发展中又遭遇周边发达地区虹吸效应，高层次人才吸纳存在一定困难。产业发展可以吸纳人才短期内逗留，但人才长期居留则取决于城市生活环境。传统工业镇不注重城市功能升级，产业亟须升级时遭遇智慧人才"瓶颈"。

3. 城市化功能区没有赋予行政职能，产城融合需要管理职能转型

功能区承担经济管理职能，而行政区承担行政和社会管理职能。传统上，各类功能区挂靠到一级政府，实行一套班子两个牌子。但部分新区、开发区和高新区等实行独立的管委会管理模式，这些功能区实现城市化后需要进行

资产、劳动保障、市容环卫等城市综合管理，但城市化功能区并没有被及时赋予行政职能，行政机构和人员编制仍沿袭传统的管委会模式，没有实现管理模式从功能区向行政区转型，新型功能区管理工作人手不够，管理精细化程度不高。各类功能区产城融合已具备良好的产业基础，城市功能完善和管理职能转型应是产城融合发展的重心。

二、加强城市建设与管理对策建议

产城融合既需要构建产业生态体系，也需要城市功能配套和城市管理体制，两者不可偏废。

1. 按照行政级别和城市规模确定市镇权限，探索多样化镇改市模式

扩权强镇需要赋予镇政府更多的行政管理权限，及时将符合条件的镇改制为小城市。第一，镇改市需要根据镇域面积，镇常住人口数量和行政隶属关系确定小城市行政级别，确定升格为镇级市还是县级市。第二，实行改制镇管理权限与城市人口规模相挂钩，按照常住人口规模确定相关管理机构设置和人员编制，改变以往单一的行政级别决定的城市管理权。第三，探索多样化镇改市模式。镇改市需要视情选择适宜模式。既可以改为镇级的小城市，也可以改为副县级的中心城，还可以改为县级市。城市命名需要结合自然与历史文化决定，而不应单纯追求标新立异。

2. 政策引导传统产业就地转型升级，审慎推行产业异地转移

东部地区部分传统产业不应盲目向中西部地区转移。一个产业在当地的形成发展具有一定的历史渊源，具有成熟的工艺技术、成熟的市场和成熟的产业文化。如果盲目转移，产业承接地不具备产业落地生存的必要条件，产业就不能异地转移成活。东部地区政府应充分尊重传统产业的延续性和适应性。世界上那些著名的传统产业区成功实现了传统特色产业保护继承与现代产业转型有机结合，如巴黎的时装业，京都的传统陶瓷、纺织业，伯明翰的金银珠宝制造业等，这些特色产业本身具有持久的市场需求，不受环境污染和资源枯竭约束，产业的延续和就地转型实现了城市群内产业的差别性和多样性，也体现了城市发展对历史的尊重和继承。

3. 加快城市化功能区管理职能转型，提高城市综合管理服务水平

城市化功能区可以升级为行政区，也可以在名义上仍沿用管委会模式，

实行经济管理与行政管理职能的融合。即赋予功能区行政管理权，功能区行政管理职能与一般行政区无二。可以暂不设置独立的人大、政协和司法机构，几个功能区共同隶属上一级的人大政协和司法监督。同时，城市化功能区探索实行大部制管理，有利于缩短决策链条，降低行政成本，提高管理效率。如深圳市光明新区探索实行功能区与行政区融合（名义上仍是功能区），实行大部制管理，取得了较好的城市管理效果。

4. 加强城市自然和人文景观营造，打造宜业、宜居、宜人城市环境

成功的城镇化都是努力做好人的文章。产城融合不但需要植入工业和工业集群，还需要集聚人气，围绕人的需求培育服务产业。围绕就业、居住和生活打造宜业、宜居、宜人的城市环境是城市建设管理的根本。其中，营造城市自然和人文景观，打造绿色生态城市是培育宜人环境的关键，也是农村城市化的短板。国家绿色生态示范城建设中应依托自然地理环境，以山水田园为要素进行绿色规划，建设绿色城市；依托人文历史进行城市文明塑造规划，保护和传承城市文明，建设文化城市；依托智慧型人才进行绿色创意，以绿色创意产业打造绿色生活。

5. 提升城市社会服务业发展水平，提高智慧型人才吸纳力

文体教卫等社会服务业发展状况是衡量城市高层次人才吸纳力的重要标志。智慧小城市建设需要吸纳集聚大批具有创造和创意能力的智慧人才。产城融合发展需要提升文体教卫发展水平，包括硬件建设和软件建设。前者需要加大社会服务基础设施投资水平，后者需要创新人才政策，集聚教育和医疗保健等高级人才。文体教卫基础设施建设需要在借助周边优势资源的基础上提供高水平的社会服务，完善和提升中小城市社会服务水平。

报告七　应探索实行产城多元化融合模式

产城融合是新型城镇化的本质要求。产城融合路径可以分为产业集群发展、城市功能完善，产业功能区主导、城市管理转型，产业转型升级、城市更新改造，城市建设先行、产业植入跟进四种模式。建议将常住人口规模达到中等城市水平、完全城镇化的镇升格为县级市或镇级独立市，以

土地功能整合协同推进产业空间布局与城市功能优化，以生态绿色理念建设宜业、宜居、宜人的田园城镇，以体制改革实现功能区与行政区管理模式融合。

城镇化模式大致有两类：第一类是产业先行，城市跟进。第二类是城建先行，产业植入。其中，第一类模式产城融合较易推进，产城融合程度较高。基于这两种类型，产城融合发展可以进一步细分成多种模式。

一、产城融合发展模式

1. 产业集群发展、城市功能完善模式

模式特点：传统优势产业集群式发展为城镇化提供了产业支撑。产业集群化和持续化发展积累了物质财富，乡镇政府城市建设财政能力较强。产业集群发展还吸纳了大量人口集聚和就业，为城镇化积累了人气。城镇化的重点是城市功能和城市管理体制完善以及公共服务水平的提升，强化城市内涵。这种模式适合产业发展基础较好、人口规模较大的乡镇地区。如广州新塘镇，占全国60%的牛仔裤生产加工产业吸纳了大量劳动力就业，镇域常住人口达到80多万人。但城镇功能和管理体制仍沿用镇级模式，镇财政权限和人员编制不能适应人口规模变化。产城融合发展的重点是通过镇改市，强化城市功能，提高城镇财政权限和行政管理权限，提升城镇管理能级和水平。

2. 产业功能区主导、城市管理转型模式

模式特点：功能区先行发展。镇域（乡镇或城关镇）或周边地区通过产业集中集聚已形成经济开发区、高新技术产业园区等产业功能区，就业人口或在园区企业宿舍或在周边居住，功能区实行管委会管理模式。功能区实现了产业和就业的集中，但人口居住相对分散。功能区产业功能完善但城市功能欠缺，经济管理职能较强但社会管理和服务职能较弱。这种模式适合经济功能区发展成熟的城郊地区。如深圳市光明新区。光明新区是深圳北部功能新区，下辖两个街道，常住人口49万人。新区采用功能区建制，但实际承担行政区管理职能，实现管理模式从功能区向功能区与行政区融合转变，经济社会管理效率较高。但行政编制没有增加，人手不够。新区没有设置独立的人大、政协和司法机构，社会管理权限仍不健全。

3. 产业转型升级、城市更新改造模式

模式特点：工业化发展占用了大量土地空间，造成土地资源的粗放式利用，城市进一步扩容存在空间约束。城市产业可持续发展要求产业转移和转型，转移出去土地密集型的传统工业，引进吸纳附加值高、土地节约型的现代服务业。为扩张产业落地空间，城市进行"三旧"改造和再开发，实行存量土地的整理和集约利用。产业转型与城市更新使得产业与城市在更高水平上实现融合。这种模式适合发达城市的城郊地区，城郊地区通过城市更新与中心城区融为一体，蜕变成为名副其实的城市。如上海市徐泾镇。西红桥商务区开发为徐泾镇提供了新的发展机遇，但新型产业落地受土地空间约束。根据上海市划定的产业类型区，徐泾镇协同推进传统工业转移和新型产业（如商贸物流业、会展产业、总部经济和文化创意产业等）落地。深圳市光明新区通过拆旧建新、功能置换和美容美化，不但为产业扩张腾出了土地空间，城市面貌也焕然一新。

4. 城市建设先行、产业植入跟进模式

模式特点：城市开发超前于产业发展，出现"空城""卧城"现象。城市房地产业开发推进了城市空间蔓延，土地城市化速度快于人口集聚速度，出现有城市无产业、有城区无就业的城市建设与产业发展相脱节的造城现象。但经过一段时期发展，城市确立主导产业，产业规模扩张吸纳集聚人口与就业，城市人气增强。产业与就业的集聚赋予城市内涵，城市与产业滞后性融合。这种模式适合具有产业集聚潜力、一段时间内出现空城的新城或新区。如天津市滨海新区。滨海新区专业功能区具有产业集聚潜力，但滨海核心区距离天津市中心城区较远，交通设施有待完善，新区产业与人口吸纳集聚能力不断增强。一段时期内新区房地产业超前开发会出现空城现象，但随着城市产业规模、基础设施和公共服务水平提升，空城现象会逐渐缓解。

二、促进产城多元融合发展的对策

1. 探索实行多元化"镇改市"模式

长三角地区和珠三角地区城镇人口规模与行政级别脱节，出现城镇行政管理权限与辖区人口规模不符合。新型城镇化需因地制宜，探索实行多元化镇改市模式。第一，常住人口规模达到中等城市水平、完全城镇化的镇可以升级为县级市或镇级独立市（不下辖农村地区），常住人口规模达到小城市水平的可以升级为镇级市。第二，将镇级独立市行政级别升格为副县级，参照中等城市水平安排财政预算、行政机构和人员编制。第三，暂不适合升格为城市的镇应根据镇常住人口规模扩大镇政府行政管理权限，依据人口规模安排财政预算支出和行政人员编制，扩大镇政府公共管理权限和能力。

2. 协同推进产业空间布局与城市功能优化

第一，城镇建设中采取"全产业口径、全空间布局"思路，整合产业布局与城市功能，进行产业分区，以此为基础确定城市空间布局和功能优化。第二，以交通为主线整合土地功能，以土地功能混用集约利用土地。按照宜居宜业宜人原则，居住产业区用地可以采用"交通用地＋商业、办公、居住用地"的混合用地模式，生态控制用地可以采用"交通用地＋湿地、公园、景观等用地"互补用地模式，以集约用地实现工作、生活、休闲的统一。第三，在商务区和居住区分散配置文体教卫产业，完善城市社会服务功能。

3. 以生态绿色理念建设宜业、宜居、宜人的田园城镇

第一，绿色规划先行。遵循绿色理念编制绿色专项规划。绿色理念即发展绿色产业，建设绿色城市，营造绿色生活，做好人的文章。绿色产业即引进低碳节能的高技术产业，绿色城市即划定生态控制线，建设绿色生态城。绿色生活即以山水田园为要素打造城镇景观。第二，以绿色理念开展城镇建设。编制实施绿色建筑专项规划，新建项目中推行绿色建筑标准。第三，制定实施生态建设与环境保护规划，建立生态责任落实和终身追究制度，建设生态宜居城镇。

4. 加快新城镇公共管理体制改革

第一，增强社区社会管理权限和职能。社会管理重心下移，服务资源下沉到社区，增强社区社会管理职能。大力培育社会组织，政府部分职能向有资质、有能力的社会组织转移，推行扁平化管理。第二，优化社区治

理结构。借鉴深圳社区治理模式，建立以社区综合党委为核心，社区居委会、社区工作站、社区服务中心为依托，物业管理公司、社会组织等多元参与的"1+3+N"三层次社区现代治理结构。第三，功能区管理从单一模式向功能区与行政区融合转变。赋予功能区社会管理职能，增大功能区社会管理权限。县级及以下功能区可以依托基层政府，实行一套班子两个牌子，地级及以上功能区可以视情升级为行政区。

附表

附表 2-1　　　　　　　全国三次产业产值构成　　　　单位：亿元，%

年份	合计 数量	合计 比例	第一产业 数量	第一产业 比例	第二产业 数量	第二产业 比例	第三产业 数量	第三产业 比例
1952	679.0	100.0	346.0	51.0	141.8	20.9	191.2	28.2
1953	824.2	100.0	381.4	46.3	192.5	23.4	250.3	30.4
1954	859.4	100.0	395.5	46.0	211.7	24.6	252.2	29.3
1955	910.8	100.0	424.8	46.6	222.2	24.4	263.8	29.0
1956	1029.0	100.0	447.9	43.5	280.7	27.3	300.4	29.2
1957	1069.3	100.0	433.9	40.6	317.0	29.6	318.4	29.8
1958	1308.2	100.0	449.9	34.4	483.5	37.0	374.8	28.7
1959	1440.4	100.0	387.2	26.9	615.5	42.7	437.6	30.4
1960	1457.5	100.0	343.8	23.6	648.2	44.5	465.5	31.9
1961	1220.9	100.0	445.1	36.5	388.9	31.9	387.0	31.7
1962	1151.2	100.0	457.2	39.7	359.3	31.2	334.8	29.1
1963	1236.4	100.0	502.0	40.6	407.6	33.0	326.8	26.4
1964	1455.5	100.0	564.0	38.7	513.5	35.3	378.0	26.0
1965	1717.2	100.0	656.9	38.3	602.2	35.1	458.1	26.7
1966	1873.1	100.0	708.5	37.8	709.5	37.9	455.1	24.3
1967	1780.3	100.0	720.6	40.5	602.8	33.9	456.9	25.7
1968	1730.2	100.0	732.8	42.4	537.3	31.1	460.0	26.6
1969	1945.8	100.0	742.8	38.2	689.1	35.4	513.9	26.4
1970	2261.3	100.0	800.4	35.4	912.2	40.3	548.7	24.3
1971	2435.3	100.0	833.7	34.2	1022.8	42.0	578.7	23.8
1972	2530.2	100.0	834.8	33.0	1084.2	42.8	611.2	24.2
1973	2733.4	100.0	915.6	33.5	1173.0	42.9	644.7	23.6
1974	2803.7	100.0	953.7	34.0	1192.0	42.5	658.1	23.5

续表

年份	合计		第一产业		第二产业		第三产业	
	数量	比例	数量	比例	数量	比例	数量	比例
1975	3013.1	100.0	979.8	32.5	1370.5	45.5	662.8	22.0
1976	2961.5	100.0	975.7	32.9	1337.2	45.2	648.6	21.9
1977	3221.1	100.0	950.6	29.5	1509.1	46.9	761.4	23.6
1978	3650.2	100.0	1018.4	27.9	1736.0	47.6	895.8	24.5
1979	4067.7	100.0	1258.9	30.9	1903.3	46.8	905.4	22.3
1980	4551.6	100.0	1359.4	29.9	2180.5	47.9	1011.6	22.2
1981	4898.1	100.0	1545.6	31.6	2243.7	45.8	1108.8	22.6
1982	5333.0	100.0	1761.6	33.0	2370.6	44.5	1200.9	22.5
1983	5975.6	100.0	1960.8	32.8	2632.6	44.1	1382.2	23.1
1984	7226.3	100.0	2295.5	31.8	3089.7	42.8	1841.1	25.5
1985	9039.9	100.0	2541.6	28.1	3846.8	42.6	2651.6	29.3
1986	10308.8	100.0	2763.9	26.8	4469.9	43.4	3074.9	29.8
1987	12102.2	100.0	3204.3	26.5	5225.3	43.2	3672.6	30.3
1988	15101.1	100.0	3831.0	25.4	6554.0	43.4	4716.0	31.2
1989	17090.3	100.0	4228.0	24.7	7240.8	42.4	5621.6	32.9
1990	18774.3	100.0	5017.0	26.7	7678.0	40.9	6079.3	32.4
1991	21895.5	100.0	5288.6	24.2	9055.8	41.4	7551.2	34.5
1992	27068.3	100.0	5800.0	21.4	11640.4	43.0	9627.9	35.6
1993	35524.3	100.0	6887.3	19.4	16373.0	46.1	12264.1	34.5
1994	48459.6	100.0	9471.4	19.5	22333.5	46.1	16654.7	34.4
1995	61129.8	100.0	12020.0	19.7	28536.2	46.7	20573.6	33.7
1996	71572.3	100.0	13877.8	19.4	33665.8	47.0	24028.7	33.6
1997	79429.5	100.0	14264.6	18.0	37353.9	47.0	27810.9	35.0
1998	84883.7	100.0	14618.0	17.2	38808.8	45.7	31456.8	37.1
1999	90187.7	100.0	14548.1	16.1	40827.6	45.3	34812.0	38.6
2000	99776.3	100.0	14716.2	14.7	45326.0	45.4	39734.1	39.8
2001	110270.4	100.0	15501.2	14.1	49262.0	44.7	45507.2	41.3

续表

年份	合计 数量	合计 比例	第一产业 数量	第一产业 比例	第二产业 数量	第二产业 比例	第三产业 数量	第三产业 比例
2002	121002.0	100.0	16188.6	13.4	53624.4	44.3	51189.0	42.3
2003	136564.6	100.0	16968.3	12.4	62120.8	45.5	57475.6	42.1
2004	160714.4	100.0	20901.8	13.0	73529.8	45.8	66282.8	41.2
2005	185895.8	100.0	21803.5	11.7	87127.3	46.9	76964.9	41.4
2006	217656.6	100.0	23313.0	10.7	103164.0	47.4	91180.1	41.9
2007	268019.4	100.0	27783.0	10.4	125145.0	46.7	115091.0	42.9
2008	316751.7	100.0	32747.0	10.3	148098.0	46.8	135907.0	42.9
2009	345629.2	100.0	34154.0	9.9	157850.0	45.7	153625.0	44.4
2010	408903.0	100.0	39354.6	9.6	188805.0	46.2	180743.0	44.2
2011	484123.5	100.0	46153.3	9.5	223390.0	46.1	214580.0	44.3
2012	534123.0	100.0	50892.7	9.5	240200.0	45.0	243030.0	45.5
2013	588018.8	100.0	55321.7	9.4	256810.0	43.7	275887.0	46.9
2014	635910.2	100.0	58336.1	9.2	271765.0	42.6	305810.0	48.2

资料来源：1952~1977年来自《新中国60年统计资料汇编》，1978~2014年来自国家统计局网站。

附表2-2　　　　全国劳动力城乡及产业构成情况　　　　单位：万人，%

年份	就业人员	按城乡分 城镇 数量	按城乡分 城镇 比例	按城乡分 乡村 数量	按城乡分 乡村 比例	按三次产业分 第一产业 数量	按三次产业分 第一产业 比例	按三次产业分 第二产业 数量	按三次产业分 第二产业 比例	按三次产业分 第三产业 数量	按三次产业分 第三产业 比例
1952	20729	2486	12.0	18243	88.0	17317	83.5	1531	7.4	1881	9.1
1953	21364	2754	12.9	18610	87.1	17747	83.1	1715	8.0	1902	8.9
1954	21832	2744	12.6	19088	87.4	18151	83.1	1882	8.6	1799	8.2
1955	22328	2802	12.5	19526	87.5	18592	83.3	1913	8.6	1823	8.2
1956	23018	2993	13.0	20025	87.0	18544	80.6	2468	10.7	2006	8.7
1957	23771	3205	13.5	20566	86.5	19309	81.2	2142	9.0	2320	9.8
1958	26600	5300	19.9	21300	80.1	15490	58.2	7076	26.6	4034	15.2

续表

年份	就业人员	按城乡分				按三次产业分					
		城镇		乡村		第一产业		第二产业		第三产业	
		数量	比例	数量	比例	数量	比例	数量	比例	数量	比例
1959	26173	5389	20.6	20784	79.4	16271	62.2	5402	20.6	4500	17.2
1960	25880	6119	23.6	19761	76.4	17016	65.7	4112	15.9	4752	18.4
1961	25590	5336	20.9	20254	79.1	19747	77.2	2856	11.2	2987	11.7
1962	25910	4537	17.5	21373	82.5	21276	82.1	2059	7.9	2575	9.9
1963	26640	4603	17.3	22037	82.7	21966	82.5	2038	7.7	2636	9.9
1964	27736	4828	17.4	22908	82.6	22801	82.2	2183	7.9	2752	9.9
1965	28670	5136	17.9	23534	82.1	23396	81.6	2408	8.4	2866	10.0
1966	29805	5354	18.0	24451	82.0	24297	81.5	2600	8.7	2908	9.8
1967	30814	5446	17.7	25368	82.3	25165	81.7	2661	8.6	2988	9.7
1968	31915	5630	17.6	26285	82.4	26063	81.7	2743	8.6	3109	9.7
1969	33225	5825	17.5	27400	82.5	27117	81.6	3030	9.1	3078	9.3
1970	34432	6312	18.3	28120	81.7	27811	80.8	3518	10.2	3103	9.0
1971	35620	6868	19.3	28752	80.7	28397	79.7	3990	11.2	3233	9.1
1972	35854	7200	20.1	28654	79.9	28283	78.9	4276	11.9	3295	9.2
1973	36652	7388	20.2	29264	79.8	28857	78.7	4492	12.3	3303	9.0
1974	37369	7687	20.6	29682	79.4	29218	78.2	4712	12.6	3439	9.2
1975	38168	8222	21.5	29946	78.5	29456	77.2	5152	13.5	3560	9.3
1976	38834	8692	22.4	30142	77.6	29443	75.8	5611	14.4	3780	9.7
1977	39377	9127	23.2	30250	76.8	29340	74.5	5831	14.8	4206	10.7
1978	40152	9514	23.7	30638	76.3	28318	70.5	6945	17.3	4890	12.2
1979	41024	9999	24.4	31025	75.6	28634	69.8	7214	17.6	5177	12.6
1980	42361	10525	24.8	31836	75.2	29122	68.7	7707	18.2	5532	13.1
1981	43725	11053	25.3	32672	74.7	29777	68.1	8003	18.3	5945	13.6
1982	45295	11428	25.2	33867	74.8	30859	68.1	8346	18.4	6090	13.4
1983	46436	11746	25.3	34690	74.7	31151	67.1	8679	18.7	6606	14.2
1984	48197	12229	25.4	35968	74.6	30868	64.0	9590	19.9	7739	16.1

续表

年份	就业人员	按城乡分				按三次产业分					
		城镇		乡村		第一产业		第二产业		第三产业	
		数量	比例	数量	比例	数量	比例	数量	比例	数量	比例
1985	49873	12808	25.7	37065	74.3	31130	62.4	10384	20.8	8359	16.8
1986	51282	13292	25.9	37990	74.1	31254	60.9	11216	21.9	8811	17.2
1987	52783	13783	26.1	39000	73.9	31663	60.0	11726	22.2	9395	17.8
1988	54334	14267	26.3	40067	73.7	32249	59.4	12152	22.4	9933	18.3
1989	55329	14390	26.0	40939	74.0	33225	60.0	11976	21.6	10129	18.3
1990	64749	17041	26.3	47708	73.7	38914	60.1	13856	21.4	11979	18.5
1991	65491	17465	26.7	48026	73.3	39098	59.7	14015	21.4	12378	18.9
1992	66152	17861	27.0	48291	73.0	38699	58.5	14355	21.7	13098	19.8
1993	66808	18262	27.3	48546	72.7	37680	56.4	14965	22.4	14163	21.2
1994	67455	18653	27.7	48802	72.3	36628	54.3	15312	22.7	15515	23.0
1995	68065	19040	28.0	49025	72.0	35530	52.2	15655	23.0	16880	24.8
1996	68950	19922	28.9	49028	71.1	34820	50.5	16203	23.5	17927	26.0
1997	69820	20781	29.8	49039	70.2	34840	49.9	16547	23.7	18432	26.4
1998	70637	21616	30.6	49021	69.4	35177	49.8	16600	23.5	18860	26.7
1999	71394	22412	31.4	48982	68.6	35768	50.1	16421	23.0	19205	26.9
2000	72085	23151	32.1	48934	67.9	36043	50.0	16219	22.5	19823	27.5
2001	72797	24123	33.1	48674	66.9	36399	50.0	16234	22.3	20165	27.7
2002	73280	25159	34.3	48121	65.7	36640	50.0	15682	21.4	20958	28.6
2003	73736	26230	35.6	47506	64.4	36204	49.1	15927	21.6	21605	29.3
2004	74264	27293	36.8	46971	63.2	34830	46.9	16709	22.5	22725	30.6
2005	74647	28389	38.0	46258	62.0	33442	44.8	17766	23.8	23439	31.4
2006	74978	29630	39.5	45348	60.5	31941	42.6	18894	25.2	24143	32.2
2007	75321	30953	41.1	44368	58.9	30731	40.8	20186	26.8	24404	32.4
2008	75564	32103	42.5	43461	57.5	29923	39.6	20553	27.2	25087	33.2
2009	75828	33322	43.9	42506	56.1	28890	38.1	21080	27.8	25857	34.1
2010	76105	34687	45.6	41418	54.4	27931	36.7	21842	28.7	26332	34.6

续表

年份	就业人员	按城乡分				按三次产业分					
		城镇		乡村		第一产业		第二产业		第三产业	
		数量	比例	数量	比例	数量	比例	数量	比例	数量	比例
2011	76420	35914	47.0	40506	53.0	26594	34.8	22544	29.5	27282	35.7
2012	76704	37102	48.4	39602	51.6	25773	33.6	23241	30.3	27690	36.1
2013	76977	38240	49.7	38737	50.3	24171	31.4	23170	30.1	29636	38.5
2014	77253	39310	50.9	37943	49.1	22790	29.5	23099	29.9	31364	40.6

资料来源：1952~2000年数据来自《新中国60年统计资料汇编》，2001~2014年数据来自国家统计局网站。

附表2-3　　　　　乡村从业人员产业构成情况　　　　　单位：万人，%

年份	乡村就业人员数量	第一产业就业人员		第二、第三产业就业人员	
		数量	比例	数量	比例
1978	30638	28318	92.4	2320	7.6
1979	—	—	—	—	—
1980	31836	29122	91.5	2714	8.5
1981	32672	30678	93.9	1994	6.1
1982	33867	31153	92.0	2714	8.0
1983	34690	31645	91.2	3045	8.8
1984	35968	31685	88.1	4283	11.9
1985	37065	30352	81.9	6713	18.1
1986	37990	30468	80.2	7522	19.8
1987	39000	30870	79.2	8130	20.8
1988	40067	31456	78.5	8611	21.5
1989	40939	32441	79.2	8498	20.8
1990	47708	38914	81.6	8794	18.4
1991	48026	39098	81.4	8928	18.6
1992	48291	38699	80.1	9592	19.9

续表

年份	乡村就业人员数量	第一产业就业人员 数量	第一产业就业人员 比例	第二、第三产业就业人员 数量	第二、第三产业就业人员 比例
1993	48546	37680	77.6	10866	22.4
1994	48802	36628	75.1	12174	24.9
1995	49025	35530	72.5	13495	27.5
1996	49028	34820	71.0	14208	29.0
1997	49039	34840	71.0	14199	29.0
1998	49021	35177	71.8	13844	28.2
1999	48982	35768	73.0	13214	27.0
2000	48934	36043	73.7	12891	26.3
2001	48674	36399	74.8	12275	25.2
2002	48121	36640	76.1	11481	23.9
2003	47506	36204	76.2	11302	23.8
2004	46971	34830	74.2	12141	25.8
2005	46258	33442	72.3	12816	27.7
2006	45348	31941	70.4	13407	29.6
2007	44368	30731	69.3	13637	30.7
2008	43461	29923	68.9	13538	31.1
2009	42506	28890	68.0	13616	32.0
2010	41418	27931	67.4	13487	32.6
2011	40506	26594	65.7	13912	34.3
2012	39602	25773	65.1	13829	34.9
2013	38737	24171	62.4	14566	37.6

资料来源：1980～1989年数据来自《中国农村统计年鉴汇编1949～2004》，1991～2013年数据来自《2014年中国农村统计年鉴》。

附表 2-4　　　　　　　　乡镇企业从业人员数及其产值

年份	单位数 数量（万个）	增长率（%）	从业人员 数量（万人）	增长率（%）	产值 数量（亿元）	增长率（%）
1978	152.4		2827.6		514.4	
1979	148.0	-2.9	2909.3	2.9	560.7	9.0
1980	142.5	-3.7	2999.7	3.1	678.3	21.0
1981	133.8	-6.1	2969.6	-1.0	767.3	13.1
1982	136.2	1.8	3112.9	4.8	892.3	16.3
1983	134.6	-1.2	3234.6	3.9	1019.3	14.2
1984	165.0	22.6	3848.1	19.0	1420.8	39.4
1985	1222.5	640.9	6979.0	81.4	2728.4	92.0
1986	1515.3	24.0	7937.1	13.7	3717.0	36.2
1987	1750.2	15.5	8805.2	10.9	5055.0	36.0
1988	1888.2	7.9	9545.5	8.4	7502.4	48.4
1989	1868.6	-1.0	9366.8	-1.9	8401.8	12.0
1990	1873.4	0.3	9264.8	-1.1	9780.3	16.4
1991	1908.7	1.9	9613.6	3.8	11810.6	20.8
1992	2092.0	9.6	10624.7	10.5	17880.0	51.4
1993	2452.9	17.3	12345.3	16.2	32132.3	79.7
1994	2494.5	1.7	12017.5	-2.7	46124.0	43.5
1995	2202.7	-11.7	12862.1	7.0	69568.7	50.8
1996	2336.3	6.1	13508.3	5.0	76777.6	10.4
1997	2014.9	-13.8	13050.4	-3.4	89900.6	17.1
1998	2003.9	-0.5	12536.5	-3.9	96693.7	7.6
1999	2070.9	3.3	12704.1	1.3	108426.1	12.1
2000	2084.7	0.7	12819.6	0.9	116150.3	7.1
2001	2115.5	1.5	13085.6	2.1	126046.9	8.5
2002	2132.7	0.8	13287.7	1.5	140434.5	11.4

续表

年份	单位数 数量（万个）	单位数 增长率（%）	从业人员 数量（万人）	从业人员 增长率（%）	产值 数量（亿元）	产值 增长率（%）
2003	2185.1	2.5	13573.0	2.1	152360.7	8.5
2004	2213.2	1.3	13866.0	2.2	172516.7	13.2
2005	2249.6	1.6	14272.0	2.9	217818.6	26.3
2006	2314.5	2.9	14680.0	2.9	249808.0	14.7
2007	2390.9	3.3	15090.0	2.8	290084.2	16.1
2008	2599.2	8.7	15451.0	2.4	353475.7	21.9
2009	2678.9	3.1	15588.0	0.9	398027.4	12.6
2010	2742.5	2.4	15892.6	2.0	464675.7	16.7

资料来源：1978~2002年数据来自《中国乡镇企业年鉴2003》，其余年份数据来自2003~2011年各年《中国乡镇企业年鉴》；2007年以后，该年鉴更名为《中国乡镇企业及农产品加工业年鉴》。

注：1978~1984年为乡、村两级数据，1985年以后为全部乡镇企业数据；中国1959年开始发展社办企业，1984年正式更名为乡村企业。

附表2-5　　　　城镇新增就业人员来源构成　　　　单位：万人，%

年份	合计	城镇劳动力 数量	城镇劳动力 比例	农村劳动力 数量	农村劳动力 比例	大中专、技校毕业生 数量	大中专、技校毕业生 比例	其他 数量	其他 比例
1978	544.4	274.9	50.5	148.4	27.3	37.7	6.9	83.4	15.3
1979	902.6	688.5	76.3	70.8	7.8	33.4	3.7	109.9	12.2
1980	900.0	622.5	69.2	127.4	14.2	80.0	8.9	70.1	7.8
1981	820.0	534.3	65.2	92.0	11.2	107.9	13.2	85.8	10.5
1982	665.0	408.1	61.4	66.0	9.9	117.4	17.7	73.5	11.1
1983	628.3	406.5	64.7	68.2	10.9	93.4	14.9	60.2	9.6
1984	721.5	449.7	62.3	123.0	17.0	81.7	11.3	67.1	9.3
1985	813.6	502.3	61.7	150.2	18.5	88.5	10.9	72.6	8.9
1986	793.1	481.6	60.7	166.5	21.0	99.3	12.5	95.7	12.1
1987	799.1	411.7	51.5	166.8	20.9	117.1	14.7	103.5	13.0

续表

年份	合计	城镇劳动力 数量	城镇劳动力 比例	农村劳动力 数量	农村劳动力 比例	大中专、技校毕业生 数量	大中专、技校毕业生 比例	其他 数量	其他 比例
1988	844.3	422.6	50.1	159.9	18.9	130.8	15.5	131.0	15.5
1989	619.8	276.6	44.6	120.0	19.4	145.2	23.4	78.0	12.6
1990	785.0	340.0	43.3	118.0	15.0	168.0	21.4	159.0	20.3
1991	765.0	295.0	38.6	140.0	18.3	173.0	22.6	157.0	20.5
1992	736.0	296.6	40.3	160.0	21.7	187.1	25.4	92.3	12.5
1993	705.0	292.0	41.4	185.0	26.2	193.0	27.4	35.0	5.0
1994	715.0	284.0	39.7	195.0	27.3	198.0	27.7	38.0	5.3
1995	720.0	270.0	37.5	220.0	30.6	210.0	29.2	20.0	2.8
1996	705.0	258.0	36.6	210.0	29.8	207.0	29.4	30.0	4.3
1997	710.0	260.0	36.6	190.0	26.8	225.0	31.7	35.0	4.9
1998	928.5	97.3	10.5	177.9	19.2	181.1	19.5	472.2	50.9
1999	824.8	89.5	10.9	170.8	20.7	166.3	20.2	398.2	48.3
2000	811.0	96.7	11.9	182.6	22.5	152.3	18.8	379.4	46.8
2001	834.5	103.2	12.4	194.1	23.3	140.6	16.8	396.6	47.5
2002	933.3	128.9	13.8	248.9	26.7	144.9	15.5	410.6	44.0
2003	1034.2	151.7	14.7	309.8	30.0	161.0	15.6	411.7	39.8
2004	1117.6	185.1	16.6	359.5	32.2	180.3	16.1	392.7	35.1
2005	1323.0	205.6	15.5	483.0	36.5	202.2	15.3	432.2	32.7
2006	1468.0	244.8	16.7	547.0	37.3	238.1	16.2	438.1	29.8
2007	1581.6	282.1	17.8	616.7	39.0	259.6	16.4	423.2	26.8
2008	1584.3	291.2	18.4	618.6	39.0	275.5	17.4	409.0	25.8
2009	1583.3	282.7	17.9	613.7	38.8	310.5	19.6	376.4	23.8
2010	1897.8	366.0	19.3	759.2	40.0	374.1	19.7	398.5	21.0

资料来源：1978~1994年，除1983年来自《中国统计年鉴（1994）》外，1995~1997年来自《1998年中国统计年鉴》，1998~2010来自各年《中国劳动统计年鉴》，2011年以后此项统计数据缺失。

附表

附表 6-1　稳步城镇化指标数据

序号	指标	北京	天津	山东	上海	江苏	浙江	广东
1	城镇产业产值（亿元）	19938.73	14181.71	49941.70	21472.84	55515.67	35783.87	59116.46
2	城镇产业产值比重（%）	99.17	98.69	91.33	99.40	93.84	95.25	95.10
3	城镇第三产业产值占地区产值比重（%）	77.49	48.69	45.09	62.61	47.59	48.45	50.22
4	人均城镇产业产值（万元/人）	10.60	11.75	9.55	9.92	10.91	10.17	8.20
5	城镇常住人口（万人）	1825.07	1207.36	5231.70	2163.97	5090.01	3518.72	7212.37
6	城镇常住人口占地区总人口比重（%）	86.30	82.01	53.75	89.60	64.11	64.00	67.76
7	城市人口密度（人/平方公里）	1498.00	2843.00	1361.00	3809.00	2016.00	1818.00	3066.00
8	城镇从业人员数（万人）	1073.00	663.88	3153.00	1015.20	2973.76	2068.84	3395.35
9	城镇从业人员占全社会从业人员比重（%）	94.04	78.34	47.92	89.26	62.48	55.78	55.50
10	城镇亿元产业产值就业数（人/亿元）	383.82	213.26	631.34	472.78	535.66	578.15	574.35
11	地方财政收入（亿元）	3661.11	2079.07	4559.95	4109.51	6568.46	3796.92	7081.47
12	人均地方财政收入（万元/人）	1.73	1.41	0.47	1.70	0.83	0.69	0.67
13	城镇与农村居民收入之比	2.20	2.00	2.70	2.20	2.40	2.40	2.80
14	建成区面积（平方公里）	1306.00	747.00	4187.00	999.00	3810.00	2399.00	5232.00
15	建成区面积占行政面积比重（%）	7.96	6.27	2.65	15.76	3.71	2.36	2.91
16	建成区绿化覆盖率（%）	47.10	34.90	42.60	38.40	42.40	40.30	41.50
17	人均城市道路面积（平方米/人）	7.61	18.74	25.34	4.11	23.22	17.83	13.11
18	城镇人均住房面积（平方米/人）	22.14	23.42	29.57	20.63	43.14	47.20	26.06
19	人口平均受教育年限（年）	12.03	10.54	8.92	10.56	9.42	9.37	9.23
20	进城农民市民化率（%）	12.00	23.00	36.80	32.70	25.60	28.30	42.50

资料来源：第 20 项进城农民市民化率由调查问卷相关数据计算得出，其余指标来源于 2014 年各省市统计年鉴。

315

附表6-2 稳步城镇化各指标得分及其省市排名

序号	指标		北京	天津	山东	上海	江苏	浙江	广东
1	城镇产业产值（亿元）	数值	32.71	23.99	84.48	36.32	93.91	60.53	100.00
		排名	6	7	3	5	2	4	1
2	城镇产业产值占地区产值比重（%）	数值	99.77	99.29	91.88	100.00	94.41	95.82	95.67
		排名	2	3	7	1	6	4	5
3	城镇第三产业产值占城镇产业产值比重（%）	数值	100.00	62.83	58.19	80.80	61.41	62.52	64.81
		排名	1	4	7	2	6	5	3
4	人均城镇产业产值（万元/人）	数值	90.21	100.00	81.28	84.43	92.85	86.55	69.79
		排名	3	1	6	5	2	4	7
5	城镇常住人口（万人）	数值	25.30	16.74	72.54	30.00	70.57	48.79	100.00
		排名	6	7	2	5	3	4	1
6	城镇常住人口占地区总人口比重（%）	数值	96.32	91.53	59.99	100.00	71.55	71.43	75.63
		排名	2	3	7	1	5	6	4
7	城市人口密度（人/平方公里）	数值	70.69	37.25	77.81	27.80	52.53	58.25	34.54
		排名	2	5	1	7	4	3	6
8	城镇从业人员数（万人）	数值	31.60	19.55	92.86	29.90	87.58	60.93	100.00
		排名	5	7	2	6	3	4	1
9	城镇从业人员占全社会从业人员比重（%）	数值	72.88	100.00	83.30	100.00	70.00	62.49	62.18
		排名	3	1	2	1	4	5	6
10	城镇亿元产业产值就业数（人/亿元）	数值	41.24	59.62	53.30	50.80	57.56	62.12	61.71
		排名	7	3	5	6	4	1	2

续表

序号	指标		北京	天津	山东	上海	江苏	浙江	广东
11	地方财政收入（亿元）	数值	51.70	29.36	64.39	58.03	92.76	53.62	100.00
		排名	6	7	3	4	2	5	1
12	人均地方财政收入（万元/人）	数值	100.00	81.50	27.17	98.27	47.98	39.88	38.73
		排名	1	3	7	2	4	5	6
13	城镇与农村居民收入之比	数值	45.45	50.00	37.04	45.45	41.67	41.67	35.71
		排名	2	1	4	2	3	3	5
14	建成区面积（平方公里）	数值	24.96	14.28	80.03	19.09	72.82	45.85	100.00
		排名	5	7	2	6	3	4	1
15	建成区面积占行政面积比重（%）	数值	50.51	39.78	16.81	100.00	23.54	14.97	18.46
		排名	2	3	6	1	4	7	5
16	建成区绿化覆盖率（%）	数值	100.00	74.10	90.45	81.53	90.02	85.56	88.11
		排名	1	7	2	6	3	5	4
17	人均城市道路面积（平方米/人）	数值	30.03	73.95	100.00	16.22	91.63	70.36	51.74
		排名	6	3	1	7	2	4	5
18	城镇人均住房面积（平方米/人）	数值	31.30	33.11	41.81	29.17	60.99	66.73	36.84
		排名	6	5	3	7	2	1	4
19	人口平均受教育年限（年）	数值	100.00	87.61	74.15	87.78	78.30	77.89	76.72
		排名	1	3	7	2	4	5	6
20	进城农民市民化率（%）	数值	12.00	23.00	36.80	32.70	25.60	28.30	42.50
		排名	7	6	2	3	5	4	1

资料来源：根据2014年中国统计年鉴数据计算得出。

附表 6-3　就业转型城镇化指标相关数据

序号	指标	北京	天津	山东	上海	江苏	浙江	广东
1	城镇人均产业产值（万元/人）	10.6	11.7	9.5	9.9	10.9	10.2	8.2
2	城镇第三产业产值占比（%）	77.5	48.7	45.1	62.6	47.6	48.4	50.2
3	城镇亿元产业产值就业数（人/亿元）	554.85	468.12	631.3	472.8	535.7	578.1	574.3
4	城镇常住人口就业率（1-调查失业率）（%）	98.8	96.4	96.8	96	97	97	97.6
5	第三产业就业比（%）	76.7	50.1	33.8	56.7	37.0	36.4	35.1
6	进城农民工收入水平（元）	4865	3215	2924	4027	3636	3166	3327
7	城镇人均财政支出（万元/人）	2.0	1.7	0.7	1.9	1.0	0.9	0.8
8	农民工工资水平/城镇职工工资水平	0.6	0.6	0.7	0.5	0.8	0.7	0.7
9	进城农民工平均受教育年限（年）	9.7	10.8	11.6	11.1	12.4	10.4	11.5
10	进城农民工技术技能水平（%）	33.11	60.38	40.82	37.22	60.38	39.58	32.78
11	进城农民工就业转型度（%）	52.69	56.34	60.4	60.47	60.67	60.36	57.59
12	城镇常住人口/地区总人口（%）	86.3	82.0	53.8	89.6	64.1	64.0	67.8
13	进城农民市民化率（保险，教育，住房）（%）	11.98	22.98	36.80	32.67	25.61	28.27	42.49

资料来源：第 1~5、7 项和城镇职工工资水平来源于 2014 年各省市统计年鉴，农民工工资水平和第 9、第 10、第 11、第 13 项由调查问卷相关数据计算。

附表 6-4　就业转型城镇化各指标得分及其省市排名

序号	指标		北京	天津	山东	上海	江苏	浙江	广东
1	城镇人均产业产值（万元/人）	数值	90.21	99.57	80.85	84.26	92.77	86.81	69.79
		排名	3	1	6	5	2	4	7
2	城镇第三产业产值占比（%）	数值	100.00	62.85	58.20	80.78	61.43	62.46	64.78
		排名	1	4	7	2	6	5	3
3	城镇亿元产业产值就业数（人/亿元）	数值	59.62	50.30	67.83	50.80	57.56	62.12	61.71
		排名	4	7	1	6	5	2	3
4	城镇常住人口就业率（1-调查失业率）（%）	数值	100.00	98.37	98.78	97.96	98.98	98.98	99.59
		排名	1	5	4	6	3	3	2
5	第三产业就业比（%）	数值	100.00	65.35	44.09	73.96	48.27	47.48	45.79
		排名	1	3	7	2	4	5	6
6	进城农民工收入水平（元）	数值	62.77	56.92	74.66	53.16	76.31	67.16	74.88
		排名	5	6	3	7	1	4	2
7	城镇人均财政支出（万元/人）	数值	61.54	52.31	21.54	58.46	30.77	27.69	24.62
		排名	1	3	7	2	4	5	6
8	农民工工资水平/城镇职工工资水平	数值	40.00	40.00	30.00	50.00	20.00	30.00	30.00
		排名	2	2	3	1	4	3	3

续表

序号	指标		北京	天津	山东	上海	江苏	浙江	广东
9	进城农民工平均受教育年限（年）	数值	76.98	95.58	100.00	97.37	100.00	100.00	100.00
		排名	4	3	1	2	1	1	1
10	进城农民工技术技能水平（%）	数值	41.92	73.93	46.61	60.52	68.19	45.79	36.31
		排名	6	1	5	3	2	4	7
11	进城农民工就业转型度（%）	数值	52.69	56.34	60.40	60.47	60.67	60.36	57.59
		排名	7	6	3	2	1	4	5
12	城镇常住人口/地区总人口（%）	数值	100.00	91.52	60.04	100.00	71.54	71.43	75.67
		排名	1	2	6	1	4	5	3
13	进城农民市民化率（保险、教育、住房）（%）	数值	11.98	22.98	36.80	32.67	25.61	28.27	42.49
		排名	7	6	2	3	5	4	1

资料来源：根据2014年中国统计年鉴数据和本研究调查数据计算得出。

附表 6-5-1　　　　　　稳步城镇化指标目标值原始数据

省份	第二产业GDP（亿元）	第三产业GDP（亿元）	地区生产总值（亿元）	年末人口数（万人）	城镇常住人口（万人）	城镇从业人员数（万人）	全社会从业人员（万人）	行政面积（平方公里）
北京	4352.30	14986.43	19500.56	2115	1825.072	1073.00	1141.00	16411.00
天津	7276.68	6905.03	14370.16	1472	1207.359	663.88	847.46	11916.85
河北	14762.10	10038.89	28301.41	7333	3528.452	—	—	187000.00
山西	6792.68	5035.75	12602.24	3630	1907.823	—	—	156000.00
内蒙古	9084.19	6148.78	16832.38	2498	1466.347	—	—	1183000.00
辽宁	14269.46	10486.56	27077.65	4390	2917.155	1301.80	2518.90	148400.00
吉林	6858.23	4613.89	12981.46	2751	1491.194	—	—	187400.00
黑龙江	5918.22	5947.92	14382.93	3835	2201.301	—	—	470700.00
上海	8027.77	13445.07	21602.12	2415	2163.974	1015.20	1137.35	6340.50
江苏	29094.03	26421.64	59161.75	7939	5090.007	2973.76	4759.89	102600.00
浙江	18446.65	17337.22	37568.49	5498	3518.720	2068.84	3708.73	101800.00
安徽	10403.96	6286.82	19038.87	6030	2885.862	1226.20	4275.90	139427.00
福建	11315.30	8508.03	21759.64	3774	2293.460	1129.82	2555.86	121400.00
江西	7671.38	5030.63	14338.50	4522	2209.975	934.94	2588.70	166900.00
山东	27422.47	22519.23	54684.33	9733	5231.697	3153.00	6580.40	157901.00
河南	17806.39	10290.49	32155.86	9413	4123.047	—	—	167000.00
湖北	12171.56	9398.77	24668.49	5799	3161.035	1438.00	3692.00	185900.00
湖南	11517.35	9885.09	24501.67	6691	3208.812	1572.46	4036.45	31774.35
广东	29427.49	29688.97	62163.97	10644	7212.374	3395.35	6117.68	179692.69
广西	6863.04	5171.39	14378.00	4719	2114.584	1120.00	2782.00	237600.00
海南	871.29	1518.70	3146.46	895	472.171	—	—	35354.00
重庆	6397.92	5242.03	12656.69	2970	1732.698	923.28	1683.51	82400.00
四川	13579.03	9256.13	26260.77	8107	3640.043	1493.30	4817.31	486052.00
贵州	3243.70	3734.04	8006.79	3502	1324.890	—	—	176000.00
云南	4927.82	4897.75	11720.91	4687	1897.136	—	—	394000.00
西藏	292.92	427.93	807.67	312	73.985	—	—	1220000.00

续表

省份	第二产业GDP（亿元）	第三产业GDP（亿元）	地区生产总值（亿元）	年末人口数（万人）	城镇常住人口（万人）	城镇从业人员数（万人）	全社会从业人员（万人）	行政面积（平方公里）
陕西	8911.64	5607.52	16045.21	3764	1931.334	—	—	205800.00
甘肃	2821.04	2567.60	6268.01	2582	1036.229	—	—	454400.00
青海	1204.31	689.15	2101.05	578	280.286	—	—	722300.00
宁夏	1264.96	1077.12	2565.06	654	340.2442	—	—	51800.00
新疆	3765.97	3125.98	8360.24	2264	1006.934	—	1096.59	16648.97

附表6-5-2　　　　稳步城镇化指标目标值原始数据

省份	1990~2013年累计住宅竣工面积（万平方米）	6岁及以上人口数（人）	6岁及以上未上过学人口数（人）	6岁及以上小学人口数（人）	6岁及以上初中人口数（人）	6岁及以上高中人口数（人）	6岁及以上大专及以上人口数（人）
北京	40401.01	16645	278	1692	4496	3321	6859
天津	28275.57	11582	292	1894	4242	2483	2670
河北	147818.02	55688	2177	13798	26955	8452	4307
山西	61033.36	28116	722	6385	13129	4866	3013
内蒙古	49912.68	19503	962	4918	8374	3283	1966
辽宁	111473.51	34925	809	6401	15256	5535	6924
吉林	41568.49	21702	610	5046	9594	3942	2509
黑龙江	66276.01	30284	818	6674	13761	5324	3708
上海	44641.53	19046	758	2654	7063	3868	4703
江苏	219602.00	61632	2629	14527	24668	11346	8462
浙江	166078.26	43066	2412	11329	15432	6428	7464
安徽	149015.32	45731	3394	13022	18937	6191	4186
福建	86968.12	28714	1679	8746	11293	4443	2554
江西	109870.17	34378	1081	9105	13419	7546	3228
山东	154692.88	75252	4288	18912	32094	12514	7445
河南	285147.48	71151	3770	18142	32606	10877	5757

续表

省份	1990~2013年累计住宅竣工面积（万平方米）	6岁及以上人口数（人）	6岁及以上未上过学人口数（人）	6岁及以上小学人口数（人）	6岁及以上初中人口数（人）	6岁及以上高中人口数（人）	6岁及以上大专及以上人口数（人）
湖北	126902.71	44496	2409	10067	16684	10032	5304
湖南	177462.28	51107	1875	14311	21498	9080	4343
广东	187936.32	81324	2620	18284	37022	16733	6665
广西	119893.54	35486	1447	11385	15385	4538	2732
海南	8128.71	6755	328	1319	3169	1345	593
重庆	91615.52	23095	1199	7595	8486	3653	2162
四川	185241.72	62617	4313	22277	21140	8290	6597
贵州	56226.81	26607	2657	8982	9731	2818	2419
云南	89880.38	35624	2980	14753	11631	3497	2763
西藏	5232.67	2300	955	915	279	97	55
陕西	84393.15	28894	1356	6615	12128	5331	3463
甘肃	43473.67	19821	1521	6747	6945	2820	1788
青海	11405.34	4398	597	1532	1206	511	553
宁夏	16611.73	4969	380	1427	1825	778	559
新疆	62474.76	16918	694	5205	6697	2147	2174

资料来源：相应年份中国统计年鉴。

附表6-6-1　　　　稳步城镇化指标目标值

排名	城镇产业产值（亿元）		城镇产业产值占地区生产总值比重（%）		城镇第三产业产值占地区生产总值比重（%）		城镇人均GDP（亿元）		城镇常住人口（万人）	
	省份	数值	省份	数值	省份	数值	省份	数值	省份	数值
1	广东	59116.46	上海	99.40	北京	77.49	天津	11.75	广东	7212.37
2	江苏	55515.67	北京	99.17	海南	63.54	江苏	10.91	山东	5231.70
3	山东	49941.70	天津	98.69	上海	62.61	北京	10.60	江苏	5090.01
4	浙江	35783.87	浙江	95.25	西藏	59.36	内蒙古	10.39	河南	4123.05

续表

排名	城镇产业产值（亿元）		城镇产业产值占地区生产总值比重（%）		城镇第三产业产值占地区生产总值比重（%）		城镇人均GDP（亿元）		城镇常住人口（万人）	
	省份	数值	省份	数值	省份	数值	省份	数值	省份	数值
5	河南	28096.88	广东	95.10	贵州	53.51	浙江	10.17	四川	3640.04
6	河北	24800.99	山西	93.86	广东	50.22	上海	9.92	河北	3528.45
7	辽宁	24756.02	江苏	93.84	黑龙江	50.13	西藏	9.74	浙江	3518.72
8	四川	22835.16	重庆	91.97	云南	49.85	山东	9.55	湖南	3208.81
9	湖北	21570.33	辽宁	91.43	天津	48.69	福建	8.64	湖北	3161.04
10	上海	21472.84	山东	91.33	浙江	48.45	辽宁	8.49	辽宁	2917.16
11	湖南	21402.44	宁夏	91.31	甘肃	47.65	广东	8.20	安徽	2885.86
12	福建	19823.33	福建	91.10	江苏	47.59	吉林	7.69	福建	2293.46
13	北京	19338.73	内蒙古	90.50	湖南	46.19	陕西	7.52	江西	2209.98
14	安徽	16690.78	陕西	90.49	宁夏	45.99	河北	7.03	黑龙江	2201.30
15	内蒙古	15232.97	青海	90.12	新疆	45.36	宁夏	6.88	上海	2163.97
16	陕西	14519.16	西藏	89.25	山东	45.09	新疆	6.84	广西	2114.58
17	天津	14181.71	江西	88.59	重庆	45.03	湖北	6.82	陕西	1931.33
18	江西	12702.01	吉林	88.37	湖北	43.57	河南	6.81	山西	1907.82
19	广西	12034.43	安徽	87.67	广西	42.97	青海	6.76	云南	1897.14
20	黑龙江	11866.14	河北	87.63	福建	42.92	重庆	6.72	北京	1825.07
21	山西	11828.43	湖北	87.44	山西	42.57	湖南	6.67	重庆	1732.70
22	重庆	11639.95	河南	87.38	辽宁	42.36	四川	6.27	吉林	1491.19
23	吉林	11472.12	湖南	87.35	四川	40.53	山西	6.20	内蒙古	1466.35
24	云南	9825.57	贵州	87.15	河北	40.48	安徽	5.78	贵州	1324.89
25	贵州	6977.74	四川	86.96	内蒙古	40.36	江西	5.75	天津	1207.36
26	新疆	6891.95	甘肃	85.97	吉林	40.22	广西	5.69	甘肃	1036.23
27	甘肃	5388.64	云南	83.83	江西	39.60	黑龙江	5.39	新疆	1006.93
28	海南	2389.99	广西	83.70	陕西	38.62	贵州	5.27	海南	472.17
29	宁夏	2342.08	黑龙江	82.50	安徽	37.67	甘肃	5.20	宁夏	340.24
30	青海	1893.46	新疆	82.44	河南	36.63	云南	5.18	青海	280.29
31	西藏	720.85	海南	75.96	青海	36.40	海南	5.06	西藏	73.98

附表6-6-2　　　　　　　稳步城镇化指标目标值

排名	城镇常住人口占地区总人口比重（%）		城市人口密度（人/平方公里）		城镇从业人员（万人）		城镇从业人员占全社会从业人员比重（%）		城镇亿元GDP就业数（人）	
	省份	数值	省份	数值	省份	数值	省份	数值	省份	数值
1	上海	89.60	陕西	5541	广东	3395.35	北京	94.04	广西	930.66
2	北京	86.30	河南	4982	山东	3153.00	上海	89.26	重庆	793.20
3	天津	82.01	黑龙江	4922	江苏	2973.76	天津	78.34	江西	736.06
4	广东	67.76	江西	4542	浙江	2068.84	江苏	62.48	湖南	734.71
5	辽宁	66.45	新疆	4361	湖南	1572.46	浙江	55.78	安徽	734.66
6	江苏	64.11	甘肃	3916	四川	1493.30	广东	55.50	湖北	666.66
7	浙江	64.00	上海	3809	湖北	1438.00	重庆	54.84	四川	653.95
8	福建	60.77	山西	3526	辽宁	1301.80	辽宁	51.68	山东	631.34
9	内蒙古	58.71	贵州	3406	安徽	1226.20	山东	47.92	浙江	578.15
10	重庆	58.34	湖南	3317	福建	1129.82	福建	44.21	广东	574.35
11	黑龙江	57.40	吉林	3135	广西	1120.00	广西	40.26	福建	569.94
12	湖北	54.51	广东	3066	北京	1073.00	湖南	38.96	北京	554.85
13	吉林	54.20	青海	2924	上海	1015.20	湖北	38.95	江苏	535.66
14	山东	53.75	四川	2900	江西	934.94	江西	36.12	辽宁	525.85
15	海南	52.74	天津	2843	重庆	923.28	四川	31.00	上海	472.78
16	山西	52.56	福建	2570	天津	663.88	安徽	28.68	天津	468.12
17	宁夏	52.01	湖北	2505	河北	—	河北	—	河北	—
18	陕西	51.31	河北	2483	山西	—	山西	—	山西	—
19	江西	48.87	云南	2415	内蒙古	—	内蒙古	—	内蒙古	—
20	青海	48.51	安徽	2359	吉林	—	吉林	—	吉林	—
21	河北	48.12	江苏	2016	黑龙江	—	黑龙江	—	黑龙江	—
22	湖南	47.96	海南	1946	河南	—	河南	—	河南	—
23	安徽	47.86	重庆	1847	海南	—	海南	—	海南	—
24	四川	44.90	西藏	1820	贵州	—	贵州	—	贵州	—
25	广西	44.81	浙江	1818	云南	—	云南	—	云南	—

续表

排名	城镇常住人口占地区总人口比重（%）		城市人口密度（人/平方公里）		城镇从业人员（万人）		城镇从业人员占全社会从业人员比重（%）		城镇亿元GDP就业数（人）	
	省份	数值	省份	数值	省份	数值	省份	数值	省份	数值
26	新疆	44.47	辽宁	1663	西藏	—	西藏	—	西藏	—
27	河南	43.80	广西	1543	陕西	—	陕西	—	陕西	—
28	云南	40.48	北京	1498	甘肃	—	甘肃	—	甘肃	—
29	甘肃	40.13	山东	1361	青海	—	青海	—	青海	—
30	贵州	37.83	宁夏	1253	宁夏	—	宁夏	—	宁夏	—
31	西藏	23.71	内蒙古	1059	新疆	—	新疆	—	新疆	—

附表6-6-3　　稳步城镇化指标目标值

排名	地方财政收入（亿元）		人均财政收入（万元/人）		城镇建成区面积（平方公里）		建成区面积占行政面积比重（%）	
	省份	数值	省份	数值	省份	数值	省份	数值
1	广东	7081.47	北京	1.73	广东	5232	上海	15.76
2	江苏	6568.46	上海	1.70	山东	4187	北京	7.96
3	山东	4559.95	天津	1.41	江苏	3810	新疆	6.40
4	上海	4109.51	江苏	0.83	浙江	2399	天津	6.27
5	浙江	3796.92	辽宁	0.76	辽宁	2386	湖南	4.74
6	北京	3661.11	内蒙古	0.69	河南	2289	江苏	3.71
7	辽宁	3343.81	浙江	0.69	四川	2058	广东	2.91
8	四川	2784.10	广东	0.67	湖北	2007	山东	2.65
9	河南	2415.45	重庆	0.57	河北	1787	浙江	2.36
10	河北	2295.62	福建	0.56	安徽	1777	辽宁	1.61
11	湖北	2191.22	海南	0.54	黑龙江	1758	河南	1.37
12	福建	2119.45	新疆	0.50	湖南	1505	重庆	1.35
13	天津	2079.07	山西	0.47	吉林	1344	安徽	1.27
14	安徽	2075.08	山东	0.47	北京	1306	湖北	1.08

续表

排名	地方财政收入（亿元）		人均财政收入（万元/人）		城镇建成区面积（平方公里）		建成区面积占行政面积比重（%）	
	省份	数值	省份	数值	省份	数值	省份	数值
15	湖南	2030.88	宁夏	0.47	福建	1263	福建	1.04
16	陕西	1748.33	陕西	0.46	内蒙古	1206	河北	0.96
17	内蒙古	1720.98	吉林	0.42	广西	1154	海南	0.84
18	山西	1701.62	青海	0.39	江西	1151	宁夏	0.81
19	重庆	1693.24	湖北	0.38	重庆	1115	吉林	0.72
20	江西	1621.24	江西	0.36	新疆	1065	江西	0.69
21	云南	1611.30	安徽	0.34	山西	1041	山西	0.67
22	广西	1317.60	四川	0.34	上海	999	广西	0.49
23	黑龙江	1277.40	贵州	0.34	云南	936	陕西	0.44
24	贵州	1206.41	云南	0.34	陕西	915	四川	0.42
25	吉林	1156.96	黑龙江	0.33	天津	747	贵州	0.39
26	新疆	1128.49	河北	0.31	甘肃	727	黑龙江	0.37
27	甘肃	607.27	湖南	0.30	贵州	695	云南	0.24
28	海南	481.01	西藏	0.30	宁夏	421	甘肃	0.16
29	宁夏	308.34	广西	0.28	海南	296	内蒙古	0.10
30	青海	223.86	河南	0.26	青海	157	青海	0.02
31	西藏	95.02	甘肃	0.24	西藏	120	西藏	0.01

附表 6-6-4　　稳步城镇化指标目标值

排名	建成区绿化覆盖率（%）		人均城市道路面积（平方米）		人均住宅面积（平方米）		平均受教育年限（年）	
	省份	数值	省份	数值	省份	数值	省份	数值
1	北京	47.1	山东	25.34	西藏	70.73	北京	12.03
2	江西	45.1	江苏	23.22	河南	69.16	上海	10.56
3	福建	42.8	内蒙古	19.69	新疆	62.04	天津	10.54
4	山东	42.6	安徽	19.61	广西	56.70	辽宁	10.10

续表

排名	建成区绿化覆盖率（%）省份	数值	人均城市道路面积（平方米）省份	数值	人均住宅面积（平方米）省份	数值	平均受教育年限（年）省份	数值
5	江苏	42.4	宁夏	18.81	湖南	55.30	黑龙江	9.48
6	海南	42.1	天津	18.74	重庆	52.87	江苏	9.42
7	重庆	41.7	海南	18.72	安徽	51.64	吉林	9.40
8	广东	41.5	河北	18.22	四川	50.89	浙江	9.37
9	河北	41.2	浙江	17.83	江西	49.72	山西	9.36
10	浙江	40.3	湖北	15.85	宁夏	48.82	湖北	9.34
11	辽宁	40.2	新疆	15.69	云南	47.38	陕西	9.28
12	陕西	40.2	广西	15.53	浙江	47.20	江西	9.24
13	山西	40.0	江西	15.26	陕西	43.70	广东	9.23
14	安徽	39.9	陕西	14.74	江苏	43.14	海南	9.19
15	宁夏	38.5	甘肃	14.02	贵州	42.44	内蒙古	9.01
16	上海	38.4	湖南	13.80	甘肃	41.95	新疆	8.99
17	四川	38.4	吉林	13.61	河北	41.89	湖南	8.96
18	湖北	38.1	福建	13.40	青海	40.69	山东	8.92
19	云南	37.8	四川	13.24	湖北	40.15	河北	8.90
20	广西	37.7	西藏	13.19	辽宁	38.21	河南	8.78
21	河南	37.6	黑龙江	13.15	福建	37.92	宁夏	8.71
22	湖南	37.6	广东	13.11	内蒙古	34.04	重庆	8.68
23	新疆	36.4	山西	12.88	山西	31.99	福建	8.65
24	内蒙古	36.2	云南	12.29	黑龙江	30.11	广西	8.59
25	黑龙江	36.0	辽宁	12.09	山东	29.57	安徽	8.52
26	天津	34.9	河南	11.57	吉林	27.88	四川	8.45
27	贵州	34.5	重庆	11.23	广东	26.06	甘肃	8.35
28	甘肃	32.1	青海	10.90	天津	23.42	贵州	8.04
29	吉林	31.4	贵州	9.58	北京	22.14	青海	7.96
30	青海	31.2	北京	7.61	上海	20.63	云南	7.84
31	西藏	18.1	上海	4.11	海南	17.22	西藏	4.37

资料来源：根据2014年中国统计年鉴、中国劳动统计年鉴计算得出。

附表 6-7-1　　就业转型城镇化指标目标值原始数据

省份	第二产业 GDP（亿元）	第三产业 GDP（亿元）	城镇 GDP（第二、第三产业 GDP 之和）	年末人口数（万人）	城镇常住人口（万人）
北京	4352.30	14986.43	19338.73	2115	1825.072
天津	7276.68	6905.03	14181.71	1472	1207.359
河北	14762.10	10038.89	24800.99	7333	3528.452
山西	6792.68	5035.75	11828.43	3630	1907.823
内蒙古	9084.19	6148.78	15232.97	2498	1466.347
辽宁	14269.46	10486.56	24756.02	4390	2917.155
吉林	6858.23	4613.89	11472.12	2751	1491.194
黑龙江	5918.22	5947.92	11866.14	3835	2201.301
上海	8027.77	13445.07	21472.84	2415	2163.974
江苏	29094.03	26421.64	55515.67	7939	5090.007
浙江	18446.65	17337.22	35783.87	5498	3518.720
安徽	10403.96	6286.82	16690.78	6030	2885.862
福建	11315.30	8508.03	19823.33	3774	2293.460
江西	7671.38	5030.63	12702.01	4522	2209.975
山东	27422.47	22519.23	49941.70	9733	5231.697
河南	17806.39	10290.49	28096.88	9413	4123.047
湖北	12171.56	9398.77	21570.33	5799	3161.035
湖南	11517.35	9885.09	21402.44	6691	3208.812
广东	29427.49	29688.97	59116.46	10644	7212.374
广西	6863.04	5171.39	12034.43	4719	2114.584
海南	871.29	1518.70	2389.99	895	472.171
重庆	6397.92	5242.03	11639.95	2970	1732.698
四川	13579.03	9256.13	22835.16	8107	3640.043
贵州	3243.70	3734.04	6977.74	3502	1324.890
云南	4927.82	4897.75	9825.57	4687	1897.136
西藏	292.92	427.93	720.85	312	73.985
陕西	8911.64	5607.52	14519.16	3764	1931.334

续表

省份	第二产业 GDP（亿元）	第三产业 GDP（亿元）	城镇 GDP（第二、第三产业 GDP 之和）	年末人口数（万人）	城镇常住人口（万人）
甘肃	2821.04	2567.60	5388.64	2582	1036.229
青海	1204.31	689.15	1893.46	578	280.2859
宁夏	1264.96	1077.12	2342.08	654	340.2442
新疆	3765.97	3125.98	6891.95	2264	1006.934

附表 6-7-2　就业转型城镇化指标目标值原始数据

省份	第二产业从业人员（万人）	第三产业从业人员（万人）	全部从业人员（万人）	城镇从业人员数（万人）	财政支出（亿元）
北京	210.90	874.70	1141.00	1073.00	4173.66
天津	353.90	424.62	847.46	663.88	2549.21
河北	—	—	—	—	4409.58
山西	—	—	—	—	3030.13
内蒙古	—	—	—	—	3686.52
辽宁	724.20	1110.90	2518.90	1301.80	5197.42
吉林	—	—	—	—	2744.81
黑龙江	—	—	—	—	3369.18
上海	446.09	644.90	1137.35	1015.20	4528.61
江苏	2041.99	1761.16	4759.89	2973.76	7798.47
浙江	1853.43	1348.35	3708.73	2068.84	4730.47
安徽	1169.20	1637.00	4275.90	1226.20	4349.69
福建	999.34	940.56	2555.86	1129.82	3068.80
江西	824.10	943.80	2588.70	934.94	3470.30
山东	2270.20	2224.20	6580.40	3153.00	6688.80
河南	—	—	—	—	5582.31
湖北	793.80	1316.20	3692.00	1438.00	4371.65
湖南	964.54	1415.90	4036.45	1572.46	4690.89

续表

省份	第二产业从业人员（万人）	第三产业从业人员（万人）	全部从业人员（万人）	城镇从业人员数（万人）	财政支出（亿元）
广东	2563.50	2149.12	6117.68	3395.35	8411.00
广西	529.00	775.00	2782.00	1120.00	3208.67
海南	—	—	—	—	1011.17
重庆	452.21	650.38	1683.51	923.28	3062.28
四川	1254.50	1607.01	4817.31	1493.30	6220.91
贵州	—	—	—	—	3082.66
云南	—	—	—	—	4096.51
西藏	—	—	—	—	1014.31
陕西	—	—	—	—	3665.07
甘肃	—	—	—	—	2309.62
青海	—	—	—	—	1228.05
宁夏	—	—	—	—	922.48
新疆	178.79	411.46	1096.59	—	—

资料来源：2014年中国统计年鉴、中国劳动统计年鉴。

附表 6-8-1　　　　就业转型城镇化指标目标值

排名	人均城镇产业产值（万元/人）		城镇第三产业产值占比（%）		城镇亿元 GDP 就业数（人/亿元）	
	省份	数值	省份	数值	省份	数值
1	天津	11.75	北京	77.49	广西	930.66
2	江苏	10.91	海南	63.54	重庆	793.20
3	北京	10.60	上海	62.61	江西	736.06
4	内蒙古	10.39	西藏	59.36	湖南	734.71
5	浙江	10.17	贵州	53.51	安徽	734.66
6	上海	9.92	广东	50.22	湖北	666.66
7	西藏	9.74	黑龙江	50.13	四川	653.95
8	山东	9.55	云南	49.85	山东	631.34

续表

排名	人均城镇产业产值（万元/人）		城镇第三产业产值占比（%）		城镇亿元GDP就业数（人/亿元）	
	省份	数值	省份	数值	省份	数值
9	福建	8.64	天津	48.69	浙江	578.15
10	辽宁	8.49	浙江	48.45	广东	574.35
11	广东	8.20	甘肃	47.65	福建	569.94
12	吉林	7.69	江苏	47.59	北京	554.85
13	陕西	7.52	湖南	46.19	江苏	535.66
14	河北	7.03	宁夏	45.99	辽宁	525.85
15	宁夏	6.88	新疆	45.36	上海	472.78
16	新疆	6.84	山东	45.09	天津	468.12
17	湖北	6.82	重庆	45.03	新疆	—
18	河南	6.81	湖北	43.57	河北	—
19	青海	6.76	广西	42.97	山西	—
20	重庆	6.72	福建	42.92	内蒙古	—
21	湖南	6.67	山西	42.57	吉林	—
22	四川	6.27	辽宁	42.36	黑龙江	—
23	山西	6.20	四川	40.53	河南	—
24	安徽	5.78	河北	40.48	海南	—
25	江西	5.75	内蒙古	40.36	贵州	—
26	广西	5.69	吉林	40.22	云南	—
27	黑龙江	5.39	江西	39.60	西藏	—
28	贵州	5.27	陕西	38.62	陕西	—
29	甘肃	5.20	安徽	37.67	甘肃	—
30	云南	5.18	河南	36.63	青海	—
31	海南	5.06	青海	36.40	宁夏	—

附表6-8-2　　就业转型城镇化指标目标值

排名	第三产业就业比（%）省份	数值	人均财政支出（万元/人）省份	数值	城镇常住人口/地区总人口（%）省份	数值
1	北京	76.66	西藏	3.25	上海	89.60
2	上海	56.70	青海	2.13	北京	86.30
3	天津	50.11	北京	1.97	天津	82.01
4	辽宁	44.10	上海	1.88	广东	67.76
5	重庆	38.63	天津	1.73	辽宁	66.45
6	安徽	38.28	内蒙古	1.48	江苏	64.11
7	新疆	37.52	宁夏	1.41	浙江	64.00
8	江苏	37.00	新疆	1.35	福建	60.77
9	福建	36.80	辽宁	1.18	内蒙古	58.71
10	江西	36.46	海南	1.13	重庆	58.34
11	浙江	36.36	重庆	1.03	黑龙江	57.40
12	湖北	35.65	吉林	1.00	湖北	54.51
13	广东	35.13	江苏	0.98	吉林	54.20
14	湖南	35.08	陕西	0.97	山东	53.75
15	山东	33.80	甘肃	0.89	海南	52.74
16	四川	33.36	黑龙江	0.88	山西	52.56
17	广西	27.86	贵州	0.88	宁夏	52.01
18	河北	—	云南	0.87	陕西	51.31
19	山西	—	浙江	0.86	江西	48.87
20	内蒙古	—	山西	0.83	青海	48.51
21	吉林	—	福建	0.81	河北	48.12
22	黑龙江	—	广东	0.79	湖南	47.96
23	河南	—	江西	0.77	安徽	47.86
24	海南	—	四川	0.77	四川	44.90
25	贵州	—	湖北	0.75	广西	44.81
26	云南	—	安徽	0.72	新疆	44.47

续表

排名	第三产业就业比（%）		人均财政支出（万元/人）		城镇常住人口/地区总人口（%）	
	省份	数值	省份	数值	省份	数值
27	西藏	—	湖南	0.70	河南	43.80
28	陕西	—	山东	0.69	云南	40.48
29	甘肃	—	广西	0.68	甘肃	40.13
30	青海	—	河北	0.60	贵州	37.83
31	宁夏	—	河南	0.59	西藏	23.71

资料来源：根据2014年中国统计年鉴、中国劳动统计年鉴计算得出。

附表6-9　三次产业劳动生产率及其提高速度

年份	劳动生产率（万元/人）			劳动生产率提高速度（%）		
	第一产业	第二产业	第三产业	第一产业	第二产业	第三产业
1978	0.04	0.25	0.18			
1979	0.04	0.26	0.17	22.25	5.55	-4.53
1980	0.05	0.28	0.18	6.17	7.24	4.56
1981	0.05	0.28	0.19	11.20	-0.91	1.99
1982	0.06	0.28	0.20	9.98	1.31	5.73
1983	0.06	0.30	0.21	10.26	6.79	6.11
1984	0.07	0.32	0.24	18.14	6.21	13.70
1985	0.08	0.37	0.32	9.79	14.98	33.34
1986	0.09	0.40	0.35	8.32	7.58	10.02
1987	0.10	0.45	0.39	14.44	11.82	12.01
1988	0.12	0.54	0.47	17.39	21.03	21.46
1989	0.13	0.60	0.56	7.12	12.10	16.90
1990	0.13	0.55	0.51	1.31	-8.35	-8.56
1991	0.14	0.65	0.61	4.92	16.61	20.21
1992	0.15	0.81	0.74	10.80	25.50	20.49
1993	0.18	1.09	0.87	21.96	34.92	17.80

续表

年份	劳动生产率（万元/人）			劳动生产率提高速度（%）		
	第一产业	第二产业	第三产业	第一产业	第二产业	第三产业
1994	0.26	1.46	1.07	41.47	33.31	23.97
1995	0.34	1.82	1.22	30.83	24.97	13.54
1996	0.40	2.08	1.34	17.81	13.99	9.97
1997	0.41	2.26	1.51	2.73	8.65	12.57
1998	0.42	2.34	1.67	1.50	3.56	10.54
1999	0.41	2.49	1.81	-2.12	6.35	8.68
2000	0.41	2.79	2.00	0.38	12.40	10.58
2001	0.43	3.03	2.26	4.30	8.58	12.59
2002	0.44	3.42	2.44	3.75	12.69	8.23
2003	0.47	3.90	2.66	6.08	14.06	8.92
2004	0.60	4.40	2.92	28.04	12.83	9.64
2005	0.65	4.90	3.28	8.64	11.44	12.58
2006	0.73	5.46	3.78	11.95	11.34	15.02
2007	0.90	6.20	4.72	23.87	13.54	24.87
2008	1.09	7.21	5.42	21.05	16.23	14.87
2009	1.18	7.49	5.94	8.03	3.92	9.67
2010	1.41	8.64	6.86	19.18	15.44	15.53
2011	1.74	9.91	7.87	23.17	14.63	14.59
2012	1.97	10.34	8.78	13.78	4.30	11.59
2013	2.29	11.08	9.31	15.91	7.24	6.07
2014	2.56	11.77	9.75	11.84	6.15	4.74

资料来源：根据附表2-1和附表2-2的数据计算得出。

参考文献

[1] Campbell A, Converse P E, Rodgers W L. The Quality of American Life: Perceptions, Evaluations, and Satisfactions [J]. Contemporary Sociology, 1976, 6

[2] Ciccone A, Robert H. Productivity and the Density of Economic Activity [J]. American Economic Review, 1996, 86 (1)

[3] Daly H E. Sustainable development: From conceptandtheory to operational principles [J]. Population and Development Review, 1990 (16)

[4] Acemoglu D. Technical Change, Inequality and the Labor Market [J]. Journal of Economic Literature, 2002 (1)

[5] Duranton G, Puga D. From Sectoral to Functional Urban Specialisation [J]. Journal of Urban Economics, 2005, 157 (2)

[6] Duranton G, Puga D. From sectoral to functional urban specialisation [J]. Journal of Urban Economics, 2005, 57 (2)

[7] Henderson V. The Sizes and Types of Cities [J]. American Economic Review, 1974 (64)

[8] Ljungqvist L. How Do Lay-off Costs Affect Employment [J]. Economic Journal, 2002, 112 (482)

[9] Liu H-Y. How Far is the Employment Transformation of "the Second-generation Migrant Workers" [J]. Applied Mechanics and Materials, 2014 (6): 651-653.

[10] MacLaren V W. Urban sustainability reporting [J]. Journal of the American Planning Association, 1996, 62 (2)

[11] Pavot W, Diener E. Review of the satisfaction with life scale [J]. Psychological Assessment, 1993, 5 (2)

[12] Porter M. Clusters and the New Economics of Competition [J]. Harvard Business Review, 1998 (11-12): 77-90

[13] Register R. Eco-city Berkeley: Building Cities for a Healthier Future [M]. CA: North Atlantic Book, 1987

[14] 徐林, 曹红华. 从测度到引导: 新型城镇化的"星系"模型及其评价体系 [J]. 公共管理学报, 2014 (1)

[15] 陈明, 张云峰. 城镇化发展质量的评价指标体系研究 [J]. 中国名城, 2013 (2)

[16] 焦永利, 叶裕民. 基于哲学思考的可持续发展评价研究 [J]. 东南学术, 2013 (2)

[17] 张向东, 李昌明, 等. 河北省新型城镇化水平测度指标体系及评价 [J]. 中国市场, 2013 (20)

[18] 景普秋. 省域特色城镇化统计监测评价指标体系研究——以山西省为例 [J]. 城市发展研究, 2011 (11)

[19] 何平, 倪苹. 中国城镇化质量研究 [J]. 统计研究, 2013 (6)

[20] 孔翔, 杨帆. "产城融合"发展与开发区的转型升级: 基于对江苏昆山的实地调研 [J]. 经济问题探索, 2013 (5)

[21] 刘瑾, 耿谦, 等. 产城融合型高新区发展模式及其规划策略——以济南高新区东区为例 [J]. 规划师, 2012 (4)

[22] 林汉川, 夏敏仁. 促进乡镇企业发展与农民就业转型的问题与对策 [A]. 中国经济热点问题探索 (下) [C]. 2001

[23] 翁杰等. 发达国家就业稳定性的变迁——原因和问题 [J]. 浙江工业大学学报 (社会科学版), 2008 (2)

[24] 李晓梅. 新型城镇化进程中的农民工稳定就业影响因素研究 [J]. 农村经济, 2014 (12)

[25] 黄乾. 工作转换对城市农民工收入增长的影响 [J]. 中国农村经济, 2010 (9)

[26] 何晓群, 刘文卿. 应用回归分析 (第二版) [M]. 北京: 中国人民

大学出版社, 2008

[27] 刘洪银. "农二代"城镇层级流动对就业改进的梯次影响 [J]. 云南财经大学学报, 2015 (4)

[28] 刘素华. 建立我国就业质量量化评价体系的步骤与方法 [J]. 人口与经济, 2005 (6)

[29] 张桂宁. 论劳资关系对就业质量的影响 [J]. 广西民族大学学报 (哲学社会科学版), 2007 (4)

[30] 王诚. 中国就业转型: 从隐蔽失业、就业不足到效率型就业 [J]. 经济研究, 1996 (5)

[31] 孟宪生, 关凤利. 市民化视角下统筹推进新生代农民工就业转型研究 [J]. 管理现代化, 2011 (6)

[32] 刘洪银. 新生代农民就业转型问题 [J]. 开放导报, 2014 (5)

[33] 程开明, 李金昌. 紧凑城市与可持续发展的中国实证 [J]. 财经研究, 2007 (10)

[34] 陈钊, 陆铭. 城乡差距源于城乡分割政策 [N]. 中国财经报, 2008-03-25 (7)

[35] 辜胜阻, 杨威. 反思当前城镇化发展中的五种偏向 [J]. 中国人口科学, 2012 (3)

[36] 卢海元. 走进城市: 农民工的社会保障 [M]. 北京: 经济管理出版社, 2004

[37] 樊小刚. 城市化进程中的社会保障制度创新 [J]. 经济学动态, 2004 (3)

[38] 傅琼. 加速农民、农民工市民化的制度创新 [J]. 农村经济, 2005 (2)

[39] 全国总工会新生代农民工问题课题组. 关于新生代农民工问题研究报告 [N]. 工人日报, 2010-06-21

[40] 陈一敏. 新生代农民工心理资本的影响因素 [J]. 城市问题, 2013 (2)

[41] 鲁银梭, 等. 基于PCI模型的员工心理资本结构及开发路径探讨——以制造业农民工为例 [J]. 农业经济问题, 2011 (9)

[42] 张云华. 城镇化进程中要注重保护农民土地权益 [J]. 经济体制改革, 2010 (5)

[43] 阮云胜. 国外农村转移人口市民化的就业经验与启示 [J]. 知识经济, 2014 (5)

[44] 何志扬. 城市化道路的国际比较研究 [D]. 武汉：武汉大学, 2009

[45] 李明, 邵挺, 刘守英. 城乡一体化的国际经验及其对中国的启示 [J]. 中国农村经济, 2014 (6)

[46] 王爱华. 借鉴英国经验解决农民工问题 [J]. 世界农业, 2014 (8)

[47] 杨立勋, 姜增明. 产业结构与城镇化匹配协调及其效率分析 [J]. 经济问题探索, 2013 (10)

[48] 王霞, 王岩红, 苏林, 等. 国家高新区产城融合度指标体系的构建及评价——基于因子分析及熵值法 [J]. 科学学与科学技术管理, 2014 (7)

[49] 唐晓宏. 基于灰色关联的开发区产城融合度评价研究 [J]. 上海经济研究, 2014 (6)

[50] 林毅夫, 蔡昉, 李周. 赶超战略的再反思及可供替代的比较优势战略 [J]. 战略与管理, 1995 (3)

[51] 林毅夫, 李永军. 比较优势、竞争优势与发展中国家的经济发展 [J]. 管理世界, 2003 (7)

[52] 刘志彪, 张杰. 全球代工体系下发展中国家俘获型网络的形成、突破与对策——基于GVC与NVC的比较视角 [J]. 中国工业经济, 2007 (5)

[53] 刘志彪. 重构国家价值链：转变中国制造业发展方式的思考 [J]. 世界经济与政治论坛, 2011 (4)

[54] 洪银兴. 城市功能意义的城市化及其产业支持 [J]. 经济学家, 2003 (2)

[55] 傅十和, 洪俊杰. 企业规模、城市规模与集聚经济——对中国制造业企业普查数据的实证分析 [J]. 经济研究, 2008 (11)

[56] 曼昆. 经济学原理（第六版）[M]. 梁小民, 梁砾, 译. 北京：北京大学出版社, 2012

[57] 林毅夫. 制定产业政策需考虑比较优势 [J]. 中国经济信息, 2013 (7)

[58] 张雷，朱守先．现代城市化的产业结构演进初探——中外发展研究对比 [J]．地理研究，2008，27（4）

[59] 蒲小梅，程子彪，傅忠贤，等．城市化与产业结构演变互动关系理论分析 [J]．内蒙古农业大学学报（社会科学版），2012，14（2）

[60] 周莉萍．城市化与产业关系：理论演进与述评 [J]．经济学家，2013（4）

[61] 刘洪银．城镇化中农民二重分化取向及其实现机制 [J]．中州学刊，2013（12）

[62] 刘洪银．新生代农民工市民化治理机制 [J]．兰州学刊，2014（3）

[63] 刘洪银．稳步城镇化三步走战略及实现机制 [J]．兰州学刊，2014（5）

[64] 刘洪银．城镇农民工就业的非组织化及其市民化约束 [J]．中州学刊，2014（11）

[65] 刘洪银，王向．城市蔓延与服务业发展——基于城市面板数据的实证研究 [J]．财贸研究，2015（3）

[66] 刘洪银．以融合居住促进新生代农民工人力资本提升 [J]．首都经济贸易大学学报，2013（5）

[67] 刘洪银．论"现代农业进城"的内涵和路径，农业现代化研究 [J]．2014（1）

[68] 刘洪银．产业发展是可持续城镇化的基础 [J]．农业经济，2014（9）

[69] 刘洪银．城镇"农二代"就业转型评价及实现路径 [J]．首都经济贸易大学学报，2015（5）

[70] 庞伟伟．马克思恩格斯城镇化思想及其当代启示 [J]．信阳农业高等专科学校学报，2014（2）

[71] 袁晶．马克思就业理论与西方经济学就业理论的比较研究 [D]．曲阜师范大学，2012

[72] 包丽颖，陈柳钦．新生代农民工就业困境再探讨 [J]．中国青年研究，2011：75-77

[73] 陈柳钦. 产业发展与城市化 [J]. 中国发展, 2005 (3)

[74] 陈绍友, 田洪. 城市社会背景下的"产城融合"发展问题研究 [J]. 重庆师范大学学报（自然科学版）, 2014, 31 (5)

[75] 陈云. "产城融合"如何拯救大上海 [J]. 决策, 2011 (10)

[76] 崔胜辉, 李方一, 于裕贤, 等. 城市化与可持续城市化的理论探讨 [J]. 城市发展研究, 2010, 17 (3)

[77] 方华, 刘洋. 新生代农民工将来都不愿意从事农业吗——基于六省份新生代农民工调查的分析 [J]. 农业技术经济, 2011 (5)

[78] 郭飞, 夏建军, 毕树广. 新生代农民工就业问题的研究 [J]. 农业经济, 2012 (11)

[79] 国家城调总队和福建省城调队课题组. 建立中国城市化质量评价体系及应用研究 [J]. 统计研究, 2005 (7)

[80] 韩长赋. 新生代农民工社会融合是个重大问题——关于新生代农民工问题的调查与思考 [J]. 农村工作通讯, 2012 (6)

[81] 黄爱东. 农民工市民化是中国特色城镇化的终极目标 [J]. 调研世界, 2009 (11)

[82] 简新华, 黄锟. 中国工业化和城市化过程中的农民工问题研究 [M]. 北京：人民出版社, 2008

[83] 简新华. 新生代农民工融入城市的障碍与对策 [J]. 求是学刊, 2011 (38)

[84] 孔翔, 杨帆. "产城融合"发展与开发区的转型升级——基于对江苏昆山的实地调研 [J]. 经济问题探索, 2013 (5)

[85] 赖德胜, 夏小溪. 中国城市化质量及其提升：一个劳动力市场的视角 [J]. 经济学动态, 2012 (9)

[86] 李晶, 庄连平, 舒书静. 城市化质量与产业结构协调发展度的测算 [J]. 统计与决策, 2014 (19)

[87] 刘博轩. 三大产业对城镇化各阶段的影响研究 [J]. 中国城市经济, 2011 (29)

[88] 刘光辉, 张建武. 新生代农民工就业情况调查分析——基于天津、重庆的企业调查数据 [J]. 宏观经济研究, 2011 (11)

[89] 刘荣增, 王淑华. 城市新区的产城融合 [J]. 城市问题, 2013 (6)

[90] 罗恩立. 新生代农民工就业能力问题初探: 一个分析的框架 [J]. 经济问题探索, 2010 (3)

[91] 罗守贵. 中国产城融合的现实背景与问题分析 [J]. 上海交通大学学报 (哲学社会科学版), 2014 (4)

[92] 潘斌, 陆嘉. 上海郊区新城"产城融合"的策略研究 [C] // 第十五届中国科协年会 2013

[93] 潘锦云, 姜凌, 丁羊林. 城镇化制约了工业化升级发展吗——基于产业和城镇融合发展的视角 [J]. 经济学家, 2014 (9)

[94] 裴汉杰. 浅议"十二五"期间"产城融合"的新理念 [J]. 中国工会财会, 2011 (7)

[95] 蒲小梅, 程子彪, 傅忠贤, 等. 城市化与产业结构演变互动关系理论分析 [J]. 内蒙古农业大学学报 (社会科学版), 2012 (14)

[96] 檀学文. 稳定城市化——一个人口迁移角度的城市化质量概念 [J]. 中国农村观察, 2012 (1)

[97] 孙久文, 和瑞芳. 城镇化背景下生产性服务业的发展思路研究 [R]. 中国人民大学研究报告系列, 2014

[98] 王安, 魏建. 城市化质量与刑事犯罪 [J]. 山东大学学报 (哲学社会科学版), 2013

[99] 王德利. 城市化发展质量的影响因素与演化特征 [J]. 地域研究与开发, 2013 (32)

[100] 刘洪银. 科技人才激励政策成效评估 [J]. 开放导报, 2015 (4)

[101] 王家庭, 唐袁. 我国城市化质量测度的实证研究 [J]. 财经问题研究, 2009

[102] 王霞, 王岩红, 苏林, 等. 国家高新区产城融合度指标体系的构建及评价——基于因子分析及熵值法 [J]. 科学学与科学技术管理, 2014 (7)

[103] 王向. 法治环境、城市化对生产性服务业发展的影响——基于省级面板数据的经验研究 [J]. 产经评论, 2013 (4)

[104] 王雄昌. 我国远郊工业开发区的空间结构转型研究 [J]. 规划师,

2011 (27)

[105] 王铮, 王露. 中国合意城市化率研究 [J]. 中国管理科学, 2000 (8)

[106] 韦芳芳. 新生代农民工就业特征分析 [J]. 淮海工学院学报 (人文社会科学版), 2010 (7)

[107] 夏丽霞, 高君. 新生代农民工进城就业问题与市民化的制度创新 [J]. 农业现代化研究, 2011, 32 (1)

[108] 肖翔. 中国城市化与产业结构演变的历史分析 (1949~2010) [J]. 教学与研究, 2011 (6)

[109] 杨春华. 关于新生代农民工问题的思考 [J]. 农业经济问题, 2010 (4)

[110] 叶裕民. 中国城市化质量研究 [J]. 中国软科学, 2001 (7)

[111] 余晖. 我国城市化质量问题的反思 [J]. 开放导报, 2010 (1)

[112] 张道刚. "产城融合" 的新理念 [J]. 决策, 2011 (1)

[113] 郑慧娟. 我国新生代农民工转移、就业的主要特点和趋势 [J]. 农业现代化研究, 2011, 32 (4)

[114] 周莉萍. 城市化与产业关系: 理论演进与述评 [J]. 经济学家, 2013 (4)

[115] 周铁训. 均衡城市化理论与中外城市化比较研究 [M]. 天津: 南开大学出版社, 2007

[116] 左学金. 我国现行土地制度与产城融合: 问题与未来政策探讨 [J]. 上海交通大学学报 (哲学社会科学版), 2014 (22)

[117] 吴玉麟. 王洪芬. 人口地理学 (下册) [M]. 济南: 山东人民出版社, 2001

[118] 许经勇, 黄爱东. 寓中国特色于城镇化道路之中 [J]. 调研世界, 2006 (1)

[119] 向春玲. 中国特色城镇化道路的探索与选择 [J]. 江苏行政学院学报, 2004 (6)

[120] 李秉仁. 我国城镇化道路问题的探讨 [J]. 城市规划, 1983 (2): 26-28

[121] 严书翰. 走中国特色的城镇化道路——当前中国重大问题研究报

告之三 [J]. 科学社会主义 2005（3）

[122] 侯丽. 粮食供应、人口增长与城镇化道路选择——谈小城镇在国家城镇化中的历史地位 [J]. 国际城市规划, 2011（1）

[123] 李程骅. 科学发展观指导下的新型城镇化战略 [J]. 求是, 2012（14）

[124] 王小章. 从产业、空间、人口三维关系看当前城镇化问题 [J]. 浙江社会科学, 2013（11）

[125] 王小章等. 浙江四镇——社会学视野下的中心镇建设 [M]. 杭州：浙江大学出版社, 2013

[126] 中国农民工战略问题研究课题组. 中国农民工现状及其发展趋势总报告 [J]. 改革, 2009（2）

[127] 倪德刚. 小城镇, 大战略——"农村城市化和小城镇建设理论研讨会"观点综述 [J]. 理论前沿, 1999（1）

[128] 吴友仁. 关于我国社会主义城市化问题 [J]. 人口与经济, 1980（2）

[129] 吴友仁. 中国城镇化道路问题学术讨论会在宁召开 [J]. 经济地理, 1983（1）

[130] 曲喻. 城市化政策研讨会综述 [J]. 城市问题, 1992（3）

[131] 梁毕明, 王德勇. 我国农村城镇化走过的三十年：改革开放三十年城镇化政策回顾与展望 [J]. 中国集体经济, 2008（5）

[132] 王延中, 王俊霞. 中国城市化政策的回顾与前瞻 [J]. 规划师, 2002（10）

[133] 胡序威. 中国城市和区域规划发展新趋势 [J]. 经济地理, 1988（3）

[134] 张志鸿. 关于中国城市化政策之我见 [J]. 人口与经济, 1988（5）

[135] 郑静, 陈革. 论大城市、小城镇与可持续发展的城市化道路：对当前城市化政策的思考 [J]. 规划师, 2000（5）

[136] 许经勇. 中国农村经济制度变迁六十年 [M]. 厦门：厦门大学出版社, 2009

[137] 白南生. 中国的城市化 [J]. 管理世界, 2003（11）

[138] 李梦白. 正确认识和贯彻我国城市发展的基本方针 [J]. 城市规划, 198 (1)

[139] 许学强. 从西方区域发展理论看我国积极发展小城市的方针 [J]. 国外城市规划, 1987 (4)

[140] 周一星, 曹广忠. 改革开放20年来的中国城市化进程 [J]. 城市规划, 1999 (12)

[141] 许学强, 周一星, 等. 城市地理学 [M]. 北京: 高等教育出版社, 2009

[142] 田莉. 处于十字路口的中国土地城镇化——土地有偿使用制度建立以来的历程回顾及转型展望 [J]. 城市规划, 2013 (5)

[143] 陶然, 曹广忠. "空间城镇化"、"人口城镇化"的不匹配与政策组合应对 [J]. 改革, 2008 (10)

[144] 吴玉麟, 李玉江. 人口地理学 (上册) [M]. 济南: 山东人民出版社, 2001

[145] 周毅. 城市化理论的发展与演变 [J]. 城市问题, 2009 (11)

[146] 宋艳敏. 城市化进程中失地农民就业研究 [D]. 重庆: 西南大学, 2007

[147] 陈肖燕. 城乡一体化建设中失地农民就业研究 [D]. 南宁: 广西师范学院, 2011

[148] 张荣. 城市化进程中失地农民就业问题研究 [D]. 杭州: 浙江工业大学, 2004

[149] 王晓娟. 失地农民就业现状及原因分析 [J]. 中国商界, 2009 (12)

[150] 黄华玲. 失地农民就业出路问题的思考 [J]. 甘肃农业, 2005 (6)

[151] 马驰, 张荣, 彭霞. 城市化进程中失地农民就业问题研究 [J]. 软科学, 2004 (6)

[152] 元露丰. 失地农民就业问题比较研究 [J]. 财经政法资讯, 2005 (4)

[153] 张媛媛, 贺利军. 城市化过程中对失地农民就业问题的再思考 [J]. 社会科学家, 2004 (3)

[154] 魏敏. 失地农民就业问题研究——以南京市为例 [D]. 南京: 南京农业大学, 2007

[155] 王新民. 青州市失地农民就业问题研究 [D]. 北京: 中国农业科学院, 2008

[156] 苏小玲. 重庆城市化进程中失地农民就业问题研究 [D]. 重庆大学, 2007

[157] 刘伯正. 海淀区党政代表团赴浦东新区考查报告 [J]. 海淀研究, 2002 (3)

[158] 郑红君. 上海郊区工业发展的战略框架 [J]. 决策研究, 2003 (4)

[159] 卢海元. 土地换保障: 妥善安置失地农民的基本设想 [J]. 中国农村观察, 2003 (6)

[160] 姚从容. 失地农民的征地补偿与就业安置及社会福利政策趋向 [J]. 贵州社会科学, 2008 (9)

[161] 章剑谷, 王新宝. 失地农民就业出路的政策选择 [J]. 中国劳动, 2003 (10)

[162] 任治君. 中国农业规模经营的制约 [J]. 经济研究, 1995 (6)

[163] 张海亮, 吴楚材. 江浙农业规模经营条件和适度规模确定 [J]. 经济地理, 1998 (1)

[164] 李相宏. 农业规模经营模式分析 [J]. 农业经济问题, 2003 (8)

[165] 贾生华. 农地租赁市场与农业规模经营——基于江、浙、鲁地区农业经营大户的调查 [J]. 中国农村观察, 2003 (1)

[166] 段海红. 城乡劳动力市场融合下的非农就业影响因素研究 [D]. 昆明: 云南大学, 2011

[167] 杨云彦, 徐映梅, 向书坚. 就业替代与劳动力流动: 一个新的分析框架 [J]. 经济研究, 2003 (8)

[168] 张车伟, 王智勇. 全球金融危机对农民工就业的冲击—影响分析及对策思考 [J]. 中国人口科学, 2009 (2)

[169] 毛学峰, 刘晓吻. 贸易自由化对贫困农户劳动力非农就业的影响 [J]. 农村经济观察, 2005 (2)

[170] 易福金，陈志颖. 退耕还林对非农就业的影响分析 [J]. 中国软科学，2006（8）

[171] 朱农，钟水映. 农村家庭参与非农业活动的"推力"与"拉力"分析——湖北省西部山区的一项个案研究 [J]. 中国人口科学，2007（3）

[172] 兰宜生. 我国农村剩余劳动力转移与小城镇建设 [J]. 汕头大学学报，2000（2）

[173] 过杰. 小城镇：我国城市化的重要组成部分 [J]. 天府新论，2001（2）

[174] 景普秋. 中国工业化与城镇化进程中农村劳动力转移的计量研究 [J]. 人口与经济，2005（1）

[175] 黄乾. 农村劳动力转移就业问题性质的根本转变与社会政策选择 [J]. 人口研究，2007（4）

[176] 黄新萍. 城乡就业一体化战略：拓展就业空间的必然选择 [J]. 当代财经，2004（4）

[177] 张连业. 城郊被动型城市化进程中农民就业转移的调查分析 [J]. 农业经济问题，2007（3）

[178] 张爱婷. 论被动型城市化中失地农民就业转移机制 [J]. 商业时代，2007（19）

[179] 刘兆征. 以促进农民增收为核心，多渠道转移农民就业 [J]. 兰州商学院学报，2009（3）

[180] 徐君. 职业教育：失地农民就业转移的有效途径 [J]. 当代教育论坛，2005（5）

[181] 邹晔. 促进乡镇企业发展与农民就业转型的问题与对策 [J]. 湖北经济学院学报（人文社会科学版），2006（2）

[182] 崔占峰. 农业剩余劳动力转移就业问题研究——走中国特色的农业劳动力转移就业道路 [M]. 北京：经济科学出版社，2008

[183] 张雅丽. 中国工业化进程中农村劳动力转移研究 [M]. 北京：中国农业出版社，2009

[184] 刘力. 建国以来户籍制度演变：一个理论分析框架 [J]. 经济体制改革，2012（1）

[185] 中国乡镇企业及农产品加工业年鉴编辑部. 中国乡镇企业及农产品加工业年鉴 2008 [M]. 北京: 中国农业出版社, 2008

[186] 张亚强. 农村剩余劳动力转移就业的现状及成因分析 [J]. 理论导刊, 2009 (11)

[187] 胡锦涛. 中共中央关于推进农村改革发展若干重大问题决定 [N]. 人民日报, 2009 - 10 - 19

[188] 中共中央党校党史教研室选编. 中共党史参考资料 (七) [M]. 北京: 人民出版社, 1980

[189] 刘洪银. 中国农村劳动力非农就业: 效应与机制 [M]. 天津: 南开大学出版社, 2014 年 7 月

[190] 刘洪银, 张洪霞, 崔宁. 中国新生代农民工市民化: 模式与治理 [M]. 天津: 南开大学出版社, 2014

[191] 刘洪银. 新生代农民工内生性市民化与公共成本估算 [J]. 云南财经大学学报, 2013 (4)

[192] 刘洪银. 以农民工市民化推进城镇化内敛式转型 [J]. 当代经济管理, 2013 (6)

[193] 王蒙. 农村城镇化进程中政府功能分析 [D]. 天津: 南开大学, 2012

[194] 王蒙. 农村城镇化进程中政府角色及定位分析——以天津市三区联动为例 [J]. 中国城市经济, 2011 (23)

[195] 程名望. 中国农村劳动力转移: 机理、动因和障碍 [D]. 上海: 上海交通大学, 2007

[196] 王向. 中国城市化与服务经济发展研究: 空间经济的视角 [D]. 南开大学, 2014

[197] 刘洪银. 东部地区农村劳动力非农就业的家庭收入效应分析 [J]. 湖南农业大学学报, 2011 (3)

[198] 刘洪银. 论劳动本位 [J]. 中国劳动关系学院学报, 2011 (1)

[199] 刘洪银. 我国灵活就业形成发展的经济学分析 [J]. 人口与经济, 2009 (1)

[200] 殷悦. 基于社会空间的视角对产城融合的思考 [J]. 运城学院学

报，2014（4）

[201] 韩玉梅. 新生代农民工市民化问题研究 [D]. 哈尔滨：东北农业大学，2012

[202] 郑兴明. 城镇化进程中农民退出机制研究 [D]. 福州：福建农林大学，2012

[203] 任娟娟. 新生代农民工市民化水平及影响因素研究——以西安市为例 [J]. 兰州学刊，2012（3）

[204] 方志权，吴方卫，王威. 中国都市农业理论研究若干争议问题综述 [J]. 中国农学通报，2008（8）

[205] 邓大松，张天昱. 进城农民工人力资本对劳动收入影响的性别偏向检验 [J]. 管理评论，2011（4）

[206] 周小刚. 中部地区城镇化进程中农民工市民化问题研究 [D]. 南昌：南昌大学，2010

[207] 肖勤福. 一样的土地，不一样的生活 [N]. 学习时报，2013 - 03 - 11（1）

[208] 白勇. 湖南省新型城镇化发展研究 [D]. 长沙：湖南大学，2014

[209] 陈伟东，张大维. 马克思恩格斯的城乡统筹发展思想研究 [J]. 当代世界与社会主义，2009（3）

[210] 彭晓伟. 中国共产党的城乡关系理论与实践 [J]. 成都：西南交通大学，2012

[211] 杜漪. 构建和谐城乡关系的经济学研究 [D]. 成都：西南财经大学，2006

[212] 杨艺. 城乡统筹视域下的中国二元经济结构转换研究 [D]. 长春：吉林大学，2010

[213] 何志扬. 城市化道路国际比较研究 [D]. 武汉：武汉大学，2009

[214] "中国新型城镇化：道路、模式和政策"课题组. 提升城镇化质量：国际经验及启示 [N]. 中国经济时报，2014 - 10 - 13

[215] 马晓勇. 河南省新型城市化建设研究 [D]. 开封：河南大学，2014

[216] 李中. "两型社会"建设背景下湖南新型城镇化路径研究 [D].

长沙：中南大学，2014

［217］章寿荣，周春芳．城乡一体化的国际经验［N］．新华日报，2010-04-06

［218］柯健．农民工就业问题对策的国际比较研究［J］．软科学，2006（8）

［219］国务院发展研究中心"中国新型城镇化道路模式和政策"课题组．提升城镇化质量：国际经验及启示（中）［N］．中国经济时报，2014-10-20

［220］李俊．发达国家农民工转化经验研究［J］．世界农业，2014（8）

［221］罗恩立．新生代农民工就业能力问题初探：一个分析的框架［J］．经济问题探索，2010（3）

［222］李中．"两型社会"建设背景下湖南新型城镇化路径研究［D］．长沙：中南大学，2014

［223］张占斌．新型城镇化的战略意义和改革难题［J］．国家行政学院学报，2013（2）

［224］虞小强．城镇化进程中农民进城行为研究［D］．咸阳：西北农林科技大学，2012

［225］赵志峰．转型目标、顺序及动力机制：一个文献述评［J］．湖北经济学院学报，2007（5）

［226］庞伟伟．马克思主义城镇化思想的发展历程［J］．铜仁职业技术学院学报，2011（4）

［227］陈明生．马克思主义经典作家论城乡统筹发展［J］．当代经济研究，2005（3）

［228］黄建新，温福英．马克思、恩格斯劳动力资源及其流动论述的新解读——兼对我国农村劳动力转移的思考［J］．中央福建省委党校学报，2006（1）

［229］郭兴全，屈晓东．新生代农民工市民化路径探索［J］．农业经济与管理，2011（8）

［230］陈素琼，张广胜．中国新生代农民工市民化的研究综述［J］．农业经济，2011（5）

[231] 田珍. 我国农民市民化问题研究观点综述 [J]. 经济纵横, 2006 (2)

[232] 孙宏滨, 等. 城郊农业与都市农业的理论研究综述 [J]. 中国农村经济, 2001 (4)

[233] 蒋霞. 我国城镇化发展的历程及变革探索 [J]. 产业与科技论坛, 2014 (24)

[234] 杨应旭. 贵州人口城市化: 产业、就业与制度 [J]. 人口·社会·法制研究, 2010

[235] 康春鹏. 中国城镇化发展的政策演变与研究综述 [J]. 经济研究参考, 2013 (18)

[236] 杨风, 陶斯文. 中国城镇化发展的历程、特点与趋势 [J]. 兰州学刊, 2010 (6)

[237] 李秉仁. 我国城市发展方针政策对城市化的影响和作用 [J]. 城市发展研究, 2008 (3)

[238] 顾朝林, 吴莉娅. 中国城市化问题研究综述 [J]. 城市与区域规划研究, 2008 (2)

[239] 罗思东. 从小城镇到大都市: 改革开放以来我国城市化政策的演进 [J]. 马克思主义与现实, 2014 (6)

[240] 戴维丽, 潘竞虎. 城市群空间研究述评与展望 [J]. 商丘师范学院学报, 2015 (3)

[241] 谢天成, 施祖麟. 中国特色新型城镇化概念、目标与速度研究 [J]. 经济问题探索, 2015 (6)

[242] 中国经济时报 – 中国经济新闻网. 实施新型城镇化的四大重要战略意义 [EB/OL]. http://lib.cet.com.cn

[243] 姚学宁, 刘嘉. 中国城镇化发展历程分析 [J]. 河北企业, 2014 (8)

[244] 刘维新. 正确理解新型城镇化的引擎作用 [J]. 中国地产市场, 2013 (3)

[245] 张建桥. 改革开放以来党的城市及城市化思想初探 [J]. 中共福建省委党校学报, 2011 (3)

[246] 姚学宁，刘嘉茵．中国城镇化发展历程分析［J］．河北企业，2014（8）

[247] 张明斗．城市化发展的政策演变及趋势预测研究［J］．兰州学刊，2015（5）

[248] 王素斋．科学发展观视域下中国新型城镇化发展模式研究［D］．南开大学博士论文，2014

[249] 陈映．中国农村城镇化的发展历程及现状分析［J］．西南民族大学学报（人文社科版），2005（6）

[250] 蔡秀玲．中国城镇化历程、成就与发展趋势［J］．经济研究参考，2011（63）

[251] 梁蕴兮．中国城镇化发展历程、问题及趋势分析［J］．经济视角（上），2013（10）

[252] 苗建萍．新型城镇化与新型工业化的互动发展机制［J］．经济导刊，2012（1）

[253] 沈正平．优化产业结构与提升城镇化质量的互动机制及实现途径［J］．城市发展研究，2013（5）

[254] 崔占峰．中国农业剩余劳动力转移就业问题研究［D］．福州：福建师范大学，2006

[255] 兰荣禄．新中国农村剩余劳动力转移的历史轨迹与现实走向［D］．福州：福建师范大学，2005

[256] 韩俊．我国农村劳动力转移的现状与特点［J］．江淮论坛，1995（2）

[257] 张雅丽．中国工业化进程中农村劳动力转移研究［D］．咸阳：西北农林科技大学，2007

[258] 中国社会科学网．我国农民工政策变迁：脉络、挑战与展望［EB/OL］．http://www.cssn.cn

[259] 赵银红．农民工权益保障的制度演变分析［J］．中国国情国力，2012（2）

[260] 孙海生．我国户籍制度的历史嬗变及改革探析［J］．党史文苑，2005（3）

[261] 高强. 我国户籍制度弊端及改革展望 [J]. 中国海洋大学学报（社会科学版），2004（6）

[262] 李中建. 我国农民工政策变迁：脉络、挑战与展望 [J]. 经济学家，2011（12）

[263] 王春雷. 我国农民工政策取向的演变历程 [J]. 商业时代，2013（17）

[264] 徐永新. 我国农民工政策的演变及未来走向 [J]. 河南社会科学，2005（4）

[265] 宋洪远，黄华波，刘光明. 关于农村劳动力流动的政策问题分析 [J]. 管理世界，2002（6）

[266] 喻名峰，廖文. 城市化进程中农民工社会政策的变迁与建构逻辑 [J]. 湖南社会科学，2012（4）

[267] 王竹林，吕俊涛. 农民工市民化政策演进的实质和路径选择 [J]. 农业经济与管理，2014（4）

[268] 江文胜. 农民工权益保护——政策演变及前景展望 [J]. 科学决策，2004（4）

[269] 梅定祥. 二元制结构下农民工权益保护问题研究 [D]. 武汉：华中师范大学，2006

[270] 李柯. 农民工权益保护问题研究 [D]. 福州：福建师范大学，2006

[271] 胡献忠. 21世纪以来新生代农民工政策供给与现实路径 [J]. 青年探索，2015（1）

[272] 新华社. 国家新型城镇化规划（2014～2020年）[EB/OL]. http://news.xinhuanet.com/house/bj/2014-03-17/c_126274610.htm，2014-03-17

[273] 国务院印发进一步做好为农民工服务工作的意见 [J]. 中国职工教育，2014（11）

[274] 何如海. 农村劳动力转移与农地非农化协调研究 [D]. 南京：南京农业大学，2006

[275] 兰荣禄. 新中国农村剩余劳动力转移的历史轨迹与现实走向 [D].

福州：福建师范大学，2005

［276］许可．我国农村剩余劳动力转移研究［D］．济南：山东大学，2005

［277］人民网．国家统计局发布2012年全国农民工调查监测报告［EB/OL］．http：//politics．people．com．cn/n/2013/0527/c70731-21626107．html

［278］国家统计局．2013年我国农民工调查监测报告［EB/OL］．http：//www．stats．gov．cn/tjsj/zxfb/201405/t20140512_551585．html

［279］国家统计局．2014年我国农民工调查监测报告［EB/OL］．http：//www．stats．gov．cn/tjsj/zxfb/201504/t20150429_797821．html．2015-04-29

［280］王红梅．城市化与就业的相关性分析——以苏州市为例［D］．苏州：苏州大学，2009

［281］孙雪，周慧秋．哈尔滨市所辖市、县的城镇化质量评价研究——基于因子分析［J］．区域经济，2015（1）

［282］周永卫，张之红．基于最大贴近度的城镇化水平可拓评价［J］．统计与决策，2015（1）

［283］刘全，张勇，等．新型城镇化测度及统计评价——以成渝全国统筹城乡综合配套改革试验区为例［J］．调研世界，2014（12）

［284］任绍容．协同治理视角下H市新生代农民工就业问题研究［D］．沈阳：辽宁大学，2012

［285］蒋翠．基于产业集聚的城镇化与农村剩余劳动力转移研究——以山东省为例［D］．济南：山东大学，2010

［286］马文武．中国农村劳动力转移与城市化进程中非均衡性研究［D］．成都：西南财经大学，2012

［287］汪泓，崔开昌．中国就业增长与城镇化水平关系的实证研究［J］．南京社会科学，2012（8）

［288］马晓河．城镇化要改革城乡二元体制［N］．经济日报，2012-5-4

［289］杨慧，倪鹏飞．金融支持新型城镇化研究——基于协调发展的视角［J］．山西财经大学学报，2015（1）

［290］文军．农民市民化：从农民到市民的角色转型［J］．华东师范大学学报（哲学社会科学版），2004（3）

[291] 杨发祥，茹婧．新型城镇化的动力机制及其协同策略［J］．山东社会科学，2014（1）

[292] 夏锋．规模效应、人口素质与新型城镇化的战略考量［J］．改革，2013（3）

[293] 陈有权．城市化进程中武咸市农民非农就业效应与实现机制研究［D］．兰州：兰州大学，2013

[294] 许晓红．城镇化进程中农村劳动为转移就业问题研究［D］．福州：福建师范大学，2015

[295] 何苗．河北省城市化与就业的协调发展研究［D］．保定：河北大学，2013

[296] 龙彦文．湖南省就业结构与城镇化协调发展研究［D］．湘潭：湘潭大学，2014

[297] 张文婧．基于产业集聚的城市化与农村劳动力转移研究［D］．长沙：湖南大学，2006

[298] 王俊霞．城市化进程中农村剩余劳动力就业问题研究［D］．保定：河北大学，2004

[299] 柯健．"农民工"就业问题国际比较［J］．国际经纬，2007（3）

[300] 王晓刚．人口城市化视阈下失地农民征地补偿与就业扶持的国际借鉴［J］．农林经济管理学报，2015，14（6）

[301] 何建新．城市化进程中农村转移劳动力的配置结构与配置效率研究［D］．武汉：华中农业大学，2014

[302] 欧阳力胜．新型城镇化进程中农民工市民化研究［D］．财政部财政科学研究所，2013

[303] 陈建梅，鞠霄霄．就业公共服务体系的国际经验借鉴及启示［J］．对外经贸，2015（1）

[304] 杨文杰，陈姿璇．新加坡就业保障措施经验借鉴及其对我国的启示［J］．经营管理者，2015（30）

[305] 国务院发展研究中心课题组．着力实现质量与水平同步提升——城镇化经验的国际比较与启示［J］．中国发展观察，2014（10）

[306] 王树春，王俊，王斌．农村城镇化的对策研究：国际经验与天津

实践 [J]. 天津商业大学学报, 2014 (1)

[307] 曹文献, 江军. 农业现代化与城镇化推进的国际经验及启示 [J]. 经济研究导刊, 2015 (9)

[308] 陈丽华, 张卫国. 中国新型城镇化包容性发展的路径选择——基于城镇化的国际经验比较与启示 [J]. 世界农业, 2015 (8)

[309] 高析. 成功城镇化模式城市发展政策促进转移就业的经验 [N]. 中国经济信息报, 2015-6-24 (8)

[310] 杨大蓉. 基于国际经验的新型城镇化产业带动策略研究 [J]. 世界农业, 2015 (2)

[311] 田翠杰, 刘洪银, 林霓裳. 城镇化与农民就业转型协同发展研究——基于全国3145个样本数据的实证分析 [J]. 调研世界, 2015 (11)

[312] 田翠杰, 林霓裳, 刘洪银. 产城融合城镇化发展现状分析——基于全国7省 (市) 的调查 [J]. 江苏农业科学, 2016 (1)

[313] 刘洪银. "农二代"城镇层级流动对打工收入增长的影响 [J]. 西南大学学报, 2015 (6)

[314] 刘洪银. 城镇新生代农民工稳定就业治理机制——基于全国3402个问卷调查数据的实证研究 [J]. 中国农村研究, 2016 (2)

[315] 刘洪银. 新生代农民工人力资本动能生成和释放机制 [J]. 贵州社会科学, 2017 (5)

[316] 刘洪银. 以产业演进推进进城农民就业转型和城镇化稳态 [J]. 理论导刊, 2015 (12)

[317] 刘洪银. 稳步城镇化与农民工就业转型协同治理机制 [J]. 广西社会科学, 2016 (12)

[318] 刘洪银. 城镇建设中宅基地换房的约束与破解 [J]. 开放导报, 2016 (6)

后　记

作者在南开大学滨海开发研究院从事兼职研究工作，在滨海开发研究院协助下完成了本项目的社会调查活动。研究院常务副院长周立群教授对本项目研究提供了大力支持，作者在此表示深深的感谢和敬意！

项目调查活动于2014年1~4月和2015年6~7月分两个阶段进行了集中社会调查。第一，2014年1~4月进行了新生代农民工就业质量问卷调查。调查对象为进入城镇打工仍为农业户籍的新生代农民工。调查地区以东部地区为主，涉及环渤海地区（北京、天津、山东等）、长三角地区（江苏、浙江和上海）和珠三角地区（广东、福建）及部分东北地区和中西部地区。回收有效问卷3402份。第二，2015年6月进行了产城融合发展中进城农民就业实现状况实地访谈。访谈对象为城镇政府部门、企业经营者和农民工。调查地区为长三角和珠三角的7个新型城镇，包括广州市增城区新塘镇、深圳市光明新区、上海市松江区方松街办、上海青浦区徐泾镇、杭州市余杭区塘栖镇、绍兴市钱清镇和江阴市华西新市村。第三，2015年7月进行了天津市城镇化中农民转移就业和收入状况调查。调查对象为区县农委部门、（农业）龙头企业和农民。调查地区包括天津环城四区（东丽区、北辰区、西青区和津南区）、远郊区县（武清区、宝坻区、宁河区、蓟县和静海县）和滨海新区。

本著作是在上述社会调查基础上深入研究的结果。项目研究团队主要由天津农学院人文学院和经济管理学院的教师和学生组成。天津农学院孟玉环副研究员、林霓裳博士、张洪霞老师、崔宁老师、程宝乐老师、吕献红老师等参与了部分社会调查，作者表示衷心感谢！感谢天津农学院人文学院、科技处领导对项目研究和著作出版的关心和支持！问卷调查和深度访谈得到了广大农民工、农业企业和各级党政组织鼎力支持，在此一并表示感谢！

本书由天津农学院刘洪银教授、田翠杰副教授合著。全书分为8章。田翠杰副教授撰写了第1章的1.2.2节、1.2.3节、1.2.4节，第2章，第6章的6.1节、6.3节，第8章的8.2节，其余部分为刘洪银教授撰写。全书的框架结构、研究思路、质量把关、修改定稿由刘洪银教授负责。

作者

2017年6月17日